J.B. METZLER

1682

Jürgen Pafel / Ingo Reich

Einführung in die Semantik

Grundlagen – Analysen – Theorien

Mit Grafiken und Abbildungen

J. B. Metzler Verlag

Die Autoren:
Jürgen Pafel ist Professor für germanistische Sprachwissenschaft
an der Universität Stuttgart.
Ingo Reich ist Professor für Neuere deutsche Sprachwissenschaft
an der Universität Saarbrücken.

MIX
Papier aus verantwor-
tungsvollen Quellen
FSC® C019821

Gedruckt auf chlorfrei gebleichtem, säurefreiem und alterungsbeständigem Papier

Bibliografische Information der Deutschen Nationalbibliothek
Die Deutsche Nationalbibliothek verzeichnet diese Publikation in der
Deutschen Nationalbibliografie; detaillierte bibliografische Daten sind im Internet
über http://dnb.d-nb.de abrufbar.

ISBN 978-3-476-02455-8

© 2016 J. B. Metzler Verlag GmbH, Stuttgart
www.metzlerverlag.de
info@metzlerverlag.de

Einbandgestaltung: Finken & Bumiller, Stuttgart (Foto: photocase.com /
tinykahuna)
Satz: primustype Hurler GmbH, Notzingen
Druck und Bindung: C.H. Beck, Nördlingen

Printed in Germany
Verlag J. B. Metzler, Stuttgart

Inhaltsverzeichnis

I Grundlagen

1 Einleitung

1.1 Was ist Semantik?
1.2 Zu diesem Band

1.1 | Was ist Semantik?

Auf den ersten Blick erscheint es einfach zu sagen, was Semantik ist: Semantik ist die Teildisziplin der Linguistik, die sich mit der Bedeutung sprachlicher Ausdrücke befasst – während sich die Phonologie mit der lautlichen Form sprachlicher Ausdrücke, die Morphologie mit der internen Struktur von Wörtern und die Syntax mit der formalen Struktur von Wortgruppen und ihren Teilen befasst.

Sprachliche Bedeutung

Doch auch die Pragmatik befasst sich mit Bedeutungen, vornehmlich mit den Bedeutungen von Äußerungen. Die Pragmatik betrachtet dabei Äußerungen unter der Perspektive, dass sie in konkreten Situationen von Personen mit Überzeugungen, Wünschen und Absichten geäußert werden und an andere Personen mit Überzeugungen, Wünschen und Absichten gerichtet sind und in Zusammenhang stehen mit bereits erfolgten und sich anschließenden Äußerungen.

Erst wenn der Begriff der Bedeutung hinreichend differenziert wird und verschiedene Arten der Bedeutung unterschieden werden, kann man die Abgrenzung der Semantik von der Pragmatik ernsthaft in Angriff nehmen. Doch wie die Abgrenzung genau vorzunehmen ist, darüber gehen die Meinungen weit auseinander (s. Kap. I.2.3).

Was man sagen kann, ist, dass die Semantik ihren Anteil leistet an der Analyse der Sprache als einem Mittel der Kommunikation, einen Beitrag dazu liefert, wie es kommt, dass wir unser Wissen, unsere Wünsche und Absichten durch Äußerungen mitteilen können. Mit dem Satz *Die Katze liegt auf der Matratze* kann ein Sprecher sein Wissen über einen kleinen Ausschnitt der Welt, eine konkrete Situation, in Worte fassen und anderen mitteilen. Die Semantik befasst sich damit, welche Bedeutungen die einzelnen Wörter eines solchen Satzes haben, wie sich aus diesen Bedeutungen die Bedeutung der Wortgruppen ergibt, aus denen der Satz besteht, und aus diesen Bedeutungen wiederrum die Bedeutung des ganzen Satzes. Sie gibt zumindest eine Teilantwort auf die Frage, wann ein solcher Satz wahr ist und wann nicht, sowie auf die Frage, was gegeben sein muss, dass jemand einen solchen Satz versteht.

Schulen der Semantik: Semantik wird sehr unterschiedlich betrieben. Es gibt unterschiedliche Schulen, zwischen denen teilweise überhaupt kein Austausch stattfindet. Die beiden dominierenden Schulen heute sind die logische Semantik einerseits und die kognitive Semantik andererseits. Die **logische Semantik** geht auf die Logiker und Philosophen Gottlob Frege, Bertrand Russell und den frühen Ludwig Wittgenstein zurück, die mit ihren Arbeiten im letzten Drittel des 19. Jahrhunderts bzw. am Anfang

Logische und kognitive Semantik

des 20. Jahrhunderts die Sprachphilosophie und Semantik entscheidend geprägt haben. Die **kognitive Semantik** ist in den 1970er und 1980er Jahren entstanden und durch die Arbeiten von George Lakoff, Ronald W. Langacker, Gilles Fauconnier und Leonard Talmy begründet worden. Während die logische Semantik mit logischen und mathematischen Mitteln arbeitet und ihr Hauptaugenmerk auf die Komposition der Bedeutung von komplexen Ausdrücken aus der Bedeutung der Teilausdrücke legt, hat die kognitive Semantik ihr Hauptaugenmerk auf dem kognitiven Prozess der Konzeptualisierung, dem Gehalt und den Beziehungen von Konzepten und deren Relevanz für die Sprache. Die beiden Schulen befassen sich oft mit sehr unterschiedlichen Phänomenbereichen, so dass ein direkter Vergleich der jeweiligen Ansätze nur manchmal möglich ist.

1.2 | Zu diesem Band

Dieses Buch hat als Zielgruppe die Studierenden aller Fächer mit linguistischen Anteilen, also neben der Linguistik selbst vor allem die Einzelsprachphilologien (Germanistik, Anglistik, Romanistik). Es setzt nur wenige linguistische Grundkenntnisse voraus. Alle relevanten semantischen Begrifflichkeiten werden explizit und an Beispielen illustriert eingeführt. Die Darstellung ist in dem Sinne theorieneutral, dass wir sowohl, was die Grundlagen, als auch, was die Phänomenbereiche und Erklärungsansätze angeht, nicht einseitig für eine semantische Schule Partei ergreifen (auch wenn wir nicht verbergen können, dass wir mit der logischen Semantik vertrauter sind als mit der kognitiven). Wir haben die Hoffnung, dass dieses Buch für Vertreter unterschiedlichster Strömungen von Nutzen ist und als Lehrbuch Verwendung finden kann.

Der besondere Zugang: Zum einen bemühen wir uns, wie gesagt, um eine theorieneutrale Darstellung, die eine einseitige Stellungnahme für die logische oder die kognitive Semantik vermeidet und in die punktuell auch relevante Erkenntnisse aus der Kognitiven Psychologie und Sprachphilosophie einfließen. Zum anderen richten wir die Darstellung an der Frage aus, welche Arten von Bedeutung die verschiedenen Wortarten (Verben, Nomen, Adjektive, Adverbien, Partikeln, Präpositionen) und die daraus gebildeten Wortgruppen bis hin zum Satz haben. Wir versuchen dabei, soweit dies geht, das, was wir von den Bedeutungen der Wörter bzw. Wortgruppen empirisch wissen, zu trennen von den theoretischen Ansätzen, die diese Bedeutungen genauer explizieren und in einen weiteren theoretischen Zusammenhang stellen.

Der Aufbau: In Kapitel I werden die Grundlagen gelegt. Dabei ist es zuerst nötig, den Begriff der Bedeutung genauer unter die Lupe zu nehmen und verschiedene Arten und Formen von Bedeutung zu unterscheiden. Dann werden grundlegende semantische Begriffe, Phänomene und Analysemethoden eingeführt. In Kapitel II werden verschiedene Aspekte der Bedeutung von Verben, Nomen, Adjektiven, Adverbien, Partikeln und Präpositionen sowie der Bedeutung der daraus gebildeten Wortgruppen vorgestellt. Kapitel III widmet sich ganz der Bedeutung von Sätzen. In Kapitel IV werden die beiden dominierenden semantischen Schulen, die logische

Semantik und die kognitive Semantik, in ihren unterschiedlichen Varianten dargestellt sowie in die formal-logische Darstellung eingeführt, die wir im Text ansonsten ausgespart haben. Im Anhang finden sich das Literaturverzeichnis und ein Sachregister.

Verwendungsmöglichkeiten: Man kann diese Einführung als Grundlage für ein Seminar, aber auch zum Selbststudium benutzen. Der Stoff des Buches ist primär für das Grundstudium konzipiert, kann in Teilen aber auch im Hauptstudium Verwendung finden. Es bietet Stoff für zwei aufeinander aufbauende Seminare. In einem Einführungsseminar zur Semantik können Kapitel I und ausgewählte Teile etwa von Kapitel II behandelt werden, in einem weiterführenden Seminar die übrigen Teile.

Übungen: Zu einzelnen Kapiteln sind Übungsaufgaben gestellt, deren Lösungen sich auf der Internetseite des Verlags befinden: http://www. metzlerverlag.de/978-3-476-02455-8

Los geht's.

2 Arten der Bedeutung

2.1 | Sprachliche und nicht-sprachliche Bedeutung

›Bedeutung‹ ist ein alltagssprachlicher Begriff. Wir reden von der Bedeutung des Euros für die europäische Integration, der Bedeutung von niedrigen Rohstoffpreisen für die Erzeugerländer oder der Bedeutung des Gewinns der Fußballweltmeisterschaft 1954 für die Entwicklung der Bundesrepublik, wir fragen, was es bedeutet, dass die Europäische Zentralbank den Leitzins höht, dass das Ozonloch kleiner geworden ist, dass das Lämpchen auf dem Armaturenbrett leuchtet, wir fragen, was es bedeutet, dass Marie seit neuestem mit dem Fahrrad zur Arbeit fährt, dass Moritz rote Socken trägt, dass Charlotte wieder Single ist. Wenn wir auf diese Weise von Bedeutung reden, so meinen wir die Konsequenzen, die ein Sachverhalt, ein Ereignis oder eine Handlung hat, manchmal auch die Gründe bzw. Ursachen dafür, dass der Sachverhalt, das Ereignis oder die Handlung eingetreten ist.

Was ist Bedeutung?

Wir reden aber auch von der Bedeutung einer Geste, eines Schiedsrichterpfiffs, eines Wortes, einer Redewendung oder eines Satzes. Ein Zeigefinger vor dem geschlossenen Mund kann bedeuten, dass man ruhig sein soll, ein Schiedsrichterpfiff kann Abseits bedeuten, *perfide* bedeutet ›gemein‹, ›hinterhältig‹, *den Löffel abgeben* bedeutet umgangssprachlich ›sterben‹, *Ich bin nun mal ich* kann bedeuten, dass man nicht anders handeln konnte.

In den angeführten Fällen kann man fragen, was jemand mit der Geste, dem Pfiff, dem Wort, der Redewendung oder dem Satz ›meint‹, es scheint eine Beziehung zu geben zwischen dem, was eine Geste, ein Pfiff etc. **bedeutet**, und dem, was jemand damit **meint**. Mit der Geste ›Zeigefinger vor dem geschlossenen Mund‹ beispielsweise meint Marie, dass Moritz ruhig sein soll, mit der Äußerung *Ich bin nun mal ich* meint Moritz, dass er einfach nicht anders konnte.

Eine solche Beziehung gibt es in den Fällen oben in aller Regel nicht. Wenn niedrige Rohstoffpreise bedeuten, dass die Erzeugerländer niedrigere Einnahmen und niedrigeres Wirtschaftswachstum haben, dann kann man nicht sagen: »Jemand meint mit den niedrigen Rohstoffpreisen, dass die Erzeugerländer niedrigere Einnahmen und niedrigeres Wirtschaftswachstum haben« – das macht überhaupt keinen Sinn.

Weiterhin ist es völlig verständlich zu sagen: »Mit *Ich bin nun mal ich* meinte Moritz, dass er einfach nicht anders hätte handeln können – aber er hätte durchaus auch anders handeln können.« Doch ist es absurd zu sagen: »Die derzeitigen niedrigen Rohstoffpreise bedeuten, dass die Erzeugerländer niedrigere Einnahmen und niedrigeres Wirtschaftswachstum haben – aber die Erzeugerländer haben weder niedrigere Einnahmen noch niedrigeres Wirtschaftswachstum.«

Seit Grice (1957) unterscheidet man **natürliche Bedeutung** und **nicht-natürliche Bedeutung**. Bei der Bedeutung des Euro, der niedrigen Rohstoffpreise, der Größe des Ozonlochs usw. handelt es sich um natürliche Bedeutung (bei der es um Konsequenzen, Gründe, Ursachen geht). Natürliche Bedeutung umfasst wirtschaftliche, soziale, psychologische, physikalische etc. Bedeutung. Bei der Bedeutung einer Geste, eines Pfiffs, eines Wortes etc. handelt es sich um nicht-natürliche Bedeutung (die sich durch einen Bezug zum Meinen auszeichnet). Sie spielt in unterschiedlichen Formen von Kommunikation eine entscheidende Rolle. **Sprachliche Bedeutung** ist offensichtlich eine Unterart von nicht-natürlicher Bedeutung, die Unterart, die bei sprachlichen Ausdrücken vorliegt.

Zur Vertiefung

Nicht-natürliche Bedeutung (Bedeutung$_{NN}$)

Die Beziehung zwischen Bedeutung$_{NN}$ bzw. sprachlicher Bedeutung einerseits und ›Meinen‹ und Verstehen andererseits scheint eine recht enge zu sein. Ohne jemanden, der mit sprachlichen Ausdrücken etwas meint, gäbe es auch keine sprachlichen Ausdrücke mit einer bestimmten sprachlichen Bedeutung. Und etwas mit einem Ausdruck zu meinen, macht nur Sinn innerhalb einer kommunikativen Situation, in der es jemanden gibt, der verstehen soll, was mit dem Ausdruck gemeint ist. Die genauen Beziehungen zwischen sprachlicher Bedeutung, Meinen und Kommunikation werden seit den Arbeiten des Philosophen Paul Grice heftig und kontrovers diskutiert. Die einschlägigen Arbeiten sind in Grice (1989) versammelt (zur Unterscheidung von natürlicher und nicht-natürlicher Bedeutung vgl. Grice 1989, 213–215, 290–297, 349 f., wo er auch überlegt, wie sich nicht-natürliche aus natürlicher Bedeutung entwickeln kann).
Bedeutung$_{NN}$ kann man nicht mit **konventioneller Bedeutung**, also Bedeutung aufgrund einer Konvention, gleichsetzen. Gesten etwa können sehr situationsspezifische Bedeutungen haben, die durch keine Konvention gestützt sein muss. Selbst Wörter und Sätze haben sehr oft neben ihrer konventionellen Bedeutung auch nicht-konventionelle Bedeutungen (s. Kap. I.2.2 und I.2.3).

2.2 | Referenz und Bedeutung

Referenz

Ein zentraler, mehr oder weniger unkontroverser Aspekt sprachlicher Bedeutung ist die Referenz (allerdings ist in der Semantik kaum etwas wirklich unkontrovers). Diese Art der Bedeutung gilt es zuerst zu erläutern.

Eigennamen und Personalpronomen: Wenn wir Eigennamen verwenden, dann tun wir dies, um uns auf Personen, Städte, Flüsse u. a. zu beziehen. In dem Satz *Theodor Heuss war der erste Bundespräsident der Bundesrepublik* bezieht sich *Theodor Heuss* auf den Politiker Theodor

Heuss. Ersetzt man den Eigennamen durch einen Eigennamen, der sich auf eine andere Person bezieht – etwa durch *Lübke* (Lübke war der zweite Bundespräsident der Bundesrepublik), so wird aus der wahren Aussage eine falsche (*Lübke war der erste Bundespräsident der Bundesrepublik*). Sie ist falsch, weil nicht Lübke, sondern Heuss der erste Bundespräsident war. Es scheint damit offensichtlich, dass sich Eigennamen zum Beispiel auf Personen beziehen (zu Eigennamen s. ausführlich Kap. II.2.3). Das gleiche kann man von den Personalpronomina (*ich, du, wir, ihr, Sie*) sagen.

Man beachte, dass je nach Äußerungssituation der Gegenstand, auf den sich ein Eigenname oder ein Personalpronomen bezieht, ein anderer sein kann (d. h. sie sind kontextabhängig, s. die Vertiefung »Deixis bzw. Indexikalität« unten). Mit *Marie* kann je nach Äußerungssituation eine unterschiedliche Person mit Namen *Marie* gemeint sein (es gibt ja nicht nur *eine* Person, die Marie heißt), mit *ich* ist jeweils der Sprecher gemeint und der kann natürlich wechseln: Wenn Marie sagt »Ich komme«, bezieht sich das Pronomen auf Marie, wenn Moritz sagt »Ich komme«, auf Moritz.

Wir sagen, Eigennamen und Personalpronomina **referieren** (in konkreten Äußerungssituationen) auf Gegenstände. Man kann dies auch so ausdrücken, dass man sagt, konkrete Verwendungen bzw. ›Vorkommen‹ von Eigennamen und Personalpronomina referieren auf Gegenstände. ›Gegenstand‹ wird hier in einem ganz allgemeinen Sinne verwendet, so dass nicht nur Dinge aller Art, sondern auch Personen sowie Lebewesen allgemein darunter fallen.

Referenz auf Gegenstände

> Unter (semantischer) Referenz wird die Eigenschaft von Ausdrücken verstanden, auf etwas referieren zu können. Der Gegenstand, auf den referiert wird, wird **Referent** genannt.

Zum Begriff

Was ist Referenz?

Zur Vertiefung

Wir verwenden ›Referenz‹ als undefinierten Grundbegriff in einem sehr weiten Sinne, so dass u. a. auch Verben, Adjektive und Sätze Referenz aufweisen. Von **semantischer Referenz** lässt sich **pragmatische Referenz** unterscheiden als eine Eigenschaft von Sprechern, sich mit Hilfe von Ausdrücken auf etwas zu beziehen. Was die Explikation des Begriffs der Referenz angeht, gibt es gegenwärtig vor allem zwei Ansätze – einen psychologischen und einen sozialen. Dem psychologischen Ansatz zufolge erklärt sich Referenz aus den kognitiven Zuständen der Sprachteilnehmer – Referenz ist abhängig vom Denken. Dem sozialen Ansatz zufolge erklärt sich Referenz aus einer sozialen Praxis der Verwendung von Ausdrücken – Referenz ist autonom in Bezug auf das Denken.

Verben und Adjektive: Mit Verben und Adjektiven geben wir an, was für Handlungen Gegenstände ausführen, wie sie sich verändern, in was für Zuständen sie sich befinden, welche Merkmale sie haben und anderes mehr. Wenn wir sagen *Marie lacht* und *Moritz lacht*, so geben wir an, dass beide dieselbe (Art von) Handlung ausführen. Wenn die Sätze wahr sind, dann gibt es etwas, das beide tun, sie führen beide dieselbe Handlung aus. Die Handlung des Lachens auszuführen, ist das, was mit dem Verb *lachen* gemeint ist, das ist, worauf es sich ›bezieht‹. Ganz ähnlich bei *Marie ist still* und *Moritz ist still*. Wenn Marie still ist und Moritz still ist, dann befinden sich beide in demselben Zustand, und sich in diesem Zustand zu befinden, ist das, was mit dem Adjektiv gemeint ist, ist das, worauf es sich ›bezieht‹.

Nach dem gerade Gesagten läge es nahe anzunehmen, dass Verben und Adjektive in einer Äußerungssituation auf eine konkrete Handlung bzw. einen konkreten Zustand referieren. So naheliegend das auch wäre, es ist höchst problematisch: Denn nehmen wir an, die Äußerung des Satzes *Marie lacht* ist in der fraglichen Situation falsch. Das hieße nichts anderes, als dass die Handlung des Lachens in der fraglichen Situation eben gerade nicht (von Marie) vollzogen wurde, dass Marie nicht gelacht hat. In dieser Situation gibt es also überhaupt keine konkrete Handlung des Lachens, auf die sich das Verb *lacht* beziehen könnte. Aber dennoch hat das Verb *lacht* in der fraglichen Situation natürlich eine Bedeutung. Es bezieht sich nicht auf eine einzelne konkrete Handlung, sondern auf einen allgemeinen Typ von Handlung, das Lachen. Ebenso bezieht sich das Adjektiv *still* nicht auf einen einzelnen konkreten Zustand, sondern auf eine allgemeine Art von Zustand, das Still-Sein.

Referenz auf Begriffe

Um einen allgemeinen Terminus dafür zu haben, auf was sich Verben und Adjektive beziehen, werden wir sagen, dass sich Verben und Adjektive auf **Begriffe** beziehen. Mit ›Begriff‹ sind also alle Arten von Handlungen, Prozessen, Zuständen, Eigenschaften, Relationen, Gewohnheiten etc. gemeint. *Lachen* referiert auf den Begriff des Lachens, *still* auf den Begriff des Still-seins, *rot* auf den Begriff des Rot-seins, *stehen* auf den Begriff des Stehens u. s. w.

Zur Vertiefung

Zur prädikativen Natur von Verben und Adjektiven

Es ist vielleicht verkürzt, wie im Haupttext zu sagen, dass Verben und Adjektive auf einen Begriff referieren. Sie referieren nicht einfach auf eine bestimmte Art von Gegenstand, wie dies Eigennamen und Personalpronomina auf ihre Art tun. Mit Hilfe von Verben und Adjektiven geben wir an, dass Gegenstände einen bestimmten Begriff **erfüllen** (d. h. eine bestimmte Handlung **ausführen**, eine bestimmte Eigenschaft **aufweisen** etc.). Während das Verb *lachen* in *Marie lacht* angibt, dass ein bestimmter Begriff erfüllt wird, nämlich die Handlung des Lachens ausgeführt wird, referiert *Lachen* in *Lachen ist gesund* auf die Handlung des Lachens (also auf einen Begriff), ohne darauf Bezug zu nehmen, dass diese ausgeführt wird. Die grundlegende Frage ist die, wo der Aspekt des Ausführens (einer Handlung) in einem Satz wie *Marie lacht* herkommt. Entweder ergibt er sich aus der Verknüpfung der beiden Ausdrücke zu einem Satz oder aber der Aspekt des Ausführens ist Teil der Bedeutung des Verbs. Dies ist die Frage nach der Natur der ›Prädikation‹ – was macht aus der Bedeutung der Teile eines Satzes ein Ganzes?

Von der Beantwortung dieser Frage hängt es ab, ob wir bei Verben und Adjektiven einfach von der Referenz auf Begriffe reden können oder ob wir ihnen eine »prädikative Natur« zusprechen müssen, die sie von Eigennamen und Personalpronomina grundlegend unterscheidet. (Im letzten Fall unterscheidet man oft Referenz und Prädikation, und verwendet damit ›Referenz‹ in einem engen Sinne.)

Nun kann man kritisch fragen, ob die Rede von Referenz bei Verben und Adjektiven überhaupt sinnvoll ist. Dass Verben und Adjektive auf etwas referieren, darauf deutet einmal das Phänomen der **Prädikatsquantifikation** hin sowie das Phänomen der **Aktionsart** bzw. des **Ereignisbezugs** (s. die Vertiefung »Prädikate und Quantifikation« in Kap. II.2.4.1; s. auch die Vertiefung »Koreferenz und Ellipse« in Kap. II.2.2).

Sätze: Mit der Äußerung eines einfachen Satzes, genauer eines Aussagesatzes, gibt man zu verstehen, dass das-und-das der Fall ist, dass es sich so-und-so verhält. Mit der Äußerung eines Satzes etwa, der aus einem Eigennamen oder Personalpronomen und einem Verb besteht, gibt man zu verstehen, dass der Gegenstand, auf den der Eigenname bzw. das Personalpronomen referiert, den Begriff erfüllt, auf den das Verb referiert. Eine Äußerung des Satzes *Marie steht* beispielsweise gibt zu verstehen, dass Marie den Begriff des Stehens erfüllt, dass es der Fall ist, dass Marie steht. Das, von dem die Äußerung zu verstehen gibt, dass es der Fall, ist genau das, worauf sich auch der *dass*-Satz in *Stimmt es, dass Marie steht?* bezieht. Das, worauf man sich dabei bezieht, nennt man in der Linguistik allgemein eine ›**Proposition**‹. Satzvorkommen, d. h. Äußerungen von Sätzen, referieren auf Propositionen (dies gilt zumindest für Deklarativsätze, s. Kap. III.1.1).

> Referenz auf Propositionen

Eine, wenn nicht die zentrale Eigenschaft von Propositionen ist, dass sie wahr oder falsch sein können. Die Proposition, dass Marie steht, ist wahr, wenn Marie steht, falsch, wenn sie nicht steht (wir übergehen hier den nicht unwichtigen Punkt, dass die Propositionen noch durch Raum und Zeit spezifiziert werden müssten). Die Rede, dass die Äußerung eines Satzes wahr oder falsch ist, ist zu verstehen als: Die Proposition, auf die das Satzvorkommen sich bezieht, ist wahr oder falsch. Durch die Proposition werden, mit anderen Worten, die **Wahrheitsbedingungen** der Äußerung festgelegt. (Für die logische Semantik spielen die Wahrheitsbedingungen von Sätzen eine zentrale Rolle).

> Ein Satzvorkommen referiert auf eine Proposition. Eine wesentliche Eigenschaft von Propositionen ist, dass sie **wahr** oder **falsch** sein können.

> Zum Begriff

Eine Proposition wie die Proposition, dass Marie steht, könnte man, wenn sie wahr ist, zu identifizieren versuchen mit der visuell wahrnehmbaren Situation, die vorliegt, wenn Marie steht – was immer genau eine solche Situation ist, sie ist etwas in der uns perzeptiv zugänglichen Außenwelt.

Eine falsche Proposition jedoch kann nicht mit irgendeiner Situation in der Außenwelt identifiziert werden. Eine Äußerung des Satzes *Marie steht* referiert auch dann auf die Proposition, dass Marie steht, wenn Marie nicht steht, d. h. wenn diese Proposition falsch ist. Die Proposition, dass Marie steht, ist *nicht* falsch, weil es in der Außenwelt die Situation gäbe, dass Marie nicht steht, sondern weil es in der Außenwelt *keine* Situation gibt der Art, dass Marie steht. Proposition und Situation sind also zu unterscheiden.

Was Propositionen genau sind, darüber herrscht in der Semantik und der Sprachphilosophie keine Einigkeit. Ob es sich um Mengen von Situationen, um Mengen von möglichen Welten oder um Komplexe aus Gegenständen und/oder Begriffen handelt, darüber gehen die Meinungen stark auseinander (s. in Kap. IV.1.2 die Vertiefung »Unterschiedliche Konzeptionen von Propositionen«).

Zur Vertiefung

Worauf wir referieren

Wir können uns mittels Sprache auf alles Mögliche beziehen. Wir beziehen uns u. a. auf unsere Mitmenschen oder uns selbst, auf Lebewesen, Pflanzen, Artefakte, geographische Einheiten (Landschaften, Berge, Seen etc.), Oberflächen, Grenzen, Orte und Regionen, Zeitpunkte und Zeitspannen, Prozesse und Ereignisse (die Französische Revolution, der Ausbruch des Ersten Weltkriegs etc., aber auch Wahrnehmungen, Empfindungen, Gedanken etc.) sowie Situationen (die Lage vor dem Ausbruch des Ersten Weltkriegs, die Situation der Einwanderer am Arbeitsmarkt etc.). Bei vielen dieser ›Dinge‹ handelt es sich um konkrete Dinge in der Außen- oder der Innenwelt.

Von diesem Bereich der **Konkreta** kann man den Bereich der **Abstrakta** unterscheiden. Wir beziehen uns insbesondere auf Kategorien (Typen, Arten, Sorten) von Gegenständen, auf Eigenschaften, Relationen, Zustände, Vorgänge und Propositionen. Diese abstrakten Dinge mit Ausnahme der Propositionen haben wir ›Begriffe‹ genannt (dies entspricht ziemlich genau dem, was in der neueren semantischen und sprachphilosophischen Diskussion *properties*, also ›Eigenschaften‹ genannt werden).

Die Unterscheidung zwischen Konkreta und Abstrakta ist eine sehr diffizile Angelegenheit, die viele linguistische und philosophische Fragen aufwirft, denen wir nicht im Ansatz nachgehen können (für Fortgeschrittene vgl. Künne 2007; Moltmann 2013; Rosen 2014).

Neben einzelnen ›Dingen‹, egal ob konkret oder abstrakt, beziehen wir uns auch auf Vielheiten bzw. **Pluralitäten** von Dingen. Wenn wir von den Mitglieder der Weltmeistermannschaft von 1954 reden oder davon, dass Marie und Moritz ein Paar sind, so referieren wir auf Pluralitäten. Eine solche Pluralität setzt sich aus den einzelnen Dingen zusammen, ist nichts anderes als die (mereologische) Summe dieser einzelnen Dinge. Ein Einzelding ist übrigens der Grenzfall einer Pluralität (Mereologie nennt sich die entsprechende Theorie, s. Kap. IV.3.3).

Neben Pluralitäten können wir uns auch auf **Massen** beziehen wie die Masse an Wasser in einem Wasserglas, die Masse an Radioaktivität, die aus einem Atomkraftwerk ausgetreten ist, etc. Wie wir sehen werden, zeigen Massenausdrücke ein spezielles Verhalten (s. Kap. II.2.1).

Bedeutung

Aus teilweise unterschiedlichen Gründen ist es bei verschiedenen Arten von Ausdrücken naheliegend, zwischen Referenz auf der einen Seite und Bedeutung auf der anderen Seite zu unterscheiden.

Referenz vs. Bedeutung

Personalpronomen: Die einzelnen Verwendungen von *ich* haben einen Referenten, der von Verwendung zu Verwendung ein anderer sein kann. Doch würde man nicht sagen, dass sich die Bedeutung des Ausdrucks *ich* von Verwendung zu Verwendung ändert. Man würde von jemandem sagen, dass er die Bedeutung dieses Pronomens kennt, wenn er weiß, dass eine Verwendung des Ausdrucks *ich* auf den Sprecher in einer bestimmten Äußerungssituation referiert, bzw. wenn er das Pronomen in diesem Sinne verwendet. (Meist ist diese Äußerungssituation die Situation, in der der Ausdruck verwendet wird – *ich* ist der, der gerade *ich* sagt).

Für diese von der Referenz zu unterscheidende semantische Eigenschaft gibt es keine gängige Bezeichnung. Wir werden von ›**charakteristischer Bedeutung**‹ bzw. einfach von ›**Bedeutung**‹ reden, wenn es klar ist, welche Art von Bedeutung gemeint ist. (Diese Art der Bedeutung entspricht ziemlich genau dem, was alltagssprachlich unter der Bedeutung eines sprachlichen Ausdrucks verstanden wird.) Der **Ausdruck** *ich* hat demnach eine (charakteristische) Bedeutung, und ein bestimmtes **Vorkommen** dieses Ausdrucks hat einen Referenten, nämlich den Sprecher einer bestimmten Äußerungssituation. Der Referent ergibt sich auf der Basis der Bedeutung (»*ich* ist der, der in der-und-der Situation *ich* sagt«), indem die Äußerungssituation festgelegt wird.

Deixis bzw. Indexikalität

Zur Vertiefung

Sprachliche Ausdrücke können **kontextabhängig** (auch: kontextsensitiv) sein, d. h. die (referenzielle) Bedeutung eines Vorkommens eines Ausdrucks kann abhängig sein von dem Kontext, in dem das Vorkommen auftritt. Indexikalität bzw. Deixis (die beiden Termini meinen dasselbe) ist eine besondere Form von Kontextabhängigkeit, die sich dadurch auszeichnet, dass die charakteristische Bedeutung von Ausdrücken einen Bezug auf den Kontext aufweist. Dies ist besonders deutlich bei den **reinen Deiktika**, zu denen insbesondere die Personalpronomen (*ich, du, wir, ihr, Sie*) und Lokal- und Temporaladverbien wie *hier* und *jetzt*, aber auch Adjektive wie *gegenwärtig* und *aktuell* und die ›Tempora‹ (Präsens, Präteritum etc.) gehören. Ihre charakteristische Bedeutung bezieht sich auf Aspekte der Äußerungssituation: Eine **Äußerungssituation** besteht aus einer konkreten Äußerung (mündlicher, schriftlicher, gestischer Art), dem Sprecher und den Adressaten, dem Zeitpunkt und dem Ort der Äußerung. Die **demonstrativen Deiktika** zeichnen sich durch einen Bezug auf die in der Äußerungssituation für Sprecher und Adressaten mehr oder weniger salienten Gegenständen aus (d. h. die in der Äußerungssituation wahrnehmbaren Gegenstände und die Gegenstände des vorangegangenen Diskurses). Zu dieser Gruppe der Deiktika gehören Nominalgruppen mit Demonstrativ (*dieser, jener*), Demonstrativpronomina (*der/die/das*; *dies*; betontes *er* und *sie*) und Lokaladverbien wie *hier, da, dort*. (Es wird auch vorgeschlagen, demonstrative von reinen Deiktika durch das Auftreten von Zeigegesten zu unterscheiden, s. Kap. II.2.5.2).

Substantive, Verben und Adjektive haben im Normalfall mehr als eine Bedeutung (zum Phänomen der Polysemie s. Kap. I.3.5.2), so dass es auch in diesen Fällen notwendig ist, zwischen den Bedeutungen des Ausdrucks und der Referenz eines Vorkommens dieses Ausdrucks zu unterscheiden: Auch wenn ein Substantiv, Verb oder Adjektiv mehrere Bedeutungen hat, so referiert ein Vorkommen dieser Ausdrücke doch nur auf einen einzigen Begriff.

Sätze: In einer Situation, in der wir hinter uns auf einer sehr belebten Straße jemanden, den wir nicht an seiner Stimme erkennen, sagen hören *Ich bin um 14 Uhr wieder da*, verstehen wir als kompetente Sprecher des Deutschen natürlich die Bedeutung des Satzes (unter anderem, weil uns die Bedeutung von *ich* geläufig ist), wir kennen aber die Proposition, auf die die Äußerung referiert, nicht, weil wir nicht wissen, wer da hinter uns im Gewühl mit *ich* auf sich Bezug genommen hat, wer mit anderen Worten der Referent von *ich* ist.

Damit zeigt sich, dass wir auch bei Sätzen (charakteristische) Bedeutung und Referenz unterscheiden können. Ein **Satz** hat eine bestimmte Bedeutung, ein **Vorkommen** bzw. eine **Äußerung des Satzes** eine bestimmte Referenz. Die Bedeutung des Satzes *Ich bin um 14 Uhr wieder da* versteht jeder, der Deutsch kann. Die Referenz eines Vorkommens dieses Satzes, d. h. die jeweilige Proposition, versteht nur der, der u. a. weiß, auf wen *ich* referiert.

Ähnlich verhält es sich bei Sätzen mit Eigennamen. Während die Äußerung des Satzes *Marie steht auf* auf eine bestimmte Proposition referiert (von einer bestimmten Marie wird gesagt, dass sie aufsteht), die man nur dann kennt, wenn man weiß, von welcher Marie die Rede ist, kennt man die Bedeutung von *Marie steht auf* auch schon, wenn man nicht weiß, von welcher Marie die Rede ist.

Zur Vertiefung

Bedeutung, Konvention, Sinn

Die charakteristische Bedeutung ist zwar oft eine **konventionelle Bedeutung**, doch muss das nicht so sein. Vor allem im Spracherwerb werden Wörter oft über eine Zeitlang mit einer Bedeutung verwendet, die nicht die konventionelle Bedeutung der Wörter in der Zielsprache ist. Auch soll nicht die Möglichkeit ausgeschlossen werden, dass erwachsene Sprecher Wörter auf ihre ganz eigene, idiosynkratische Weise verwenden, die nicht den Konventionen der jeweiligen Sprache entspricht.

Es ist ein großes, kontrovers diskutiertes Thema in der Semantik, ob *Vorkommen* von Ausdrücken neben ihrer Referenz noch eine andere Art von Bedeutung aufweisen, einen ›**Sinn**‹ (den man von der charakteristischen Bedeutung unterscheiden muss, die den Ausdrücken selbst zukommt). Die berühmteste Zwei-Ebenen-Semantik, die Sinn und Referenz ansetzt, ist die Semantik von Gottlob Frege (s. Kap. IV.1.2 sowie die Diskussion um die Semantik von Eigennamen in Kap. II.2.3). Da die Kategorie des Sinns umstritten ist, behandeln wir sie in den Grundlagen (d. h. Kapitel I) nicht.

2.3 | Drei Arten sprachlicher Bedeutung

Wir haben bisher zwei Arten sprachlicher Bedeutung unterschieden – charakteristische Bedeutung und referenzielle Bedeutung. Diese gilt es nun noch etwas zu vertiefen und zu erweitern.

Charakteristische Bedeutung: Hier gibt es zwei Formen zu unterscheiden: die **lexikalische Bedeutung** der einzelnen Ausdrücke (Morpheme, Wörter, idiomatische Ausdrücke) einerseits und die **kompositionale Bedeutung** von komplexen Wörtern und von Wortgruppen, insbesondere von Sätzen, andererseits, die sich aus der lexikalischen Bedeutung der Teilausdrücke ergibt. Jemand, der Deutsch kann, versteht nicht nur die Bedeutung der einzelnen Wörter des Satzes *Ich bin um 14 Uhr wieder da*, sondern auch die Bedeutung des ganzen Satzes, die sich aus der Bedeutung der einzelnen Wörter ergibt (oft ›Satzbedeutung‹ genannt). Die charakteristische Bedeutung ist kontextunabhängig, fest mit Ausdrücken verbunden und oft konventionell festgelegt.

Unter **Kompositionalität** versteht man den Umstand, dass sich die Bedeutung eines komplexen Ausdrucks aus der Bedeutung seiner Teilausdrücke und der Art ihrer Verknüpfung ergibt. Ein solcher Ausdruck bzw. seine Bedeutung ist **kompositional**.

Definition

Kompositionalität und Kompositionalitätsprinzip

Zur Vertiefung

So unspektakulär die Kompositionalität auf den ersten Blick ist, sie erklärt die erstaunliche Fähigkeit, dass wir Sprecher einer natürlichen Sprache problemlos völlig neue Sätze verstehen können, Sätze, denen wir in unserem Leben nie vorher begegnet sind. In einem Brief aus dem Jahre 1910 schreibt Gottlob Frege (zu Frege s. Kap. IV.1.1 und 1.2):

»Die Möglichkeit für uns, Sätze zu verstehen, die wir noch nie gehört haben, beruht offenbar darauf, daß wir den Sinn des Satzes aufbauen aus Teilen, die den Wörtern entsprechen. [...] Ohne dies wäre eine Sprache im eigentlichen Sinne unmöglich. Wir könnten zwar übereinkommen, daß gewisse Zeichen gewisse Gedanken ausdrücken sollten; wie die Signale bei der Eisenbahn (Strecke frei); aber auf diese Weise wären wir immer auf ein sehr enges Gebiet beschränkt und wir könnten nicht einen ganz neuen Satz bilden, der von einem Andern verstanden wird, obwohl ein besonderes Uebereinkommen für diesen Fall nicht vorhergegangen ist«. (Zitiert nach Falkenberg 1998, 23).

Dies steht direkt im Zusammenhang mit dem, was Noam Chomsky »den kreativen Aspekt des Sprachgebrauchs« oder auch die »diskrete Unendlichkeit der Sprache« genannt hat, wobei er sich auf Wilhelm von Humboldts Formulierung bezieht, dass uns die Sprache erlaubt, »von endlichen Mitteln unendlichen Gebrauch zu machen«. Chomsky interessiert sich vor allem für die syntaktische Seite des kreativen Aspekts.

Die Kompositionalität beleuchtet die semantische Seite und soll zwei Aspekte unserer Sprachkompetenz erklären: **Produktivität** (die Fähigkeit, beliebig viele Sätze zu verstehen, die für uns völlig neu sind) und **Systematizität** (die Fähigkeit, Sätze zu verstehen, die durch eine andere Zusammensetzung bereits bekannter Sätze gebildet werden). Produktivität ist das, was Frege in dem Zitat oben im Auge gehabt hat. Wenn jemand den Satz *Julia küsst Romeo* versteht, dann versteht er auch den Satz *Romeo küsst Julia* – dies ist ein Beispiel für Systematizität.

In der logischen Semantik spielt das **Kompositionalitätsprinzip** eine zentrale Rolle, demzufolge komplexe Ausdrücke allgemein kompositional sind. Es ist umstritten, wie generell das Kompositionalitätsprinzip gilt. Ein offensichtlicher Problemfall sind idiomatische Ausdrücke wie *das Kind mit dem Bade ausschütten*. Die idiomatische Bedeutung dieses komplexen Ausdrucks (etwa: »übertrieben reagieren«) ergibt sich nicht aus der Bedeutung der Teilausdrücke und der Art ihrer Verknüpfung. Doch können idiomatische Ausdrücke nicht generell als nicht-kompositional eingestuft werden (vgl. Nunberg et al. 1994; zum Forschungsstand zu Kompositionalität vgl. Werning et al. 2012 und Szabó 2013).

Wir haben bei der Definition von Kompositionalität oben absichtlich nicht spezifiziert, um welche Art von Bedeutung es geht. Denn sowohl die charakteristische wie die referenzielle Bedeutung von komplexen Ausdrücken kann kompositional sein.

Referenzielle Bedeutung: Bei einem Satzvorkommen ist die Proposition, auf die sich der Satz bezieht, die referenzielle Bedeutung. Diese ergibt sich zu großen Teilen kompositional aus der referenziellen Bedeutung der Teilausdrücke des Satzes. Vor diesem Hintergrund werden wir im Folgenden **referenzielle** und **propositionale Bedeutung** bzw. **propositionalen Gehalt** gleichbedeutend verwenden (s. aber Kap. III.1.1). Die referenzielle Bedeutung ist im Unterschied zur charakteristischen Bedeutung eine kontextabhängige Eigenschaft von Vorkommen von Ausdrücken.

Zur Vertiefung

Primärer und sekundärer propositionaler Gehalt

Es ist, wie wir es im Haupttext getan haben, eine Vereinfachung zu sagen, dass sich Sätze jeweils nur auf *eine* Proposition beziehen. In den folgenden Beispielen können wir mehr oder weniger eindeutig (zumindest) zwei Propositionen unterscheiden, auf die sich der Satz jeweils bezieht.

(1) a. *Knut, ein gefürchteter Kritiker, hat in der Redaktion angerufen.*
 b. *Knut, den wir ja alle gut kennen, hat in der Redaktion angerufen.*
 c. *Knut hat, wie wir ja jetzt alle wissen, die Nacht im Knast verbracht.*
 d. *Melanie ist ein Baby, aber schreit fast nie.*
 e. *Kerstin ist ein Baby und schreit also auch hin und wieder.*

In (a) und (b) haben wir einerseits die Proposition, dass Knut in der Redaktion angerufen hat, andererseits die Proposition, dass Knut ein gefürchteter Kritiker ist, bzw. die Proposition, dass wir Knut alle gut kennen. Diese zusätzliche Proposition kommt durch die appositive Nominalgruppe *ein gefürchteter Kritiker* bzw. den appositiven Relativsatz *den wir ja alle gut kennen* ins Spiel. In (c) haben wir neben der Proposition, dass Knut die Nacht im Knast verbracht hat, die Proposition, dass wir alle wissen, dass Knut die Nacht im Knast verbracht hat, die durch die Parenthese ins Spiel gebracht wird. Etwas anders liegt der Fall in (d) und (e). Hier ist es nicht so offensichtlich, wie man die zusätzliche Proposition beschreibt. In (d) haben wir neben der Proposition, dass Melanie ein Baby ist, das fast nie schreit, die von der Konjunktion *aber* ins Spiel gebrachte zusätzliche Proposition, dass man erwarten sollte, dass Melanie öfters schreit, da sie ein Baby ist. In (e) haben wir neben der Proposition, dass Kerstin ein Baby ist, das hin und wieder schreit, die von dem Konjunktionaladverb *also* ins Spiel gebrachte zusätzliche Proposition, dass Kerstin hin und wieder schreit, *weil* sie ein Baby ist.

Vor diesem Hintergrund können wir den **primären** und den **sekundären propositionalen Gehalt** als zwei Formen der referenziellen bzw. propositionalen Bedeutung unterscheiden. Der sekundäre Gehalt wird in den Sätzen in (1) durch die Apposition, die Parenthese, die Konjunktion bzw. das Konjunktionaladverb ins Spiel gebracht. Sekundär ist der Gehalt, da er nicht im Zentrum der Aussage zu stehen scheint, die mit den Äußerungen gemacht werden (der sekundäre Gehalt wird in der Literatur auch ›konventionelle Implikatur‹ genannt, vgl. Meibauer et al. 2015, 226).

Was wird alles kommuniziert?

Kommunikative Bedeutung: Mit einer Äußerung kann ein Sprecher sehr viel Verschiedenes mitteilen, das ist besonders durch die Arbeiten von Paul Grice deutlich geworden (vgl. Meibauer et al. 2015, § 6.3). Alles das, was mit einer Äußerung kommuniziert wird, wollen wir die ›kommunikative Bedeutung‹ der Äußerung nennen (Grice selbst spricht von »the total significance of an utterance«; vgl. Grice 1989, 41).

Dazu gehört einmal die **Sprechaktbedeutung** einer Äußerung, d. h. der Umstand, dass es sich bei der Äußerung um eine Feststellung, Behauptung, Frage, Bitte, Aufforderung etc. mit einem bestimmten Gehalt handelt. Die Äußerung des Satzes *Knut hat in der Redaktion angerufen* etwa ist typischerweise eine Feststellung und zwar die Feststellung, dass Knut in der Redaktion angerufen hat; die Äußerung des Satzes *Hat Knut in der Redaktion angerufen?* ist typischerweise eine Frage danach, ob Knut angerufen hat. Man sieht an diesen Beispielen, dass die propositionale Bedeutung, d. h. der **propositionale Gehalt** der Gesamtäußerung Teil der kommunikativen Bedeutung der Äußerung ist.

Zum anderen kann mit einer Äußerung mehr zu verstehen gegeben werden als nur das, was in seinem propositionalen Gehalt steckt. Antwortet Marie auf die Frage, ob sie mit ins Kino geht, mit *Ich muss auf die Prüfung lernen*, so gibt sie zu verstehen, dass sie nicht mit ins Kino kann, da sie auf die Prüfung lernen muss. Der propositionale Gehalt ihrer Äußerung ist, dass sie auf die Prüfung lernen muss; dass Marie nicht mit ins Kino kann, da sie auf die Prüfung lernen muss, ist eine pragmatische Folgerung aus der Äußerung, eine sogenannte **konversationelle Implikatur**, die nicht zur propositionalen, aber mit zur kommunikativen Bedeutung der Äußerung gehört. Auch bestimmten Annahmen, die Sprecher mit Äußerungen verbinden, sogenannte **Präsuppositionen**, kann man mit zur kommunikativen Bedeutung zählen. Wenn jemand darüber informiert, dass alle Türen im Schloss sperrangelweit offen stehen, so nimmt er offenkundig an, dann präsupponiert er, dass es im Schloss Türen gibt. Sagt jemand, dass er nicht bedauert, dass es zu einer Eskalation gekommen ist, so nimmt er offenkundig an, dass es zu einer Eskalation gekommen ist (man vergleiche im Kontrast dazu die Äußerung *Ich glaube nicht, dass es zu einer Eskalation gekommen ist*, wo keine derartige Präsupposition vorliegt). (Zu Sprechakten, Implikaturen und Präsuppositionen vgl. einführend Meibauer et al. 2015, Kap. 6 und Huang 2014, Kap. 2).

Als weitere Formen der Bedeutung lassen sich **expressive Bedeutung** und **soziale Bedeutung** unterscheiden. Der Unterschied zwischen der ›Balanceform‹ *du* und der ›Distanzform‹ *Sie* ist kein Unterschied in der referenziellen Bedeutung dieser beiden Personalpronomen – mit beiden Ausdrücken kann ja auf ein und dieselbe Person Bezug genommen werden – auch kein Unterschied in der ›deskriptiven‹ charakteristischen Bedeutung (die für die Referenz entscheidend ist), da mit beiden Ausdrücken der jeweilige Adressat gemeint ist. Doch haben sie eine unterschiedliche soziale Bedeutung, insofern der Sprecher ein anderes soziales Verhältnis zum Adressaten ausdrückt.

Ob jemand auf einen Hund mit *der Hund des Nachbarn* oder *dieser verdammte Köter*, auf die Bundeskanzlerin mit *Frau Dr. Merkel* oder mit *unser hochverehrter Gast* referiert, ist kein Unterschied in der referenziellen, sondern in der emotional-expressiven Bedeutung. Der Sprecher drückt mit der zweiten Version seine Wut bzw. seine Wertschätzung aus. Wie sich aus diesen Beispielen ergibt, kann die expressive und soziale Bedeutung ein konventionelles Fundament haben. Dieses gehört zur charakteristischen Bedeutung der entsprechenden Ausdrücke (die somit eine deskriptive *und* eine expressive bzw. soziale charakteristische Bedeutung haben). Die konkrete Bedeutung jedoch, die sich aus der Äußerung in einer bestimmten Äußerungssituation ergibt (»Person so-und-so drückt Angela Merkel gegenüber ihre Wertschätzung aus«), gehört zur kommunikativen Bedeutung der Äußerung.

Man kann nicht sagen, dass es in der Forschung Konsens wäre, welche Arten und Formen sprachlicher Bedeutung zu unterscheiden sind und in welchen Beziehungen sie genau zueinander stehen. Eine Dreiteilung der sprachlichen Bedeutung etwa in der Art, wie wir sie vorgenommen haben, dürfte jedoch weithin akzeptiert sein, auch wenn sich die Details und die Termini doch deutlich unterscheiden (vgl. z. B. Löbner 2015, § 1.1 und Meibauer et al. 2015, § 5.2.5). Hier eine Auswahl von mehr oder weniger genauen Entsprechungen:

Charakteristische Bedeutung	Ausdrucksbedeutung, Wort- bzw. Satzbedeutung, Charakter
Referenzielle bzw. propositionale Bedeutung	Äußerungsbedeutung, Denotation, propositionaler Gehalt, das Gesagte, Explikatur, Implizitur
Kommunikative Bedeutung	Sprecherbedeutung, kommunikativer Sinn, das Gemeinte

Zum Begriff

- **Charakteristische Bedeutung** ist kontextunabhängig und fest mit Ausdrücken verbunden und meist konventionell festgelegt. Sie kann deskriptiv, expressiv oder sozial sein.
- **Referenzielle bzw. propositionale Bedeutung** ist eine kontextabhängige Eigenschaft von Vorkommen von Ausdrücken. Sie lässt sich bei Sätzen zerlegen in primären und sekundären propositionalen Gehalt.
- **Kommunikative Bedeutung** umfasst alles, was mit einer Äußerung kommuniziert wird. Sie lässt sich zumindest zerlegen in Sprechaktbedeutung inkl. propositionaler Bedeutung, konversationelle Implikaturen, Präsuppositionen, expressive Bedeutung, soziale Bedeutung.

Was von diesen Arten und Formen der Bedeutung in das Aufgabengebiet der Semantik gehört, ist nicht so einfach zu sagen. Klar ist zumindest, dass die charakteristische Bedeutung eindeutig der Semantik zugeordnet werden kann und große Teile der kommunikativen Bedeutung der Pragmatik. Doch wo die referenzielle bzw. propositionale Bedeutung anzusiedeln ist, hängt entschieden von der Konzeption ab, die man von Semantik hat (s. die folgende Vertiefung).

Zur Vertiefung

Was ist Semantik?

Auf der Basis der Unterscheidung der drei Arten von sprachlicher Bedeutung kann man grob zwei Auffassungen von Semantik unterscheiden. Die **enge** Auffassung macht einen klaren Schnitt zur Pragmatik und beschränkt Semantik in etwa darauf, was wir die charakteristische Bedeutung von Ausdrücken nennen. Für die **weite** Auffassung von Semantik ist die propositionale Bedeutung (die ›intuitiven Wahrheitsbedingungen‹) und alles, was für deren Bestimmung notwendig ist, der Gegenstandsbereich der Semantik. Da für die Bestimmung der propositionalen Bedeutung nicht nur die charakteristische Bedeutung, sondern auch der Äußerungskontext mit entscheidend ist, umfasst damit die Semantik auch Teile von dem, was traditionell zur Pragmatik gerechnet wird. Vereinfachend kann man bei den beiden Auffassungen von einer **minimalistischen** und einer **kontextualistischen** Auffassung von Semantik reden (vgl. Jaszczolt 2012). Der Bereich, den man im umfassenden Sinne zur Semantik rechnen kann, lässt sich in drei Teilbereiche gliedern – einen Grundlagenbereich und zwei Kerngebiete –, an denen jeweils unterschiedliche Disziplinen beteiligt sind (neben der Linguistik selbst die Psycho-, Neuro- und Computerlinguistik, die kognitive Psychologie sowie die Sprachphilosophie und die Philosophie des Geistes):

1. Bedeutungstheorie: Hier werden Antworten gesucht auf die Fragen: Was ist sprachliche Bedeutung, welche Arten und Formen gilt es zu unterscheiden? Was ist Referenz? Was heißt es, eine Äußerung zu verstehen? etc.

2. Theoretische Semantik: Sie lässt sich in die folgenden Bereiche aufgliedern: (a) Lexikalische Bedeutung und kompositionale Bedeutung, (b) Bedeutungswandel, (c) Bedeutungserwerb und (d) semantische Verarbeitung. Hier werden Antworten gesucht auf Fragen wie: Was ist die lexikalische Bedeutung von Ausdrücken, in welchem Verhältnis steht sie zu unserem Weltwissen? Nach welchen Regularitäten ändert sich die lexikalische Bedeutung von Ausdrücken? Was genau ist unter ›propositionalem Gehalt‹ zu verstehen und was alles hat Einfluss auf diesen Gehalt? Worauf referieren wir mit welchen sprachlichen Ausdrücken? Wie ergibt sich die Bedeutung komplexer Ausdrücke aus ihren Teilausdrücken? Wie werden Bedeutungen im Spracherwerb erworben? Wie wird Bedeutung im menschlichen Gehirn verarbeitet? Welche Beziehungen bestehen zu (anderen) kognitiven sowie zu perzeptiven und motorischen Strukturen und Prozessen? etc.

3. Empirische Semantik: Hier geht es um die Erhebung von semantischen Daten einerseits und die Entdeckung semantischer empirischer Generalisierungen andererseits. Die Datenerhebung erfolgt auf der Basis von intuitiven Sprecherurteilen unterschiedlicher Art, von psycho- bzw. neurolinguistische Experimenten sowie von korpuslinguistischen Verfahren (vgl. den Überblick in Krifka 2011).

3 Grundlegende Phänomene

3.1 | Semantische Kategorien

So wie man in der Syntax Wörter und Wortgruppen nach ihren syntaktischen Eigenschaften in syntaktische Kategorien einordnet, so kann man in der Semantik Wörter und Wortgruppen nach ihren semantischen Eigenschaften in semantische Kategorien einordnen.

Term, Prädikat, Prädikation

In Kapitel I.2.2 haben wir gesehen, dass Eigennamen und Personalpronomen auf Gegenstände, Verben und Adjektive auf Begriffe und Sätze auf Propositionen referieren. Auf dieser Basis können wir folgende semantische Kategorien definieren:

> Ein **Term** ist ein sprachlicher Ausdruck, der auf einen oder mehrere Gegenstände referieren kann. Ein **Prädikat** ist ein sprachlicher Ausdruck, der auf einen Begriff referieren kann. Eine **Prädikation** ist ein sprachlicher Ausdruck, der auf eine Proposition referieren kann.

Definition

Beispiele für Terme sind nicht nur Eigennamen und Personalpronomen, sondern auch Nominalgruppen mit dem definiten Artikel (*die Sängerin, die Brücke*) und mit dem Demonstrativ (*diese Sängerin, jene Brücke*), wie wir später in Kapitel II.2.5 noch genauer sehen werden. Beispiele für Prädikate sind nicht nur Verben und Adjektive, sondern auch Nomen und Präpositionen sowie Wortgruppen, deren Kopf ein Verb, Adjektiv, Nomen oder eine Präposition ist (s. in Kap. I.3.3.2 die Vertiefung »Kriterien zur Identifizierung von Prädikaten«).

Analysebeispiele: Der Satz *Lola rennt* ist eine Prädikation, die aus dem Term *Lola* und dem Prädikat *rennt* besteht. Der Satz *Die bekannte Sängerin geht über die Brücke* ist eine Prädikation, die zwei Terme enthält (*die bekannte Sängerin, die Brücke*) und eine Reihe von Prädikaten, wobei nicht nur *geht* ein Prädikat ist, sondern auch das Adjektiv *bekannte*, die Präposition *über* und die beiden Nomen *Sängerin* und *Brücke*.

Quantor, Operator, Quantifikation

Ausdrücke wie *jedes Haus, alles Geld der Welt, viele Leute, einige Zuschauer* oder *keine von euch* werden Quantoren genannt, da sie aus einem Quantitativ (wie *jedes, alles, viele, einige, keine*) bestehen (Achtung: Oft nennt man nicht die ganzen Nominalgruppen Quantoren, sondern nur die darin vorkommenden Quantitative; dies ist jedoch nur ein terminologischer Unterschied). Quantoren unterscheiden sich deutlich in ihren Eigenschaften von Termen, so dass man sie als eigene semantische Kategorie betrachten muss (s. Kap. II.2.4.1).

Für den besonderen Charakter der Quantoren müssen die Quantitative verantwortlich sein. Quantitative gehören zur semantischen Kategorie der Operatoren, es handelt sich bei ihnen um quantifikationelle Operatoren. Weitere Beispiele für Operatoren sind die Artikel. Der definite Artikel (*der/die/das*) und der indefinite Artikel (*ein*) referieren alleine auf nichts, erst zusammen mit anderen Ausdrücken referieren sie auf etwas. Die Artikel etwa können zusammen mit einem Nomen einen Term bilden, der auf etwas referiert (wie in *Die Sängerin, die Brücke*). Ein weiteres Beispiel für einen Operator ist die Negationspartikel (*nicht*). Welche Ausdrücke Operatoren sind, und welche quantifikationell und welche nicht-quantifikationell sind, ist jedoch stark theorieabhängig (s. etwa die verschiedenen Deutungen des definiten Artikels in Kap. II.2.5.1). Außerdem muss man mit Mehrdeutigkeiten rechnen (s. etwa die verschiedenen Verwendungsmöglichkeiten von *die* und von *ein* in Kap. II.2.5.1 bzw. II.2.6).

Sätze mit Quantoren wie *Jedes Haus muss renoviert werden, Viele Leute waren da* oder *Einige Zuschauer klatschten* werden als Quantifikationen bezeichnet.

Definition

> Ein **Operator** ist ein sprachlicher Ausdruck, dessen Bedeutung sich erst im Zusammenspiel mit anderen Ausdrücken entfalten kann. Ein **Quantor** ist ein sprachlicher Ausdruck, der aus einem quantifikationellen Operator und einem (einfachen oder komplexen) Prädikat besteht. Eine **Quantifikation** ist eine Prädikation, die einen Quantor enthält (genauer: Eine Quantifikation ist eine Prädikation, die unmittelbar aus einem Quantor und einer Prädikation – dem ›Skopus‹ des Quantors – besteht; s. Kap. II.2.4.2).

Analysebeispiele: Analysieren wir nun im Detail die semantische Kategorie der Wörter und Wortgruppen von Sätzen. Nehmen wir den Satz (1), wobei wir nicht nur die Wörter des Satzes, sondern auch die in (1') durch Klammerung ausgezeichneten Wortgruppen betrachten.

(1) *Der spannende Film gefällt allen Zuschauern.*
(1') {[*Der spannende Film*] *gefällt* [*allen Zuschauern*]}

Dies gibt das folgende Ergebnis:

(2) a. Semantische Kategorie der Wörter in (1) bzw. (1'):
      der = Operator; *spannende* = Prädikat; *Film* = Prädikat;
      gefällt = Prädikat;
      allen = Operator; *Zuschauern* = Prädikat
     b. Semantische Kategorie der Wortgruppen in (1'):
      der spannende Film = Term; *allen Zuschauern* = Quantor;
      Der spannende Film gefällt allen Zuschauern = Quantifikation

Hier noch ein paar Beispiele für Sätze ohne Quantoren (die indefinite Nominalgruppe *einen lauten Knall* in (4) sei als Term zu betrachten (s. Kap. II.2.6); das Kopulaverb *ist* in (5) sei als semantisch irrelevant zu betrachten):

(3) a. *Wir kennen Lola.*
     b. *wir* = Term; *Lola* = Term; *kennen* = Prädikat;
      wir kennen Lola = Prädikation
(4) a. *Die Zuschauer hörten einen lauten Knall.*
     b. *die* = Operator; *Zuschauer* = Prädikat; *die Zuschauer* = Term;
      hörten = Prädikat; *einen* = Operator; *lauten* = Prädikat;
      Knall = Prädikat; *einen lauten Knall* = Term;
      die Zuschauer hörten einen lauten Knall = Prädikation
(5) a. *Das Boot ist unter der Brücke.*
     b. *das* = Operator; *Boot* = Prädikat; *das Boot* = Term;
      unter = Prädikat; *der* = Operator; *Brücke* = Prädikat;
      der Brücke = Term; *unter der Brücke* = Prädikat;
      das Boot ist unter der Brücke = Prädikation

3.2 | Semantische Valenz

Stelligkeit

Eine wichtige Eigenschaft von **Prädikaten** ist ihre Stelligkeit. Die Stelligkeit gibt an, wie viele Terme (**Argumente**) von Seiten des Prädikats benötigt werden, damit mit dem Prädikat eine vollständige Prädikation gebildet werden kann. Eine Prädikation ist vollständig, wenn alle Dinge genannt sind, die nötig sind, damit im Prinzip (wenn Zeit und Ort feststehen) entschieden werden kann, ob das Prädikat zutrifft oder nicht.

Lachen ist semantisch einstellig, von Seiten des Prädikats genügt also ein Term, ein Argument, um eine vollständige Prädikation zu bilden. Denn von Lachen kann man bereits reden, wenn es *einen* Gegenstand gibt, der lacht. *Besiegen* ist semantisch zweistellig, zwei Terme sind von Seiten des Prädikats nötig, um eine vollständige Prädikation zu bilden. Denn von Besiegen kann man nur reden, wenn es eine Partei gibt, die siegt, und eine Partei, die besiegt wird. *Besiegen* hat also zwei Argumente.

Da Stelligkeit eine allgemeine Eigenschaft von Prädikaten ist, weisen nicht nur Verben, sondern auch Adjektive und Substantive eine Stelligkeit auf.

Prädikat und
Argument

(6) a. *Beethoven war taub.*
  b. *Furtwängler war Chefdirigent der Berliner Philharmoniker.*

Taub ist semantisch einstellig: Ein Argument ist notwendig, um eine vollständige Prädikation zu erhalten – damit Taubsein vorliegt, muss es ein Lebewesen geben, das taub ist, sonst nichts. *Chefdirigent* dagegen ist semantisch zweistellig: Es muss nicht nur die Person angegeben werden, die Chefdirigent ist, sondern auch die Einrichtung, in der diese Position eingenommen wird (zur Rolle der Kopula in diesen Prädikationen s. Kap. II.1.6.3).

Zeit- und Raumangaben wie in *Bach komponierte die Matthäuspassion 1729 in Leipzig* werden im Allgemeinen nicht zu den Argumenten eines Prädikats gezählt, so dass *komponieren* auch in diesem Satz als zweistellig zu betrachten ist. Es hängt ganz allgemein von der Art des Begriffs ab, den das Prädikat bezeichnet, ob Zeit- und/oder Raumangaben passen oder nicht: Bezeichnet es einen Vorgang, eine Handlung, ein Ereignis, so sind Zeit- und Raumangaben möglich; bezeichnet es eine Eigenschaft, wie es die Charaktereigenschaften darstellen, oder eine Kategorie von Dingen wie *Mensch*, so sind Zeit- und Raumangaben unpassend; anders bei beruflichen Positionen wie *Lektor* oder *Chefdirigent*, die man auf Zeit inne hat. Weil es vom allgemeinen Typ des Begriffs abhängt, den das Prädikat bezeichnet, ist es nicht nötig, dies beim einzelnen Prädikat als Stelligkeitsangabe zu notieren, es muss nicht in die semantische Beschreibung des Prädikats hineingesteckt werden.

Thematische Rollen

Wenn man von ›Besiegen‹ reden kann, dann gibt es eine Partei, die siegt, (das **Agens**) und eine Partei, die besiegt wird, (das **Patiens**). Agens und Patiens sind allgemeine Bezeichnungen für die ›Rollen‹, die die Teilnehmer in einem Geschehen einnehmen, d. h. für ihr Verhalten, für das, was mit ihnen passiert, ihre Eigenschaften, ihre Beziehungen untereinander, die für das Geschehen typisch sind. Ein Agens ist typischerweise jemand, der willentlich ein Geschehen verursacht, ein Patiens ist typischerweise jemand, der von einem Geschehen betroffen ist, einem Geschehen unterworfen ist. Agens und Patiens sind sogenannte **thematische Rollen** (auch: semantische Rollen), also Rollen, die die Teilnehmer in einem Geschehen spielen. (Wenn in der generativen Grammatik von Theta- bzw. Θ-Rollen die Rede ist, dann hat man es in erster Linie mit syntaktischen Einheiten zu tun, nicht mit semantischen.)

Die **semantische Valenz** eines Prädikats besteht aus seiner semantischen Stelligkeit und den thematischen Rollen der Argumente:

Definition

> Die **semantische Valenz** eines Prädikats gibt die Anzahl und die thematischen Rollen der **Argumente** des Prädikats an.

Welche thematischen Rollen es gibt und wie sie zu definieren sind, darüber ist kontrovers diskutiert worden. Es ist wegen der Probleme, sie zu definieren, auch vorgeschlagen worden, auf sie zu verzichten (s. die Vertiefung unten). Hier eine unvollständige Aufstellung von Rollen, wie sie oft (informell) verwendet werden (vgl. Larson/Segal 1995, § 12.3):

Agens	der willentliche Initiator eines Geschehens
Patiens	die von einem Geschehen betroffene Person bzw. Sache
Thema	das, was bei einem Geschehen bewegt wird, bzw. das, was lokalisiert wird
Rezipient	die Person, die bei einem Geschehen etwas empfängt
Instrument	das bei einem Geschehen benutzte Mittel
Experiencer	der Träger eines psychischen Zustandes/Prozesses
Stimulus	der Auslöser eines psychischen Zustandes/Prozesses
Possessor	die Person, der etwas ›zugehörig‹ ist (z. B. die etwas besitzt)
Quelle	das, von dem aus etwas bei dem Geschehen bewegt wird oder von dem das Geschehen seinen Ausgang nimmt
Ziel	das, auf das hin ein Geschehen gerichtet ist
Ort	Ort, wo etwas sich befindet

Abb. 1: Aufstellung von thematischen Rollen und ihren Beschreibungen

Es gilt anzumerken, dass oft kein Unterschied zwischen Patiens und Thema gemacht wird. In Löbner (2015, 138) beispielsweise wird die Rolle ›Thema/Patiens‹ charakterisiert als: »an ihm wird die Handlung vollzogen oder vollzieht sich das Ereignis«. Bei Meibauer et al. (2015, 153) heißt es: »Mit dem Thema passiert etwas durch die Handlung, es ist betroffen von der Handlung, wechselt seinen Platz oder seinen Zustand [...]. Manchmal wird statt Thema auch Patiens verwendet.« Bei Primus (2012, 32) wird Thema als eine Unterart von Patiens beschrieben, als ein Patiens, das einer Zustandsveränderung unterliegt, ohne dass eine verursachende Sache bzw. Person beteiligt ist.

Analysebeispiele: Legt man die obige Aufstellung von thematischen Rollen zugrunde, so lassen sich den Argumenten in den Sätzen die folgenden thematischen Rollen zuordnen:

(7)   a. *Julia*[Agens] *küsst Romeo*[Patiens]
    b. *Clementine*[Thema] *erreicht Erlangen*[Ziel]
    c. *Der Zug*[Thema] *fährt von London*[Quelle] *nach Paris*[Ziel]
    d. *Der Wecker*[Instrument] *hat mich*[Patiens] *um 6 Uhr geweckt*
    e. *Moritz*[Experiencer] *fürchtet sich vor Spinnen*[Stimulus]
    f. *Marie*[Agens] *gibt Moritz*[Rezipient] *das Fahrrad*[Thema]
    g. *Marie*[Possessor] *ist mutig*
    h. *Der Schlüssel*[Thema] *steckt im Schloss*[Ort]

Was sind thematische Rollen?

Als die Idee der thematischen Rollen entwickelt wurde, hatte man die Vorstellung, dass es eine überschaubare Liste von thematischen Rollen geben würde, die für alle Sprachen relevant wären und mit deren Hilfe sich bestimmte grammatische Regularitäten beschreiben ließen (vgl. Fillmore 1968). Vereinfachte Beispiele für solche Regularitäten (›Argumentrealisierung‹, ›Linking‹) sind: »Wenn in einem Satz ein Agens vorkommt, dann ist dieses das Subjekt des Satzes; kommt noch ein Patiens vor, so ist dieses ein Objekt.«; »Beim Passiv wird ein Patiens zu einem Subjekt.«

Doch hat es sich als notorisch schwierig erwiesen, thematische Rollen genau zu definieren. Sollte es sich herausstellen, dass wir gar nicht ein spezifisches Arsenal von thematischen Rollen brauchen, um bestimmte grammatische Regularitäten zu beschreiben, dann kann man thematische Rollen als etwas betrachten, was für die einzelnen Argumente der Prädikate sehr spezifisch ist. Dies ist in der Linguistik immer mal wieder vorgeschlagen worden (vgl. den psychologischen, experimentell gestützten Ansatz von McRae et al. 1997 sowie den computerlinguistischen Ansatz von Palmer et al. 2005). Thematische Rollen sind dann ein wichtiger Teil der Bedeutungsbeschreibung von Prädikaten, wobei bei jedem Verb genau angegeben wird, welche Eigenschaften ihre Argumente aufweisen. Und dies ist von Verb zu Verb mehr oder weniger verschieden.

Auch wenn thematische Rollen damit verbspezifisch werden, ist nicht ausgeschlossen, dass grammatische Regularitäten auf thematische Eigenschaften Bezug nehmen können. So hat Dowty (1991) vorgeschlagen, allgemeine Rollen anzunehmen (›Proto-Rollen‹), die durch eine Reihe von Eigenschaften näher bestimmt wurden, wobei ein Argument eine solche Rolle auch haben kann, wenn es nicht alle Eigenschaften aufweist, durch die die Rolle ausgezeichnet ist (dieses Vorgehen macht von der Idee von Prototypen Gebrauch, s. Kapitel I.4.2). Mit diesen Proto-Rollen versucht er, grammatische Regularitäten (wie die Argumentrealisierung) zu beschreiben (zum neuesten Stand vgl. Primus 2004; 2012; einführend zu thematischen Rollen vgl. Davis 2011 und Primus 2012).

3.3 | Semantische Relationen

In diesem Abschnitt werden wir semantische Relationen zwischen Sätzen (und dabei insbesondere die Relation der logischen Folgerung) einerseits und semantische Relationen zwischen Prädikaten (›wortsemantische Beziehungen‹) wie Synonymie, Hyponymie und Antonymie andererseits betrachten (zu semantische Relationen zwischen Termen sowie zwischen Quantoren und Termen s. Kap. II.2.2).

3.3.1 | Logische Folgerung

Die logische Folgerung ist die grundlegende semantische Relation zwischen Sätzen (bzw. Prädikationen). Alle weiteren satzsemantischen Relationen lassen sich mit Hilfe der logischen Folgerung definieren. Einige Beispiele für logische Folgerungen: Aus *Fido ist ein Hund* folgt *Fido ist ein Tier*; aus *Max und Moritz sind übergewichtig* folgt *Max ist übergewichtig und Moritz ist übergewichtig*. Wenn der erste Satz wahr ist, dann ist notwendigerweise auch der zweite wahr. Dies ist intuitiv leicht nachzuvollziehen. Noch zwei etwas komplexere Beispiele. Aus (8a) folgt (8b), und aus (9a) (9b).

(8) a. *Alle Menschen sind sterblich.*
     Und: *Herta Müller ist ein Mensch.*
  b. *Herta Müller ist sterblich.*
(9) a. *Marie weiß, wer ›Die Atemschaukel‹ geschrieben hat.*
     Und: *Herta Müller hat ›Die Atemschaukel‹ geschrieben.*
  b. *Marie weiß, dass Herta Müller ›Die Atemschaukel‹ geschrieben hat.*

Die Definition für die logische Folgerung lautet wie folgt (= *def* ist die Abkürzung für: *ist definitionsgemäß identisch mit*; s. auch Kap. IV.1.3.1):

Ein Satz p **folgt (logisch)** aus einem Satz q =def p ist, wenn q wahr ist, notwendigerweise auch wahr.

Definition

Mit Hilfe der logischen Folgerung lassen sich weitere satzsemantische Relationen definieren: Bei der **logischen Äquivalenz** folgt aus jedem von zwei Sätzen der jeweils andere, bei der **Kontradiktion** und der **Kontrarietät** folgt aus der Wahrheit des einen die Falschheit des anderen, jedoch nur bei der Kontradiktion folgt auch aus der Falschheit des einen die Wahrheit des anderen.

3.3.2 | Synonymie, Hyponymie, Antonymie

Synonymie: Eigentlich ist es ein Luxus, wenn eine Sprache über Prädikate verfügt, die genau dieselbe Semantik haben. Doch kommt es durchaus vor, dass zwei unterschiedliche Prädikate notwendigerweise auf genau dieselben Dinge zutreffen. Ob ich sage *Ich gehe jetzt schlafen* oder *Ich gehe jetzt pennen*, das läuft semantisch auf genau dasselbe hinaus, denn *schlafen* und *pennen* sind Prädikate, die auf genau dieselben Dinge zutreffen: Wenn ein Wesen schläft, dann pennt es auch, und umgekehrt. An diesem Befund ändert nichts, dass die beiden Verben unterschiedlichen Registern angehören: *Pennen* ist umgangssprachlich, *schlafen* standardsprachlich.
 Ganz ähnlich liegt der Fall bei *sich übergeben* und *kotzen*. In der Familie und unter Freunden mag man ungezwungen *kotzen* sagen, wenn man aber seine gesundheitlichen Probleme dem Arzt schildert, so wird man in aller Regel *sich übergeben* oder *erbrechen* sagen. Es wäre ›unfein‹, ›vulgär‹,

›ungebildet‹, würde man *kotzen* sagen. Regional unterschiedlich ist die Verwendung von *Samstag* im Unterschied zu *Sonnabend* – gemeint ist aber jeweils der gleiche Wochentag.

<table>
<tr><td>Definition</td><td>Ein Prädikat F ist **extensional synonym** zu einem Prädikat G =def
F und G treffen notwendigerweise auf dieselben Gegenstände zu.</td></tr>
</table>

<table>
<tr><td>Zur Vertiefung</td><td>**Extension**

Mit ›Extension‹ ist hier der Begriffsumfang eines Prädikats gemeint, d. h. die Menge der Gegenstände, auf die das Prädikat zutrifft bzw. die den Begriff erfüllen, den das Prädikat bezeichnet. Zwei Prädikate sind damit extensional synonym, wenn sie denselben Begriffsumfang haben (zu Intension und Extension s. auch Kap. IV.1.3.2).</td></tr>
</table>

Wir finden in Gebieten, die in einer Kultur eine große emotionale Bedeutung haben, jede Menge von extensionalen Synonymen vor. Dies gilt in unserer Kultur insbesondere für Tod, Sex, Ausscheidungsvorgänge und Geld (Cruse 1986, 284 f.).

(10) a. *sterben, von uns gehen, das Zeitliche segnen, ins Gras beißen, abkratzen, abnibbeln, abschrammen, verrecken* etc.

b. *koitieren, Geschlechtsverkehr ausüben, Verkehr haben, miteinander schlafen, sich lieben, Liebe machen* (vgl. engl. *make love* und frz. *faire l'amour*), *es miteinander treiben, vögeln, bumsen, ficken, bimsen,* (bayrisch:) *schnackseln* etc.

c. *urinieren, sein Wasser abschlagen, pinkeln, pissen, brunsen, Pippi machen, mal ›für kleine Jungs‹ müssen* etc.

d. *Geld, Bims, Bimbes, Mäuse, Moos, Moneten, Kohle, Kies, Knete, Kröten, Piepen, Schotter, Zaster* etc.

Hyponymie: Betrachten wir die folgenden Paare von Prädikaten: *Auto* und *Fortbewegungsmittel, Stuhl* und *Möbelstück, Bier* und (*alkoholisches*) *Getränk, Rot* und *Farbe*. Die Ausdrücke sind nicht synonym, das ist klar: Wenn jemand ein Fortbewegungsmittel benutzt hat, so hat er nicht notwendigerweise ein Auto benutzt. Doch gibt es einen engen Zusammenhang zwischen den Prädikaten: Ein Auto ist ein Fortbewegungsmittel und ein Stuhl ein Mobelstück; Bier ist ein (alkoholisches) Getränk und Rot eine Farbe. Hier haben wir es mit der Relation der Hyponymie zu tun. *Auto* ist hyponym zu *Fortbewegungsmittel, Stuhl* zu *Möbelstück, Bier* zu (*alkoholisches*) *Getränk* und *Rot* zu *Farbe*.

<table>
<tr><td>Definition</td><td>Ein Prädikat F ist **hyponym** zu einem Prädikat G =def
G trifft notwendigerweise auf alles zu, auf das F zutrifft, aber nicht umgekehrt.
Ist F hyponym zu G, dann ist G **hyperonym** zu F.</td></tr>
</table>

Hyponym	Hyperonym
Auto	Fortbewegungsmittel
Stuhl	Möbelstück
Bier	(alkoholisches) Getränk
Rot	Farbe
Königin	Frau

Abb. 2
Beispiele für
Hyponymie-
beziehungen

Hyponymie wird manchmal aber auch ohne die Bedingung »aber nicht umgekehrt« definiert. Damit ließe sich dann extensionale Synonymie definieren als wechselseitige Hyponymie. Dies geht mit unserer Definition nicht, die dafür aber der Rede von Ober- und Unterbegriff entspricht.

Sind zwei Prädikate hyponym zu demselben Prädikat, so sind sie **Kohyponyme**. Beispiel: *Fahrrad* und *Auto* sind kohyponym, da beide hyponym zu *Fortbewegungsmittel* sind.

Taxonomische Hyponymie ist eine der Hyponymie verwandte Relation. Wenn man sagen kann, dass typischerweise ein F eine Art oder eine Sorte von G ist, dann ist das Prädikat F taxonym zu G. In Abbildung 2 sind alle Hyponyme eine Art des Hyperonyms (ein Auto ist eine Art von Fortbewegungsmittel, ein Stuhl ist eine Art von Möbelstück) bis auf das letzte Beispiel: Eine Königin ist nicht ein Typ, eine Art oder Sorte Frau. Da die Taxonomie eine Unterart der Hyponymie ist, wird sie auch als taxonomische Hyponymie bezeichnet (insb. bei Cruse 1986; Croft/Cruse 2004, 144 f.).

> Ein Prädikat F ist **taxonym** zu einem Prädikat G =def
> F bezeichnet typischerweise eine Art bzw. eine Sorte von G.

Definition

Inkompatibilität: Wenn zwei Prädikate synonym oder hyponym sind, so sind sie miteinander kompatibel, d. h. sie können gleichzeitig auf denselben Gegenstand zutreffen. Wenn zwei Prädikate nicht kompatibel sind, dann sind sie inkompatibel wie beispielsweise die beiden Adjektive *stocknüchtern* und *sternhagelvoll*: Niemand kann gleichzeitig stocknüchtern und sternhagelvoll sein. Zwei prominente Inkompatibilitätsrelationen sind die Antonymie und die Komplementarität.

> Ein Prädikat F ist **inkompatibel** mit einem Prädikat G =def
> F und G können notwendigerweise nicht gleichzeitig auf denselben
> Gegenstand zutreffen.

Definition

Kriterien zur Identifizierung von Prädikaten

Prädikate können anderen Prädikaten über- oder untergeordnet sein und sich gegenseitig ausschließen. Mit anderen Worten, Prädikate stehen untereinander in Hyponymie- und Inkompatibilitätsbeziehungen. Diese semantischen Relationen können wir nun benutzen, um Prädikate zu identifizieren.

Ausdrücke, die den Wortarten Verb, Substantiv, Adjektiv und Präposition angehören, sind fast immer Prädikate. So sind die sogenannten **Vollverben**, also Verben wie *lachen*, *gähnen*, *laufen*, Prädikate. *Laufen* beispielsweise ist ein Prädikat, das auf alle Leute zutrifft, die (in einer bestimmten Situation) laufen, und auf alle Leute nicht zutrifft, die (in dieser Situation) nicht laufen; *laufen* ist hyponym zu *sich bewegen* (wenn jemand läuft, dann bewegt er sich notwendigerweise auch, aber nicht umgekehrt, jemand kann sich bewegen, ohne zu laufen); *laufen* und *stehen* sind inkompatibel (jemand kann nicht gleichzeitig laufen und stehen).

Auch **Substantive** stehen in Hyponymie- und Inkompatibilitätsbeziehungen zueinander (z. B. sind *Fahrrad* und *Auto* inkompatibel und hyponym zu *Fortbewegungsmittel*).

Adjektive wie *schnell*, *sternhagelvoll* oder *lebendig* sind ebenso Prädikate (*sternhagelvoll* ist hyponym zu *betrunken* und inkompatibel mit *nüchtern*). Was ihren semantischen Status als Prädikat angeht, so macht es bei den Adjektiven keinen Unterschied, ob sie prädikativ, attributiv oder adverbial gebraucht werden (zu diesen Verwendungsmöglichkeiten s. Kap. II.3.2).

Schließlich sind **Präpositionen** wie *vor*, *hinter*, *neben*, *nach* usw. Prädikate. So ist *vor* inkompatibel mit *hinter*: Ein Gegenstand kann nicht gleichzeitig vor und hinter einem anderen Gegenstand sein. Und *direkt vor* ist hyponym zu *vor*: Wenn ein Gegenstand direkt vor einem anderen Gegenstand ist, dann ist er notwendigerweise vor diesem anderen Gegenstand, aber nicht umgekehrt.

Doch nicht nur Wörter, sondern auch ganze **Wortgruppen** (z. B. Verbal- und Adjektivgruppen) können Prädikate sein (z. B. *laut sprechen*, *eine Messe komponieren*, *sehr genial*), auch sie stehen in Hyponymie- und Inkompatibilitätsbeziehungen. So ist etwa *laut sprechen* hyponym zu *sprechen* und inkompatibel mit *leise sprechen* und mit *schweigen*.

Komplementarität: Typische Beispiele für komplementäre Prädikate sind *tot* und *lebendig*, *geöffnet* und *geschlossen*, *getroffen* und *verfehlt* (in Bezug auf ein Ziel), *bestanden* und *durchgefallen* (in Bezug auf eine Prüfung). Ein Lebewesen ist entweder tot oder lebendig, ein Geschäft ist entweder geöffnet oder geschlossen, man hat die Zielscheibe entweder getroffen oder verfehlt, man hat eine Prüfung entweder bestanden oder ist durchgefallen – eine dritte Möglichkeit gibt es nicht.

> Ein Prädikat F ist **komplementär** zu einem Prädikat G =def
> F ist inkompatibel mit G und daraus, dass eines der Prädikate auf
> einen Gegenstand nicht zutrifft, folgt, dass das andere Prädikat auf
> den Gegenstand zutrifft.

Definition

Ein Problem für diese Definition sind nicht so sehr Fälle, bei denen es nicht so klar zu entscheiden ist, ob das eine oder das andere Prädikat zutrifft, sondern Fälle, wo die Prädikate eigentlich ›deplatziert‹ sind: Ein Bleistift ist nicht lebendig, woraus sich aber nicht ergibt, dass er tot ist (und umgekehrt).

Antonymie: Die Antonyme sind die umfangreichste Gruppe von inkompatiblen Prädikaten. Nach der folgenden Definition sind *lang* und *kurz*, *heiß* und *kalt* Antonyme, aber auch *warm* und *kühl*, *Fahrrad* und *Omnibus* oder *Granatapfel* und *Petersilie*.

> Ein Prädikat F ist **antonym** zu einem Prädikat G =def
> F ist inkompatibel mit G und daraus, dass eines der Prädikate auf
> einen Gegenstand nicht zutrifft, folgt nicht, dass das andere Prädikat auf den Gegenstand zutrifft.

Definition

(Mitunter wird Antonymie noch weiter gefasst, so dass sie (nahezu) mit Inkompatibilität zusammenfällt, wie es bei Murphy 2010, § 2.6.4 der Fall ist, die folglich auch u. a. komplementäre und konträre Antonyme unterscheidet. Oft wird Antonymie aber auch enger gefasst als in unserer Definition, so dass nur die gradierbaren Antonyme, die wir jetzt gleich besprechen werden, darunter fallen, vgl. Löbner 2015, § 8.3.2).

Gradierbare Antonymenpaare sind eine prominente Unterart der Antonyme; s. (11):

Unterarten von Antonymen

(11) *lang:kurz*; *schnell:langsam*; *leicht:schwer*; *heiß:kalt*; *gut:schlecht*

Bei diesen Antonymenpaaren liegen jeweils bestimmte Eigenschaften zugrunde, die ein Gegenstand in einem unterschiedlichen Maße (mehr, weniger) aufweisen kann: Die Eigenschaft der Länge, der Schnelligkeit, des Gewichts, der Wärme, der Güte etc. (diese Eigenschaften werden oft mit Hilfe von Skalen dargestellt, s. Kap. II.3). Nehmen wir *lang:kurz* als Beispiel, bei dem die Eigenschaft der Länge zugrunde liegt. *Lang* bezieht sich darauf, dass die zugrunde liegende Eigenschaft (relativ gesehen) in einem hohen Maße aufgewiesen wird, und *kurz* darauf, dass die Eigenschaft (relativ gesehen) in einem geringen Maße aufgewiesen wird (*Der Tisch ist lang (für einen Esszimmertisch)* vs. *Der Tisch ist kurz (für einen Esszimmertisch)*). Ein Gegenstand kann aber auch eine Länge aufweisen, die sich weder als *lang* noch als *kurz* bezeichnen lässt (die beiden Adjektive sind damit antonym und nicht komplementär). Von diesem ›Neutralbereich‹ ist das, was von den beiden Antonymen eines gradierbaren Antonymenpaars bezeichnet wird, in etwa gleich weit entfernt, wenn auch in unterschiedlicher ›Richtung‹ (man beachte, dass die Definition von Antonymie oben sehr viel weiter gefasst ist; mehr zu Antonymie in Kapitel II.3.6).

Konverse Prädikate sind eine weitere Unterart der Antonyme: *Ehefrau:Ehemann*; *kaufen:verkaufen*; *vor:nach* etc. Wenn Marie die Ehefrau von Moritz ist, dann ist Moritz der Ehemann von Marie, und umgekehrt. Wenn Max von Moritz einen Gegenstand kauft, dann verkauft Moritz Max den Gegenstand, und umgekehrt. Da die Französische Revolution vor der Russischen Revolution war, war die Russische nach der Französischen Revolution. Man sagt, diese Prädikate sind konvers zueinander.

Auch die sogenannten **reversen Prädikate** stellen eine Unterart der Antonyme dar: *einsteigen:aussteigen*; *öffnen:schließen*; *beladen:entladen* etc. Die Verbpaare bezeichnen jeweils in dem Sinne entgegengesetzte Prozesse, dass der Resultatszustand des einen Prozesses (eingestiegen sein, geöffnet sein, beladen sein) der Ausgangszustand für den anderen Prozess darstellt (vgl. Löbner 2015, 239: die konversen und reversen Prädikate werden auch als direktionale Antonyme bezeichnet, vgl. Murphy 2010, 120).

Meronymie: Die Teil-Ganzes-Beziehung (der Finger ist Teil der Hand, die Speiche ist Teil des Rades u. s. w.) ist sehr prominent im (mentalen) Lexikon.

Definition

> Das Prädikat F ist meronym zu dem Prädikat G =def
> F trifft typischerweise auf einen Teil von etwas zu, auf das G zutrifft.

Abb. 3 Beispiele für Meronymiebeziehungen

Meronym	Holonym
Finger	*Hand*
Speiche	*Rad*
Zweig	*Baum*
Cockpit	*Flugzeug*

Meronym und Holonym sind inkompatibel, genauer: antonym. Wenn beispielsweise etwas ein Baum ist, dann ist es kein Zweig (eines Baumes), und umgekehrt; und wenn etwas kein Baum ist, ist es natürlich nicht notwendigerweise ein Zweig (eines Baumes), und umgekehrt. So betrachtet bilden Meronyme und Holonyme eine Unterart der Antonyme (dies ist jedoch keine etablierte Sichtweise; zur Problematik der Meronymie als semantischer Relation vgl. Croft/Cruse 2004, § 6.2.2).

3.4 | Wortfelder und Basiskategorien

3.4.1 | Taxonomien, Meronymien und lineare Wortfelder

Prädikate stehen in semantischen Relationen zueinander (s. Kap. I.3.3). Wählt man bestimmte semantische Relationen und nimmt z. B. alle Substantive, die in diesen Relationen zueinander stehen, erhält man ein Wortfeld.

Definition

> Ein **Wortfeld** ist eine Gruppe von Lexemen, die (1) dieselbe syntaktische Kategorie aufweisen, (2) die in ausgewählten semantischen Relationen zueinander stehen und (3) zu denen alle Lexeme dieser Kategorie gehören, die in diesen Relationen zueinander stehen (vgl. Löbner 2015, 242; hierbei handelt es sich um einen relativ engen, aber präzisen Begriff von Wortfeld).

Taxonomien

In ethnolinguistischen Untersuchungen hat man in den 1970er Jahren festgestellt (vor allem der Ethnologe Brent Berlin ist zu nennen), dass Alltagsklassifikationen von Bereichen der Natur einem allgemeinen Organisationsprinzip folgen: Sie bestehen alle aus fünf oder sechs Ebenen (für fachsprachliche Klassifikationen gilt diese Beschränkung auf fünf oder sechs Ebenen nicht.) Als Beispiel ein Ausschnitt aus der Klassifikation von Pflanzen:

kingdom	Pflanze			
life form	Baum			
intermediate	Laubbaum		Nadelbaum	
generic	Birke	Buche	Tanne	Fichte
specific	Kupfer-Birke	Blutbuche	Weißtanne	serbische Fichte
varietal				

Abb. 4: Taxonomie von Pflanzen (Ausschnitt)

Dieser Klassifikation können wir entnehmen, dass eine Blutbuche eine Art von Buche, eine Buche eine Art von Laubbaum und ein Baum eine Art von Pflanze ist. (Für die einzelnen Ebenen gibt es spezielle Termini, die links notiert sind; da sie für das Weitere keine Rolle spielen, haben wir es bei den englischen Originalausdrücken belassen.)

Bei Klassifikationen dieser Art handelt es sich um Taxonomien. Die Prädikate einer Taxonomie bezeichnen Kategorien von Gegenständen, wobei zwischen den Prädikaten zweier aneinander angrenzenden Ebenen die Relation der Taxonomie besteht (z. B. ist *Baum* taxonym und damit hyponym zu *Pflanze*). Genauer, die Prädikate einer Ebene sind taxonym zu den Prädikaten der darüberliegenden Ebene, aber nicht umgekehrt. Die Prädikate auf derselben Ebene sind inkompatibel (es sei denn, es würde sich um Synonyme handeln).

Definition

> Eine **Taxonomie** ist ein Wortfeld, das durch die semantische Relation der Taxonomie bestimmt wird. (Wir verwenden den Ausdruck ›Taxonomie‹ mehrdeutig: einmal als Ausdruck für eine semantische Relation, einmal als Ausdruck für ein Wortfeld, das durch die semantische Relation gleichen Namens bestimmt wird.)

Zwei Eigenschaften von Taxonomien gilt es noch hervorzuheben. Jeder Gegenstand, der zu einer bestimmten Kategorie gehört, gehört zu allen übergeordneten Kategorien (Transitivität). Und die Eigenschaften, die die Gegenstände einer Kategorie aufweisen, sind auch Eigenschaften, die die Gegenstände von allen untergeordneten Kategorien aufweisen (Eigenschaftsvererbung). In Taxonomien dieser Art steckt damit ein nicht unbeträchtliches Wissen über einen Gegenstandsbereich (zu Taxonomien vgl. u. a. Berlin 1992 und Murphy 2002, 202).

Es ist eine offene Frage, inwieweit dieses Organisationsprinzip für die Klassifikation natürlicher Arten auch auf Artefakte zutrifft, etwa für die folgende Teilklassifikation von (alkoholischen) Getränken bzw. Möbelstücken.

Abb. 5:
Taxonomie von
Getränken
(Ausschnitt)

Getränk							
alkoholisches Getränk							
Champagner	Wein			Sekt	Bier		Schnaps	Likör
	Rot-wein	Rosé	Weiß-wein		Export	Pils	Weizen		

Abb. 6:
Taxonomie von
Möbelstücken
(Ausschnitt)

Möbelstück					
Tisch	Stuhl		Sofa	Schrank		Bett
	Küchen-stuhl	Garten-stuhl		Wohnzimmer-schrank	Küchen-schrank	

Meronymien

Neben Taxonomien gibt es mit den Meronymien eine zweite Form von hierarchischen Wortfeldern, die durch die Teil-Ganzes-Beziehung, d. h. durch die semantische Relation der Meronymie, bestimmt sind (wir verwenden den Ausdruck ›Meronymie‹ genau wie den Ausdruck ›Taxonomie‹ mehrdeutig: einmal als Ausdruck für eine semantische Relation, einmal als Ausdruck für ein Wortfeld, das durch die semantische Relation gleichen Namens bestimmt wird). Hier ein Ausschnitt aus der Meronymie der Körperteilbezeichnungen (nach Löbner 2015, 246).

Körper									
Kopf			Rumpf			Arm			
Ohr	Gesicht		Hals	Bauch	Brust	Bein	Hand	Unter-arm	Ober-arm
	Auge	Nase	Mund				Finger		

Abb. 7: Meronymie von Körperteilen (Ausschnitt)

Lineare Wortfelder

Neben Taxonomien und Meronymien als hierarchischen Wortfeldern gibt es auch lineare Wortfelder (vgl. Cruse 2011, § 10.3). Bei **bipolaren Skalen** werden die Prädikate nach dem Grad angeordnet, zu dem die Gegenstände, auf die das jeweilige Prädikat zutrifft, eine bestimmte Eigenschaft aufweisen, wobei die Endpunkte der Skalen unterschiedliche ›Polarität‹ aufweisen.

(12) a. *heiß : warm : lauwarm : kühl : kalt : eisig* (Eigenschaft: Temperatur)
  b. *winzig : klein : groß : riesig* (Größe)
  c. *fantastisch : exzellent : gut : schlecht : furchtbar : katastrophal* (Güte)

Bei **monopolaren Skalen** werden die Prädikate angeordnet, ohne dass die Skalenenden unterschiedliche Polarität aufweisen würden.

(13) a. *Ozean : Meer : See : Teich* (Größe)
  b. *alle : die meisten : viele : einige* (Quantität)
  c. *immer : meistens : oft : manchmal* (Quantität)
  d. *Alter : Erwachsensein : Kindheit* (Stadien)
  e. *Jahr : Monat : Woche : Tag : Stunde : Minute : Sekunde* (Maß)
  f. *Professor : Juniorprofessor : Akademischer Rat : Mitarbeiter* (Rang)
  g. *Montag : Dienstag : Mittwoch : Donnerstag : Freitag : Samstag : Sonntag* (Sequenz)

Bei dem dritten Typ von linearen Wortfeldern, dem **Cluster**, handelt es sich um Gruppen von extensionalen Synonymen.

(14) *sterben* (= Kern des Clusters), *von uns gehen, ins Gras beißen, abkratzen, abnibbeln, das Zeitliche segnen, abschrammen* etc.

3.4.2 | Basisebene und Basiskategorien

Es gibt in Taxonomien eine ausgezeichnete ›mittlere‹ Ebene: Die Prädikate dieser taxonomischen Ebene zeichnen sich von den Prädikaten der anderen Ebenen in vielerlei Hinsicht aus. Sie gehören zu den kürzesten Wörtern einer Sprache (sind oft Simplizia, d. h. Wörter, die nicht weiter morphologisch zerlegt werden können), werden häufiger verwendet, wenn man sich mit einer Nominalgruppe auf einen Gegenstand beziehen will, und werden von Kindern zuerst verstanden und verwendet. Diese Prädikate werden **Basiskategorien** (*basic-level categories*) genannt. Hyperonyme zu diesen Prädikaten heißen Oberkategorien (*superordinate categories*), und Hyponyme zu den Basiskategorien Unterkategorien (*subordinate categorie*). Die ›mittlere‹ Ebene selbst heißt **Basisebene**.

Zur Vertiefung

Entdeckung der Basisebene und ihrer Eigenschaften

Roger Brown (1958) bemerkte vielleicht als erster, dass beim Sprechen konsistent eine mittlere Ebene der Kategorisierung benutzt wird, insbesondere wenn Eltern mit ihren Kindern sprechen. Berlin et al. (1973) und Berlin (1992) stellten fest, dass Sprecher von Sprachen indigener Kulturen Basiskategorien bei der Kategorisierung bevorzugen. Durch die grundlegenden Arbeiten von Eleanor Rosch und Kollegen (insb. Rosch et al. 1976 und Rosch 1978) wurde die Basisebene als ein herausragendes Phänomen der Kategorisierung etabliert. Sie untersuchten genauer, durch welche Eigenschaften sich die Basisebene von den anderen Ebenen auszeichnet. Die daran anknüpfende Forschung hat u. a. folgende Eigenschaften von Basiskategorien etabliert (vgl. Murphy 2002, 210 ff.):

- Sie sind informativer als Oberkategorien;
- die Bewegungssequenzen, die in Interaktion mit den Gegenständen ausgeübt werden, die unter eine Basiskategorie fallen, sind relativ vielfältig und ähneln sich;
- Basiskategorien zeichnen sich durch eine gemeinsame Gestalt aus;
- sie sind beim ›Priming‹ (die mentale Verarbeitung eines Wortes beeinflusst die Verarbeitung eines nachfolgenden Wortes) effektiver als Oberkategorien;
- Bilder von Gegenständen werden schneller als Beispiele für Basiskategorien erkannt denn als Beispiele für Ober- oder Unterkategorien;
- Basiskategorien sind einfacher zu lernen;
- sie werden beim Referieren auf Gegenstände bevorzugt;
- sie tauchen in Texten häufiger auf;
- sie werden von Kindern zuerst gelernt;
- sie werden in der Kommunikation mit Kindern häufiger verwendet;
- Kindern deuten neue Wörter als Ausdrücke für Basiskategorien;
- Wörter für Oberkategorien sind (in vielen Sprachen) oft Kontinuativa;
- Wörter für Unterkategorien sind oft Komposita, die sich aus Wörtern für Basiskategorien zusammensetzen;
- Gebärden für Oberkategorien setzen sich in der Amerikanischen Gebärdensprache aus Gebärden für Basiskategorien zusammen.

Die Basisebene hat eine besondere Bedeutung für die Kategorisierung. Bei den Basiskategorien sind sich die Dinge, auf die das Prädikat zutrifft, recht ähnlich, sie teilen eine signifikante Anzahl an Eigenschaften (die intrakategorielle Ähnlichkeit ist hoch) und unterscheiden sich deutlich von den Dingen, auf die die Schwesterkategorien zutreffen (die interkategorielle Ähnlichkeit ist gering). Stühle etwa ähneln sich untereinander, unterscheiden sich aber deutlich von Sofas, Tischen oder Schränken. Die Basisebene lässt sich bestimmen als die Ebene, bei der die **intrakategorielle Ähnlichkeiten** sowie die **interkategoriellen Unterschiede** am größten sind. Bei Oberkategorien nimmt die intrakategorielle Ähnlichkeit ab, bei Unterkategorien nimmt die interkategorielle Ähnlichkeit zu.

Bei den oben dargestellten Teilklassifikationen ist es nun einfach, die Basisebene zu identifizieren. Bei den Möbelstücken ist es die mittlere Ebene, die aus Simplizia besteht, während auf der Ebene darüber wie darunter die Prädikate Komposita sind. Auch ist es unmittelbar evident, dass Kinder zuerst *Tisch*, *Stuhl* etc. lernen und nicht *Möbelstück* oder *Küchenstuhl*. Auch bei den Getränken ist klar, dass *Wein*, *Bier* etc. die Basiskategorien sind. Bei der Pflanzenklassifikation ist die Ebene mit *Tanne*, *Buche* etc. die Basisebene (also die Ebene die die *generische* genannt wird). Es ist allerdings zu beachten, dass abhängig von der Umgebung, in der Menschen leben, und abhängig von ihrem Expertenwissen, andere Ebenen als Basisebene fungieren können.

Typikalitätseffekte

Zur Vertiefung

Aufbauend auf den Resultaten von Berlin/Kay (1969) zu Farbwörtern in den Sprachen der Welt konnte die Psychologin Eleanor Rosch zeigen, dass Sprecher für jedes Farbprädikat Farbmuster benennen können, die für das Farbprädikat **repräsentativ** sind, auf die also das Farbprädikat *am besten* zutrifft. Sie konnte weiterhin u. a. zeigen, dass repräsentative Farbmuster schneller erkannt und schneller benannt werden können. Sie hat dann in einer weiteren Reihe von klassischen Experimenten gezeigt, dass man repräsentative Beispiele oder, wie sie sagt, Prototypen nicht nur für Farbprädikate, sondern auch für Prädikate wie *Vogel* oder *Stuhl* ansetzen muss. Die Testpersonen in ihren Experimenten haben durchweg Rotkehlchen und Spatzen als repräsentativer für die Kategorie der Vögel eingestuft als Eulen und Adler und letztere wieder weitaus repräsentativer als Strauße, Emus und Pinguine. Sie konnte weiterhin zeigen, dass es auch bei Prädikaten wie *Möbelstück*, *Fahrzeug*, *Frucht*, *Waffe*, *Gemüse* und *Kleidung* zu Prototyp-Effekten kommt. Auch hier werden repräsentative Instanzen der Kategorie schneller erkannt und schneller benannt als unrepräsentative. Was sie damit entdeckt hatte, ist das, was man heute Typikalitätseffekte nennt.

Der **Typikalitätseffekt** besteht darin, dass sich die Dinge, auf die ein Prädikat zutrifft, einteilen lassen in Dinge, die gute, typische, repräsentative Exemplare für das Prädikat sind, und Dinge, die schlechte, mehr oder weniger untypische bzw. unrepräsentative Exemplare für das Prädikat sind.

Der Typikalitätseffekt ist ein extrem robustes Phänomen, das sich in unzähligen psychologischen Untersuchungen gezeigt hat. Er tritt auch bei so unterschiedlichen Prädikaten auf wie *Kunst*, *Wissenschaft*, *Arbeit*, *Ursache*, *ungerade Zahl*, *Dinge, die man in die Ferien mitnimmt*, *introvertiert*, *extrovertiert* u. a. Er gehört wie die Entdeckung der Basisebene zu den großen Entdeckungen der kognitiven Psychologie im 20. Jahrhundert.

Es gilt zu beachten, dass Typikalitätseffekte eine gewisse Varianz aufweisen. So sind die Typikalitätsurteile verschiedener Personen keineswegs völlig gleich, auch können die Typikalitätsurteile ein und derselben Person über die Zeit hinweg variieren.

3.5 | Mehrdeutigkeit und Vagheit

Es ist keineswegs etwas Besonderes, sondern der Normalfall, dass man einem sprachlichen Ausdruck, d. h. einer Folge von Lauten bzw. Buchstaben, mehr als eine (charakteristische) Bedeutung zuordnen kann. Dies gilt insbesondere, wenn es sich bei dem sprachlichen Ausdruck um ein Wort handelt. Es gibt kaum ein Wort, das nur eine charakteristische Bedeutung hätte. Und dies gilt nicht nur für das Deutsche, sondern wahrscheinlich für alle natürlichen Sprachen.

<table>
<tr><td>Definition</td><td>Bei **Mehrdeutigkeit** (auch: Ambiguität) handelt es sich um das universelle Phänomen, dass ein sprachlicher Ausdruck mehrere charakteristische Bedeutungen aufweisen kann.</td></tr>
</table>

Mehrdeutigkeit kann unterschiedliche Gründe haben. Wir diskutieren im Folgenden Formen der lexikalischen und nicht-lexikalischen Mehrdeutigkeit und unterscheiden davon das Phänomen der Vagheit.

3.5.1 | Vagheit

Formen von Vagheit

Es gibt mehrere Verwendungen dieses Begriffs in der Linguistik, so dass man drei Formen von Vagheit unterscheiden kann.

Unbestimmtheit ist eine erste Form von Vagheit. Mit *Oma* und *Opa* kann man sowohl auf die Eltern der Mutter wie die des Vaters Bezug nehmen. Wenn ich mit *Oma* auf eine Person referiere, so bleibt durch die Bedeutung von *Oma* unbestimmt, ob es die Oma mütterlicher- oder väterlicherseits ist. Ein etwas anders gelagertes Beispiel ist *Kind* und *Mitglied*. Hier bleibt das Geschlecht unbestimmt. In manchen Verwendungen bleibt es bei der Unbestimmtheit (*Hast du Kinder? Wie viele Mitglieder der Kommission kennst du? Hast du noch eine Oma oder einen Opa?*), in anderen ergibt sich die Bestimmung aus dem Kontext (*Ein Kommissionsmitglied ist schwanger geworden*; *Die Oma konnte ihrem Schwiegersohn nicht helfen*).

Präzisierungsbedarf ist eine zweite Form von Vagheit. In diesem Sinne sind Ausdrücke wie *teuer*, *viel/wenig*, *oft/selten*, aber auch *hier* vage. *Hier fühle ich mich wohl* hat erst dann eine genaue Bedeutung, wenn klar ist, was mit *hier* gemeint ist: das Zimmer, in dem sich der Sprecher befindet, die Wohnung, die Stadt, das Land etc. Insofern ist die charakteristische Bedeutung von *hier* vage, bedarf einer Präzisierung durch den Kontext bzw. Kotext (*hier in diesem Zimmer*; *hier in dieser Stadt* etc.). *Die Wohnung ist teuer* kann ganz Unterschiedliches bedeuten je nachdem, wie groß die Wohnung ist, ob es sich um einen Alt- oder um einen Neubau handelt, wo sie sich befindet (Shanghai, München, Biberach), in was für einem Stadtviertel sie liegt etc.

Unschärfe ist eine dritte Form von Vagheit. Ein Begriff kann in zweifacher Hinsicht unscharf sein: (a) Einmal ist es nicht immer eindeutig zu sagen, wo ein Gegenstand, der unter den Begriff fällt, anfängt bzw. endet.

Wo fängt das an, was wir den Bauch eines Menschen nennen? Wo beginnt bzw. endet ein Berg bzw. ein Tal, wo die Nacht bzw. der Tag. (b) Zum anderen ist es in vielen Fällen nicht möglich zu sagen, ob ein Gegenstand unter den Begriff fällt oder nicht. Wo sind etwa die Grenzen von dem, was wir eine Sportart nennen? Gehört Schachspielen dazu? Auch bei Ausdrücken wie *teuer/billig* oder Farbadjektiven ist eine Entscheidung, ob ein bestimmter Preis noch *teuer* bzw. *billig* oder ein Farbton noch *rot* genannt werden kann, oft nicht mit guten Gründen zu fällen.

Berlin/Kay (1969) haben bei ihren Forschungen zu Farbwörtern festgestellt, dass es Farbmuster gibt (z. B. solche, die zwischen Rot und Orange oder zwischen Blau und Violett liegen), bei denen verschiedene Sprecher unterschiedliche Urteile abgeben, welches Farbprädikat auf sie zutrifft, und bei denen ein Sprecher zu unterschiedlichen Zeiten unterschiedliche Urteile abgibt. Labov (1973) hat Leuten Zeichnungen von Tassen, Bechern, Vasen und Schalen vorgelegt, in denen systematisch verschiedene Parameter (Höhe, Breite, Krümmung, Vorkommen eines Henkels etc.) variiert wurden, und hat sie die Abbildungen kategorisieren lassen. Dabei zeigte sich, dass es Fälle gibt, wo die Leute sich unsicher waren, welches Prädikat zutrifft. Er konnte die Urteile der Leute verändern, indem er bestimmte kontextuelle Bedingungen veränderte: Er sagte ihnen, sie sollten sich vorstellen, dass das Gefäß mit Reis gefüllt ist bzw. dass es mit Kaffee gefüllt ist.

> Ein Prädikat ist **unscharf**, wenn sich die Extension des Prädikats, d. h. die Menge der Gegenstände, auf die es zutrifft, nicht exakt angeben lässt, wenn es also einen ›Grenzbereich‹ gibt, wo eine definitive Entscheidung, ob ein Gegenstand zu der Extension gehört, nicht möglich ist (s. auch Kap. II.3.5).

Definition

3.5.2 | Homonymie und Polysemie

Eine erste Form der lexikalischen Mehrdeutigkeit ist die Homonymie.

> Die **Homonymie** ist eine Beziehung zwischen zwei Lexemen, die vorliegt, wenn sie dieselbe lautliche und/oder graphische Gestalt haben, aber ihre Bedeutungen so unterschiedlich sind, dass man zwischen ihnen intuitiv keinen ›plausiblen Zusammenhang‹ erkennen kann.

Definition

Das Standardbeispiel für Homonymie ist *Bank*: *Bank₁* = Sitzgelegenheit; *Bank₂* = Geldinstitut. Dass es sich bei *Bank₁* und *Bank₂* um zwei verschiedene Lexeme handelt, zeigt sich auch an morphologischen Unterschieden – die Pluralformen sind unterschiedlich (*Bänke* vs. *Banken*). Ein anderes Beispiel ist *Laster*: Entweder ist ein Nutzfahrzeug gemeint oder eine schlechte Angewohnheit.

Von **Homophonie** redet man, wenn zwei Homonyme sich in ihrer lautlichen Gestalt gleichen, von **Homographie**, wenn sie sich in ihrer graphischen Gestalt gleichen. Bei *Seite* und *Saite* liegt Homophonie vor, bei *Konstanz* (der Stadtname, Betonung auf der ersten Silbe) und *Konstanz* (dem Abstraktum, Betonung auf der zweiten Silbe) Homographie. Bei *Bank* und *Laster* haben wir beides.

Die Polysemie ist eine zweite Form von lexikalischer Mehrdeutigkeit.

Definition

> Bei Polysemie handelt es sich um eine Eigenschaft von Lexemen, die vorliegt, wenn ein Lexem mehrere unterschiedliche Bedeutungen aufweist, zwischen denen man intuitiv einen plausiblen Zusammenhang erkennen kann (ein Lexem kann polysemer sein als ein anderes, wenn es mehr unterschiedliche Bedeutungen aufweist).

Mitunter zumindest kann man eine Grundbedeutung ausmachen, von der die anderen Bedeutungen direkt oder indirekt (über eine bereits abgeleitete Bedeutung) abgeleitet werden können. Nehmen wir *laufen* als Beispiel:

Beispiele für Polysemie

(15) a. *Jetzt laufen sie mit ihren nagelneuen Schuhen durch den Regen.*
    b. *Moritz kann schon laufen.*
    c. *Die Marathonläufer laufen jetzt schon über eine Stunde in dieser Hitze.*
    d. *Das Wasser läuft (und läuft).*
    e. *Meine Nase läuft.*
    f. *Die Uhr läuft. Der Film läuft schon. Die Kaffeemaschine läuft.*
    g. *Das Geschäft läuft. Das Buch läuft. Das Projekt läuft.*
    h. *Da läuft doch was!*

Die Verwendung in (a) und (b) ist ein naheliegender Kandidat für die Grundbedeutung von *laufen*, das in dieser Verwendung eine bestimmte Form der Fortbewegung von Menschen bzw. Lebewesen bezeichnet. Es gibt aber auch die Variante (c), wo *laufen* soviel wie *rennen* bedeutet (vgl. auch die transitive Verwendung in *Wer läuft den Berlin-Marathon?*). Die Verwendung in (d) ist schon deutlich von der Grundbedeutung verschieden, wobei das Merkmal der Bewegung im Raum erhalten bleibt. An dieser Verwendung scheint (e) anzuknüpfen, auch wenn das Merkmal der Fortbewegung nur noch indirekt von Belang ist – die Nase bewegt sich nicht, jedoch der flüssige Naseninhalt. In (f) ist Fortbewegung kaum noch relevant (zwar bewegen sich die Uhrzeiger mechanischer Uhren, wenn die Uhr läuft, aber bei digitalen Uhren ist dies nicht mehr der Fall). In (g) und (h) sind wir definitiv in einem anderen Bereich angelangt. Man sieht, dass die verschiedenen Bedeutungen von *laufen* unterschiedlich nahe zur (angenommenen) Grundbedeutung sind.

Schwer ist ein typisches Beispiel für ein polysemes Adjektiv, bei dem die Kombination mit Nomen die unterschiedlichen Bedeutungen zeigt:

(16) *schwerer Eimer, schwerer Weg, schwere Geburt, schwerer Text, schwere Aufgabe, schwerer Fehler, schwere Entscheidung, schwerer Rückschlag*

Beispiele für Polysemie bei Nomen: Mit *Katze* können wir die Tierart meinen (*Katzen sind beliebte Haustiere*) oder nur die Weibchen unter ihnen (*Dies ist keine Katze, das ist ein Kater*). Mit *Tür* können wir das Ganze aus Türblatt, Türrahmen, Scharnieren, Türschwelle etc. meinen (*Sie gingen durch die Tür*) oder nur das Türblatt (*Ich habe die Türe ausgehängt und auf den Boden gelegt*). Mit *Maus* können wir ein Tier meinen, eine Person (Kosename) oder ein Computerutensil.

Auch Präpositionen (*Die Pferde sind im̱ Stall*; *Wir kommen iṉ zwei Stunden*; *Sie ist iṉ Trauer*), Adverbien (*Sie sind sicher gelandet* – »bestimmt« oder »auf sichere Weise«), Partikeln (*Nuṟ Eduard ist gekommen*; *Wenn der nuṟ nicht wieder geht!*) und Subjunktionen (*Wenṉ du gehst, mach die Tür zu* – konditional oder temporal) können polysem sein. Auch Pronomina können mehrdeutig sein. Da wir Mehrdeutigkeit auf die charakteristische Bedeutung eines Ausdrucks beziehen, ist aber das Personalpronomen *ich* nicht deshalb mehrdeutig, weil der Referent je nach Äußerungssituation variieren kann (das Personalpronomen *ich* ist eines der wenigen Worte, das nicht mehrdeutig zu sein scheint).

Binnenvariation: Ein besonderer Fall von Polysemie liegt bei Ausdrücken wie *Buch*, *Zeitung* oder *Schule* vor. Eine eingeführte Bezeichnung gibt es nicht, wir werden von ›Binnenvariation‹ reden. Ein Buch ist typischerweise ein längerer Text, der in vielen Exemplaren gedruckt vorliegt, vgl. *Das Buch ist lesenswert und verkauft sich gut*; *Wo ist das Buch erschienen?* Wir können aber mittels *Buch* auch auf ein ganz bestimmtes Exemplar eines Buchs bezugnehmen, auf ein konkretes dreidimensionales Objekt, das aus einer Menge von fest miteinander verbundenen Seiten besteht: *Gib mir mal das Buch dort*; *Wo hat sie nur das Buch über Shakespeare hingelegt?* Diese beiden Bedeutungen von *Buch* sind nun aber sehr eng aufeinander bezogen: Ein Buchexemplar ist ein Exemplar eines bestimmten Buches, und ein Buch ist in seinen Exemplaren ›verkörpert‹. (Andere Verwendungen von *Buch* liegen vor in *Die Rolle des Buches für die Kultur* und in *Das Buch auf dem Gemälde*.)

Schule ist ein anderes vieldiskutiertes Beispiel für Binnenvariation. Eine Schule ist typischerweise eine Einrichtung, die Unterricht anbietet und in bestimmten Räumlichkeiten (etwa einem Schulgebäude) untergebracht ist, vgl. *Die Schule hat einen guten Ruf und liegt in der Altstadt direkt neben dem Rathaus*. Wir können uns mittels *Schule* aber auch nur auf das Schulgebäude beziehen: *Die Schule brennt! Die Schule muss dringend renoviert werden*. Wieder ist klar, dass die beiden Bedeutungen sehr eng aufeinander bezogen sind (zur Binnenvariation vgl. Bierwisch 1983; Pustejovsky 1995; Croft/Cruse 2004, § 5.3.1).

Mikrovariation: Ein weiterer spezieller Fall von Polysemie ist die Mikrovariation (vgl. die Rede von *microsenses* bei Croft/Cruse 2004, § 5.3.2). Bälle gibt es in ganz verschiedenen Formen: Fußbälle, Volleybälle, Basketbälle, Tennisbälle, Tischtennisbälle, Medizinbälle etc. Auch Messer gibt es ganz unterschiedliche: Tischmesser, Küchenmesser, Schlachtmesser, Operationsmesser, Schweizer Messer, Kampfmesser etc. Vor diesem Hintergrund kann einer Bitte wie *Hast du mal einen Ball?* oder *Hast du mal ein Messer?* ohne erklärenden Kontext nur bedingt Folge geleistet werden. Andererseits verstehen wir die Wörter in *Ich habe heute keinen Ball dabei*

Spezielle Arten von Polysemie

oder *Marie braucht noch ein Messer* je nach Kontext ganz spezifisch, etwa als Fußball oder als Tischmesser. Ein Wort wie *Ball* oder *Messer* kann man durchaus unspezifisch verwenden, siehe den zweiten und dritten Satz dieses Absatzes. Doch dies sind recht spezielle Verwendungskontexte. Viel verbreiteter scheint die spezifische Verwendung zu sein. Das ist ein Kennzeichen der Mikrovariation.

Grenzfälle **Differenzierung:** Von der Mikrovariation ist die Differenzierung (auch: kontextuelle Modulation) nicht so leicht abzugrenzen. Wenn wir die Grundbedeutung von *laufen* nehmen, die Fortbewegung von Lebewesen mittels Beinen, so kann das Laufen recht unterschiedliche Formen annehmen, man vergleiche: *Eine Frau läuft über die Straße*; *Ein Baby läuft aus der Wohnungstür*; *Eine Katze läuft über den Rasen*. Die Formen sind so unterschiedlich, dass wir, wenn ein Mensch so wie das Baby aus der Tür oder die Katze über den Rasen läuft, die Situation kaum beschreiben könnten als *Eine Frau lief aus der Wohnungstür* bzw. *Eine Frau lief über den Rasen*, adäquater wäre: *Eine Frau torkelte aus der Wohnungstür* bzw. *Eine Frau lief auf allen Vieren über den Rasen*. Vergleiche auch die verschiedenen Verwendungen von *schneiden* oder *öffnen*:

(17) *Brot schneiden, Zwiebel schneiden, die Büsche schneiden, den Rasen schneiden, die Haare schneiden* etc.

(18) *die Tür öffnen, die Dose öffnen, das Buch öffnen, die Vorhänge öffnen, den Mund öffnen, den Wein öffnen* etc.

Was Schneiden bzw. Öffnen genau ist, ergibt sich erst, wenn klar ist, was geschnitten bzw. geöffnet wird. (Es ist keineswegs ausgemacht, dass man die Variation bei der Differenzierung als Polysemie bezeichnen sollte.)

Systematische Polysemie: Systematisch (bzw. regelmäßig) ist eine Polysemie, wenn sie einem Muster folgt, das man generell bei semantisch vergleichbaren Ausdrücken antrifft. Eine Beispiel dafür sind Ausdrücke wie *Öl* oder *Wasser*. In *Da ist Öl ausgelaufen* beziehen wir uns mit *Öl* auf Öl als eine bestimmte Substanz; in *Ein Öl ist nicht wie andere* jedoch beziehen wir uns mit *Öl* auf eine Sorte von Öl (vgl. *Die haben eine große Auswahl an Speiseölen*). Ganz ähnlich bei *Wasser*: *Da ist Wasser auf dem Boden* vs. *Ein Wasser ist nicht wie das andere* (*Die haben eine große Auswahl an Mineralwasser*). *Wasser* hat noch eine andere Verwendungsmöglichkeit. Während in *Vergeudet nicht so viel Wasser!* von der Substanz Wasser die Rede ist, ist in *Wir nehmen noch drei Wasser* von Portionen (Gläser oder Flaschen) von Wasser die Rede (zu Kontinuativa und Individuativa s. Kap. II.2.1). Weitere Fälle, die zur systematischen Polysemie gerechnet werden, finden sich in Kapitel I.3.6.2 zur Metonymie. Bei der systematischen Polysemie ist jedoch die Frage, ob die Bedeutungsvarianten, da sie sich aus generellen Mustern ergeben, zum Bedeutungsspektrum des jeweiligen Lexems gezählt oder nicht vielmehr als Ergebnis einer semantischen ›Operation‹ gesehen werden sollten, die eine Bedeutungsvariante des Lexems als Ausgangspunkt nimmt und zu einer bestimmten Bedeutung führt. Letzteres ist möglicherweise der Fall bei der lebendigen Metonymie (s. Kap. I.3.6.2).

Anders als die Homonymie stellt die Polysemie für die Linguistik eine große Herausforderung dar. Wie gesagt ist fast jedes Wort polysem, und gerade die am häufigsten verwendeten Wörter sind besonders polysem (Zipf 1945). Sowohl bei Homonymie wie bei Polysemie haben wir davon gesprochen, dass es einen ›plausiblen Zusammenhang‹ zwischen den Bedeutungen gibt bzw. nicht gibt. Dies ist natürlich etwas, was die Forschung präzisieren muss (vgl. einführend Cruse 2011; Croft/Cruse 2004, Kap. 5; Murphy 2010, Kap. 5; sowie zum Stand der Forschung allgemein Ravin/Leacock 2000, aus kognitiver Sicht Lewandowska-Tomaszczyk 2010, aus logisch-semantischer Sicht Kennedy 2011, aus psychologischer Sicht Murphy 2002, 404–413).

3.5.3 | Nicht-lexikalische Mehrdeutigkeit

Neben Homonymie und Polysemie als zwei Formen der lexikalischen Mehrdeutigkeit gibt es mehrere Formen der nicht-lexikalischen Mehrdeutigkeit.

Relationale Ambiguität kommt vor allem bei Komposita vor. Ein Kompositum wie *Fischfrau* kann ganz verschiedene Begriffe bezeichnen (›Frau, die Fisch verkauft‹, ›Frau, die einen Fisch in der Hand hat‹, ›Frau, die gerne Fisch isst‹ etc.). Die Begriffe unterscheiden sich in Bezug auf die Relation, die zwischen Frau und Fisch angesetzt wird (deshalb ist *Fischfrau* relational ambig). Anders als bei der Polysemie sind hier die Bedeutungsvarianten nicht konventionell eingespielt, die Möglichkeiten sind unbegrenzt. Auch bestimmte Attribute (Genitiv-Nominalgruppen und *von*-Präpositionalphrasen) können relational ambig sein. *Maries Bücher* bzw. *die Bücher von Marie* kann man ganz verschieden verstehen je nach der Relation, die zwischen Marie und den Büchern angesetzt wird: ›Bücher, die Marie besitzt (/liest, schreibt, ausgesucht hat etc.)‹; vgl. die traditionelle Unterscheidung zwischen *Genitivus subjectivus* und *Genitivus objectivus*.

Kompositionale Ambiguität: Wenn ein Satz mehrere (charakteristische) Bedeutungen aufweist, so reden wir davon, dass der Satz **ambig** ist und mehrere **Lesarten** aufweist. Ein Satz kann einmal ambig sein, weil die Ausdrücke, aus denen er besteht, mehrdeutig sind: In *Dieses Buch ist schwer* kann man *schwer* als »schwer an Gewicht« oder »vom Verständnis her schwer« verstehen; in *Geh doch zur nächsten Bank!* kann von einer Geldbank wie von einer Sitzbank die Rede sein. So folgt aus einer lexikalischen Mehrdeutigkeit eine Ambiguität des Satzes. Dies ist eine Form der kompositionalen Ambiguität von Sätzen.

Zu der kompositionalen Ambiguität kann man auch den Fall zählen, wenn ein Satz neben einer **wörtlichen** eine **figurative** (metonymische oder metaphorische) Lesart hat, weil ein Teil des Satzes figurativ interpretiert werden kann (s. Kap. I.3.6).

(19) a. *Kehlmann ist gut verständlich.*
 b. *Madonna ist eine Schauspielerin.*

Satz (19a) kann man so verstehen, dass Kehlmann – etwa bei einer Lesung – akustisch gut verständlich ist. Man kann den Satz aber auch so verstehen, dass die Werke von Kehlmann gut verständlich sind. Im letzten Fall wird *Kehlmann* metonymisch verwendet. Satz (19b) kann man so verste-

Formen nicht-lexikalischer Mehrdeutigkeit

hen, dass Madonna als Schauspielerin in Filmen oder Bühnenstücken mitwirkt, man kann den Satz aber auch metaphorisch in dem Sinn verstehen, dass Madonna der Öffentlichkeit verschiedene Rollen vorspielt. In dieser Lesart wird *Schauspielerin* metaphorisch verwendet. Die Unterscheidung wörtlich vs. figurativ ist nicht ohne Probleme, sie ist aber zumindest deskriptiv nützlich (bei literalen Metonymien und Metaphern macht sie keinen Sinn, aber bei lebendigen Metonymien und Metaphern, s. Kap. I.3.6).

Eine dritte Form der kompositionalen Ambiguität beruht auf **syntaktischer Mehrdeutigkeit**. Ein Beispiel ist der Satz (20), den man auf zwei Weisen verstehen kann. Diesen beiden Weisen korrespondieren zwei syntaktische Analysen des Satzes: Entweder ist *mit dem Fernglas* ein Attribut zu *Frau* (es bildet mit *die Frau* eine Konstituente – eine Nominalgruppe) oder es ist ein Adverbial zu *beobachtet* (so dass *die Frau* alleine eine Nominalgruppe darstellt):

(20) *Der Kommissar beobachtet die Frau mit dem Fernglas.*
    a. *Der Kommissar beobachtet* [*die Frau mit dem Fernglas*]
    b. *Der Kommissar beobachtet* [*die Frau*] *mit dem Fernglas*

Ähnlich im Fall von (21). Entweder sind *Junge Männer* einerseits und *Frauen* andererseits zwei eigenständige Nominalgruppen, die miteinander koordiniert sind. Dann hat der Satz die Lesart »Junge Männer sind abgewiesen worden und Frauen sind abgewiesen worden«. Oder es handelt sich bei *Junge Männer und Frauen* um eine Nominalgruppe, in der die beiden Substantive *Männer* und *Frauen* miteinander koordiniert sind, so dass sich das Adjektiv *junge* sowohl auf *Männer* wie auf *Frauen* bezieht. In diesem Fall hat der Satz die Lesart »Junge Männer und junge Frauen sind abgewiesen worden«:

(21) *Junge Männer und Frauen wurden abgewiesen.*
    a. [*Junge Männer*] *und* [*Frauen*] *wurden abgewiesen*
    b. [*Junge (Männer und Frauen)*] *wurden abgewiesen*

Bei einem Satz wie *Wir bitten die Betroffenen anzurufen* lässt sich die kompositionale Ambiguität (*die Betroffenen* ist entweder Objekt zu *bitten* oder Objekt zu *anrufen*) durch die entsprechende Setzung eines Kommas auflösen:

(22) a. *Wir bitten, die Betroffenen anzurufen.*
    b. *Wir bitten die Betroffenen, anzurufen.*

Referenzielle Ambiguität, eine weitere Form nicht-lexikalischer Mehrdeutigkeit, liegt beispielsweise in Satz (23) vor. Dieser hat zwei Lesarten je nachdem, wie man die Anapher *it* interpretiert:

(23) *If the baby doesn't like the milk, boil it.*

Die Anapher ist referenziell ambig, da sie koreferent mit *the baby* oder mit *the milk* sein kann (zu Koreferenz s. Kap. II.2.2). Referenzielle Ambiguität kann auch über Satzgrenzen hinweg bestehen: In (24) kann sich die Anapher *er* auf den Anwalt (präferierte Lesart), aber auch auf den Klienten beziehen:

(24) *Der Anwalt sprach mit dem Klienten. Da er nicht viel Zeit hatte, ver-einbarten sie ein weiteres Gespräch.*

Skopusambiguität ist eine Form der Ambiguität von Sätzen, auf die wir noch einmal zurückkommen werden (s. Kap. II.2.4.2), hier nur ein Beispiel. Ein Satz wie (25) kann zwei Lesarten haben. Er kann einmal bedeuten, dass es einmal eine Situation gab, in der jeder einen Fehler gemacht hat, er kann aber auch bedeuten, dass man von jedem sagen kann, dass er irgendwann einmal einen Fehler gemacht hat.

(25) *Einmal hat jeder einen Fehler gemacht.*
     a. Einmal war es der Fall, dass jeder einen Fehler gemacht hat.
     b. Von jedem gilt, dass er einmal einen Fehler gemacht hat.

Ambiguität vs. Vagheit   **Zur Vertiefung**

Es sind eine Reihe von Tests vorgeschlagen worden, wie man überprüfen kann, ob es sich bei einer Bedeutungsvariation eines Lexems um Ambiguität oder Vagheit (im Sinne von Unbestimmtheit) handelt. Nehmen wir *schwer* als Beispiel für eine Ambiguität (ein Buch kann schwer an Gewicht oder schwer zu verstehen sein) und *Kind* als ein Beispiel für Vagheit (ein Kind kann ein Mädchen oder ein Junge sein).

1. Wahr/Falsch-Test: Bei einem ambigen Ausdruck kann ein Satz sowohl wahr wie falsch sein – je nachdem, welche Bedeutungsvariante man ansetzt. *Dieses Buch ist schwer* kann wahr sein, weil es fünf Kilo wiegt, und gleichzeitig falsch, weil es gut verständlich ist – je nachdem, welche Bedeutung von *schwer* zugrunde gelegt wird. Bei vagen Ausdrücken ist dies nicht möglich. *Die Müllers haben ein Kind* ist wahr, egal ob sie ein Mädchen oder einen Jungen haben.

2. Ellipsentest: Bei diesem Test kommt der zu testende Ausdruck im ersten Teil (genauer: im ersten Konjunkt) einer Koordination vor und wird im zweiten Teil ausgelassen, aber mitverstanden:

(1)   a. *Dieses Buch ist schwer, und jenes auch.*
       b. *Die Müllers haben ein Kind, und die Maiers auch.*

Ist ein Ausdruck ambig, dann muss er in beiden Teilen der Koordination auf die gleiche Weise verstanden werden, ist der Ausdruck vage, ist Variation möglich. (1a) können wir nur so verstehen, dass entweder beide Bücher als schwer an Gewicht bezeichnet werden, oder beide Bücher als schwer zu verstehen charakterisiert werden. Nicht möglich ist es, den Satz so zu verstehen, dass eines der Bücher als schwer an Gewicht und das andere als schwer zu verstehen eingeschätzt wird. (1b) jedoch können wir so verstehen, dass die Müllers ein Mädchen und die Maiers einen Jungen haben.

3. Zeugma-Test: Bei diesem Test werden beide Bedeutungsvarianten gleichzeitig aktiviert. Dies führt bei Ambiguität zu Sätzen, die komisch wirken (›Zeugma-Effekt‹), nicht aber bei Vagheit.

(2)   a. ?*Das Gewicht und das Verständnis des Buch, beides ist sehr schwer.*
       b. *Die Müllers und die Maiers, die haben beide ein Kind.*

> Während (2a) recht merkwürdig klingt, kein wirklich akzeptabler Satz ist, ist (2b) auch dann voll akzeptabel, wenn die eine Familie ein Mädchen, die andere einen Jungen hat (zu diesen Tests vgl. Cruse 1986, Kap. 6; Murphy 2010, § 5.2.1; Kennedy 2011, § 2.2).

3.6 | Figurative Bedeutung

Das Deutsche verfügt wie jede natürliche Sprache über die Möglichkeit, nahezu jeden prädikativen Ausdruck auf eine Weise zu verwenden, wie es sein eigentliches, sein **wörtliches** Bedeutungsspektrum nicht vorsieht, ohne dass es dadurch zu Unsinn oder völliger Unverständlichkeit kommen würde. In jeder natürlichen Sprache besteht die Möglichkeit, Ausdrücke auf **figurative** Weise zu verwenden. Die **metaphorische** und die **metonymische** Verwendung von Ausdrücken sind die beiden prominenten Möglichkeiten, figurative Bedeutungen auszudrücken. Sie führen insbesondere dazu, dass Ausdrücke mit der Zeit ihr Bedeutungsspektrum mit neuen konventionellen Bedeutungsvarianten erweitern (dies ist eine Möglichkeit, wie es zur Polysemie kommt).

Klassifikation   Metaphern und Metonymien lassen sich beide grob nach ihrer ›Lebendigkeit‹ und ihrer Konventionalität klassifizieren. Bei der **lebendigen Metapher/Metonymie** besteht auf Seiten von Sprecher und Hörer ein deutliches Gefühl für den Kontrast zwischen der primären, wörtlichen Verwendung dieser Ausdrücke auf der einen Seite und ihrer figurativen Verwendung auf der anderen. Bei der **literalen Metapher/Metonymie** gibt es diesen Kontrast nicht. Eine lebendige Metapher bzw. Metonymie ist **konventionell**, wenn ihre Bedeutung als Metapher und Metonymie usuell ist (einem verbreiteten Sprachgebrauch entspricht), sie ist **ad hoc**, wenn sich ihre Bedeutung nur aus der konkreten Verwendungssituation heraus verstehen lässt.

3.6.1 | Metapher

Literale Metaphern

Bei der literalen Metapher sieht man oft erst auf den zweiten Blick, dass hier ein Ausdruck metaphorisch verwendet wird:

(26) a. *Tischbein, Motorhaube, Kotflügel, Farbton, Klangfarbe*
    b. *Die gegnerische Mannschaft greift in der 93. Minute nochmals an.*
    c. *Der Rechtsanwalt verteidigt seinen Mandanten kompromisslos.*
    d. *Wir sind in unserem Projekt gut vorangekommen.*
    e. *Vor uns steht ein Haufen Arbeit.*
    f. *Dies muss ein sehr hoher Ton gewesen sein.*
    g. *Er musste jämmerlich ins Gras beißen.*
    h. *Du bist ein A...sch (/A...sch...ch).*

Eine Farbe ist kein Ton, ein Klang ist keine Farbe, trotzdem reden wir von *Farbton* und *Klangfarbe*. *Angreifen* und *Verteidigen* sind Ausdrücke für Formen kriegerischer Auseinandersetzungen, werden jedoch problemlos u. a. beim Sport oder einer Gerichtsverhandlung verwendet. *Vor etwas stehen* ist eigentlich eine räumliche Beziehung, kann aber auch auf übertragene Weise auf eine Arbeitssituation angewendet werden.

Der Metapher wurde in der historisch-philologischen Semantik des 19. Jahrhunderts große Aufmerksamkeit gewidmet. So schreibt etwa Hermann Paul (1920, § 68):

»Die Metapher ist eines der wichtigsten Mittel zur Schöpfung von Benennungen für Vorstellungskomplexe, für die noch keine adäquaten Bezeichnungen existieren. Ihre Anwendung beschränkt sich aber nicht auf die Fälle, in denen eine solche äussere Nötigung vorliegt. Auch da, wo eine schon bestehende Benennung zur Verfügung steht, treibt oft ein innerer Drang zur Bevorzugung eines metaphorischen Ausdrucks. Die Metapher ist eben etwas, was mit Notwendigkeit aus der menschlichen Natur fliesst und sich geltend macht nicht bloss in der Dichtersprache, sondern vor allem auch in der volkstümlichen Umgangssprache, die immer zu Anschaulichkeit und drastischer Charakterisierung neigt.«

Hermann Paul
zur Metapher

In Paul (1920, § 69) werden eine Reihe verschiedener Typen von literalen Metaphern erwähnt: Metaphern können auf Ähnlichkeit der äußeren Gestalt oder der Lage innerhalb eines Ganzen beruhen, auf Gleichheit der Funktion, auf Analogie (z. B. zwischen räumlichen und zeitlichen Beziehungen), auf der Übertragung der »Verhältnisse und Vorgänge im Raum [...] auf das Gebiet des Unräumlichen« und auf weiterem.

Erst mit der kognitiven Semantik hat die Beschäftigung mit der Metapher wieder einen ähnlich hohen Stellenwert innerhalb der Linguistik erreicht. Die Initialzündung war das Buch *Metaphors we live by* (1980) von George Lakoff und Mark Johnson. Dabei stehen literale Metaphern im Vordergrund (man beachte, dass diese in der kognitiven Linguistik oft ›konventionelle Metaphern‹ genannt werden; s. dazu Kap. IV.2.4).

Lebendige Metaphern

Beispiele für konventionelle (lebendige) Metaphern sind *Churchill war ein Fuchs*, *Achilles war ein Löwe* oder *Der Himmel weint*. Wir können einen Menschen als Fuchs oder Löwe charakterisieren, obwohl klar ist, dass ein Mensch ein Mensch und damit kein Fuchs oder Löwe ist, wir können den Himmel durch eine Gefühlsregung charakterisieren, obgleich eine solche nur Lebewesen eigen sein kann. Konventionell sind diese Metaphern, da wir auch ohne Kontext recht genau verstehen, was damit gemeint ist. Beispiele für lebendige *ad-hoc*-Metaphern:

(27) a. *No man is an island.* (Donne)
    b. *Sometime too hot the eye of heaven shines.* (Shakespeare)
    c. *Süßlich stinkend, in Wellen, schlägt/ das Geschrei blutiger Fischschuppen/ aus offnen Waggons mir ins Gesicht.* (Grünbein)
    d. *Sie, ein scharfes Messer, er ein verliebter Radiergummi.* (Kuckart)
    e. *Schwarze Milch der Frühe wir trinken sie abends.* (Celan)

Eigenschaften: Lebendige Metaphern zeichnen sich durch eine Reihe von Eigenschaften aus, über die in der Literatur aber nicht immer Einigkeit besteht. Zuerst die Eigenschaften, über die man sich mehr oder weniger einig ist:

Allgemein akzeptierte Eigenschaften

1. Metaphern sind **allgegenwärtig**: In jeder natürlichen Sprache scheint es Metaphern zu geben, und es gibt sie nicht nur in der poetischen Sprache, sondern auch in der Alltags- und der Wissenschaftssprache.

2. Metaphern sind **kontextabhängig**: Es hängt zum einen vom Kontext ab, ob ein Ausdruck eine Metapher ist oder nicht, zum anderen kann ein und derselbe Ausdruck je nach Kontext eine unterschiedliche metaphorische Interpretation aufweisen.

3. Metaphern sind typischerweise **offen** bzw. **unbestimmt**: Sie sind nicht eindeutig und erschöpfend zu interpretieren, evozieren mehr oder weniger deutliche Assoziationen, insbesondere solche bildlicher Art, so dass adäquate Paraphrasen so gut wie unmöglich sind. Die Offenheit bzw. Unbestimmtheit ist jedoch ein graduelles Phänomen. Konventionelle Metaphern sind kaum offen, während *ad-hoc*-Metaphern, insbesondere poetische, dies oft in einem sehr hohen Maße sind.

Kommen wir nun zu Eigenschaften, über die noch keine allgemeine Einigkeit besteht.

Kontrovers diskutierte Eigenschaften

1. Metaphern haben ein **wörtliches Fundament**: Zum einen baut die Interpretation einer Metapher notwendig auf der wörtlichen Bedeutung der verwendeten Worte auf. Dieser Aspekt ist weithin anerkannt. Zum anderen, das ist weniger Konsens, haben die metaphorisch verwendeten Worte *keine* andere als ihre wörtliche Bedeutung. Dies wird bei der Satzsequenz (28) deutlich, bei der es sich um eine sogenannte ›geschlossene Metapher‹ handelt, bei der, wie hier durch den *denn*-Satz, expliziert wird, was mit der Metapher gemeint ist:

(28) *Reich-Ranicki war der Papst der deutschen Literatur, denn seine beherrschende Stellung in der deutschen Literaturszene war der des Papstes in der katholischen Kirche vergleichbar.*

Das Wort *Papst* wird in dem ersten Satz metaphorisch gebraucht. Wenn *war der Papst der deutschen Literatur* nichts anderes bedeuten würde als »hatte in der deutschen Literaturszene eine beherrschende Stellung« und *Papst* somit nicht mehr seine wörtliche Bedeutung hätte, dann sollte (29) eine genauso sinnvolle Aussage sein wie (28) – was aber nicht der Fall ist:

(29) *??Reich-Ranicki hatte in der deutschen Literaturszene ein beherrschende Stellung, denn seine beherrschende Stellung in der deutschen Literaturszene war der des Papstes in der katholischen Kirche vergleichbar.*

Der Grund scheint zu sein, dass *Papst* auch in seiner metaphorischen Verwendung weiterhin seine wörtliche Bedeutung hat. Darauf deutet auch hin, dass ein Satz wie *Wenn Reich-Ranicki der Papst der deutschen Literatur war, dann waren Löffler und Karasek seine Kardinäle* sinnvoll ist.

2. Metaphern haben einen **propositionalen Aspekt**: Es scheint in vielen Fällen durchaus möglich, Sätzen in ihrer metaphorischen Lesart einen propositionalen Gehalt zuzuschreiben, der sich von ihrem wörtlichen pro-

positionalen Gehalt unterscheidet und der die Grundlage dafür ist, diese Sätze in ihrer metaphorischen Lesart als zutreffend oder unzutreffend bzw. als mehr oder weniger wahr oder falsch zu bewerten. *Reich-Ranicki war der Papst der deutschen Literatur* ist eine metaphorische Aussage, über deren Wahrheitsgehalt man sich streiten kann. Worüber man sich dann streitet, ist, ob er wirklich eine so beherrschende Stellung hatte. Dieser propositionale Aspekt von Metaphern steht jedoch in einer gewissen Spannung zu ihrer Offenheit und Unbestimmtheit.

3. Metaphern scheinen semantisch **unvollständig** zu sein: Das, was eine Metapher als Teil eines Satzes letztlich zu verstehen gibt, ist etwas, das über die propositionale Bedeutung des Satzes hinausgeht. Dies sieht man an geschlossenen Metaphern wie (28). Eine solche geschlossene Metapher ist, wie wir schon gesehen haben, nur dann eine sinnvolle Satzsequenz, wenn der Satz mit der Metapher nicht das als propositionale Bedeutung aufweist, was mit der Metapher gemeint ist (s. (29)). Das, was mit einer Metapher letztlich gemeint ist, scheint zur kommunikativen Bedeutung (s. Kap. I.2.3) des Satzes zu gehören, aber über die propositionale Bedeutung hinauszugehen.

4. Metaphern sind ein reguläres **grammatisches Phänomen** in dem Sinn, dass sie nicht als Verstoß gegen sprachliche Regularitäten anzusehen sind. So sind semantische oder pragmatische Unverträglichkeiten weder notwendig noch hinreichend für das Vorliegen von Metaphern. Zwar erkennt man eine Metapher oft daran, dass eine wörtliche Lesart nicht sinnvoll oder gar unmöglich ist (*Das Geschrei blutiger Fischschuppen schlägt mir ins Gesicht*). Doch muss dies nicht so sein. Dies ist bei konventionellen Metaphern am deutlichsten. *Madonna ist eine gute Schauspieler* können wir wörtlich verstehen als eine Einschätzung ihrer Schauspielkunst in Filmen, wir können den Satz aber auch metaphorisch verstehen, wo es dann um ihre Fähigkeit geht, der Öffentlichkeit verschiedene Rollen vorzuspielen. Die metaphorische Lesart ist möglich, ohne dass die wörtliche Lesart als unsinnig einzustufen wäre.

Mit diesen Eigenschaften muss sich eine Theorie der lebendigen Metapher auseinandersetzen. Einen Überblick über das große Feld der Metapherntheorien seit Aristoteles bietet Rolf (2005); Gibbs (2008) ermöglicht einen Überblick über die neuere Forschung. Neuere Beiträge aus logisch-semantischer bzw. sprachphilosophischer Perspektive finden sich u. a. in Stern (2000, 2008), Pafel (2003), Recanati (2004, Kap. 5) und Sperber/Wilson (2008). Die kognitive Semantik hat sich auf der Basis der konzeptuellen Metapherntheorie von Lakoff/Johnson (1980) vorwiegend mit literalen Metaphern befasst (vgl. aber Croft/Cruse 2004, § 8.3; s. auch Kap. IV.2.4 und 2.5).

Weiterführende Literatur

3.6.2 | Metonymie

Beispiele für literale Metonymien sind:

(30) a. *Cognac* (nach der gleichnamigen Region)
b. *Algorithmus* (nach dem persisch-arabischen Mathematiker al-Chwarismi)
c. *lynchen* (nach dem amerikanischen Richter Lynch)
d. *röntgen* (nach dem Entdecker der Röntgenstrahlen)
e. *Tempo, Zewa* (nach den Herstellungsfirmen)

Wir können – und viele tun dies auch – diese Ausdrücke verwenden, ohne zu wissen, welcher Name Pate gestanden hat.

Zugrundeliegende Relationen
Bei Metonymien aller Art, so auch bei literalen, liegen jeweils bestimmte **Relationen** zugrunde. Röntgen ist ein Verfahren, das von Röntgen *erfunden* wurde, ein Algorithmus ist eine Vorgehensweise, die von al-Chwarismi *konzipiert* wurde. Erfinden und Konzipieren sind hier die zugrundeliegenden Relationen. Bei literalen Metonymien spielen jedoch diese Relationen für das Verständnis keine Rolle mehr. Dies ist bei lebendigen Metonymien anders.

Beispiele für konventionelle Metonymien sind

(31) a. *Wir sahen dort einen Canaletto.*
b. *Sie trank nur zwei Gläser.*
c. *Wir haben fünfzig Seiten Kant gelesen.*
d. *Der Tessin stimmte für die Volksinitiative.*
e. *Die klügsten Köpfe gingen in die Finanzbranche.*

Hier liegen u. a. die folgenden Relationen zugrunde: ›Gemälde von‹ (wir verstehen in (a) *Canaletto* so, dass damit nicht der Maler, sondern ein Gemälde von ihm gemeint ist), ›Inhalt von‹ (wenn jemand zwei Gläser getrunken hat, so ist klar, dass er nicht Glas zu sich genommen hat, sondern den Inhalt von zwei Gläsern), die Teil-Ganzes-Relation (wir verstehen (e) in etwa als »Die Personen, die die klügsten Köpfe hatten, gingen in die Finanzbranche«). (Traditionell wird die **Synekdoche** als rhetorische Figur, die auf der Teil-Ganzes-Relation beruht, von der Metonymie, die auf anderen Relationen beruht, unterschieden – oft wird die Synekdoche jedoch wie hier als eine Form von Metonymie behandelt).

Ähnlich gelagert ist das folgende Beispiel: *Hast Du schon den (/mit dem) Kriminalroman angefangen?* Da nicht Gegenstände, sondern Tätigkeiten angefangen oder beendet werden können, kann ein solcher Satz nur interpretiert werden, wenn eine passende Tätigkeit mitverstanden wird. Den Beispielsatz kann man auf mindestens zwei verschiedene Weisen verstehen: Entweder wurde mit dem Lesen oder mit dem Schreiben des Krimis begonnen.

Konventionelle Metonymien sind typische Beispiele für das, was man systematische Polysemie nennt, doch ist es nicht klar, dass wir es bei diesen Metonymien in dem Sinn mit Polysemie zu tun hätten, dass das metonymisch gebrauchte Wortes eine metonymische Bedeutungsvariante hätte (s. Kap. I.3.5.2).

Beispiele für *ad-hoc*-Metonymien (s. auch die folgende Vertiefung) sind:

(32) a. *Der Champagner will bezahlen.* [Der eine Kellner zum anderen]
    b. *Ich stehe hinten rechts.* [Sprecher zur Stelle, wo sein Auto steht]
    c. *Dieser steht hinten rechts.* [Sprecher deutet auf Autoschlüssel]

Lebendige Metonymien weisen einen Teil der Eigenschaften auf, die lebendige Metaphern haben (s. Kap. I.3.6.1). Sie sind allgegenwärtig, kontextabhängig, haben ein wörtliches Fundament, einen propositionalen Aspekt und sind ein reguläres grammatisches Phänomen. Jedoch scheinen sie weder offen bzw. unbestimmt noch semantisch unvollständig zu sein.

Zwei Arten von *ad-hoc*-Metonymien   Zur Vertiefung

Es gibt zum einen den Fall, dass ein Term nicht auf etwas referiert, das seiner wörtlichen Bedeutung entsprechen würde. Sagt der eine Kellner zum anderen »Der Champagner will bezahlen«, so meint er natürlich nicht, dass eine Flasche Champagner die Absicht hat zu bezahlen, sondern dass die Person, die Champagner bestellt hat, bezahlen will. Bei dieser Art von Metonymie steht der eigentliche Referent des Terms in einer bestimmten Relation zu etwas, was sich aus der wörtlichen Bedeutung der Ausdrücke des Terms ergibt. In unserem Beispiel ist der Kunde der eigentliche Referent, das Bestellen ist die Relation, die zwischen dem Kunden und Champagner besteht.
Ganz ähnlich in einem Fall, wo jemand auf einen Autoschlüssel deutet und sagt: »Dieser steht hinten rechts«, und damit etwa meint, dass das entsprechende Auto auf einem Parkplatz an einer bestimmten Stelle steht. *Dieser* referiert auf das Auto und nicht auf den Schlüssel, wie man an den folgenden Variationen des Satzes sieht, bei denen der zweite Teil der Koordination nur auf das Auto oder auf den Schlüssel zutreffen kann:

(1) a. *Dieser steht hinten rechts und muss gewaschen werden.*
    b. **Dieser steht hinten rechts und passt nur in die Beifahrertür.*
    c. **Dieser Schlüssel steht hinten rechts und muss gewaschen werden.*

Nur in dem Fall, wo *dieser* auf das Auto referiert, ergeben sich sinnvolle Koordinationen.
Deutlich anders liegt die Sache in einem Satz wie *Ich stehe hinten rechts* (vgl. Nunberg 1995, 2004). Man stelle sich eine Situation vor, in der jemand mit diesem Satz erläutern will, wo sein Auto steht. Es ist in dieser Situation nicht der Sprecher, der hinten rechts steht, sondern das Auto. Also könnte man meinen, dass – wie in den Fällen bisher – das Subjekt nicht auf das referiert, was seiner wörtlichen Lesart entspricht, also den Sprecher, sondern dass *ich* auf das Auto referiert. Dies kann aber nicht sein, wie man an folgenden Variationen des Satzes sieht:

(2) *Ich stehe hinten rechts und möchte bis übermorgen dort stehen bleiben.*
(3) *Ich stehe mit meinem Wagen hinten rechts.*

Ersetzt man hier das Personalpronomen durch *das Auto, das ich fahre* ergeben sich Sätze, die nicht wie die Ausgangssätze völlig akzeptabel sind:

(4) ?*Das Auto, das ich fahre, stehe hinten rechts und möchte bis übermorgen dort stehen bleiben.*

(5) **Das Auto, das ich fahre, steht mit meinem Wagen hinten rechts.*

In dem Satz *Ich stehe hinten rechts* liegt die Metonymie nicht bei dem Term *ich* vor, sondern bei dem Prädikat *stehe hinten rechts*. Die semantische Struktur des Satzes ist etwa die folgende: »Ich bin der Fahrer eines Wagens, der hinten rechts steht«. Die metonymische Bedeutung von *stehe hinten rechts* ist »bin der Fahrer eines Wagens, der hinten rechts steht« (Nunberg spricht von Eigenschaftstransfer). Auch bei einer solchen Metonymie spielt eine Relation zwischen dem, was gemeint ist, und dem, was sich aus der wörtlichen Bedeutung ergibt, eine entscheidende Rolle. In dem Beispiel ist ›Fahrer von‹ die relevante Relation.

Übungen

1. Geben Sie in der Art der Analysebeispiele in Kapitel I.3.1 die semantische Kategorie der Wörter und Wortgruppen in den folgenden Sätzen an:

   a) *Die Oper brennt.*
   b) *Goethe verbrannte jedes Manuskript.*
   c) *Wir sahen uns viele langweilige Filme an.*
   d) *Das Boot unter der Brücke sinkt.*

2. Geben Sie die semantische Valenz von *gestehen, komponieren* und *widmen* nach dem folgenden Muster an (nicht immer ist klar, ob eine thematische Rolle aus der Abbildung 1 in Kap. I.3.2 einschlägig ist – überlegen Sie dann, wie Sie diese Rolle charakterisieren würden).

   besiegen   Argument$_1$ = Agens, Argument$_2$ = Patiens

3. Geben Sie die semantische Valenz von *festnehmen, hervorgehen* (wie in *Das geht daraus aber nicht hervor*), *bitten, regnen* und *stolz* an (nach dem Muster wie in Übung 2).

4. Finden Sie so viele semantische Relationen wie möglich zwischen den folgenden Prädikaten (in Kap. I.3.3.2 sind sieben Relationen definiert: extensionale Synonymie, Hyponymie, taxonomische Hyponymie, Inkompatibilität, Komplementarität, Antonymie, Meronymie)

   AKW, Atomkraftwerk, extrascharf, gerade, kaufen, Kräuter, mild, Pflanze, scharf, Strauch, stumpf, Tasse, Teedeckel, Teekanne, Teetasse, ungerade, verkaufen

4 Elemente der semantischen Analyse

Für die Analyse semantischer Phänomene sind ganz unterschiedliche Verfahren vorgeschlagen worden, die sich teilweise aus der Kritik an anderen Verfahren heraus entwickelt haben. Neben der klassischen Sichtweise der Bedeutungsangabe durch Definition sind semantische Merkmale, lexikalische Dekomposition, Prototypen, Frames, Bildschemata u. a. als Elemente der semantischen Analyse vorgeschlagen worden. Die Diskussion ist dabei teilweise stark geprägt von Entwicklungen in der Psychologie zur Repräsentation von Kategorien. Damit stellt sich dann die Frage, wie eng das Verhältnis zwischen der mentalen Repräsentation von Kategorien und der semantischen Analyse der sprachlicher Ausdrücke ist, die diese Kategorien bezeichnen.

4.1 | Definitionen und Dekomposition

4.1.1 | Bedeutungsangabe durch Definition

Die klassische Sichtweise zur Bedeutung von sprachlichen Ausdrücken, insbesondere von Substantiven, geht letztlich auf Platon und Aristoteles zurück: Bedeutungsangabe durch Definition.

> Wird die Bedeutung eines Substantivs durch eine Definition gegeben, so werden die Bedingungen angegeben, die notwendig und hinreichend dafür sind, dass ein Gegenstand zu der Kategorie gehört, die das Substantiv bezeichnet.

Zum Begriff

Die Bedeutung von *Frau* etwa könnte durch folgende Definition gegeben werden:

(1) x ist eine Frau = def x ist ein Mensch, x ist weiblich und x ist erwachsen

Jede der drei Bedingungen ist **notwendig**, damit x zu der Kategorie Frau gehört, d. h. x kann nicht eine Frau sein, ohne dass x ein Mensch, ohne dass x weiblich und ohne dass x erwachsen ist. Alle drei Bedingungen zusammen sind **hinreichend** dafür, dass x zu der Kategorie Frau gehört: Wenn alle drei Bedingungen erfüllt sind, ist gesichert, dass x eine Frau ist.

Aber keine der drei Bedingungen alleine ist hinreichend: Wenn beispielsweise x ein Mensch ist, ergibt sich alleine daraus nicht, dass x eine Frau ist.

Wenn ein Gegenstand eine Definition erfüllt, dann gehört er zu der entsprechenden Kategorie von Gegenständen, wenn nicht, dann gehört er nicht dazu. Das heißt, Kategorien sind ›scharf definiert‹. Weiterhin müssen alle Exemplare einer Kategorie gleichgute Exemplare der Kategorie sein, da sie ja alle die notwendigen Bedingungen erfüllen.

Dieser klassischen Sichtweise zufolge bezeichnet ein Substantiv den Begriff, der durch die Definition definiert wird, kennt jemand die Bedeutung des Substantivs, wenn er die Definition kennt, kategorisiert Gegenstände als unter den Begriff fallend, indem er die Bedingungen der Definition überprüft, und lernt die Bedeutung, indem er sich die Definition aneignet.

Kritikpunkte: Die klassische Sichtweise ist sowohl von der Philosophie wie von der Psychologie in der zweiten Hälfte des 20. Jahrhunderts heftig unter Beschuss gekommen. Es sind erhebliche Zweifel an der Definierbarkeit eines Ausdrucks wie *Spiel*, *Tisch* oder *Stuhl* erhoben worden (s. die folgende Vertiefung). Trotzdem wurde immer wieder innerhalb und außerhalb der Linguistik versucht, die Bedeutung von Prädikaten zu definieren. Es wurden aber auch immer wieder Gegenbeispiele zu den vorgeschlagenen Definitionen präsentiert.

Zur Vertiefung

Familienähnlichkeit

In den *Philosophischen Untersuchungen* setzt sich Ludwig Wittgenstein an einer Stelle mit der Frage auseinander, ob die Dinge, die wir ›Spiele‹ nennen, eine gemeinsame Eigenschaft haben. Wittgenstein (1971) schreibt:

»66. Betrachte z. B. einmal die Vorgänge, die wir ›Spiele‹ nennen. Ich meine Brettspiele, Kartenspiele, Ballspiele, Kampfspiele, usw. Was ist allen diesen gemeinsam? – Sag nicht: »Es muß ihnen etwas gemeinsam sein, sonst hießen sie nicht ›Spiele‹« – sondern *schau*, ob ihnen allen etwas gemeinsam ist. – Denn wenn du sie anschaust, wirst du zwar nicht etwas sehen, was *allen* gemeinsam wäre, aber du wirst Ähnlichkeiten, Verwandtschaften, sehen, und zwar eine ganze Reihe. Wie gesagt: denk nicht, sondern schau! – Schau z. B. die Brettspiele an, mit ihren mannigfachen Verwandtschaften. Nun geh zu den Kartenspielen über: hier findest du viele Entsprechungen mit jener ersten Klasse, aber viele gemeinsame Züge verschwinden, andere treten auf. Wenn wir nun zu den Ballspielen übergehen, so bleibt manches Gemeinsame erhalten, aber vieles geht verloren. – Sind sie alle ›*unterhaltend*‹? Vergleiche Schach mit dem Mühlfahren. Oder gibt es überall ein Gewinnen und Verlieren, oder eine Konkurrenz der Spielenden? Denk an die Patiencen. In den Ballspielen gibt es Gewinnen und Verlieren; aber wenn ein Kind den Ball an die Wand wirft und wieder auffängt, so ist dieser Zug verschwunden. Schau, welche Rolle Geschick und Glück spielen. Und wie verschieden ist Geschick im Schachspiel und Geschick im Tennisspiel. Denk nun an die Reigenspiele: Hier ist das Element der Unterhaltung, aber wie viele der anderen Charakterzüge sind verschwunden! Und so können wir durch die vielen, vielen anderen Gruppen von Spielen gehen, Ähnlichkeiten auftauchen und verschwinden sehen.

Und das Ergebnis dieser Betrachtung lautet nun: Wir sehen ein kompliziertes Netz von Ähnlichkeiten, die einander übergreifen und kreuzen. Ähnlichkeiten im Großen und Kleinen.

67. Ich kann diese Ähnlichkeiten nicht besser charakterisieren als durch das Wort ›Familienähnlichkeiten‹; denn so übergreifen und kreuzen sich die verschiedenen Ähnlichkeiten, die zwischen den Gliedern einer Familie bestehen: Wuchs, Gesichtszüge, Augenfarbe, Gang, Temperament, etc. etc. – Und ich werde sagen: die ›Spiele‹ bilden eine Familie.«

Mit ›Familienähnlichkeit‹ meint Wittgenstein *negativ,* dass die Dinge, auf die ein Wort zutrifft, nicht eine Eigenschaft haben, die ihnen allen gemeinsam wäre, so dass man sagen könnte, ein Wort würde auf ein Ding genau dann zutreffen, wenn es diese Eigenschaft hat. Familienähnlichkeit meint *positiv,* dass die Dinge, auf die ein Wort zutrifft, durch ein Netz von Ähnlichkeiten miteinander verbunden sind. Am Beispiel von *Spiel* bedeutet dies: Jedes Spiel ist mit jedem anderen durch eine Kette von Spielen verbunden, wobei jedes Glied in der Kette mit seinen unmittelbaren Nachbarn große Ähnlichkeiten aufweist. So kann es kommen, dass zwei Dinge so gut wie keine Eigenschaften teilen, aber dennoch beides Spiele sind. Man beachte, dass Wittgenstein mit *Spiel* keine Basiskategorie, sondern eine Oberkategorie für seine Überlegungen gewählt hat, und dass so etwas wie ein Typikalitätseffekt keine Rolle spielt bei seinen Überlegungen. (*Spiel* hat Wittgenstein wohl gewählt, weil für seine Auffassung von Sprache der Begriff des Sprach*spiels* von entscheidender Bedeutung ist.) Nun hat Wittgenstein nicht bewiesen, dass eine Definition von ›Spiel‹ unmöglich ist. Seine Überlegungen legen es nur nahe (vgl. Erdmann 1900, 18: »Man mag für ein Wort wie *Tisch* eine Definition aufstellen, welche man will; immer wird sie von Anderen als zu weit oder zu eng angefochten werden können«).

Auch Wittgenstein hat die Unschärfe herausgestellt: »Man kann sagen, der Begriff ›Spiel‹ ist ein Begriff mit verschwommenen Rändern« (Wittgenstein 1971, § 71). Unschärfe kann sich aus der Familienähnlichkeit ergeben. Auch zu Typikalitätseffekten gibt es eine Beziehung: Bei untypischen, nicht bei typischen Instanzen einer Kategorie kann es Unsicherheiten und Inkonsistenzen in Bezug auf die Kategorisierung kommen. Doch gilt es Unschärfe und Typikalitätseffekte klar zu unterscheiden: Auch wenn ein Strauß ein unrepräsentativer Vogel ist, so ist er doch klarerweise ein Vogel. In der Psychologie hat sich ein etwas anderer Begriff von Familienähnlichkeit eingebürgert (der aber von Wittgensteins Begriff seinen Ausgang genommen hat). ›Familienähnlichkeit‹ meint hier das Ausmaß der Ähnlichkeit eines Exemplars einer Kategorie zu anderen Exemplaren derselben oder anderer Kategorien. Zwischen diesem Begriff von Familienähnlichkeit und Typikalitätseffekten gibt es einen Zusammenhang. Die typischen Vertreter einer Kategorie haben oft eine hohe Familienähnlichkeit zu anderen Vertretern der Kategorie und eine geringe Familienähnlichkeit zu Vertretern anderer Kategorien; d. h. sie weisen oft Merkmale auf, die in ihrer Kategorie sehr verbreitet sind, und weisen nicht Merkmale auf, die in anderen Kategorien verbreitet sind. Typikalität ist jedoch nicht allein mit Familienähnlichkeit zu erklären (vgl. die Darstellung in Murphy 2002, 31–35).

Man darf mit gutem Grund sehr skeptisch sein, ob es möglich ist, die Bedeutung von Ausdrücken durch Definitionen anzugeben. Und dies nicht nur bei Alltagsbegriffen. In der Philosophie etwa ist es nicht gelungen, auch nur einen zentralen philosophischen Begriff befriedigend zu definieren. Es ist jedoch immer wieder gelungen, sehr plausible Definitionsvorschläge (z. B. die Definition von Wissen als gerechtfertigte wahre Überzeugung) durch Gegenbeispiele zu entkräften. Darüber hinaus ist es bisher auch der Psycholinguistik nicht gelungen zu zeigen, dass Wörter, deren Definition komplexer sein müsste als die Definition anderer Wörter, langsamer verarbeitet würden. Wir lernen außerdem die Bedeutung von Wörtern nicht dadurch, dass wir Definition von ihnen geliefert bekämen.

Das Phänomen der Unschärfe von Begriffen (s. Kap. I.3.5.1) scheint ebenfalls der klassischen Sichtweise zu widersprechen, zumindest in den Fällen, wo es eindeutig ist, ob die Bedingungen erfüllt sind oder nicht. Typikalitätseffekte (s. Kap. I.3.4.2) sprechen nun nicht unmittelbar gegen die klassische Sichtweise, aber sie sind von der Perspektive dieses Modells aus zumindest völlig unerwartet. Man kann sie mit den Eigenschaften von Definitionen jedenfalls nicht erklären. Auch die Besonderheiten der Basiskategorien auf der Basisebene sind aus der klassischen Perspektive heraus nicht zu verstehen.

Anhänger der klassischen Sichtweise reagieren auf diese Phänomene mit dem Versuch, zwischen dem Definitionskern einer Kategorie einerseits und den Verfahren, wie Dinge, die zu den Kategorie gehören, identifiziert werden, andererseits zu unterscheiden. Die Identifikationsprozeduren sollen für Unschärfe und Typikalitätseffekte verantwortlich sein (für eine summarische Darstellung dieser Position und ihrer Schwächen vgl. Murphy 2002, 24–28).

4.1.2 | Semantische Merkmale

In der Linguistik wurde die klassische Sichtweise etwa seit den 1930er Jahren (erst im Strukturalismus, dann in der generativen Grammatik) durch eine **Merkmalssemantik** umgesetzt, eine erste Form der semantischen Zerlegung (›Dekomposition‹) von Lexemen.

Zum Begriff

> In einer **Merkmalssemantik** wird die Bedeutung eines Lexems durch eine Menge von semantischen Merkmalen angegeben, die notwendig sind, um den Ausdruck von allen Ausdrücken mit einer anderen Bedeutung zu unterscheiden.

Beispielsweise können *Frau*, *Mädchen*, *Mann* und *Junge* durch drei ›binäre‹ Merkmale unterschieden werden (ein Merkmal ist binär, wenn es nur die Werte + oder – annehmen kann).

Abb. 1:
Beispiel für eine
Merkmalsanalyse

Frau	[+ MENSCHLICH], [+ WEIBLICH], [+ ERWACHSEN]
Mädchen	[+ MENSCHLICH], [+ WEIBLICH], [− ERWACHSEN]
Mann	[+ MENSCHLICH], [− WEIBLICH], [+ ERWACHSEN]
Junge	[+ MENSCHLICH], [− WEIBLICH], [− ERWACHSEN]

Wie an dieser Abbildung erkennbar, versuchte man, mit Merkmalen semantisch ähnliche Wörter auf systematische Weise zu beschreiben. Weiterhin sollten semantische Relationen durch die Merkmale erklärt werden:

- Zwei Prädikate sind inkompatibel, wenn sie sich im Wert (+ bzw. –) von mindestens einem Merkmal unterscheiden – in Abbildung 1 ist damit jedes Substantiv mit jedem anderen inkompatibel.
- Ein Prädikat ist hyponym zu einem anderen Prädikat, wenn es alle Merkmale des Hyperonyms enthält – alle Substantive in Abbildung 1 sind hyponym zu *Mensch*, da sie das Merkmal [+ MENSCHLICH] besitzen.

Merkmale und semantische Relationen

Schließlich hat man auch semantische Anforderungen von Prädikaten an ihre Argumente mit Hilfe von semantischen Merkmalen angegeben (›Selektionsrestriktionen‹): Das Argument von *heiraten* beispielsweise muss das Merkmal [+ MENSCHLICH] besitzen, da nur Menschen bzw. menschliche Wesen heiraten können.

Kritikpunkte: Eine Dekomposition in Merkmale wäre von großem Interesse, wenn es gelänge, eine Menge von semantischen Merkmalen ausfindig zu machen, die deutlich kleiner wäre als die Gesamtheit der Prädikate einer Sprache und mit denen sich alle Prädikate dieser Sprache (und vielleicht aller Sprachen) definieren ließen (das Vorbild ist hier die Phonologie, der es zu gelingen scheint, die verschiedenen Phoneme durch eine kleine Zahl von phonetischen Merkmalen zu beschreiben). Es würde sich dann aber die Frage nach dem Status dieser Menge von semantischen Merkmalen stellen. Interessant wäre es, wenn man zeigen könnte, dass es sich um kognitive ›Grundeinheiten‹ (engl. *primitives*) handeln würde.

Doch ist es bis heute nicht gelungen, eine solche kleine grundlegende Menge von Merkmalen ausfindig zu machen. Zudem haben viele Merkmale nicht den Status einer kognitiven Grundeinheit. Bei den Merkmalen von *Frau* beispielsweise ist das Merkmal [+ ERWACHSEN] keine solche Grundeinheit. Versucht man, es näher zu bestimmen, wird die Sache recht komplex (etwa: »Erwachsen ist jemand, der sich in seinem Verhalten und seinem Denken selbständig und rational verhält« – erwachsen zu sein, ist ja etwas anderes als volljährig zu sein, was durch eine Zeitangabe festgelegt werden kann). Hinzu kommen kulturelle Unterschiede, wann jemand als erwachsen gilt. Merkmale sind ja selbst erstmal nichts anderes als Wörter, für die sich die Frage stellt, wie man deren Bedeutung spezifiziert.

Das Programm einer Merkmalssemantik in seiner ursprünglichen Form wird heute nicht mehr verfolgt – mit einer Ausnahme, und zwar dem Projekt der ›Natürlichen Semantischen Metasprache‹ (vgl. Wierzbicka 1996; Goddard 1998; 2010; sowie die einführende Darstellung in Löbner 2015, § 9.5).

4.1.3 | Lexikalische Dekomposition

Insbesondere bei der Bedeutungsbeschreibung von Verben ist offenkundig geworden, dass die Angabe einer ungeordneten Menge an Merkmalen, die einstelligen Prädikaten entsprechen (s. Abb. 1), nicht ausreicht. So ist man speziell bei Verben zu Bedeutungsangaben übergegangen, die expliziten

Definitionen ähneln, insofern sie eine logisch-semantische Struktur aufweisen aus Prädikaten, Argumenten und Operatoren. Die Generativen Semantiker haben damit in den 1960er Jahren begonnen und seitdem ist die lexikalische Dekomposition von Verben in unterschiedlichsten Varianten entwickelt worden (vgl. den Überblick in Engelberg 2011). Ein berühmter Fall ist die Definition von *kill* ›töten‹ als *cause to die* ›den Tod verursachen‹ (vgl. u. a. Fodor 1970 und McCawley 1994). Die Definition wird in Dekompositionsansätzen etwa wie folgt angegeben (ausnahmsweise geben wir hier eine formale Darstellung, die für das Verständnis zwar nicht einschneidend ist, aber eine notwendige Brücke bildet zur (Lektüre von) Fachliteratur):

Beispiele   (2) *töten*
   a. etwas tun, das verursacht, dass der Fall eintritt, dass jemand nicht lebendig ist
   b. [DO(x,s)] CAUSE [BECOME(NOT(lebendig(y)))]

Elemente wie Tun (DO, »x tut s«), Verursachen (CAUSE, »a verursacht b«), Eintreten (BECOME, »s tritt ein«) tauchen in den Bedeutungsangaben vieler Verben auf. Die Dekomposition von *schließen* und *öffnen* etwa hat eine ganz ähnliche Struktur wie die von *töten*.

(3) *schließen*
   a. etwas tun, das verursacht, dass der Fall eintritt, dass etwas nicht offen ist
   b. [DO(x,s)] CAUSE [BECOME(NOT(offen(y)))]
(4) *öffnen*
   a. etwas tun, das verursacht, dass der Fall eintritt, dass etwas offen ist
   b. [DO(x,s)] CAUSE [BECOME(offen(y))]

Auf der Basis solcher Analysen wird versucht, unterschiedliche Eigenschaften von Verben zu erklären: die möglichen logischen Folgerungen, die beteiligten thematischen Rollen, ihre Aktionsart bzw. ihr Ereignisbezug (s. Kap. II.1.3), (un-)mögliche Kombinationen mit Adverbialen, Argumentrealisierung (Welches Argument wird als Subjekt, welches als Akkusativ- und welches als Dativobjekt realisiert?) oder Alternationen wie die zwischen intransitivem *trocknen* und transitivem, kausativem *trocknen*, zwischen reflexivem und nicht-reflexivem *öffnen* oder zwischen *laden* und *beladen*:

(5) *Die Wäsche trocknet – Sie trocknen die Wäsche*
(6) *Die Tür öffnet sich – Sie öffnet die Tür*
(7) *Sie laden Heu auf den Wagen – Sie beladen den Wagen mit Heu.*

Zum Begriff

Die **lexikalische Dekomposition** der Bedeutung eines Lexems besteht in einer definitionsähnlichen Beschreibung, die mit einem kleinen Arsenal von Begriffen (wie dem der Verursachung etwa) arbeitet und eine Reihe von semantischen Eigenschaften des Lexems erklären kann.

Eine lexikalische Dekomposition wird jedoch im Allgemeinen zwischen Verben wie *laufen, rennen, joggen, schlurfen* oder *schlendern* nicht unterscheiden, ja möglicherweise nicht einmal zwischen Verben wie *sitzen, schlafen* und *laufen*. Der Grund liegt darin, dass das Ziel der lexikalischen Dekomposition nicht in einer exakten semantischen Beschreibung des durch das Verb bezeichneten Begriffs liegt, sondern in der Beschreibung des syntaktischen und semantischen Verhaltens ganzer Verbklassen. Damit stellt sich aber die Frage, wie wir unser Wissen darüber, was etwa *schlendern* von *schlurfen* unterscheidet, in die semantische Beschreibung von Verben integrieren können.

Dekompositionsansätze gibt es in ganz unterschiedlichen Formen mit ihren je eigenen Stärken und Schwächen (nicht alle verstehen dabei die Dekomposition als Definition). Selbst stärker kognitiv orientiere Ansätze (wie Jackendoff 1990; s. Kap. IV.2.2) machen regen Gebrauch davon. Es ist offen, wie stark letztlich ihr Erklärungspotential ist, ob man wirklich Dekomposition braucht, um die eben angeführten Eigenschaften zu erklären.

Lässt sich *bemalen* definieren?　　　　　　　　　　　　**Zur Vertiefung**

Nachdem klar ist, dass es große Probleme damit gibt, die Bedeutung von Substantiven zu definieren, stellt sich die Frage, ob dies bei Verben vielleicht weniger problematisch ist. Kann man ein Verb wie *bemalen* definieren? Nehmen wir an, jemand (nennen wir ihn M) schlägt vor, *bemalen* zu definieren als »die Oberfläche von etwas mit Farbe zu bedecken«. Dann kommt jemand (F) und verweist darauf, dass wir nicht sagen würden, dass eine Farbfabrik, die explodiert und Passanten mit Farbe bedeckt, die Passanten bemalt. Die angegebene Bedingung kann nicht hinreichend sein. Also verändert M seine Definition, indem er die Bedingung einfügt, dass der Bemalende eine handelnde Person muss, ein Agens. Dann kommt wieder F und verweist darauf, dass wir nicht sagen würden, dass jemand, der eine Farbdose umstößt und dabei seine Schuhe mit Farbe bedeckt, seine Schuhe bemalt. Also verändert M seine Definition wieder, so dass das Mit-Farbe-Bedecken mit Absicht geschieht. Daraufhin verweist F auf Michelangelo, der, indem er eine Pinselspitze in die Farbe taucht, diese absichtlich mit Farbe bedeckt, ohne damit natürlich die Pinselspitze zu bemalen. Wird M seine Definition irgendwann wasserdicht bekommen? Oder wird F das letzte Wort behalten?

4.2 | Prototypen

Typikalitätseffekte, d. h. der Umstand, dass es typischere und weniger typischere Exemplare einer Kategorie gibt (s. Kap. I.3.4.2), können nicht durch definierende Merkmale erklärt werden. Man kann sie plausibel erklären, wenn man davon ausgeht, dass es für die jeweilige Kategorie von Gegenständen einen Prototypen gibt und Typikalität danach berechnet wird, wie sehr ein Ding dem Prototypen ähnelt. Eine **Prototypentheorie** geht davon aus, dass **Prototypen** der Kern der Art und Weise sind, wie unser Wissen über Arten von Gegenständen mental repräsentiert ist. Eine solche Theorie ist eine kognitiv-psychologische Theorie.

Zur Vertiefung

Was genau ist ein Prototyp?

Es werden drei Möglichkeiten diskutiert: Entweder ist ein Prototyp (a) der typische Vertreter der Kategorie, (b) eine Liste von weder notwendigen noch hinreichenden (gewichteten) Merkmalen, die ein Exemplar der Kategorie typischerweise hat, oder (c) eine strukturierte Repräsentation der Merkmale, die ein Exemplar typischerweise hat, d. h. ein Schema bzw. Frame (zu Attribut-Wert-Frames s. Kap. I.4.3).

Damit Prototypen bei der Kategorisierung (»Gehört der-und-der Gegenstand zu der-und-der Kategorie?«) eingesetzt werden können, müssen noch zwei Dinge hinzukommen. Erstens eine Berechnung der Ähnlichkeit, die ein Gegenstand zu dem Prototyp hat, zweitens ein Kriterium, das abhängig vom Ausmaß der Ähnlichkeit festlegt, wann ein Gegenstand zu der Kategorie gehört und wann nicht (Kategorisierungskriterium).

Wenn nun berechnet werden soll, wie ähnlich ein Gegenstand dem Prototyp ist, so wird für jedes Merkmal des Prototyps je nachdem, ob der Gegenstand es aufweist oder nicht, und je nach dem Gewicht des Merkmals, dem Gegenstand ein bestimmter Wert zugewiesen. Diese Werte werden addiert und ergeben so einen numerischen Ausdruck für die Ähnlichkeit des Gegenstandes zu dem Prototypen. Ein Schwellenwert legt fest, wie hoch der Ähnlichkeitswert des Gegenstandes sein muss, damit das Prädikat auf ihn zutreffen kann. Dies ist das einfachste Modell über die Funktion eines Prototypen (in Laurence/Margolis 1999 ist ein komplizierteres Verfahren dargestellt).

Prototypentheorien können sich darin unterscheiden, welche Arten von Merkmalen sie annehmen: (a) Ob es vor allem Merkmale sind, die die äußere Erscheinung der Dinge betreffen, oder ob die Merkmale ganz unterschiedlicher Natur sein können (physikalische bzw. perzeptuelle Eigenschaften, Funktion, Lokation, hyperonyme Begriffe etc.), und (b) ob Merkmale einfach oder komplex (d. h. strukturiert) sein können.

Von der Prototypentheorie als kognitiv-psychologischer Theorie ist die Prototypensemantik als linguistische Theorie zu unterscheiden.

Zum Begriff

Die Grundannahme einer **Prototypensemantik** ist die Annahme, dass die referenzielle Bedeutung eines Prädikats, d. h. die Kategorie, auf die es sich bezieht, wesentlich durch den Prototypen für die Kategorie festgelegt wird.

Eine Prototypensemantik kann dort, wo es einen Prototypen für eine Kategorie gibt, vieles von dem leisten, was die klassische Sichtweise leisten konnte:

- Sie gibt eine Antwort auf die Frage, welchen Begriff ein Prädikat bezeichnet, nämlich den Begriff, unter den ein Gegenstand genau dann fällt, wenn er dem Prototypen hinreichend ähnlich ist.

- Die Theorie sagt, was jemand kennen muss, um die Bedeutung des Prädikats zu kennen – er muss den mit dem Prädikat verknüpften Prototypen kennen. Auf dieser Basis kann die Theorie beschreiben, was bei der Kategorisierung von Gegenständen geschieht. Es werden Ähnlichkeiten und Schwellenwerte berechnet und daraus Schlüsse gezogen.

- Die Theorie besagt, dass beim Erwerb eines Prädikats gelernt werden muss, mit welchem Prototypen es verknüpft ist.

- Die Prototypentheorie und -semantik sind natürlich in der Lage, Typikalitätseffekte zu erklären: Dinge werden als umso typischer, repräsentativer eingestuft, je mehr sie dem Prototyp ähneln.

- Schließlich kann man, wenn man will, leicht den Umstand erfassen, dass die Extension eines Prädikats keinen festen Umfang hat, dass die Extension *fuzzy* ›unscharf‹ ist. Man muss von der binären Entscheidung des Kategorisierungskriteriums (»Ab dem-und-dem Ähnlichkeitswert gehört ein Gegenstand der Kategorie an«) abrücken, und stattdessen Grade vorsehen, zu dem ein Prädikat auf einen Gegenstand zutrifft (was allerdings nicht unerhebliche Konsequenzen für eine Analyse von Sätzen hat und zwar insbesondere für die semantische Analyse koordinierender Konjunktionen wie *oder* und *und*, vgl. z. B. Kamp/Partee 1995).

Was eine Prototypen-semantik leistet

Prototypen finden sich nicht nur bei Prädikaten für so alltägliche Dinge wie Farben, Tiere, Pflanzen und Artefakte unserer alltäglichen Umgebung, sondern auch bei abstrakten Termini, Persönlichkeitsmerkmalen, psychologischen Situationen, psychiatrischen Diagnosen und linguistischen Termini. So ist etwa das prototypische grammatische Subjekt eines deutschen Satzes eine Nominalgruppe im Nominativ, die mit dem finiten Verb in Person und Numerus kongruiert. Wir haben bereits kurz eine Theorie von thematischen Rollen erwähnt, in der thematische Rollen prototypisch definiert werden (s. Kap. I.3.2; zu Prototypen in der Linguistik vgl. Taylor 2003).

Kritikpunkte: Wie die klassische Sichtweise ist aber auch die Prototypentheorie (und damit auch eine Prototypensemantik) einer Reihe von Einwänden ausgesetzt. Ein Problem stellen Kategorien dar, die sich eindeutig definieren lassen. So ist ein mathematischer Begriff wie der der Primzahl eindeutig definiert, aber trotzdem gibt es auch bei Primzahlen Typikalitätseffekte. Explizite Definitionen und Typikalitätseffekte scheinen sich also gar nicht gegenseitig auszuschließen. Letztere sind damit auch nicht unmittelbar ein Beleg für die prototypische Struktur von Kategorien. Unklar ist der Status der Merkmale, die in der Prototypentheorie angenommen werden. Sie scheinen oft nicht grundlegender zu sein als der Begriff, dessen Prototyp durch sie festgelegt wird. So bleibt offen, auf welcher Basis wir Prototypen erwerben, wo die Merkmale herkommen, die dabei benutzt werden.

Problematisch für die Prototypentheorie sind Fälle, wo Dinge dem Prototypen einer Kategorie sehr ähneln, wir diese Dinge trotzdem nicht dieser Kategorie zuordnen würden. Man kann einen Marder anmalen, so dass er aussieht wie ein Stinktier, und ihn mit einem Säckchen versehen, dem ein übler Geruch entströmt. Trotzdem würden wir den so veränderten Marder nicht als Stinktier bezeichnen, auch wenn er dem Prototypen eines Stinktiers entspricht. Die Natur des Marders, sein ›Mardersein‹, hat sich nicht verändert durch das Anmalen und das Anbringen des Säckchens. Solche Hintergrundannahmen, die unsere Einschätzung in kontrafaktischen Situation steuern (»Was wäre, wenn ein Marder …?«) sind nicht Teil des Prototyps.

Ein Problem für eine Prototypensemantik (der Prototyp legt die Kategorie fest, auf die das Prädikat referiert) sind auch Fälle wie der Aal oder der Delfin. Aale ähneln dem Fischprototyp nicht sonderlich, sie ähneln dem Schlangenprototyp sehr viel mehr. Trotzdem sind Aale Fische und keine Schlangen. Delfine wiederum ähneln dem Fisch-Prototyp sehr, sind aber keine Fische. Prototypen scheinen damit die Kategorie, auf die sich ein Prädikat bezieht, nicht festlegen zu können.

Manchmal werden prototypische Merkmale als statistisch signifikante Merkmale unterschieden von besten oder idealen Merkmalen einer Kategorie und behauptet, dass sich die Kategorisierung nicht nach Ähnlichkeit mit einem Prototyp, sondern nach Ähnlichkeit mit einem ›Ideal‹ richtet. Bei *ad-hoc*-Kategorien wie *Arten, wie man sich Freunde macht* oder bei zielfixierten Kategorien wie *Campingausrüstung* soll dies der Fall sein, aber auch die Art wie Experten in ihrem Fachbereich Dinge kategorisieren, richtet sich (oft) nicht nach Prototypen (vgl. Weiskopf 2009).

Ein letztes Problem ist die Kompositionalität (s. Kap. I.2.3). Wenn sich die Bedeutung eines komplexen Ausdrucks aus der Bedeutung seiner Teile ergibt, so sollte sich der Prototyp des komplexen Ausdrucks aus den Prototypen der Teilausdrücke ergeben. Berühmt ist das Beispiel *pet fish* ›Zierfisch‹, ein Kompositum mit dem Erstglied *pet* ›Haustier‹. Goldfische sind ein prototypischer Zierfisch, doch sie sind weder ein prototypisches Haustier noch ein prototypischer Fisch (zum Stand der Debatte vgl. Werning et al. 2012, Teil V).

Zur Vertiefung

Exemplare und Exemplareffekte

Typikalitätseffekte kann man nicht nur mit der Annahme von Prototypen erklären. Man kann auch davon ausgehen, dass wir die Exemplare einer Kategorie, mit denen wir bisher in Kontakt gekommen sind, gespeichert haben und Typikalität danach berechnen, wie sehr ein Ding diesen Exemplaren ähnelt. Eine Exemplartheorie der Kategorien besteht in der Annahme, dass die mentale Repräsentation einer Kategorie aus den im Gedächtnis gespeicherten Exemplaren besteht.

Für eine Exemplartheorie sprechen einmal Exemplareffekte. Sowohl beim Erlernen von Kategorien wie bei Kategorisierungen spielt es eine Rolle, mit welchen Exemplaren man vertraut ist. Desweiteren kann der klassische Typikalitätseffekt, wie gesagt, auch mit einer Exemplartheorie erklärt werden. Wenn Exemplartheorien und Prototypentheorien direkt miteinander verglichen werden, so schneiden erstere besser ab, allerdings werden in den dabei durchgeführten Experimenten artifizielle Kategorien verwendet, was ihre Aussagekraft relativiert. Es gibt auch Studien, die nahelegen, dass es zwei Lernstrategien gibt, eine, die auf Exemplaren, und eine andere, die auf Prototypen beruht (zu dieser Problematik vgl. Murphy 2002, Kap. 4). Bei Oberkategorien – man denke an Spiel – hat eine Exemplartheorie erkennbare Vorteile, da sich dort kein Prototyp aufdrängt, wo nur ein Netz an Ähnlichkeiten besteht, eine Familienähnlichkeit im Sinne Wittgensteins. Doch können Exemplartheorien taxonomische Hierarchien und die Besonderheiten der Basisebene bislang nicht wirklich erklären.

In der Semantik ist die Exemplartheorie kaum angewandt worden, anders als in der Phonetik/Phonologie, wo sie zur Repräsentation von Phonemen benutzt wird (ein Phonem ist repräsentiert durch gespeicherte Phon-Exemplare, die das Phonem aktualisieren).

4.3 | Wissensstrukturen

4.3.1 | Wissenseffekte und Semantik

Bei der Kritik an der Prototypentheorie hat sich gezeigt, dass bei der Kategorisierung die Ähnlichkeit mit dem Prototypen nicht immer entscheidend ist. Hintergrundwissen z. B. über das, was ein Lebewesen ausmacht, was seine Natur, sein ›Wesen‹ ist, wie seine verschiedenen Eigenschaften miteinander zusammenhängen, können auch entscheidend sein.

Nehmen wir die Kategorie Vogel als Beispiel (nach Murphy 2002, 143). Wir wissen, dass Vögel zweibeinige Wesen mit Flügeln sind, Federn haben, fliegen, ihre Eier in Nester legen und auf Bäumen leben. Diese Eigenschaften hängen offensichtlich zusammen. Flügel und Federn ermöglichen den Vögeln das Fliegen, das Fliegen wiederum ermöglicht ihnen, ihre Nester in Bäumen anzulegen. Damit können sie ihre Brut, die einige Zeit braucht, bevor sie fliegen kann, vor Fressfeinden schützen. Ein anderes suggestives Beispiel ist die Krümmung von Bananen und Boomerangs, eine sehr saliente Eigenschaft von beiden. Warum ist die Banane krumm? Darauf wissen wir in aller Regel nicht sofort eine Antwort, sondern müssen uns schlau machen. Warum ist ein Boomerang krumm? Darauf glauben wir spontan eine Antwort geben zu können: Die Krümmung ist für ihr spezielles Flugverhalten entscheidend. Zwischen diesen beiden Eigenschaften von Boomerangs nehmen wir also ein explanatives Verhältnis an (die Krümmung erklärt das Flugverhalten).

Es gibt mittlerweile einiges an Evidenz dafür, dass **Wissenseffekte** für Erwerb, Entwicklung, Struktur und Anwendung der mentalen Repräsentation von Kategorien relevant sind. Bei der Prototypen- wie Exemplartheorie in ihrer ursprünglichen Form spielen Wissensbeziehungen keine Rolle. Es ist offen, inwieweit man sie modifizieren kann, so dass sie Wissenseffekte erklären können. Als Reaktion auf das Vorkommen von Wissenseffekten sind in der Psychologie Ansätze entwickelten worden, denenzufolge die Kenntnis von Kategorien im Verfügen von (Alltags-)Theorien, Modellen, Schemata oder Frames besteht. Insgesamt ist es eine offene Frage, welche Arten von Wissensstrukturen es gibt und wie genau sie auf Konzepte einwirken, d. h. was genau das Verhältnis von Wissensstrukturen und Konzepten ist.

Dies ist in etwa der Stand der Psychologie. Die Frage für die Semantik ist, wie viel an Wissen über eine Kategorie zu dem gehört, was wir wissen, wenn wir die Bedeutung eines Ausdrucks kennen. Kann man lexikalisch-semantisches Wissen sinnvoll von enzyklopädischem Wissen trennen? Diese Frage wird seit langem sehr kontrovers diskutiert (vgl. die Zusammenstellung des Forschungsstands in Peeters 2000; vgl. auch Murphy 2002; Hobbs 2011, § 4; Kelter/Kaup 2012).

Im Folgenden werden wir prominente Vorschläge darstellen, wie von Wissensstrukturen in der Semantik Gebrauch gemacht werden kann.

4.3.2 | Qualia-Strukturen

Ein Phänomen, bei dem die Bedeutung von Alltagswissen für die semantische Analyse unmittelbar einsichtig ist, sind systematische Polysemien (s. Kap. I.3.5.2). Wir haben bei Wörtern wie *Schule* oder *Universität* schon das Phänomen der Binnenvariation kennengelernt, das Phänomen, dass ein solches Wort eng miteinander zusammenhängende Bedeutungen anzunehmen scheint.

(8)   a. *Die Universität wurde 1948 gegründet.* (die Institution)
      b. *Die Universität liegt am Rand von Saarbrücken.* (der Campus)
      c. *Die Universität hat Sparmaßnahmen beschlossen.* (die Gremien)
      d. *Die Universität demonstriert heute in der Stadt.* (die Mitglieder)

Um diese Sätze zu verstehen, genügt es nicht, einfach zu wissen, dass *die Universität* auf eine bestimmte Institution (z. B. die Universität des Saarlandes) referiert. Man muss wissen, was eine solche Institution ausmacht. Dass sie über Räumlichkeiten, im Normalfall über eine Reihe von Gebäuden verfügt, von Gremien verwaltet wird, Mitglieder unterschiedlicher Kategorie besitzt etc.

Oder erinnern wir uns an das Beispiel *Hast du schon den* (/*mit dem*) *Kriminalroman angefangen?* aus Kapitel I.3.6.2. Den Satz kann man u. a. so verstehen, dass danach gefragt wird, ob mit dem Lesen des Romans schon angefangen wurde, aber auch als Frage danach, ob mit dem Schreiben des Romans angefangen wurde (etwa wenn es sich bei der Adressatin der Frage um eine Krimiautorin handelt). Es gehört zu unserem allgemeinen Wissen über Romane, dass sie von Autoren geschrieben werden und von Lesern gelesen werden. Da dieses Wissen für das Verständnis von Sätzen ganz entscheidend ist, liegt es nahe, dieses Wissen in die Bedeutungsangabe von *Roman* in integrieren.

Generatives Lexikon   Pustejovsky (1995) nimmt in seiner Theorie des ›Generativen Lexikons‹ für die lexikalische Beschreibung von Ausdrücken sogenannte Qualia-Strukturen an, die die Beschaffenheit der Exemplare einer Kategorie spezifizieren.

Zum Begriff

In einer Qualia-Struktur sind vier Arten von Informationen über die Kategorie von Gegenständen versammelt, die ein Ausdruck bezeichnet:

- formale Information (Zu welcher übergeordneten Kategorie gehören die Gegenstände?)
- konstitutive Information (Welche Beziehungen bestehen zwischen den Gegenständen und ihren Teilen?)
- telische Information (Welchem Zweck dienen die Gegenstände, bzw. was für eine Funktion haben sie?)
- agentive Information (Welche Faktoren sind beim Entstehen der Gegenstände beteiligt?).

Für *Roman* kann man die Qualia-Struktur etwa wie folgt beschreiben: Formal handelt es sich um ein Buch, konstitutiv um eine Narration, telisch um etwas, das gelesen werden soll, und agentiv um etwas, das geschrieben wurde.

Die Qualia-Struktur bildet nach Pustejovsky zusammen mit drei anderen Strukturen die lexikalische Beschreibung der Bedeutung eines Lexems:

Elemente der
lexikalischen
Beschreibung

- Lexikalische Typenstruktur (Handelt es sich um Naturgegenstände, Artefakte etc.?)
- Argumentstruktur (Wie viele Argumente sind zu unterscheiden und welcher Natur sind sie?)
- Ereignisstruktur (Welcher Ereignistyp liegt vor und welche interne Struktur hat er?)
- Qualia-Struktur (Welche formalen, konstitutiven, telischen und agentiven Eigenschaften liegen vor?)

Beispiel

Mit diesem analytischen Instrumentarium lässt sich der Satz *Hast du schon den (/mit dem) Kriminalroman angefangen?* etwa wie folgt analysieren. *Beginnen* ist ein Verb, das syntaktisch und semantisch zweistellig verwendet werden kann (ein Agens beginnt mit einer Handlung). In unserem Beispielssatz ist die Akkusativ- bzw. PP-Ergänzung (*den Kriminalroman*, bzw. *mit dem Kriminalroman*) aber kein Ausdruck, der auf eine Handlung referieren würde – bei einem Kriminalroman handelt es sich um ein Artefakt. So entsteht ein ›Typenkonflikt‹ – der Typ Artefakt und der Typ Handlung sind nicht miteinander kompatibel. Eine Interpretation des Satzes ist nun aber möglich, indem auf die Qualia-Struktur von *Roman* zurückgegriffen wird. Denn bei der telischen wie der agentiven Information sind Handlungen genannt, die mit Romanen ausgeführt werden (Lesen bzw. Schreiben). Die Akkusativ- bzw. PP-Ergänzung lässt sich dann interpretieren als »das Lesen (/Schreiben) des Kriminalromans« und eine sinnvolle Interpretation des Satzes wird möglich.

4.3.3 | Frames und Skripts

Der Begriff ›Frame‹ wird in unterschiedlichen Bedeutungen verwendet (vgl. Gamerschlag et al. 2014). Zum einen versteht man unter Frames bestimmte kognitive Strukturen:

> **Frames** werden solche kognitive Strukturen genannt, die das Wissen in einem Bereich bündeln, und eine wichtige Rolle spielen beim Verstehen, Schlussfolgern und anderen kognitiven Prozessen.

Beispiele für das, was Frames repräsentieren, sind so unterschiedlich wie (1) das Wissen über die zyklische Abfolge von Tag und Nacht, von Dunkelheit und Helligkeit, (2) das Wissen über die Einteilung der Lebewesen in Pflanzen und Tiere, (3) das Wissen darüber, was eine Scheidung ist, was zu ihr führen und was aus ihr folgen kann, oder (4) das schematische Wissen über die Abfolge von Vorgängen, die den Besuch eines Restaurants, eines Krankenhauses oder ein Kaufhauses ausmachen.

Ein Spezialfall sind Frames, die eng mit sprachlichen Ausdrücken verbunden sind. Charles Fillmore hat eine Konzeption von Frames entwickelt, in der die syntaktische und die semantische Valenz, die thematischen Rollen und die Bedeutung eines Prädikats zusammengefasst ist. Ein weiterer Spezialfall von Frames sind Skripts, die sich auf dynamische Aspekte in Wissensstrukturen beziehen.

Zum anderen versteht man unter Frames ein allgemeines Format für die kognitive Repräsentation von Kategorien. Frames in diesem Sinne werden wir Attribut-Wert-Frames nennen (sie gehen auf Barsalou 1992 zurück; es ist eine offene Frage, wie weit dieser Framebegriff vom ersten letztlich entfernt ist).

Framesemantik

Wenn wir die Äußerung hören *Wollen wir schon mal die Getränke bestellen?*, so wird damit automatisch ein bestimmter wohl strukturierter Wissensbereich aktiviert (vor allem das Vollverb und das Objekt ist dafür verantwortlich): der Wissensbereich ›Restaurant‹. Zu diesem gehört alles, was wir von Restaurants wissen: dass es eine Bedienung gibt, bei der die Gäste das Essen und die Getränke bestellen können, dass es eine Speisekarte gibt, von der die Gäste sich etwas aussuchen können, dass das Essen von der Bedienung aufgetragen wird, dass die Gäste dieses Essen zu sich nehmen und am Ende dafür bezahlen etc.

Ein anderes Beispiel: Wenn wir die Äußerung hören *Wann lassen sie sich endlich scheiden?*, dann wird der Wissensbereich ›Scheidung‹ aktiviert, zu dem stichwortartig gehören: Auflösung der Ehe, (frühere) Heirat, Gericht, Anwälte, Unterhaltszahlungen, Sorgerecht für die Kinder etc. etc. Es ist klar, dass unser Wissen von der Welt in vielen solchen Wissensstrukturen niedergelegt ist und mit den Wörter der Sprache irgendwie verbunden sein muss.

In der Framesemantik, die vor allem von Charles Fillmore entwickelt worden ist, wird die Bedeutung von sprachlichen Ausdrücken unter Bezugnahme auf Frames analysiert: Welche Frames werden durch einen Ausdruck aktiviert und wie werden diese Frames in das Verständnis der Textpassage integriert, in der der Ausdruck steht.

> Die Grundannahme einer **Framesemantik** ist die Annahme, dass die Bedeutung fast eines jeden Wortes nur verständlich wird vor dem Hintergrund spezieller Frames (vgl. Fillmore/Baker 2010).

Zum Begriff

Ein klassisches Beispiel ist der Frame des kommerziellen Transfers. Er wird durch die Vollverben der folgenden Sätze aktiviert:

(9) a. *Marie hat den Schrank für 150 € von Moritz gekauft.*
  b. *Moritz hat Marie den Schrank für 150 € verkauft.*
  c. *Marie bezahlte für den Schrank 150 €.*
  d. *Moritz nahm 150 € für den Schrank.*
  e. *Moritz verlangte für den Schrank 150 €.*
  f. *Marie gab für den Schrank 150 € aus.*
  g. *Der Schrank kostete Marie 150 €.*

Der **Frame des kommerziellen Transfers** beschreibt allgemein eine Situation, in der eine Person (der Käufer) von einer anderen Person (dem Verkäufer) einen Gegenstand oder eine Dienstleistung (die Ware) erhält in Folge eines wechselseitigen Einverständnisses, bei dem die erste Person der zweiten einen Geldbetrag gibt. Käufer, Verkäufer, Ware und Geld sind die Kernelemente dieses Frames. Dieser Frame lässt sich in zwei Subframes zerlegen, in zwei Teilvorgänge, die zeitlich nicht fest fixiert sind: den Frame des Warentransfers einerseits und den Frame des Geldtransfers andererseits.

Frames , Subframes, Frame-Elemente

Bei *kaufen* wird der Frame des Warentransfers ›aus der Perspektive‹ des Käufers dargestellt, bei *verkaufen* ›aus der Perspektive‹ des Verkäufers. Diese Perspektivierung führt zu einem für das jeweilige Verb spezifischen Frame. Ein solcher ›Fillmore-Frame‹ enthält neben den Argumenten des Verbs und ihren thematischen Rollen (semantische Valenz) eine allgemeine Beschreibung des Vorgangs, die Information, wie die Argumente sprachlich realisiert werden können (syntaktische Valenz) sowie eine Reihe von typischen Modifikatoren (d. h. Elementen, die keinen Argumentstatus haben).

Dass Kaufen eine Art von Bekommen ist, wird so modelliert, dass der Kaufen-Frame alle Frame-Elemente vom Bekommen-Frame ›erbt‹ (»ein Rezipient, der ein Thema anfänglich nicht besitzt, kommt durch eine Quelle in dessen Besitz«): Der Käufer ist der Rezipient, das Thema die Ware und die Quelle der Verkäufer. Entsprechend bei Verkaufen und Geben. Diese Zusammenhänge zeigen sich in der parallelen Art, wie die Frame-Elemente realisiert werden können (vgl. Fillmore/Baker 2010):

(10) a. *Marie bekommt von Moritz einen Blumenstrauß.*
  b. *Marie kauft von Moritz einen Schrank.*

(11) a. *Moritz gibt Marie einen Blumenstrauß.*
     b. *Moritz verkauft Marie einen Schrank.*

Man sieht an diesem Beispiel, dass es konkrete und abstraktere Frames gibt, dass Frames aus Subframes bestehen und in unterschiedlichen Beziehungen zueinander stehen können.

Weiterführende Literatur In dem Projekt **FrameNet** (https://framenet.icsi.berkeley.edu/) sind bereits eine große Anzahl von englischen Ausdrücken in diesem Format analysiert worden und es kommen fortlaufend neue hinzu (zur Framesemantik vgl. einführend Fillmore/Baker (2010) und Gawron (2011); eine umfassende Darstellung auf Deutsch bietet Busse (2012); für eine kritische Weiterentwicklung, in der Frames mit lexikalischer Dekomposition kombiniert werden vgl. Osswald/van Valin (2014)).

Skripts

Der Framebegriff ist so weit gefasst, dass er sowohl statische wie auch dynamische Aspekte von Wissensstrukturen abdecken kann. Dies gilt nur bedingt für den Begriff des Skripts, wie er in Schank/Abelson (1977) entwickelt wurde. Dennoch werden die beiden Begriffe häufig gemeinsam eingeführt und zwar in der Art, dass ein Frame eher statische Wissensstrukturen kodiert, Skripts dagegen eher dynamische. Das klassische Beispiel aus Schank/Abelson (1977) ist das Skript eines Restaurant-Besuchs. Man betrachte die Beispiele (12) und (13).

(12) *Xaver ging in ein Restaurant. Er bestellte bei der Kellnerin geschmorte Kalbsbäckchen. Dann zahlte er die Rechnung und ging wieder heim.*

(13) *Xaver wollte eine Zeitung lesen. Er entdeckte zufällig die Wochenendausgabe der Süddeutschen Zeitung auf einer Parkbank, setzte sich und las sie.*

Beim Lesen von (12) ergänzen wir die explizit ausgedrückte Information durch weitere Informationen. Wir stellen uns vor, wie Xaver das Restaurant betritt, sich einen Tisch auswählt oder sich an einen Tisch bringen lässt. Dass er sich die Karte kommen lässt und sich ein Gericht auswählt, das er dann bei der Kellnerin bestellt etc. All diese Vorstellungen ergänzen wir automatisch, weil wir wissen, wie ein Restaurant-Besuch im Allgemeinen abläuft.

Diskurse wie in (13) werden von uns ebenfalls implizit durch weitere Informationen bzw. Vorstellungen ergänzt. So evoziert der Ausdruck Parkbank die Vorstellung eines Parks, in dem Menschen Ruhe suchen und auch gerne mal eine Zeitung lesen. Daher ist es nicht überraschend, dass Xaver dort eine Zeitung findet, die er lesen kann. Die Ergänzungen im Fall von (13) sind jedoch anderer Natur als im Fall von (12). Nur in (12) gehen sie auf unser Wissen über stereotype Abläufe zurück (Schank/Abelson 1977, 41): »Thus while it is possible to understand a story without using a script, scripts are an important part of story understanding. What they do is let you leave out the boring details when you are talking or writing, and fill them in when you are listening or reading.«

Kontrastieren wir nun Beispiel (12) mit Beispiel (14), dann zeigt sich, dass es den typischen Restaurant-Besuch offenbar nicht gibt. In einem Fast-Food-Restaurant beispielsweise nehmen wir gerne mal unser Essen an einen gemütlicheren Ort mit, nicht so jedoch in einem Sterne-Restaurant.

(14) *Xaver ging in ein Restaurant. Er bestellte einen Big Mac. Er bezahlte ihn und suchte sich einen netten Platz im Park, um ihn zu essen.*

Ersetzen wir jetzt in (14) den Big Mac durch geschmorte Kalbsbäckchen, dann wird beim Leser nicht das Fast-Food-Restaurant-Skript aktiviert und der Diskurs kann nicht (ohne Weiteres) als kohärent interpretiert werden, da er nicht mit unserem Skript-Wissen über Restaurant-Besuche vereinbar ist. Skriptwissen ist also zentral für das Verständnis von Diskursen.

Definiert werden Skripte von Schank/Abelson (1977, 41) wie folgt:

»A script is a structure that describes appropriate sequences of events in a particular context. A script is made up of slots and requirements about what can fill these slots. The structure is an interconnected whole, and what is in one slot affects what can be in another. Scripts handle stylized everyday situations. They are not subject to much change, nor do they provide the apparatus for handling totally novel situations. Thus, a script is a predetermined, stereotyped sequence of actions that defines a well-known situation.«

Definition
von Skript

Welche Struktur ein konkretes Skript genau hat, ist eine nicht ganz einfach zu beantwortende Frage. Das Restaurant-Beispiel hat bereits gezeigt, dass es in unterschiedlichen Arten von Restaurants unterschiedliche stereotype Abläufe gibt. Hier können grundsätzlich unterschiedliche, aber verwandte Skripte angenommen werden. Aber selbst innerhalb ein und desselben Skripts gibt es Unwägbarkeiten oder besser Alternativen: In einem typischen Restaurant kann es sein, dass man sich den Tisch selbst aussuchen kann, es kann aber auch sein, dass man an einen Tisch geführt wird. Wenn es ans Zahlen geht, kann es sein, dass man direkt am Tisch abkassiert wird, es kann aber auch sein, dass der Kellner das Bargeld oder die Karte diskret in einem Mäppchen oder einer Zigarrenkiste mitnimmt. In manchen Restaurants bekommt man nach dem Zahlen noch ein Schnäpschen, in anderen nicht. Skripte enthalten also optionale und obligatorische Ereignisse. In manchen Fällen enthalten sie alternative Ereignisse und diese Ereignisse treten (in Abhängigkeit von anderen Ereignissen) mit einer gewissen statistischen Wahrscheinlichkeit auf. So erhöht sich z. B. die Wahrscheinlichkeit einer diskreten Bezahlvariante sicherlich signifikant, wenn man bei Betreten des Restaurants der Garderobe entledigt und an den Tisch geführt wird.

Skripts können durch gerichtete Graphen repräsentiert werden (s. Abb. 2; aus DFG-Antrag zu Projekt A3 des SFB 1102). Der Kunde (C) betritt

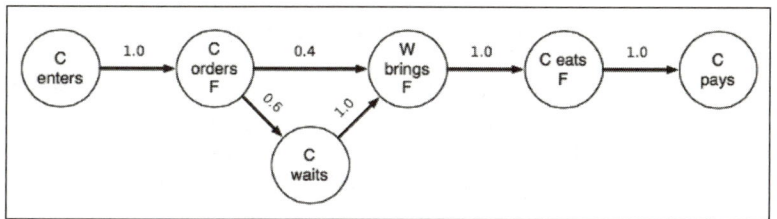

Abb. 2:
Vereinfachtes
Restaurant-Skript

das Restaurant und mit einer hohen Wahrscheinlichkeit bestellt der Kunde dann sein Essen (F). Nun kann es sein, dass derjenige, der die Bestellung aufnimmt, (W) das Essen sofort bringt, wahrscheinlicher allerdings ist, dass der Kunde eine Weile warten muss, bis das Essen gebracht wird. Dann isst der Kunde und dann bezahlt er.

Attribut-Wert-Frames

Unter einem Attribut-Wert-Frame versteht man ein allgemeines Format für die kognitive Repräsentation von Kategorien.

Zum Begriff

> In einem **Attribut-Wert-Frame** einer Kategorie werden die unterschiedlichen Eigenschaften der Gegenstände der Kategorie durch Attribut-Wert-Paare und durch Relationen zwischen den Attributen bzw. den Werten dargestellt (vgl. Barsalou 1992).

Die Kategorie Vogel z. B. kann (ausschnittsweise und stark vereinfachend) durch drei Attribute charakterisiert werden: GRÖSSE, FARBE, SCHNABEL. Das Attribut GRÖSSE kann die Werte klein oder groß annehmen, das Attribut FARBE die Werte braun oder weiß, das Attribut SCHNABEL die Werte gerade oder gebogen. Die Kategorie Auto kann ausschnittsweise durch die Attribute FAHRER, TREIBSTOFF und MOTOR beschrieben werden, wobei das Attribut MOTOR die Werte Verbrennungsmotor oder Elektromotor annehmen kann.

Zwischen den Attributen können in einem Frame Relationen (›strukturelle Invarianten‹) angegeben werden, die normalerweise zwischen ihnen bestehen. In dem Frame für Auto verbindet die Attribute FAHRER und TREIBSTOFF die Relation des Kaufens (Fahrer kaufen Treibstoff) und auch zwischen FAHRER und MOTOR sowie zwischen TREIBSTOFF und MOTOR bestehen ganz bestimmte Beziehungen. Zusätzlich können zwischen den Werten verschiedener Attribute Beschränkungen (*constraints*) bestehen. So benötigt etwa ein Elektromotor elektrische Energie, nicht Benzin als ›Treibstoff‹.

Schließlich können Frames eine ›rekursive‹ Struktur aufweisen, d. h. ein Frame kann in ein anderes Frame eingebettet sein. Die Kategorie Urlaub kann u. a. durch das Attribut AKTIVITÄT beschrieben werden. Aktivität selbst lässt sich wieder durch ein Frame beschreiben mit den Attributen INTENSITÄT und TERRAIN (INTENSITÄT kann die Werte hoch oder gering annehmen; TERRAIN die Werte Berge oder Meer). Somit ist das Frame für Aktivität in das Frame für Urlaub eingebettet (alle Beispiele aus Barsalou 1992).

4.4 | Interpretation und Formalisierung

Für die kompositionale Semantik, d. h. den Teil der Semantik, der sich mit der kompositionalen Bedeutung von komplexen Ausdrücken befasst, spielt die ›Interpretation‹ eine große Rolle. Bei der **Interpretation** werden einfachen und komplexen Ausdrucksvorkommen bestimmte Entitäten als deren ›**semantischer Wert**‹ zugewiesen, wobei sich der semantische Wert eines komplexen Ausdrucksvorkommens nach bestimmten Regeln kompositional aus den semantischen Werten seiner Teilausdrücke ergibt (zu den Grundlagen für diese Vorgehensweise s. Kap. IV.1 zur logischen Semantik).

Bei der Interpretation geht es einmal um die Referenz der Ausdrucksvorkommen und dabei auch um die Frage, welche Typen von Entitäten bestimmten Arten von Ausdrücken als Referenz zugewiesen werden können. Mit Nominalgruppen allgemein können wir auf nahezu Beliebiges referieren. Doch gibt es unterschiedliche Arten von Nominalgruppen, für die sich die Frage stellt, auf was für einen Typ von Entität sie sich genau beziehen (woraus etwa bezieht sich *die Klugheit*, *die Liebe* oder *die Verletzung*). Bei Sätzen stellt sich die Frage, ob sie immer auf Propositionen referieren, wie wir das bisher angenommen haben (s. Kap. III.1), bei Prädikaten, inwieweit man überhaupt von Referenz reden kann (s. die Vertiefung in Kap. II.2.4.1). Bei der Interpretation geht es weiterhin um die Frage, welche Regeln genau angesetzt werden müssen, nach denen sich die Bedeutung komplexer Ausdrücke aus den Bedeutungen der Teilausdrücke ergibt.

Eine allgemeine Frage der Interpretation ist es auch, ob wir mit *einer* semantischen Ebene, der der Referenz, in der Semantik auskommen, oder ob wir zur adäquaten semantischen Analyse von Ausdrucksvorkommen noch weitere Ebenen annehmen müssen (für die Unterscheidung von Sinn und Bedeutung bzw. von Intension und Extension s. Kap. IV.1.2 und 1.3.2).

Eine Interpretation kann direkt oder indirekt sein. Bei der direkten werden Ausdrücken bzw. deren Vorkommen semantische Werte zugewiesen. Bei einer indirekten Interpretation spielt die Formalisierung die entscheidende Rolle. Die Idee bei einer **Formalisierung** ist, die semantische Struktur natürlich-sprachlicher Ausdrücke dadurch zu beleuchten, dass man ihre Bedeutung in einer formalen Sprache (insbesondere der Prädikatenlogik) wiedergibt. Formale Sprachen haben den Vorteil, dass sie eine transparente Syntax und Semantik haben: Es ist genau festgelegt, nach welchen syntaktischen Regeln aus den Basisausdrücken komplexere Ausdrücke, Sätze bzw. Formeln gebildet werden können; und für jeden Schritt ist genau festgelegt, was er semantisch für Auswirkungen hat (d. h. formale Sprache sind fast durchgängig kompositional aufgebaut). Bedient man sich einer formalen Sprache (s. Kap. IV.3) bei der Bedeutungsanalyse, so gibt man damit die Bedeutung auf präzise Weise an. Wobei aber in Rechnung gestellt werden muss, dass formale Sprachen nicht über alle Strukturen verfügen, die zur Analyse natürlicher Sprachen notwendig sind.

Direkte und indirekte Interpretation

4.5 | Synopse

Bei allen Ansätzen der lexikalischen semantischen Analyse, die wir behandelt haben, kann man davon reden, dass die Bedeutungsrepräsentation ein mehr oder weniger stark **strukturierter Komplex** ist. Darin sind sich alle hier behandelten Formen der semantischen Analyse einig. Die lexikalische Dekomposition und manche Formen der Wissensrepräsentation zeichnen sich dadurch aus, dass die Bedeutungsrepräsentation eine **logisch-semantische Struktur** aufweist aus Prädikaten, Argumenten, Operatoren etc. Diese Struktur besteht entweder aus sprachlichen Ausdrücken oder aus ›Konzepten‹, die nicht aus der Sprache kommen. Ein dritter Aspekt, unter dem sich die Ansätze betrachten lassen, ist der der **Modalität** der Bedeutungsrepräsentation, wobei unter Modalität die Nähe zu perzeptuell-motorischen Einheiten und deren Repräsentation zu verstehen ist. Lexikalische Dekomposition, Qualia-Strukturen, Framesemantik und Prototypensemantik sind meist amodal konzipiert ohne Bezug auf perzeptuell-motorische Einheiten. Doch ist es bei der Prototypensemantik z. B. möglich, die Merkmale, die einen Prototypen auszeichnen, als modale Einheiten zu konzipieren, die von Perzeptionen und motorischen Vorgängen herkommen (so dass Merkmale zum Teil als schematisierte Bilder betrachtet werden können).

Die Diskussion um die Rolle von Modalität wird seit einiger Zeit unter dem Stichwort ›Embodiment‹ bzw. ›Grounding‹ geführt. Darunter versteht man die Abhängigkeit unserer Konzepte von unserer ›Körperlichkeit‹, d. h. insbesondere von Perzeption, Motorik und Emotion. Ein prominenter Ansatz ist der Simulationsansatz des Psychologen Barsalou (1999), in der Linguistik sind vor allem Ansätze zu nennen, die mit Bildschemata arbeiten.

Zur Vertiefung

Bildschemata

Seit Lakoff/Johnson (1980), Johnson (1987) und Lakoff (1987) werden in der kognitiven Linguistik ›Bildschemata‹ (*image schemata*) als wichtige strukturelle Elemente für die Art betrachtet, wie wir die Welt wahrnehmen und erleben, und für die semantische Analyse nutzbar gemacht. Ein zentrales Bildschema ist das Container-Schema: Eine Grenze unterscheidet ein Innen von einem Außen. So verstehen wir unsere Körper als Container: Wir nehmen Dinge zu uns (Sauerstoff, Nahrung) und wir scheiden Dinge aus. Aber auch Teile des Körpers wie der Mund, das Herz, der Magen etc. sind Container, sowie die Räume und Gebäude, die denen wir uns bewegen, oder die Gefäße, aus denen wir trinken. Das Container-Schema liegt insbesondere der Präposition *in* (mit Dativ) zugrunde: *das Blut in meinem Körper, die Zunge im Mund, die Zuhörer im Hörsaal, das Schloss im Wald, der Wein in diesem Glas, das erste Kapitel in diesem Buch* etc. Weitere Bildschemata sind u. a. das Teil-Ganzes-Schema und das Quelle-Pfad-Ziel-Schema. Letzteres kommt beispielsweise zusammen mit dem Container-Schema bei der direktionalen Präposition *in* (mit Akkusativ) zum Tragen. Einem Satz wie *Sie gehen in den Hörsaal* liegt die Vorstellung von einem Pfad zugrunde, der außerhalb des Containers Hörsaal beginnt (dort seine ›Quelle‹ hat) und im Container endet (dort sein ›Ziel‹ findet).

Vor dem Hintergrund, dass es nicht nur Typikalitätseffekte, sondern auch Exemplar- und Wissenseffekte gibt, zeichnet sich als theoretische Option ab, dass die mentale Repräsentation von Kategorien aus recht heterogenen Elementen besteht. Dazu können Prototypen und Exemplare gehören, das

Wissen über kausale und explanative Beziehungen, das Wissen über die Natur der Gegenstände einer Kategorie und sogar in Einzelfällen Definitionen. Solche integrativen Ansätze werden insbesondere von Barsalou (1987), Murphy (2002, Kap. 13), Prinz (2012) und Weiskopf (2009) favorisiert (dies sind allerdings alles keine linguistischen Ansätze).

Bei einer solchen heterogenen Repräsentation ist man in Versuchung, einen Kern und eine Peripherie unterscheiden zu wollen. Es ist allerdings umstritten, ob es empirische Belege dafür gibt. Es sieht eher danach aus, dass je nach Kontext bestimmte Teile der mentalen Repräsentation einer Kategorie in den Vordergrund rücken. Kontextuelle Modulation von Konzepten oder dynamische Bedeutungskonstruktion wird dies mitunter genannt (vgl. Murphy 2002, 415; Croft/Cruse 2004, Kap. 4).

Damit ist es auch weiterhin eine offene Frage, ob es möglich ist, eine lexikalisch-semantische Bedeutung zu unterscheiden von dem Wissen, was wir über Kategorien insgesamt haben. Sicher ist, dass zur Bedeutungsangabe eines Prädikats (1) seine semantische Kategorie, (2) seine semantische Valenz inklusive Stelligkeit und thematische Rollen und (3) eine Beschreibung der Kategorie (allgemein: des Begriffs) gehört, den das Prädikat bezeichnet. Offen bleibt, wie umfangreich eine solche Beschreibung für die Zwecke der Semantik sein sollte.

Fazit

II Wörter, Wortgruppen und ihre Bedeutung

1 Verben und Verbalgruppen

In Teil I wurde argumentiert, dass Verben, Adjektive und Nomen als **Prädikate** aufzufassen sind, die auf **Begriffe** referieren. Es wurde weiter gezeigt, dass diese Prädikate (syntaktische und) semantische Valenz aufweisen, also nach ihrer (syntaktischen und) semantischen **Stelligkeit** und der **Funktion** ihrer (Ergänzungen bzw.) Argumente differenziert werden können. In diesem Sinn verhalten sich Verben, Adjektive und Nomen parallel und sind von Ausdrücken abzugrenzen, die auf Gegenstände referieren.

Auf der anderen Seite ist offensichtlich, dass sich Verben, Adjektive und Nomen auch in vielerlei Hinsicht unterscheiden: Verben flektieren nach Person, Numerus, Modus und Tempus, Nomen nach Numerus und Kasus und Adjektive können (meistens) gesteigert werden.

In diesem und den folgenden Kapiteln soll daher das unterschiedliche Verhalten von Verben, Adjektiven, Nomen und auch von anderen Wortarten wie Präpositionen, Adverbien und Partikeln beschrieben und deren Implikationen für die semantische Analyse dargestellt werden. Es wird sich zeigen, dass die Auffassung von Verben, Nomen und Adjektiven als prädikative Ausdrücke weiterhin trägt, aber in jedem Bereich durch zusätzliche Annahmen zu erweitern ist, um dem je spezifischen Verhalten Rechnung zu tragen.

1.1 | Verben, Verben und Verben

Zunächst ist festzustellen, dass Verb nicht gleich Verb ist. Betrachten wir einen Satz wie *gestern hat die Kanzlerin einen Minister entlassen müssen*, dann sind in diesem Satz drei Verben zu identifizieren: *hat, entlassen* und *müssen*.

Hilfsverb, Modalverb, Vollverb: Traditionell wird *hat* dabei gerne als **Hilfsverb**, *müssen* als **Modalverb** und *entlassen* als **Vollverb** bezeichnet. Aus syntaktischer Perspektive kann man diese Unterscheidung mit gewisser Berechtigung in Frage stellen, da alle diese Verben im Deutschen im Wesentlichen dieselbe syntaktische Distribution aufweisen: Sie können alle topologisch sowohl in der linken wie auch in der rechten Satzklammer des deutschen Satzes auftauchen, vgl. (1).

(1) a. *Die Kanzlerin entlässt einen Minister.*
   b. *Die Kanzlerin musste einen Minister entlassen.*
   c. *Die Kanzlerin hat einen Minister entlassen müssen.*

Aus Sicht der Semantik haben diese Verben jedoch sehr unterschiedliche Funktionen: Während Vollverben wie *entlassen* gewissermaßen den Kern für den deskriptiven bzw. propositionalen Gehalt eines Satzes bilden, modifizieren Modal- und Hilfsverben den propositionalen Gehalt, indem sie ihn modal, temporal oder perspektivisch situieren. In syntaktischer Hinsicht schlägt sich diese semantische Unterscheidung darin nieder, dass Hilfs- und Modalverben (bis auf wenige, kontroverse Ausnahmen) nie ohne Vollverben vorkommen, durchaus aber Vollverben ohne Hilfs- oder Modalverben.

Verben und Flexion: Verben – egal ob Hilfsverb, Modalverb oder Vollverb – können in finiter oder infiniter Form vorkommen. Finite Verben flektieren nach Person, Numerus, Modus und Tempus. Da auch Nomen nach Numerus flektieren, ist nicht unmittelbar einsichtig, ob Numerus für Verben und Nomen gleichermaßen semantisch relevant ist. Da Nomen offenbar auch unabhängig von Verben nach Numerus flektieren (z. B. in der Funktion als Objekt), gehen wir im Folgenden davon aus, dass **Numerus** eine Kategorie ist, deren Semantik vor allem Nomen betrifft und nur indirekt (über Subjekt/Prädikats-Kongruenz) auch finite Verben. Ähnlich lässt sich für die Unterscheidung in erste (*ich, wir*), zweite (*du, ihr*) und dritte **Person** (*er/sie/es, sie*) argumentieren. **Tempus** dagegen ist sicher eine (morphosyntaktische) Kategorie, die alleine Verben betrifft und auch von Relevanz für die semantische Beschreibung ist. Die semantische Analyse des morphosyntaktischen Tempus (**Zeitreferenz**) ist damit ein natürlicher Kandidat für eine Erklärung des spezifischen Charakters von Verben.

1.2 | Verben und Tempus

Wenn die semantische Analyse des morphosyntaktischen Tempus (also Zeitreferenz) den spezifischen Charakter von Verben erklären soll, dann setzt dies zwei Annahmen voraus: Erstens, der referenzielle Bezug auf Zeiten erfolgt ausschließlich oder primär über das morphosyntaktische Tempus. Zweitens, alle Verben tragen morphosyntaktisches Tempus.

Tempus als charakteristische Eigenschaft von Verben?

Beide Annahmen sind sehr wahrscheinlich falsch. Zum einen werden natürlich nur finite Verben nach Tempus flektiert. Dennoch würde man sicher nicht sagen wollen, dass ein Verb wie *öffnen* seinen verbalen Charakter (im Kontrast zu Adjektiven oder Nomen) verliert, wenn es infinit ist. Natürlich unterscheidet es sich in seiner Semantik weiterhin intuitiv von der Semantik von z. B. Adjektiven, es ist eben einfach nicht temporal spezifiziert. Zum anderen zeigt ein Vergleich von finiten und infiniten Konstruktionen (s. Vertiefungskasten), dass das morphosyntaktische Tempus nicht alleine für die Etablierung temporaler Bezüge verantwortlich sein kann.

Das soll natürlich nicht heißen, dass Tempus keine für Verben zentrale Kategorie wäre. Im Gegenteil. Wir werden entsprechend auch in Kapitel II.1.5 ausführlich auf das Phänomen der Zeitreferenz eingehen. Es heißt jedoch, dass der spezifische Charakter von Verben wohl auf eine andere Eigenschaft zurückgehen muss. Dies ist Gegenstand des folgenden Kapitels.

Zur Vertiefung

Tempus vs. Temporalkonstruktion

Dass das Tempus nicht so entscheidend für die Zeitreferenz ist, darauf deuten die Parallelen zwischen der zeitlichen Interpretation von finiten und von infiniten eingebetteten Argumentsätzen hin sowie die Parallelen im Auftreten von Temporaladverbialen in solchen Sätzen. Die Sätze (1a) und (1b) verstehen wir gleichermaßen so, dass das Treffen der richtigen Wahl nachzeitig (oder gleichzeitig) ist zum Hoffen; in (2a) und (2b) jedoch ist das Treffen der Wahl vorzeitig zum Hoffen.

(1) a. *Monika hofft, dass sie die richtige Wahl trifft.*
     b. *Monika hofft, die richtige Wahl zu treffen.*
(2) a. *Moritz hofft, dass er die richtige Wahl getroffen hat.*
     b. *Moritz hofft, die richtige Wahl getroffen zu haben.*

Auch die Möglichkeit des Auftretens von Temporaladverbialen ist, wie man sich leicht an Beispielen klar macht, bei den entsprechenden finiten und infiniten Sätzen parallel. Diese Analogien deuten darauf hin, dass Tempus als morphosyntaktische Kategorie nicht die für die Zeitreferenz entscheidende Kategorie ist: Die Verben in den infiniten Nebensätzen weisen kein Tempus auf, aber trotzdem kommt es zu derselben zeitlichen Fixierung des Geschehens des Nebensatzes relativ zum Geschehen des Trägersatzes.

Es bietet sich an, zwischen Tempus und Temporalkonstruktion zu unterscheiden. Eine **Temporalkonstruktion** besteht aus einer einzelnen Verbform oder einer Kette von zusammengehörigen Verbformen. Die Verbformen können finit oder infinit sein und nur die finiten weisen ein Tempus auf. Die Temporalkonstruktion ist die eigentliche Einheit, der eine temporale Bedeutung zugeschrieben werden kann. So kann man finites und infinites Präsens als zwei Temporalkonstruktionen mit gleicher temporaler Bedeutung unterscheiden, ebenso finites und infinites Perfekt (*getroffen hat* ist in (2a) finites Perfekt, *getroffen zu haben* ist in (2b) infinites Perfekt). Die Frage ist somit, wie viele Temporalkonstruktionen es im Deutschen wohl geben mag (vgl. Tkatschuk 2011).

1.3 | Verben und Ereignisbezug

Wenn man etwas vereinfacht, dann kann man den Unterschied zwischen Adjektiven und Verben zunächst wie folgt auf den Punkt bringen: Adjektive beziehen sich auf Eigenschaften, Verben auf Ereignisse.

Zur Vertiefung

Ereignisbezug, Aktionsart und Aspekt

Um die Terminologie möglichst zugänglich zu halten, wird an dieser Stelle der Begriff **Ereignisbezug** verwendet. Wie wir gleich sehen werden, ist diese Bezeichnung inhaltlich insofern nicht ganz unproblematisch, als es auch Verben gibt, die sich auf Eigenschaften beziehen und Eigenschaften und Ereignisse eben Objekte unterschiedlicher Natur sind.

In der deutschsprachigen Literatur wird häufig auch der etwas weniger zugängliche, dafür aber neutralere Begriff ›Aktionsart‹ verwendet, in der englischsprachigen Literatur findet man sehr häufig auch den Begriff des ›Aspekt‹. Aber auch diese Begriffsbildungen bringen ihre Schwierigkeiten mit sich, wenn auch aus ganz unterschiedlichen Gründen.

So wird der Begriff der **Aktionsart** von Hermann Paul (2007, 309) wie folgt in die Literatur eingeführt: »Unter Aktionsarten versteht man Ausdrucksformen für objektiv gegebene Varianten des Handlungsverlaufs, weitgehend unabhängig von der Auffassung des sprechenden Subjekts«. Paul definiert den Begriff Aktionsart also über Handlungsverläufe, was inhaltlich Eigenschaften ebenfalls ausschließt. Dies betrifft auch neuere Charakterisierungen, wenn man den Begriff der Aktionsart nicht gerade rein formal als (nicht-temporale) Formen der semantischen Referenz verbaler Konstruktionen charakterisieren will.

Der Begriff des **Aspekt** ist dagegen potentiell irreführend, weil er auch zur Bezeichnung der Perspektive des Sprechers auf einen Handlungsverlauf dient. In den slawischen Sprachen ist die Perspektivierung morphologisch markiert und wird als im/perfektiver Aspekt bezeichnet: »Der Aspekt ist der Gesichtspunkt, unter dem der Verbalvorgang angeschaut wird von seiten des Sprechenden [...], z. B. entweder als Verlauf (ohne den Gedanken an eine Begrenzung) oder als Ereignis« (Paul 2007, 310).

Eigenschaften und Ereignisse: Um dies zu verstehen und zu konkretisieren, ist es sinnvoll, zunächst ein Adjektiv wie *muskulös* mit einem Verb wie *trainieren* zu kontrastieren. Möchte man das Adjektiv *muskulös* über einen Term prädizieren, dann muss das Adjektiv in eine Kopula-Konstruktion eingebettet werden, vgl. (2a).

(2)   a. *Xaver ist muskulös.*
      b. *Xaver trainiert (an der Beinpresse).*

Da die Kopula *sein* selbst keine (referenzielle) Bedeutung hat (s. Kap. II.1.6.3), sondern lediglich verknüpfenden Charakter, ändert dies grundsätzlich nichts an der Semantik der beiden Prädikationen. Die Kopula *sein* ermöglicht hier nur die formal für die Prädikation erforderliche Subjekt/Prädikats-Kongruenz sowie eine temporale Einordnung der Prädikation.

Ereignisbezug als charakteristische Eigenschaft von Verben

Im Kontrast wird nun deutlich, dass das Wesen der beiden Prädikationen unterschiedlichen Charakter hat: Das Verb *trainieren* bezeichnet eine Aktivität, einen Vorgang, einen Prozess, ein Ereignis, wie man das auch immer genau nennen möchte. Nennen wir es zunächst ganz allgemein ein **Ereignis**. Das Adjektiv *muskulös* dagegen bezeichnet eine **Eigenschaft**. Ereignisse sind in gewisser Weise dynamisch, Eigenschaften dagegen eher statisch. Ereignisse werden häufig (wie wir sehen werden aber keinesfalls notwendig) vom Subjekt ausgeführt, Eigenschaften kommen diesem zu.

Sprachliche Evidenz: Dieser eher intuitive Zugang lässt sich auch an sprachlichem Verhalten festmachen. So kann man zum einen mit dem Verb *trainieren* einen Imperativsatz bilden (3b), nicht aber mit dem Adjektiv *muskulös* bzw. mit der entsprechenden Kopulakonstruktion *muskulös sein* (3a). Zum anderen kann man das durch das Verb *trainieren* ausgedrückte Ereignis lokal verorten (4b), nicht aber die durch das Adjektiv *muskulös* ausgedrückte Eigenschaft (4a).

(3) a. #*Sei (mal) muskulös!*
b. *Trainier (mal an der Beinpresse)!*
(4) a. #*Xaver ist im Fitness-Studio muskulös.*
b. *Xaver trainiert im Fitness-Studio.*

Mit anderen Worten: Man kann niemanden auffordern, eine Eigenschaft zu haben, höchstens diese zu erwerben (*Werde mal muskulöser!*). Entweder man hat eine Eigenschaft, oder man hat sie nicht. Und wenn man eine Eigenschaft hat, dann hat man diese Eigenschaft unabhängig von dem Ort, an dem man sich gerade aufhält. Wenn Xaver muskulös ist, dann ist er das, ob er gerade im Auto, in der Badewanne oder an seinem Arbeitsplatz ist. Damit können wir Eigenschaften und Ereignisse wie folgt charakterisieren:

> **Eigenschaften** kommen einem Träger zu und sind ortsunabhängig.
> **Ereignisse** werden realisiert und sind zeit- und ortsgebunden.

Zum Begriff

Was sind Eigenschaften und Ereignisse?

Zur Vertiefung

An dieser Stelle wurde aus gutem Grund nicht versucht, Eigenschaften und Ereignisse exakt zu definieren, wir begnügen uns hier damit, sie zu charakterisieren. Denn so naheliegend obige Charakterisierung von Ereignissen ist, als Definitionsgrundlage ist sie in der Literatur unter Beschuss gekommen (vgl. z. B. die Diskussion in Engelberg 2005). So hat Lemmon (1967) darauf hingewiesen, dass bei einer rotierenden Kugel, die gleichzeitig ihre Farbe verändert, das Rotieren der Kugel und das Verändern der Farbe als unabhängige Ereignisse konzeptualisiert werden, diese aber bei getreuer Auslegung obiger Charakterisierung in einem Ereignis zusammenfallen (da die raum-zeitliche Ausdehnung der beiden Ereignisse identisch ist). In der Folge wurde daher z. B. von Cleland (1991) vorgeschlagen, Ereignisse als Zustandsveränderungen aufzufassen: Veränderungen sind ebenfalls raum-zeitlich gebunden, können aber zwischen z. B. dem Rotieren und dem Verändern der Farbe einer Kugel differenzieren. Zustandsveränderungen wird bei der semantischen Beschreibung von Ereignissen auch hier eine wichtige Rolle zugebilligt, aber ob es die definierende Eigenschaft von Ereignissen ist, soll hier offen bleiben. (Tatsächlich hängt diese Frage eng zusammen mit der Frage, wie die Verben *sitzen* und *schlafen* zu klassifizieren sind, s. auch Kap. 1.4.3 und 1.4.4).

Stative Verben: Wenn nun jedes Adjektiv eine Eigenschaft bezeichnen würde und jedes Verb ein Ereignis, dann wäre dies gewissermaßen die perfekte Arbeitsteilung zwischen Adjektiv und Verb. Die sprachliche Wirklichkeit sieht jedoch anders aus. Die Verben *(etwas) wissen* oder *(jemanden) kennen* beispielsweise verhalten sich völlig parallel zu der oben betrachteten Kopulakonstruktion, d. h. mit ihnen können keine Imperativsätze gebildet werden (5a) und sie sind auch nicht lokal modifizierbar (5b). Nimmt man dieses Verhalten als Basis der Klassifikation, dann wird man also von Eigenschaften sprechen müssen.

(5) a. *#Kenne ihn! / #Wisse, dass Grass tot ist!*
    b. *#Er kennt ihn in der Küche. /*
       #Er wusste in der Küche, dass Grass tot ist.

Es soll hier nicht verschwiegen werden, dass die Konstruktionen in (5) nicht immer schlecht sind. Man kann sich von seiner Freundin wünschen *Bitte, kenne ihn!*, wenn man einem netten Mann vorgestellt werden möchte. Oder man kann in der Klausur (wieder) wissen, dass Grass tot ist. Im ersten Fall liegt aber kein eigentlicher Imperativ vor und im zweiten Fall wird *wissen* genaugenommen im Sinne von *(wieder) einfallen* gebraucht.

Flüchtige Eigenschaften: Umgekehrt scheinen auch manche Adjektive Verben näher zu stehen, als man das vielleicht auf den ersten Blick vermuten würde. Die Adjektive *müde* und *unruhig* z. B. würden viele sicher eher als Zustände bezeichnen wollen, da sie in der Regel auf kurze Zeiträume begrenzt sind. Tatsächlich ist ein Adjektiv wie *müde* auch problemlos temporal modifizierbar (6a), was bei Adjektiven wie *muskulös* eher schwierig erscheint (6b).

(6) a. *Ich bin gerade / den ganzen Tag / seit dem Abendessen müde.*
    b. *#Ich bin gerade / den ganzen Tag / seit dem Abendessen muskulös.*

Temporale Modifikation und Weltwissen

Dies scheint aber eher ein pragmatischer Effekt zu sein, der mit Weltwissen zu tun hat: Gerade, den ganzen Tag oder seit dem Abendessen muskulös zu sein, ist schlicht unplausibel. Es ist aber sehr wohl plausibel, muskulös zu sein, seitdem man wieder regelmäßig trainiert, oder während seiner ganzen Jugend. Auch Adjektive wie *muskulös* sind damit grundsätzlich temporal modifizierbar, so lange man die Randbedingungen beachtet. Gleiches gilt für Adjektive wie *blond*, *groß* oder *krank*. Darüber hinaus verhält sich das Adjektiv *müde* in Bezug auf die Bildung von Imperativen und in Bezug auf lokale Modifikation wie alle anderen Adjektive auch, die Eigenschaften bezeichnen.

Zur Vertiefung

Individuen- und stadienbezogene Prädikate

In der Literatur wurde in diesem Zusammenhang eine Unterscheidung in **individuenbezogene Prädikate** (*individual-level predicates*, ILP) und **stadienbezogene Prädikate** (*stage-level predicates*, SLP) eingeführt. Mit diesen Begriffen sollen Prädikate, die dauerhaft (bzw. an sich) von einem Individuum ausgesagt werden können (ILP), von Prädikaten abgegrenzt werden, die lediglich episodischen Charakter haben, sich also auf ein Individuum zu einem bestimmten Zeitpunkt, in einer konkreten Situation beziehen. Carlson (1977), auf den diese Unterscheidung zurückgeht, hat über diverse Tests für die empirische Relevanz dieser Dichotomie argumentiert. Hier sei lediglich angemerkt, dass die Unterscheidung zwischen ILP und SLP quer zu den Wortarten ›Adjektiv‹ und ›Verb‹ liegt. So wird z. B. das Adjektiv *intelligent* in der Regel als ein ILP und das Adjektiv

hungrig als ein SLP aufgefasst. In dieser Darstellung wird diese Unterscheidung (aus empirischen Gründen) nicht direkt übernommen, denn beide
Adjektive bezeichnen Eigenschaften, wenn auch unterschiedlicher zeitlicher Ausdehnung. Die wichtige Unterscheidung zwischen *gerade böse* und
charakterlich böse kann (ähnlich wie die zwischen *gerade rauchen* und
gewohnheitsmäßig rauchen) auf die Unterscheidung **episodisch** (Prädikation in einer konkreten Situation) versus **generisch** (Generalisierung über
relevante Situationen das Individuum betreffend) zurückgeführt werden.

Zustände: Auch wenn Adjektive wie *müde* oder *unruhig* nach obiger Argumentation wohl (genau genommen) Eigenschaften bezeichnen, ist es
dennoch sinnvoll an dieser Stelle auch den Begriff des **Zustands** (*state*)
einzuführen. Von Zuständen spricht man im Allgemeinen, wenn der mit
dem Verb ausgedrückte Sachverhalt keine Veränderung beinhaltet, wenn
(also) zu einem einzelnen Zeitpunkt beurteilt werden kann, ob der fragliche Sachverhalt vorliegt:

> **Zustände** beinhalten keine Veränderung. Ob ein Zustand vorliegt,
> kann im Allgemeinen (bereits) zu einem einzelnen Zeitpunkt beur-
> teilt werden.

Zum Begriff

Da Eigenschaften keine Veränderung beinhalten, kann grundsätzlich jede
Eigenschaft auch als Zustand bezeichnet werden. Man wird dann sagen,
dass sich ein Gegenstand in einem bestimmten Zustand befindet. Umgekehrt ist aber nicht jeder Zustand notwendigerweise eine Eigenschaft. Der
Satz *es ist kalt* drückt sicherlich einen Zustand aus, es ist aber nicht klar,
ob man hier auch einen Träger identifizieren kann. Wenn nicht, dann ist
das ein guter Kandidat für ein Adjektiv, das einen Zustand, aber keine Eigenschaft ausdrückt. Ob sich die Begriffe Ereignis und Zustand gegenseitig ausschließen, ist nicht völlig klar, und wird in Kapitel II.1.4.3 kurz the-
matisiert werden.

1.4 | Formen des Ereignisbezugs

Gerade wurde angedeutet, dass der Begriff des Ereignisses hier sehr weit
gefasst ist und als komplementärer Begriff zu dem der Eigenschaft (des
Zustands) verstanden werden kann: Bezeichnet ein verbaler Ausdruck
keine Eigenschaft (keinen Zustand), dann bezeichnet er ein Ereignis und
umgekehrt.

Zur Vertiefung

Handlung, Ereignis, Vorgang

In Teilen der Literatur wird der Begriff des ›Ereignisses‹ inhaltlich enger verwendet und bezieht sich nur auf telische Ereignisse, wie wir sie gleich einführen werden (vgl. z. B. Mourelatos 1978). In diesem Fall muss man eine andere Bezeichnung für die Klasse finden, die wir hier mit dem Begriff »Ereignis« charakterisiert haben. Mit Paul (2007, 309) bietet sich der Begriff der »Handlung« an, der allerdings eine agentive Komponente enthält und damit nicht-agentive Ereignisse wie *regnen* nicht abdeckt. Eine weitere Alternative wäre der Begriff des »Vorgangs«, der keine agentive Komponente hat, dafür aber den dynamischen Charakter betont. Dies wäre sicher eine Alternative, auch wenn man einwenden kann, dass ein Vorgang im Allgemeinen eher als atelisch aufgefasst wird. Da es keine perfekte Terminologie zu geben scheint, wurde der Begriff des Ereignisses hier im Wesentlichen so eingeführt, wie er in der Ereignissemantik in der Tradition von Donald Davidson (1967) gebräuchlich ist.

Betrachtet man nun nicht nur das Verb *trainieren*, sondern auch Verben wie *öffnen*, *husten* oder *erkennen*, dann wird schnell klar, dass sich die Struktur der von Verben bezeichneten Ereignisse deutlich voneinander unterscheidet und dies auch Auswirkungen auf das Verhalten dieser Ausdrücke hat. Es ist also sinnvoll, sich die von Verben bezeichneten Ereignisse näher anzuschauen, sprachlich relevante Aspekte zu identifizieren, entsprechende Verbklassen zu bilden und für diese angemessene Begrifflichkeiten einzuführen.

1.4.1 | (A)telische Ereignisse

Kontrastiert man etwa das Verb *atmen* mit dem Verb *reparieren*, dann ist klar, dass letzteres auf ein Ziel gerichtet ist, ersteres dagegen nicht (zumindest nicht in derselben Art und Weise): Wenn ich mein Fahrrad repariere, dann hat das zum Ziel, dass es danach wieder fahrtüchtig ist. Wenn ich *atme*, dann hat das natürlich in gewissem Sinn auch ein Ziel, die Lebenserhaltung. Aber durch das Atmen selbst erfolgt keine eigentliche Zustandsveränderung, es erhält lediglich einen Zustand. Ähnlich ist es bei *trainieren* versus *öffnen*. Wenn ich trainiere, dann habe ich sehr wahrscheinlich das langfristige Ziel, fitter zu werden. Aber durch eine Trainingseinheit werde ich diesen Zustand (leider) nicht erreichen. Wenn ich eine Tür öffne, dann ist die Tür aufgrund dieser Handlung nach dieser Handlung offen und vorher war sie geschlossen. In dem Sinne sind Verben wie *atmen* oder *trainieren* atelisch, Verben wie *reparieren* oder *öffnen* dagegen telisch. Das können wir wie folgt festhalten:

Zum Begriff

> Ein Ereignis heißt **telisch**, wenn seine (vollständige) Realisierung notwendig zu einer Zustandsveränderung führt, ansonsten heißt es **atelisch**.

Ein Verb, das ein telisches (atelisches) Ereignis bezeichnet, heißt entsprechend telisch (atelisch). Für atelische Verben werden auch die Begriffe ›Aktivitäten‹ oder ›Prozesse‹ verwendet. Bei telischen Verben werden wir im Folgenden auch den Begriff ›Zustandsveränderung‹ (»change of state«) verwenden.

1.4.2 | Formen telischen Ereignisbezugs

Innerhalb der Klasse der Zustandsveränderungsverben kann man wiederum punktuelle und inkrementelle Zustandsveränderungen unterscheiden. Dabei wird sich zeigen, dass der wesentliche Unterschied zwischen diesen beiden Klassen nicht in der Komplexität der Zustandsveränderung liegt, sondern in der Art und Weise ihres Zustandekommens.

Formen der Zustands-veränderung

(Einfache) punktuelle Zustandsveränderungen: Ein gutes Beispiel für eine (einfache) **punktuelle Zustandsveränderung** ist das Verb *erblicken*. Wenn Xaver auf der Straße seinen ehemaligen Mathe-Lehrer erblickt (und sich danach seiner Gegenwart bewusst ist), dann geschieht das in einem Moment, zu einem einzelnen Zeitpunkt. Dieser Zeitpunkt ist nicht im mathematischen Sinne zu verstehen, er hat natürlich Ausdehnung. Aber diese Ausdehnung ist in dem Sinne punktuell, dass Xaver, wenn er den Mathe-Lehrer erblickt, ihn im gleichen Moment auch schon erblickt *hat*. (Ob Xaver seinen Mathe-Lehrer erblickt hat, lässt sich allerdings nicht zu einem Zeitpunkt bestimmen, hierfür muss man offenbar den Vorzustand mit dem Nachzustand vergleichen und dies erfordert den Bezug auf ein Zeitintervall.) Xaver kann von diesem Ereignis nicht im Präsens berichten (7a), und Ereignisse dieser Art sind nicht mit Adverbialen (**Kompletivadverbiale**) kombinierbar, die den Abschluss eines Ereignisses temporal bestimmen (7b). Gleiches gilt für Adverbiale (**Durativadverbiale**), die die Dauer eines Ereignisses quantifizieren (7c). Sie erlauben aber Adverbiale (**Punktadverbiale**), die Zeitpunkte benennen (7d). Außerdem erlauben sie keine **Verlaufskonstruktion** (7e).

(7)   a. *Ich erblicke (gerade) meinen Mathe-Lehrer.*
     b. #Ich habe in einer Minute meinen Mathe-Lehrer erblickt.*
     c. *Ich habe meinen Mathe-Lehrer eine Minute lang erblickt.*
     d. *In diesem Moment habe ich meinen Mathe-Lehrer erblickt.*
     e. *Ich bin gerade dabei, meinen Mathe-Lehrer zu erblicken.*

(Komplexe) punktuelle Zustandsveränderungen: Wenn man jemanden erblickt, dann setzt dies keine intentionale Aktivität desjenigen voraus, der jemanden erblickt. Dies ist anders bei Verben wie *finden*. Wenn ich etwas finde, dann habe ich vorher etwas gesucht. Wenn ich den Gipfel eines Berges erreiche, dann habe ich vorher den ganzen Aufstieg hinter mich gebracht. In diesem Sinne geht der Zustandsveränderung unmittelbar eine vorbereitende Aktivität voraus, die die Zustandsveränderung zum Ziel hat. Sprachlich verhalten sich diese Formen der Zustandsveränderung jedoch, wie man leicht an Beispielen nachvollziehen kann, (fast) genau so wie einfache punktuelle Zustandsveränderungen.

Inkrementelle Zustandsveränderungen: Davon abzugrenzen sind **inkrementelle Zustandsveränderungen** wie *einen Apfel essen* oder *den Rasen mähen*, bei denen die Zustandsveränderung nicht punktuell nach einer isolierten Vorbereitungsphase zustande kommt, sondern sich sukzessive, Stück für Stück entwickelt (vgl. Dowty 1991). Charakteristisch für diese Art der Zustandsveränderung ist, dass sie mit dem Adverbial *halb* kombinierbar ist (8) (vgl. Rapp 2002). Ansonsten verhält sie sich, wenn man von der Kombinierbarkeit mit Durativadverbialen einmal absieht, komplementär zu den punktuellen Zustandsveränderungen, vgl. (9).

(8)   a. *Ich habe den Rasen halb gemäht / den Apfel halb gegessen.*
        b. *#Ich habe den Schlüssel halb gefunden / den Gipfel halb erreicht.*
(9)   a. *Ich esse (gerade) den Apfel.*
        b. *Ich esse den Apfel in einer Minute.*
        c. **Ich esse den Apfel eine Minute lang.*
        d. *#In diesem Moment habe ich den Apfel gegessen.*
        e. *Ich bin gerade dabei, den Apfel zu essen.*

Hinzuweisen ist noch darauf, dass (9b) ambig ist: Entweder bezeichnet das Adverbial *in einer Minute* die Dauer des Apfelessens oder es bezeichnet dessen Beginn. Beide Lesarten können auch bei punktuellen Zustandsveränderungen mit vorbereitender Phase wie *einen Tresor öffnen* verfügbar sein.

1.4.3 | Formen atelischen Ereignisbezugs

Prozesse: Typische Beispiele atelischer Ereignisse sind das bereits eingangs erwähnte *trainieren*, aber auch *joggen* oder *hicksen* (beim Schluckauf). Alle diese Ereignisse, auch **Aktivitäten** oder **Prozesse** genannt, lassen sich dadurch charakterisieren, dass sie im obigen Sinne atelisch sind. Außerdem sind sie als phasisch und als homogen zu bezeichnen. **Phasisch** sind sie, da sie sich aus wiederkehrenden Bewegungsmustern zusammensetzen. Das ist unmittelbar klar für Verben wie *joggen* oder *hicksen*, gilt aber auch für ein Verb wie *trainieren*. **Homogen** sind sie in dem Sinne, dass ich zu einem beliebigen Zeitpunkt entscheiden kann, nicht mehr zu joggen oder zu trainieren, man dann aber trotzdem sagen kann, dass man gejoggt oder trainiert hat. (Beim Schluckauf gilt formal dasselbe, auch wenn man ihn natürlich nicht intentional kontrollieren kann.) Inkrementelle Zustandsveränderungen sind dagegen **inhomogen**: Wenn ich ein Buch schreibe und zu einem beliebigen Zeitpunkt entscheide, das Buch nicht mehr weiterzuschreiben, dann habe ich noch lange kein Buch geschrieben (auch wenn ich *an* einem Buch geschrieben habe).

Sprachliche Evidenz: Sprachlich unterscheiden sich atelische Ereignisse von telischen darin, dass sie bei Kompletivadverbialen (*in einer Minute*) lediglich die Lesart zulassen, in der das Adverbial den Beginn der Aktivität bezeichnet (10b). Die Dauer des Ereignisses kann, anders als bei den inkrementellen Zustandsveränderungen, über Durativadverbiale (*eine Stunde lang*) spezifiziert werden (10c). Punktadverbiale sind wie bei inkrementellen Zustandsveränderungen eher problematisch (10d) bzw. müssen dergestalt reinterpretiert werden, dass der Zeitpunkt in das Zeitintervall des Joggens fällt. Die Verlaufskonstruktion ist wie bei den inkrementellen Zustandsveränderungen akzeptabel (10e).

(10) a. *Ich jogge gerade.*
   b. *#Ich jogge in einer Minute.*
   c. *Ich jogge eine Stunde lang.*
   d. *#In diesem Moment jogge ich.*
   e. *Ich bin gerade am joggen.*

Einige Zweifelsfälle: Ein potentielles Problem stellen schließlich Verben wie *sitzen*, *stehen*, *schlafen* oder *lüften* dar. Von ihrer Ereignisstruktur her würde man wohl intuitiv sagen, dass sie (anders als die Verben *hinsetzen*, *aufstehen*, *einschlafen*) keine Form der Veränderung beinhalten. In diesem Sinne bezeichnen sie Zustände. Dass diese Verben keine Eigenschaften bezeichnen, folgt mehr oder weniger direkt daraus, dass sie lokal modifizierbar sind (11a). Die Bildung von Imperativen ist zwar (wie für Eigenschaften typisch) problematisch (11b). Das hängt aber wohl vor allem damit zusammen, dass diese Verben eben keine Veränderung beinhalten und ist auch bei Zuständen wie *kalt sein* zu beobachten. Werden sie im Sinne von *einschlafen* etc. reinterpretiert, sind Imperative möglich (11c).

> Was ist noch eine Aktivität, was ist schon ein Zustand?

(11) a. *Xaver lüftet die Wäsche / Xaver schläft im Wohnzimmer*
   b. *#Schlaf! / #Sitz! / #Steh! / #Sei kalt!*
   c. *Schlaf endlich! / Setz dich mal! / Steh nicht so rum!*

Damit stellt sich die Frage, ob diese Verben mit den Kopulakonstruktionen und Verben wie *wissen* oder *mögen* eine natürliche Klasse bilden, die Klasse der Zustände. Oder ob sie gemeinsam mit Verben wie *joggen*, *trainieren* oder auch *hicksen* eine Klasse bilden, die der atelischen Verben. (Es ist auch vorstellbar, dass sie sich uneinheitlich verhalten.)

Ein Blick auf ihr sprachliches Verhalten legt nahe, dass sich diese Verben insgesamt eher wie atelische Ereignisse verhalten: Sie sind mit Adverbialen wie *in einer Minute*, *eine Stunde lang* und *in diesem Moment* kombinierbar (12a-c), in letzterem Fall ist die Aussage allerdings so zu verstehen, dass der fragliche Zeitpunkt in das Zeitintervall des Schlafens fällt.

(12) a. *Ich schlafe in einer Minute.*
   b. *Ich schlafe eine Stunde lang.*
   c. *#In diesem Moment schlafe ich.*
   d. *Ich bin gerade dabei zu dösen.*

Die Verlaufskonstruktion liefert uneinheitliche Ergebnisse. Während *dösen*, *schlafen* und *lüften* in dieser Konstruktion vergleichsweise unauffällig sind, sind Sätze wie *ich bin gerade am sitzen / stehen* eher schlecht. Im

Englischen ist die Bildung des *Progressive* bei diesen Verben unproblematisch (solange sie keine permanente Beziehung wie in *Koblenz lies at the mouth of the Mosel-river* ausdrücken, vgl. Dowty 1979): *Xaver is sitting in front of me, my socks are lying under the bed.* Da für das Englische im Allgemeinen angenommen wird, dass bei Zuständen (und punktuellen Zustandsveränderungen) kein *Progressive* möglich ist (für einige Gegenbeispiele vgl. aber Bach 1981, 77), spricht dies eher für die Klassifikation als Ereignis. In dieselbe Richtung weisen die Kombinierbarkeit mit Adverbialen wie *absichtlich* (13a), die Einbettbarkeit unter Verben wie *zwingen* (13b) und das Vorkommen in so genannten Sperrsätzen (13c).

(13) a. *Ich stehe hier absichtlich.*
     b. *Sie zwangen ihn, den ganzen Tag zu stehen.*
     c. *Das Einzige, was sie gemacht hatte, war, in der Ecke zu sitzen.*

Werden Verben dieser Art als atelische Ereignisse klassifiziert, dann kann man sie mit Bach (1986) als statische (vs. dynamische) Aktivitäten bezeichnen. Werden sie eher den Zuständen zugeordnet, dann findet man auch die Bezeichnung ›dynamischer Zustand‹. Wie glücklich diese Bezeichnungen gewählt sind, soll hier offen gelassen werden. Tatsache ist, dass diese Verben Eigenschaften von Zuständen wie auch von atelischen Ereignissen aufweisen.

1.4.4 | Zwei mögliche Klassifikationen

Je nachdem, ob man Verben wie *sitzen, schlafen* oder *lüften* nun als Zustände begreift (wie z. B. Dowty 1979; Mourelatos 1978; Bach 1986) oder als atelische Ereignisse (wie z. B. Ehrich 1992) kommt man jeweils zu etwas anderen Klassifikationen.

Eigenschaften vs. Ereignisse: Werden diese Verben den atelischen Ereignissen zugerechnet, dann fällt die Klasse der Zustände im Wesentlichen mit Eigenschaften zusammen und der Ereignis-Begriff ist dafür etwas weiter zu fassen (das differenzierende Kriterium ist dann die Ortsgebundenheit) (s. Abb. 1).

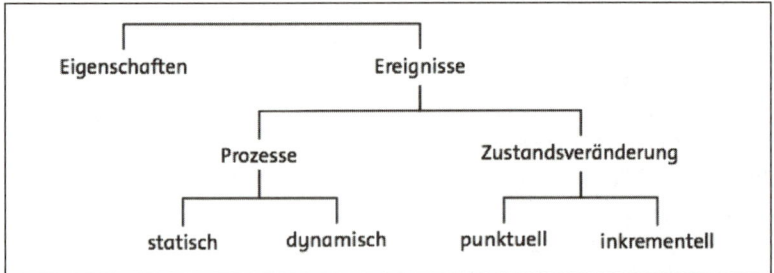

Abb. 1: *sitzen, stehen, schlafen* als (statische) Prozesse

Zustände vs. Ereignisse: Werden Verben wie *sitzen, schlafen* und *lüften* aber den Zuständen zugeschlagen, dann ist der Ereignis-Begriff etwas enger zu fassen (das differenzierende Kriterium ist dann das der Veränderung) und umfasst lediglich (dynamische) Aktivitäten bzw. Prozesse und Zustandsveränderungen, s. Abb. 2.

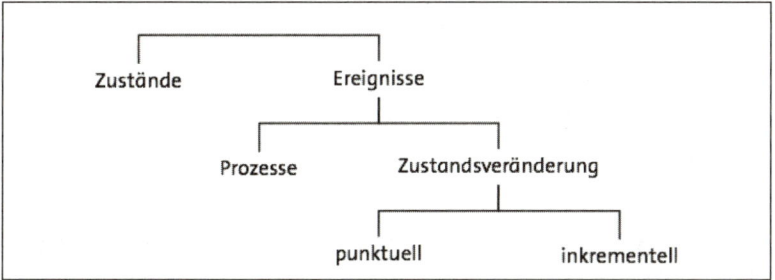

Einordnung: Die hier vorgestellten Klassifikationen berücksichtigen Ergebnisse aus der neueren Forschung und versuchen, diese in ein einigermaßen systematisches und kohärentes Bild zu gießen und dabei terminologisch möglichst nahe an dem intuitiven Verständnis der Begrifflichkeiten zu bleiben. Ausgangspunkt der neueren Forschung und damit der relevante Bezugspunkt ist eine Arbeit von Zeno Vendler (1967) mit dem Titel *Verbs and Times*. Vendler charakterisiert Verben zwar nach ihrer Zeit- und nicht nach ihrer Ereignisstruktur, die von ihm eingeführte Terminologie ist aber bis heute verbindlich und sollte daher in keiner Einführung in die Semantik fehlen.

1.4.5 | Die Vendler'schen Klassen

Prozess oder nicht Prozess? Vendler unterscheidet auf einer ersten Ebene zwischen Prozessverben und allen anderen Verben. Prozessverben werden von ihm dadurch charakterisiert, dass sie relativ zu Zeitintervallen beurteilt werden müssen, alle anderen Verben können dagegen relativ zu Zeitpunkten evaluiert werden. Empirisch motiviert Vendler diese Unterscheidung über das *Progressive* im Englischen, das (in unserer Terminologie) bei atelischen Ereignissen und inkrementellen Zustandsveränderungen möglich sei, nicht aber bei Zuständen bzw. Eigenschaften und punktuellen Zustandsveränderungen.

In der neueren Forschung wird diese Klassenbildung zumeist abgelehnt. Zum einen, da die Vendler'schen Prozesse eine recht heterogene Klasse aus telischen und atelischen Ereignisstrukturen bilden (die auch nicht über das Merkmal durativ definiert werden kann, da Zustände bzw. Eigenschaften eben auch durativ sind). Zum anderen hat sich in der sprachwissenschaftlichen Forschung gezeigt, dass die Bildung des *Progressive* im Englischen von verschiedenen Faktoren abhängt und keinesfalls scharf zwischen Prozess- und Nicht-Prozess-Verben trennen kann (vgl. hierzu z.B. Dowty 1979, 173ff.).

Die Vendler'schen Klassen: Im Ergebnis ist die Vendler'sche Klassifikation jedoch sehr nahe an der Klassifikation, die in Abbildung 2 zusammengefasst wurde. Wie in Abbildung 2 werden auch von Vendler vier Klassen unterschieden, die er mit *States, Activities, Achievements* und *Accomplishments* bezeichnet (s. Abb. 3).

Extensional umfasst die Klasse der *States* bei Vendler im Wesentlichen dieselben Verben wie die Klasse der Zustände in Abbildung 2, insbeson-

Abb. 3: Die
Vendler'sche
Klassifikation

dere also auch die Verben *sitzen*, *stehen* und *schlafen* (und das, obwohl diese Verben im Englischen im *Progressive* realisiert werden können, s. den obigen Verweis auf Dowty 1979). Vendler äußert sich zwar nicht explizit zu diesen Verben, die Einordnung folgt jedoch direkt aus seiner Charakterisierung der *States* (vgl. Vendler 1967, 149): Ein *State* ist dadurch definiert, dass der in Frage stehende Zustand in einem behaupteten Zeitintervall zu jedem beliebigen Zeitpunkt in diesem Zeitintervall zutrifft. Diese Bedingung ist für die Verben *sitzen*, *stehen* und *schlafen* offenbar gegeben. Im Fall von *Activities* muss dagegen bei einer Beurteilung des Wahrheitsgehalts einer entsprechenden Aussage aufgrund des phasischen Charakters von *Activities* auf ganze Zeitintervalle (wenn auch auf indefinite und nicht notwendigerweise eindeutige) Bezug genommen werden. Und dies ist bei den Verben *sitzen*, *stehen* und *schlafen* mit großer Wahrscheinlichkeit nicht der Fall. Dementsprechend umfasst auch der Vendler'sche Begriff der *Activities* im Wesentlichen dieselben Verben wie der ›Prozess‹-Begriff in Abbildung 2. Die Klasse der *Accomplishments* nimmt nach Vendler zwar ebenfalls auf Zeitintervalle Bezug, diese sind im Gegensatz zu den *Activities* jedoch als definit und eindeutig zu charakterisieren. Damit fällt die Klasse der *Accomplishments* aber im Wesentlichen mit der Klasse der »inkrementellen Zustandsveränderungen« zusammen. *Achievements* schließlich sind zeitstrukturell wieder punktueller Natur, der fragliche Zeitpunkt des Zutreffens eines *Achievements* ist jedoch im Gegensatz zu einem *State* definit und eindeutig. Diese Klasse entspricht damit der der »punktuellen Zustandsveränderungen«. In Abbildung 4 sind die terminologischen Korrespondenzen nochmals tabellarisch zusammengefasst.

Vendler'sche Klassen	alternative Terminologie
»states«	Zustände
»activities«	Aktivitäten, Prozesse
»achievements«	punktuelle Zustandsveränderung
»accomplishments«	inkrementelle Zustandsveränderung

Abb. 4:
Terminologische
Korrespondenzen

1.4.6 | Ereignisbezug und Kompositionalität

Was wir in den letzten Abschnitten gemacht haben, war im Wesentlichen eine Klassifikation von Verben nach ihrem Ereignisbezug, also nach der Eigenschaft bzw. dem Ereignis, auf die bzw. auf das sich das Verb bezieht. Nun weiß man aber spätestens seit Dowty (1979), dass sich der Ereignisbezug eines sprachlichen Ausdrucks mit zunehmender Komplexität durchaus verändern kann. So kann aus einer Zustandsveränderung wie *öffnen* ein Prozess werden, wenn sie mit einem Adverbial wie *tagelang* modifiziert wird, vgl. (14).

(14) a. *Er öffnet den Gästen die Tür.*
     b. *Er öffnet den Gästen tagelang die Tür.*

Umgekehrt kann ein Verb, das grundsätzlich einen Prozess ausdrückt, durch eine Ergänzung oder Angabe inhärent begrenzt werden und damit eine Zustandsveränderung herbeiführen, z. B. das Entstehen des Kuchens in (15a), das Verschwinden des Kuchens in (15b) oder das Ankommen in (15c). Steht das Objekt aber im Plural, dann erhalten wir wieder einen Prozess.

(15) a. *Er backt.* vs. *Er backt einen Kuchen.* vs. *Er backt Kuchen.*
     b. *Er isst.* vs. *Er isst einen Kuchen.* vs. *Er isst Kuchen.*
     c. *Er rennt.* vs. *Er rennt zum Supermarkt.* vs. *Er rennt zu Super-märkten.*

Nicht zuletzt können auch Prozesse mit Eigenschaften kombiniert werden, die explizit einen Resultatszustand über das Subjekt (16) oder das Objekt (16b) prädizieren, sog. **Resultativkonstruktionen**, vgl. (16) und (17).

(16) *Er schläft sich gesund. / Er steht sich die Beine in den Bauch.*
(17) *Er kocht die Kartoffeln weich. / Er wischt den Tisch sauber.*

Die Betrachtung solcher Fälle zeigt, dass Verben zwar gewisse ereignisstrukturelle Eigenschaften aus dem Lexikon ›mit sich bringen‹, diese aber im Prozess der kompositionalen Interpretation (innerhalb bestimmter Grenzen) systematisch verändert werden können. Eine nicht kleine Herausforderung für die Semantik ist, diese Prozesse in adäquater Weise zu beschreiben. Einen ersten, wichtigen und großen Schritt hat Dowty (1979) unternommen. Einflussreich war auch der ereignisstrukturelle Ansatz von Pustejovsky (1991).

1.5 | Verben und Zeitreferenz

Zeitparameter: Verben spielen für die Zeitreferenz, d. h. die zeitliche Fixierung der Zustände und Vorgänge, die in Sätzen geschildert werden, eine entscheidende Rolle. Es ist ein typisches Kennzeichen natürlicher Sprachen, dass die Zeitreferenz ›deiktisch‹ und zwar durch Bezug auf die Sprechzeit (auch: Sprechzeitpunkt, Äußerungszeit) erfolgt. Damit kann man (zumindest) zwei Zeitparameter unterscheiden: die **Zeit, von der die Rede ist**, einerseits und die **Sprechzeit** andererseits. Die Zeit, von der die Rede ist, kann simultan zur Sprechzeit sein, kann vor oder nach der Sprechzeit liegen.

Für das, was wir hier neutral ›Zeit, von der die Rede ist‹ genannt haben, gibt es in unterschiedlichen Theorien unterschiedliche Bezeichnungen: Ereigniszeit, Betrachtzeit, Topikzeit und andere, wobei dem Unterschied in der Bezeichnung oft auch ein Unterschied in der Sache entspricht. Viele Theorien nehmen in der Nachfolge von Hans Reichenbach an, dass zwei Zeitparameter nicht ausreichen, dass vielmehr drei Zeitparameter angenommen werden sollten (s. die Vertiefung »Reichenbachs Theorie der Zeitreferenz«). Ein heute prominenter Ansatz dieser Art ist der von Wolfgang Klein (1974), der Topikzeit, Äußerungszeit und Situationszeit unterscheidet.

Betrachten wir im Folgenden vier Temporalkonstruktionen (›Tempora‹) etwas genauer, nämlich das Präsens, das Präteritum, das Perfekt und das Plusquamperfekt.

Das Präsens kann so verwendet werden, dass die Zeit, von der die Rede ist, simultan mit der Sprechzeit ist (Gegenwartsbezug) vgl. (18), und auch so, dass die Zeit, von der die Rede ist, eine Zeit nach der Sprechzeit ist (Zukunftsbezug) vgl. (19).

(18) a. *Gerhard arbeitet.*   (19) a. *Gerhard arbeitet morgen nicht.*
     b. *Gerhard lacht.*   b. *Gerhard lacht bestimmt gleich.*

Was nicht bzw. nicht so ohne Weiteres möglich ist, ist ein Vergangenheitsbezug des Präsens: Kombinationen von Präsens und Vergangenheitsadverbial sind oft völlig unakzeptabel (vgl. Thieroff 1992, 98): *Früher bin ich optimistisch*; *Regnet es gestern Morgen bei euch?*

Vor diesem Hintergrund kann man das Präsens semantisch als Ausdruck für »Nicht-Vergangenheit« beschreiben: Die Zeit, von der die Rede ist, liegt nicht vor der Sprechzeit (ein solche Sichtweise ist oft vorgeschlagen worden, vgl. Thieroff 1992, § 6.1; Tkatschuk 2011, 26 f.).

Zur Vertiefung | **Besondere Verwendungsweisen des Präsens**

Es gilt zu berücksichtigen, dass Präsens auch in Sätzen mit einer generischen, habituellen oder atemporalen Lesart möglich ist (Beispiele nach Musan 2002,11):

(1)   a. *Männer sind klüger als Frauen, und die Erde ist eine Scheibe.*
     b. *Hans raucht.*
     c. *Zwei mal zwei ist vier.*

Die Semantik des Präsens muss auch noch in der Hinsicht modifiziert werden, dass das Präsens in abhängigen Argumentsätzen erfasst werden kann, wo es Nicht-Vergangenheit relativ zu einer Zeit ausdrückt, die durch den Trägersatz spezifiziert wird (*Gestern glaubte sie noch, dass sie im Recht ist und bald anfangen kann*).

Eine ganz eigenständige Verwendung des Präsens scheint das sogenannte historische (szenische, epische) Präsens zu sein, wo Präsens mit Vergangenheitsbezug möglich ist:

(2)   *Gestern war ich in meiner Stammkneipe. Da <u>kommt</u> plötzlich ein Typ auf mich zugeschossen und <u>will</u> von mir wissen, was die genaue Definition des Phonems ist. Ich habe es ihm im Detail erklärt.*

(3)   *1789 kommt es dann zur Revolution.*

Beim Präteritum liegt die Zeit, von der die Rede ist, vor der Sprechzeit (*Gerhard arbeitete*; *Gerhard lachte*). Die Zeit, von der die Rede ist, ist meist eine ganz bestimmte Zeit, die sich aus dem Kontext (man spricht beim Präteritum deshalb auch von einem ›anaphorischen Tempus‹) oder aus den Temporaladverbialen des Satzes ergibt. So versteht man *Gerhard arbeitete* nicht so, dass Gerhard irgendwann mal in seinem Leben gearbeitet hat (*Gerhard hat gearbeitet* jedoch kann man in dieser Weise verstehen), sondern so, dass er zu einer bestimmten Zeit gearbeitet hat (*Ich trat ins Zimmer. Gerhard arbeitete*; *Als ich ins Zimmer trat, arbeitete Gerhard*).

Besondere Verwendungsweisen des Präteritums   **Zur Vertiefung**

1. Das Präteritum wird vor allem, aber nicht nur in fiktionalen Texten in einer Weise verwendet (**narratives Präteritum**), die nicht gut zusammenpasst mit der Analyse des Präteritums als Ausdruck für Vorzeitigkeit. Vor allem in Passagen, die man als erlebte Rede bezeichnet, in denen die Gedanken von Erzählfiguren partiell aus deren Perspektive dargestellt werden, hat das Präteritum einen Bezug auf die Gegenwart bzw. die Zukunft der Erzählfigur:

(1) *Jetzt war Hans zufrieden. Jetzt war sein Bruder gekommen, jetzt war er nicht mehr allein.* (Bezug auf die – fiktive – Gegenwart)
(2) *Morgen war Weihnachten.* (Bezug auf die – fiktive – Zukunft)
(3) *Hans wusste, dass die Ferien bald zu Ende waren.*

Die Literaturwissenschaftlerin Käte Hamburger vor allem hat in *Die Logik der Dichtung* (1968) auf dieses Phänomen aufmerksam gemacht. Es ist noch ziemlich offen, wie man mit diesem Phänomen adäquat umgehen soll. Soll man eine spezielle Verwendungsweise des Präteritums annehmen oder eine generelle Semantik für das Präteritum konzipieren, die die ›normale‹ wie auch die narrative Verwendungsweise umfasst (vgl. Thieroff 1992, § 6.2.2 zu der zweiten Möglichkeit).
Harald Weinrich (1985) hat, an Hamburger anknüpfend, zwei Reihen von Tempora unterschieden: »besprechende Tempora« (Präsens, Perfekt, Futur I und II) und »erzählende Tempora« (Präteritum, Plusquamperfekt u. a.). Diese Unterscheidung ist einflussreich geworden (vgl. u. a. Duden 2009, § 720 ff.).
2. Auch eine zweite Verwendungsweise des Präteritums passt nicht so ohne Weiteres zu der Analyse des Präteritums als Ausdruck für Vorzeitigkeit. Beispiele dafür sind:

(4) a. *Wer bekam nochmal das Schnitzel?*
     b. *Wie war nochmal ihr Name?*
     c. *Wer war hier ohne Fahrschein?*
     d. *Was gab es eigentlich morgen im Theater?*

Mit (4b) fragt man nicht danach, wie der Name des Adressaten *war*, sondern wie er *ist*. Mit dem Gebrauch des Präteritums gibt man zu verstehen, dass man schon einmal wusste, wie der Name des Adressaten war (zu diesem Phänomen vgl. Thieroff 1992, § 6.2.4).

Das Perfekt (auch: **Präsensperfekt**) ist eine große Herausforderung für die Temporalsemantik, insbesondere auch was sein **Verhältnis zum Präteritum** angeht.

1. Perfekt und Präteritum sind oft austauschbar, ohne dass sich ein Bedeutungsunterschied ergeben würde (je nach Varietät kann aber die eine oder die andere Form geläufiger bzw. akzeptabler sein).

(20) a. *Goethe schlief, als Christiane ins Zimmer trat.*
     b. *Goethe hat geschlafen, als Christiane ins Zimmer trat.*
(21) a. *Gerhard verabredete sich gestern zum Tischtennisspielen.*
     b. *Gerhard hat sich gestern zum Tischtennisspielen verabredet.*
(22) a. *Heute morgen rief Doris an. Sie hatte starkes Kopfweh.*
     b. *Heute morgen hat Doris angerufen. Sie hat starkes Kopfweh gehabt.*

2. Es gibt eine Reihe von Fällen, wo die Substitution des Perfekts durch das Präteritum zu einem ungrammatischen Satz führt.

(23) a. A: *Wo seid ihr?*   B: *Wir haben den Gipfel erreicht.*
     b. A: *Wo seid ihr?*   B: **Wir erreichten den Gipfel.*
(24) a. *Wenn der Pfeil die Sehne des Bogens verlassen hat, so fliegt er seine Bahn.*
     b. **Wenn der Pfeil die Sehne des Bogens verließ, so fliegt er seine Bahn.*
(25) a. *Gerhard hat sich jetzt ein Haus gebaut.*
     b. **Gerhard baute sich jetzt ein Haus.*
(26) a. *Morgen hat er sein neues Werk vollendet.*
     b. **Morgen vollendete er sein neues Werk.*

(Die beiden letzten Präteritumsätze können in einer Erzählung durchaus akzeptabel sein; *Gerhard baute sich jetzt ein Haus* meint dann bezogen auf die fiktive Gegenwart in der Erzählung soviel wie *Gerhard baut sich jetzt ein* Haus, s. die Vertiefung »Besondere Verwendungsweisen des Präteritums«).

3. Beim Perfekt ist anders als beim Präteritum ein zweifacher Bezug der Temporaladverbiale möglich. Temporaladverbiale können beim Perfekt zum einen den Zeitraum, in den die Zeit fällt, von der die Rede ist, näher eingrenzen: In *Gestern hat er nun endlich seine Schulden bezahlt* spezifiziert das Temporaladverbial den Zeitraum, in den das Begleichen der Schulden fällt. Temporaladverbiale können sich beim Perfekt zum anderen auch auf eine Zeit beziehen, vor der die Zeit liegt, von der die Rede ist: In *Morgen Mittag um 12 Uhr habe ich alle meine Schulden bezahlt* spezifiziert das Temporaladverbial nicht die Zeit des Begleichens der Schulden, sondern einen Zeitpunkt, der später liegt. Es kommt also eine dritte Zeit ins Spiel, die weder mit der Zeit, von der die Rede ist, noch mit der Sprechzeit identisch ist. Diese wird nach Reichbach (1947) ›Referenzzeit‹ genannt.

Perfekt und Referenzzeit

Die Herausforderung für die Semantik des Perfekts ist es, eine Analyse zu liefern, so dass die Zeit, von der die Rede ist, in manchen Fällen vor der Sprechzeit und in anderen Fällen nach ihr liegen kann. Eine Möglichkeit ist, beim Perfekt generell von drei Zeitparametern auszugehen, also immer auch eine **Referenzzeit** anzunehmen. Dann kann man sagen, dass die Zeit, von der die Rede ist, beim Perfekt generell vor der Referenzzeit liegt, wobei die Referenzzeit entweder mit der Sprechzeit identisch ist oder nach der Sprechzeit liegt.

Wenn die Referenzzeit mit der Sprechzeit identisch ist, dann ergibt sich eine Vorzeitigkeit wie beim Präteritum: Die Zeit, von der die Rede ist, liegt vor der Sprechzeit (*Gestern hat er nun endlich seine Schulden bezahlt*; *Gestern bezahlte er endlich seine Schulden*). Wenn die Referenzzeit nach der Sprechzeit liegt, kann sich Nachzeitigkeit ergeben wie in *Morgen Mittag um 12 Uhr habe ich alle meine Schulden bezahlt*: Die Zeit, von der die Rede ist, liegt nach der Sprechzeit.

Die Semantik des Perfekts ist ein heftig umstrittener Bereich der Temporalsemantik des Deutschen. Man kann **drei Arten von Analysen** unterscheiden:

- Das Perfekt ist eine vom Präteritum unterschiedene Vergangenheitskonstruktion (›relative Vergangenheit‹ wie oben dargestellt; vgl. Thieroff 1992, § 6.5; Tkatschuk 2011, 34 ff.).
- Das Perfekt drückt die Gegenwart eines Resultatszustandes aus; es lässt sich zerlegen in das Tempus Präsens und den (Resultativität ausdrückenden) ›Aspekt‹ Perfekt (vgl. Klein 1994; Musan 2002).
- Das Perfekt bezeichnet ein Zeitintervall, das von der Vergangenheit bis zur Gegenwart reicht, ein *extended now* (vgl. Stechow 1999; Rathert 2004; Rothstein 2008).

Plusquamperfekt (auch: **Präteritumperfekt**) kann eine Vorvergangenheit ausdrücken, d. h. die Zeit, von der die Rede ist, liegt vor einer anderen Zeit in der Vergangenheit. In *Wir hatten schon gegessen, als Doris ins Zimmer kam* wird nicht nur gesagt, dass das Essen vor der Sprechzeit liegt, sondern auch vor dem Zeitpunkt, als Doris ins Zimmer kam, der seinerseits vor der Sprechzeit liegt. Wie beim Perfekt scheint eine dritte Zeit, die Referenzzeit, eine wesentliche Rolle zu spielen: Die Zeit, von der die Rede ist, liegt vor der Referenzzeit, die wiederum vor der Sprechzeit liegt.

Wie beim Perfekt können Temporaladverbiale den Zeitraum, in den die Zeit fällt, von der die Rede ist, näher eingrenzen (*Bernd hatte 1985 den Scheffauer bestiegen*), aber auch die Referenzzeit angeben (*Im Mai 1986 hatte Reinhold zehn 8.000er bestiegen*) (vgl. Thieroff 1992, 195). (In der gesprochenen Sprache kommt das Plusquamperfekt aber (gelegentlich) auch schon in derselben Bedeutung wie das Präteritum vor oder ersetzt das Perfekt).

Wenn man die Semantik von Perfekt und Plusquamperfekt vergleicht, dann liegt der Unterschied im Verhältnis der Referenzzeit R zur Sprechzeit S: »R nicht-vor S« oder »R vor S«. Die zugrundeliegenden Relationen ›nicht-vor‹ bzw. ›vor‹ sind nun genau die Relationen, die für die Semantik von Präsens bzw. Präteritum ausschlaggebend sind (das Perfekt scheint also eine Verwandtschaft mit dem Präsens und das Plusquamperfekt mit dem Präteritum zu haben – deshalb die Rede von ›Präsensperfekt‹ und ›Präteritumperfekt‹ etwa in der Duden-Grammatik 2009).

Zur Vertiefung

Reichenbachs Theorie der Zeitreferenz

Der Philosoph und Logiker Hans Reichenbach (1891–1953) hat den für die Linguistik einflussreichsten Vorschlag zur Analyse der Zeitreferenz vorgelegt und zwar in *Elements of Symbolic Logic* (1947, § 51). Zentral ist dabei seine Annahme, dass für die Analyse des Englischen **drei Zeitparameter** notwendig sind, um alle Tempora erfassen zu können: Sprechzeit (S), Ereigniszeit (E) und Referenzzeit (R):

»From a sentence like ›Peter had gone‹ we see that the time order expressed in the tense does not concern one event, but two events, whose positions are determined with respect to the point of speech. We shall call these time points the *point of the event* and the *point of reference*. In the example the point of the event is the time when Peter went; the point of reference is a time between this point and the point of speech. In an individual sentence like the one given it is not clear which time point is used as the point of reference. This determination is rather given by the context of speech« (Reichenbach 1947, 287 f.).

Reichenbach nimmt nun an, dass die Referenzzeit bei allen Tempora relevant ist: Beim englischen Präsens fallen S, E und R zusammen; beim ›Simple Past‹ ist E vor S und fällt mit R zusammen; im Unterschied dazu fällt beim ›Present Perfect‹ R mit S zusammen, und E ist vor S; beim ›Past Perfect‹ ist E vor R und R vor S.

Reichenbach konstruiert letztlich ein System mit neun temporalen Grundformen (*fundamental forms*): R kann mit S identisch sein, vor S oder nach S liegen, und in jedem der drei Fälle gibt es drei Möglichkeiten, wie sich E zu R verhält: E kann identisch sein mit R, kann vor oder nach R liegen. Dies ergibt neun temporale Grundformen (ein solches 9er-System hatte zu Reichenbachs Zeit schon eine gewisse Tradition, vgl. Thieroff 1992, § 3.2). Die Kritik an Reichenbach konzentriert sich vor allem auf den Begriff der Referenzzeit. Was genau ist unter Referenzzeit zu verstehen?

1.6 | Verben und Modalität

Grundsätzlich bezieht sich der Begriff der Modalität auf den sprachlichen Ausdruck von Möglichkeit und Notwendigkeit. Der Ausdruck von Modalität findet sich dabei nicht nur im verbalen Bereich (27), sondern auch bei Partikeln, Adverbien, Konjunktionen und Derivationssuffixen, vgl. (28).

(27) a. *Xaver kann / darf auch mal zickig sein.*
    b. *Dann muss / sollte man Xaver aus dem Weg gehen.*
    c. *Erna käme das allerdings nie in den Sinn.*
(28) a. *Das ist wohl typisch für Xaver.*
    b. *Möglicherweise ist das aber auch genetisch bedingt.*
    c. *Zumindest wenn Darwin Recht hat.*
    d. *Nach neuesten Erkenntnissen ist das vorstellbar.*
(29) a. *Die Wahl hat regulär stattzufinden.*
    b. *Die Aufgabe ist zu lösen.*

Im verbalen Bereich sind zunächst die Modalverben *können, müssen, sollen, dürfen* etc. zu nennen, vgl. (27a) und (27b), aber natürlich auch der

Modus Konjunktiv (27c) und die modalen Infinitive in (29). Die *sein-zu*-Konstruktion in (29b) weist dabei eine für modale Konstruktionen ungewöhnliche Eigenschaft auf: Sie lässt sowohl eine Möglichkeits- als auch eine Notwendigkeitslesart zu (*die Aufgabe kann gelöst werden* vs. *die Aufgabe muss gelöst werden*).

1.6.1 | Der Modus Konjunktiv

Während der **Konjunktiv I** vor allem zur Darstellung indirekter Rede dient, wird bei den meisten Verwendungen des **Konjunktiv II** die Proposition modalisiert, auf die der Satz ohne konjunktivische Markierung referiert.

Der Konjunktiv II kontrastiert dabei inhaltlich mit dem Indikativ und drückt (in Deklarativsätzen) in der Mehrzahl der Fälle eine **kontrafaktische Aussage** aus, die unter anderen, angebbaren oder angegebenen Bedingungen, als faktisch anzunehmen wäre, vgl. (30). In einigen Fällen dient der Konjunktiv II aufgrund seiner nicht-indikativischen Semantik zum Ausdruck eines nicht realisierten oder nicht realisierbaren Wunsches, vgl. (31).

(30) a. *Ich hätte eine bessere Einführung geschrieben.*
　　 b. *Wenn ich du wäre, dann würde ich mich zurückhalten.*
　　 c. *Ein Grexit wäre nicht das Ende des Euro.*
　　 d. *Wenn die Griechen austräten, wäre das nicht das Ende des Euro.*
(31) a. *Ich wünschte, die Griechen würden in der Eurozone bleiben.*
　　 b. *Wenn die Deutschen nur nicht immer so humorlos wären!*

Da Wünsche auf die Zukunft gerichtet sind, ist die Modalisierung hier nur bedingt als kontrafaktisch zu bezeichnen. Nichtsdestotrotz wird durch den Konjunktiv II insbesondere nahegelegt, dass der ausgedrückte Sachverhalt mit hoher Wahrscheinlichkeit nicht Wirklichkeit wird, wenn es nicht nach dem Sprecher geht. Dies geht aber vermutlich auf ein unabhängiges Phänomen, die (pragmatische) Verstärkung des Konditionals zurück (vgl. z. B. zwei konträre Wünsche relativ zu derselben Faktenlage – A: *Ich wünschte, die Griechen würden in der Eurozone bleiben*, B: *Und ich wünschte, sie würden austreten*). In den Fällen in (32) ist keinerlei Form der Kontrafaktizität mehr feststellbar, der Konjunktiv II dient im Wesentlichen dem Ausdruck von Höflichkeit.

(32) a. *Wir würden uns freuen, wenn die Briten in die Eurozone einträten.*
　　 b. *Würden Sie bitte Cameron überzeugen, dass er auf ein Plebiszit verzichtet?*

> Steht das finite Verb eines Deklarativsatzes im **Konjunktiv II**, dann behauptet eine Äußerung des Satzes, dass unter Annahme der Faktizität der angegebenen oder kontextuell nahegelegten Bedingung auch die durch den Satz (ohne Konjunktiv II) selbst ausgedrückte Proposition *p* als faktisch anzunehmen ist (solange alle anderen Faktoren im Wesentlichen unverändert bleiben).

Zum Begriff

Zur Vertiefung **Tempus und Modus**

Die Interaktion von Tempus und Modus ist beim Konjunktiv von besonderem Interesse. Die folgenden drei Sätze verstehen wir in Bezug auf die zeitliche Fixierung des Teetrinkens völlig gleich: Es ist simultan zu dem Sprechakt, von dem berichtet wird:

(1) a. *Er sagte, er trinke gerade Tee.*
      b. *Er sagte, er tränke gerade Tee.*
      c. *Er sagte, er würde gerade Tee trinken.*

Konjunktiv Präsens, Konjunktiv Präteritum und *würde* + Infinitiv können also grundsätzlich alle drei in Argumentsätzen Simultaneität ausdrücken, aber auch Nachzeitigkeit, nicht aber Vorzeitigkeit.

(2) a. *Er sagte, er trinke morgen Tee.*
      b. *Er sagte, er tränke morgen Tee.*
      c. *Er sagte, er würde morgen Tee trinken.*
(3) a. **Er sagte, er trinke gestern Tee.*
      b. **Er sagte, er tränke gestern Tee.*
      c. **Er sagte, er würde gestern Tee trinken.*

Entscheidend ist, dass es für die zeitliche Fixierung des Geschehens des Nebensatzes nicht von Belang ist, ob das finite Verb im Präsens oder im Präteritum steht, die Interpretation ist dieselbe (und scheint hier dem des Präsens Indikativ zu entsprechen). Etwas Vergleichbares lässt sich bei Indikativformen nicht feststellen. Auffallend ist dabei insbesondere die Unakzeptabilität von *Er sagte, er tränke gestern Tee* im Vergleich zu *Er sagte, dass er gestern Tee trank*. Man sagt oft, dass beim Konjunktiv die Präsens/Präteritum-Opposition *neutralisiert* ist.

1.6.2 | Modalverben

Modalverben als eine syntaktische Klasse? Zum Kern der Modalverben werden im Deutschen in der Regel *dürfen*, *können*, *mögen*, *müssen*, *sollen* und *wollen* gerechnet sowie mit Einschränkung *brauchen* und *werden* (vgl. z. B. Öhlschläger 1989). Im Gegensatz zum Englischen bilden Modal- und Hilfsverben im Deutschen keine strukturell definierbare Klasse, vgl. (33) und (34).

(33) a. *Must I pay the bill?*   (34) a. *Muss ich die Rechnung zahlen?*
       b. **Pay you the bill?*   b. *Zahlst du die Rechnung?*

Daher gibt es aus syntaktischer Perspektive nicht unbedingt einen Grund zwischen Vollverben und Modalverben kategorial zu differenzieren, auch wenn sie sich keineswegs völlig parallel verhalten. So erfordern Modalverben wie (transitive) Vollverben immer ein (formales) Subjekt und eine weitere Ergänzung; diese weitere Ergänzung ist jedoch keine Nominal- oder Präpositionalgruppe, sondern (im Normalfall) eine Verbalgruppe, deren Kopf im einfachen Infinitiv (1. Status) steht, vgl. (35).

(35) a. *Xaver muss* [*niesen*] / *[zu niesen] / *[geniest].

  b. *Xaver muss* [*Erna besuchen*] / *[Erna zu besuchen] / *[Erna besucht].

Anhebung und Kontrolle: Die Modalverben selbst selegieren dabei oft überhaupt kein thematisches Subjekt, sondern machen das thematische Subjekt des abhängigen Verbs zu ihrem eigenen, rein formalen Subjekt (um als finites Verb mit einem Subjekt kongruieren zu können). Der Syntaktiker spricht hier von einer **Anhebung** des Subjekts. In der Regel sind diese Fälle dadurch zu erkennen, dass sie sich durch »*es *modalverb* so sein, dass …*« paraphrasieren lassen (für weitere einschlägige Tests vgl. Pafel 2011, III.2). Wie (36) zeigt, verhält sich das Modalverb *müssen* wie ein Anhebungsverb (und die Anhebungsstruktur ist gleich über eine Spur und Koindizierung angedeutet).

Formen des Subjektbezugs

(36) a. *Xaver$_i$ muss inzwischen [t$_i$ in Köln sein].*

  b. *Es muss so sein, dass Xaver inzwischen in Köln ist.*

  c. **Xaver$_i$ muss inzwischen, dass Xaver$_i$ in Köln ist.*

(37) a. *Xaver$_i$ will [e$_i$ Schokolade essen].*

  b. **Es will so sein, dass Xaver Schokolade isst.*

  c. *Xaver$_i$ will, dass Xaver$_i$ Schokolade isst.*

Das Modalverb *wollen* dagegen selegiert in Fällen wie (37) ein eigenes thematisches Subjekt: Eine Person, deren Wille sich auf etwas anderes richtet. (Davon zu unterscheiden sind Verwendungen ohne eigenes thematisches Subjekt wie z. B. in *es will einfach nicht regnen.*) Geht man davon aus, dass das abhängige Verb (hier: *essen*) ebenfalls ein eigenes thematisches Subjekt selegiert (hier durch e$_i$ angedeutet), dann ist festzustellen, dass dieses Subjekt immer mit dem thematischen Subjekt von *wollen* koreferent ist. Mit anderen Worten: Das Subjekt von *wollen* **kontrolliert** die Interpretation des Subjekts des abhängigen Verbs. In diesem Fall spricht man von einem **Kontrollverb**.

Halbmodalverben

Zur Vertiefung

Die Verben *drohen, versprechen, scheinen* und *pflegen* werden im Allgemeinen als Halbmodale bezeichnet, wenn sie kein eigenes thematisches Subjekt selegieren. Typische Beispiele sind in (1) angegeben.

(1) a. *Es droht zu regnen.*

  b. *Es verspricht schönes Wetter zu werden.*

  c. *Es scheint in Kürze zu hageln.*

  d. *Es pflegt im Winter immer zu schneien.*

Ein weiteres charakteristisches Merkmal der Halbmodalverben besteht darin, dass sie trotz kohärenter (also satzwertiger) Konstruktion einen *zu*-Infinitiv (Infinitiv im 2. Status) selegieren. Es ist diese Eigenschaft (sowie die Existenz einer Vollverbvariante), die die Halbmodalverben von den Modalverben abgrenzt und deren Bezeichnung rechtfertigt.

Modifikation und Relation: Die Unterscheidung zwischen Kontroll- und Anhebungsverb ist tatsächlich nicht nur eine syntaktische, sondern korreliert mit einem semantischen Unterschied: Anhebungsverben wie *müssen* können semantisch als **Modifikatoren** betrachtet werden, d. h. sie nehmen als Argument eine Proposition, modifizieren diese und die Modifikation resultiert wieder in einer, nun modalisierten Proposition, vgl. (38). Wir nennen das Argument die **Kernproposition** und das Resultat die **modalisierte Proposition**.

(38) a. *Xaver muss jetzt in Köln sein.*
b. p = dass Xaver jetzt in Köln ist ≅ »Kernproposition«
c. q = dass es so sein muss, dass Xaver jetzt in Köln ist = $muss(p)$

Kontrollverben wie *wollen* dagegen können als eine **Relation** zwischen einem Individuum x und einer Eigenschaft P aufgefasst werden, die genau dann wahr ist, wenn sich der Wille von x darauf richtet, dass x die Eigenschaft P zukommt. Kontrollverben sind also im Gegensatz zu Anhebungsverben semantisch (mindestens) 2-stellig, vgl. hierzu (39).

(39) a. *Xaver will Schokolade essen.*
b. P = Schokolade essen, x = Xaver
c. q = dass Xaver Schokolade essen will = $will(x,P)$

Zum Begriff

> Das Modalverb *wollen* vermittelt eine Relation zwischen einem Individuum x und einem Begriff P, die genau dann zu einem Zeitpunkt t wahr ist, wenn sich der Wille von x darauf richtet, dass x zu einer Zeit t' nach t der Begriff P zukommt.

Die Kontrollverben unter den Modalverben sind (im Gegensatz zu den meisten Anhebungsverben) in ihrer Interpretation stark lexikalisiert. Weitere Beispiele für modale Kontrollverben sind *möchten* und möglicherweise *können* in seiner Fähigkeitslesart (vgl. #*es kann regnen*, #*es kann so sein, dass Xaver Fahrrad fährt*). Während *möchten* im Wesentlichen wie *wollen* zu interpretieren ist, kann *können* in seiner Fähigkeitslesart in etwa wie folgt charakterisiert werden:

Zum Begriff

> Das Modalverb *können* vermittelt (in seiner Fähigkeitslesart) eine Relation zwischen einem Individuum x und einem Begriff P, die genau dann wahr ist, wenn x *unter bestimmten Bedingungen* der Begriff P zukommen kann.

Die gerade formulierte Semantik von *können* in seiner Fähigkeitslesart wirkt auf den ersten Blick zirkulär, da das Modalverb *können* auf beiden Seiten der Definition auftaucht. Tatsächlich ist sie es aber nicht, da das zu erklärende *können* (also die Attribution einer Fähigkeit) auf eine andere Lesart von *können* zurückgeführt wird, die in der Literatur als eine *zir-*

kumstantielle Interpretation von *können* bezeichnet wird. *Können* scheint also polysem zu sein.

Zirkumstantielle und epistemische Lesarten: Grundsätzlich können bei Modalverben zwei Lesarten unterschieden werden, eine zirkumstantielle Lesart und eine epistemische Lesart, vgl. (40) und Kratzer (1991).

(40) a. *Hier kann prima Spargel wachsen.*
　　 b. *Das weiße Zeug kann kein Zucker sein.*

Zunächst ist klar, dass in (40a) keine Fähigkeitslesart von *können* vorliegt: Es ist sicherlich keine Fähigkeit des Spargels, an besagtem Ort prima wachsen zu können. Es ist der Ort, der ideale *Bedingungen* bereitstellt, damit Spargel hier gedeihen kann: Der Boden ist ziemlich sandig, die Sonneneinstrahlung ist stark und unterliegt nur geringen Schwankungen. In (40b) sind es dagegen nicht die äußeren Bedingungen oder Umstände, die damit unvereinbar sind, dass das weiße Zeug Zucker ist. (40b) verstehen wir so, dass wir klare Evidenzen dafür haben, dass das weiße Zeug kein Zucker ist: Wir haben es probiert und es schmeckt nicht wie zu erwarten süß, sondern salzig.

Zu den verschiedenen Lesarten von Modalverben

Die Interpretation eines Modalverbs heißt **zirkumstantiell**, wenn sich die Notwendigkeit oder Möglichkeit des in der Kernproposition beschriebenen Sachverhalts aus den äußeren Bedingungen oder Umständen ergibt. Sie heißt **epistemisch**, wenn sich die Notwendigkeit oder Möglichkeit des Sachverhalts aus allem, was wir wissen, aus unseren Evidenzen, ergibt.

Zum Begriff

Weitere Lesarten von Modalverben: Neben der epistemischen und der zirkumstantiellen Lesart werden häufig weitere Lesarten unterschieden:

Eine **stereotypische** Lesart liegt vor, wenn sich das Modalverb inhaltlich auf typische Abläufe von Ereignissen bezieht, vgl. (41a).

Doxastische Lesarten sind epistemischen sehr ähnlich, da sie sich auf Glaubensinhalte beziehen und diese von Wissen (wahrem Glauben) nur schwer abzugrenzen sind. Doxastische Lesarten zeichnen sich allerdings dadurch aus, dass sie in der Regel eine distanzierte Position des Sprechers nahelegen, vgl. z. B. (41b).

(41) a. *Bevor du an den Schalter gehst, musst du erst eine Nummer ziehen.*
　　 b. *Das mag alles genau so passiert sein (und trotzdem war es ein Versehen).*

Einfacher zu erkennen sind deontische und buletische Lesarten. **Deontische** Lesarten beziehen sich auf Forderungen Dritter. Das können Gesetze sein, das können gesellschaftliche Normen sein oder einfach das, was die Eltern möchten, vgl. (42a). Von einer **buletischen** Lesart spricht man, wenn es um die Wünsche des logischen Subjekts selbst geht, vgl. (42b). Im Fall der **teleologischen** Lesart erwächst die Möglichkeit oder Notwendigkeit aus den Zielen, die das logische Subjekt verfolgt, vgl. hierzu (42c).

Bei der **ontologischen** bzw. **alethischen** Modalität geht es um die Art, wie sich die Dinge auch (hätten) entwickeln können, welche Eigenschaften und Beziehungen Dinge (hätten) aufweisen können (42d).

(42) a. *Xaver soll heute sein Kinderzimmer aufräumen.*
b. *Verständlicherweise will Xaver das aber nicht.*
c. *Wenn du eine gute Note möchtest, musst du aber mehr lernen.*
d. *Dieses Buch könnte auch »Elemente der Semantik« heißen.*

Dies sind nur einige der einschlägigen Begrifflichkeiten. Häufig ist auch von **dispositionellen** (die Eigenschaften eines Individuums betreffend), von **volitiven** (den Willen einer Person betreffend), von **emotiven** (die Emotionen einer Person betreffend), von **normativen** (geltende Normen betreffend) oder auch von **physikalischen** (die Naturgesetze betreffend) Lesarten die Rede. Im Fall von (43) wird auch von **quotativen** Lesarten gesprochen (vgl. ausführlicher z. B. Bech 1949; Öhlschläger 1989).

(43) a. *Sie soll eine große Persönlichkeit gewesen sein.*
b. *Sie will eine große Persönlichkeit gewesen sein.*

Zur Polyfunktionalität von Modalverben: Die schiere Anzahl der verschiedenen Begrifflichkeiten zur Differenzierung der Lesarten von Modalverben deutet schon darauf hin, dass Modalverben in ihrer Interpretation in der Regel sehr variabel sind. Dies trifft in besonderem Maße auf die Modalverben *können* und *müssen* zu. Diese können als Anhebungsverben auftreten und dabei z. B. epistemisch, vgl. (44a) und (45a), zirkumstantiell, vgl. (44b) und (45b), oder deontisch, vgl. (44c) und (45c), interpretiert werden. Als Kontrollverb beziehen sie sich auf Fähigkeiten bzw. Dispositionen, vgl. (44d) und (45d).

(44) a. *Xaver könnte gerade in seinem Büro sein.*
b. *Heute können wir prima segeln.*
c. *Du kannst dir gerne von den Pralinen nehmen.*
d. *Er kann 100 Meter in 9,91 Sekunden laufen.*
(45) a. *Xaver müsste jetzt in seinem Büro sein.*
b. *Heute müssen wir leider rudern.*
c. *Du musst heute noch die Analyseaufgaben abgeben.*
d. *Ich musste plötzlich wie verrückt lachen.*

Die Interpretationsmöglichkeiten der Modalverben *dürfen* und *sollen* sind zwar eingeschränkter als die von *müssen* und *können*, sie sind aber keineswegs nur auf deontische Lesarten wie in (46a) und (47a) festgelegt, vgl. die verbleibenden (nicht einfach einzuordnenden) Beispiele in (46) und (47).

(46) a. *Xaver darf keine Schokolade essen.*
b. *Das darf doch nicht wahr sein!*
c. *Das dürfte dich nicht wirklich interessieren.*
(47) a. *Xaver soll mehr Gemüse essen.*
b. *Sie soll mit Putin telefoniert haben.*
c. *Das soll dich nicht weiter stören.*

Selbst die Modalverben *wollen* und *mögen* weisen neben ihrer volitiven (48a) bzw. emotiven (49a) Lesart – die mit einer Kontrollvariante von *wollen* bzw. *mögen* einhergeht – eine *nicht-volitive* (48b) bzw. *nicht-emotive* (49b) Lesart auf. Diesen liegt eine Anhebungsvariante von *wollen* und *mögen* zugrunde.

(48) a. *Xaver will länger aufbleiben.*
　　 b. *Es will mir einfach nicht einfallen.*
(49) a. *Xaver mag Schokolade.*
　　 b. *Das mag schon richtig sein.*

Polysemie oder Kontextabhängigkeit? Die beobachtete Variabilität in der Interpretation der Modalverben legt natürlich die Frage nahe, ob Modalverben semantisch mehrdeutig, also polysem sind, oder ob diese Variation nicht eher pragmatisch zu erklären ist.

　Modale Basis: Dabei ist zunächst festzustellen, dass keines der Modalverben in seiner Interpretation völlig variabel wäre. Jedes Modalverb drückt entweder *Möglichkeit* oder *Notwendigkeit* aus, egal in welchem Kontext es verwendet wird. Der konstante Bezug auf *Möglichkeit* oder *Notwendigkeit* bildet damit die Basis der modalen Interpretation von Modalverben und heißt deren **modale Basis**. Diese ist in der folgenden Tabelle zugeordnet:

Zur semantischen Analyse von Modalverben

Möglichkeit	Notwendigkeit
können	müssen
dürfen	sollen
	wollen
	mögen

Abb. 5: Die modale Basis der zentralen Modalverben

Modaler Hintergrund: Relativ zu einer dieser Varianten kann aber, wie Kratzer (1976) gezeigt hat, die Lesartenvielfalt durchaus pragmatisch erklärt werden. Betrachten wir dazu das Modalverb *müssen* in dem folgenden Beispiel.

(50) *Xaver muss sehr fleißig sein*
　　 a. weil er 12 Stunden am Tag arbeitet (*epistemisch*)
　　 b. weil es seine Eltern so wollen (*deontisch*)
　　 c. damit er seine Ziele realisieren kann (*teleologisch*)

In (50) drückt *müssen*, wie in allen anderen Verwendungen auch, Notwendigkeit aus. Die Quelle der Notwendigkeit dagegen kann je nach Kontext, je nach Interpretation variieren: Dass Xaver sehr fleißig ist, kann eine notwendige Erkenntnis sein, es kann aber auch eine notwendige Konsequenz aus den Vorgaben der Eltern sein und es kann schließlich notwendig sein, damit Xaver sein Ziel – ein Studienplatz in Harvard – realisieren kann. Die Quelle der Notwendigkeit (oder Möglichkeit) bezeichnen wir mit Kratzer (1976) als den **modalen Hintergrund**. Und der modale Hintergrund, so die These von Kratzer (1976), ist in systematischer Weise kontextabhängig.

　Kernproposition: Modalverbkonstruktionen beinhalten damit auf semantisch-pragmatischer Ebene mindestens drei zu unterscheidende Faktoren, die gemeinsam die Lesart eines Modalverbs in einem konkreten Äußerungskontext vermitteln: die *modale Basis*, der *modale Hintergrund* und die **Kernproposition** (also diejenige Proposition, die durch das Modalverb modalisiert wird). Der Satz in (51) kann demzufolge z. B. in seiner deontischen Lesart über die folgenden drei Bedingungen paraphrasiert werden:

(51) *Xaver muss sehr fleißig sein*
    a. Aufgrund dessen, was seine Eltern wollen (*modaler Hintergrund*)
    b. ist es notwendig (*modale Basis*)
    c. dass Xaver sehr fleißig ist (*Kernproposition*)

Diese Überlegungen legen nahe, dass die Analyse von *müssen* als Modifikator tatsächlich unzureichend ist. Genau genommen ist *müssen* wohl als eine Relation *müssen*(*H*,*p*) zwischen einem modalen Hintergrund *H* und einer Kernproposition *p* zu analysieren, die genau dann wahr ist, wenn sich die Kernproposition notwendig aus dem modalen Hintergrund ergibt.

Zum Begriff

> Ein mit *müssen* modalisierter Satz ist genau dann wahr, wenn sich aus dem modalen Hintergrund notwendig die Annahme der Kernproposition ergibt.

Nach Kratzer (1976) kann der modale Hintergrund als eine Variable betrachtet werden, die ihre Interpretation über den Kontext erhält. In neueren Arbeiten (vgl. z. B. von Stechow 2004; von Fintel/Heim 2007) ist diese Variable als eine Art deiktischer Ausdruck in der logischen Form des Satzes verankert.

Modaler Hintergrund und Mengen von Propositionen: Bis zu diesem Punkt kann die Analyse kanonischer Modalverben noch mehr oder weniger als theorieunabhängig bezeichnet werden. Versucht man aber die Begriffe modaler Hintergrund, Möglichkeit und Notwendigkeit zu präzisieren, kommt man nicht umhin, sich auf theoretische Konzepte festzulegen. In den Arbeiten von Angelika Kratzer, die der modelltheoretischen Semantik zuzurechnen sind, wird in diesem Zusammenhang vorgeschlagen, modale Hintergründe als (Funktionen von möglichen Welten in) **Mengen von Propositionen** zu modellieren, ähnlich wie das in den Arbeiten von Robert Stalnaker für den gemeinsamen Redehintergrund (*Common Ground*) angenommen wird. Dass dies durchaus eine intuitive Grundlage hat, sieht man, wenn man sich ein konkretes Beispiel wie (51) anschaut. In der teleologischen Lesart könnte der modale Hintergrund durch (52) repräsentiert werden.

(52) a. *Xaver will Medizin studieren.*
    b. *Auf Medizin liegt ein Numerus Clausus von 1,3.*
    c. *Xavers derzeitiger Notendurchschnitt liegt bei 2,1.*
    d. *Xaver muss sich sein Studium unabhängig finanzieren.*
    e. *Xaver bekommt wegen der Einkünfte seiner Eltern kein Bafög.*
    f. *Ein Stipendium bekommen nur die besten 5 % eines Jahrgangs.*
    g. ...

Die Aussagen in (52) haben zwar nicht einzeln, aber doch in ihrer Gesamtheit zwingenden Charakter, wenn Xaver sein Ziel, ein Medizinstudium, erreichen möchte. Jede dieser Aussagen referiert semantisch auf eine Proposition und die Gesamtheit all dieser Propositionen kann als eine Menge von Propositionen aufgefasst werden.

Notwendigkeit und logische Folgerung: Der Begriff der ›Notwendigkeit‹ lässt sich dann als eine Beziehung zwischen der Gesamtheit der Propositionen im modalen Hintergrund und der Kernproposition beschreiben, als **logische Folgerung**:

Ein mit *müssen* modalisierter Satz ist genau dann wahr, wenn aus dem modalen Hintergrund, aufgefasst als Menge von Propositionen, die Kernproposition logisch folgt (also die Falschheit der Kernproposition mit der Annahme der Wahrheit aller Propositionen im modalen Hintergrund *unvereinbar* ist).

Modalität und logische Beziehungen

Zum Begriff

Möglichkeit und logische Konsistenz: Wenn Notwendigkeit über den Begriff der logischen Folgerung modelliert werden kann, dann ist der Begriff der ›Möglichkeit‹ über den der **logischen Konsistenz** zu beschreiben: Die Wahrheit der Kernproposition ist mit der Wahrheit aller Propositionen im modalen Hintergrund verträglich (in der Regel aber auch die Falschheit der Proposition). Mit anderen Worten: Wenn eine Proposition als möglich dargestellt wird, dann ist sie nicht notwendig falsch.

Ein mit *können* modalisierter Satz ist genau dann wahr, wenn die Kernproposition mit dem modalen Hintergrund, aufgefasst als Menge von Propositionen, logisch konsistent ist (also die Wahrheit der Kernproposition mit der Annahme der Wahrheit aller Propositionen im modalen Hintergrund verträglich ist).

Zum Begriff

Für unser Beispiel (51) ergibt sich damit eine etwas andere Paraphrase:

(53) *Xaver muss sehr fleißig sein.*
    a. Aus dem, was seine Eltern wollen (plus *X*) (*modaler Hintergrund*)
    b. folgt logisch (*modale Basis*)
    c. dass Xaver sehr fleißig ist (*Kernproposition*)

Dabei sei noch darauf hingewiesen, dass im Allgemeinen nicht alle Propositionen im modalen Redehintergrund tatsächlich deontischen Charakter haben bzw. als deontisch aufzufassen wären. In der Regel wird der modale Redehintergrund noch weitere Annahmen umfassen bzw. umfassen müssen, damit die Bedingungen der logischen Folgerung tatsächlich etabliert sind. (Daher der Passus plus *X* in (53a).) Der modale Hintergrund ist folglich ein recht heterogenes Gebilde, in dem – um einen Begriff der kognitiven Semantik zu missbrauchen – lediglich der deontische Aspekt profiliert wird.

Modalverben in der kognitiven Semantik: In der kognitiven Semantik werden Modalverben vorwiegend auf der Basis des Modells der **Kräftedynamik** analysiert. Dieses ist von Leonard Talmy (2000; 2011) entwickelt worden als ein Modell für die Art, wie in der Sprache Kausalitätsbeziehungen dargestellt werden: Physikalische Kräfte unterschiedlicher Stärke interagieren miteinander (s. Kap. IV.2.6).

Modalität und Kognition Bei der Analyse von Modalverben wird das Modell auf den sozialen und psychologischen Bereich übertragen, der damit als von sozialen und psychologischen Kräften und deren Interaktion geprägt erscheint. Das Modell der Kräftedynamik wird in der kognitiven Semantik durchaus in unterschiedlicher Weise auf die Modalverben angewandt, wir beziehen uns im Folgenden auf Sweetser (1990, Kap. 3), um eine Vorstellung von einer **kräftedynamischen Analyse** der Modalverben zu geben (Sweetser analysiert englische Modalverben, bei einer Anwendung auf das Deutsche ergeben sich natürlich Unterschiede). Sweetser geht davon aus, dass die zirkumstantiellen Lesarten der Modalverben primär sind und die epistemischen Lesarten sich aus den ersteren entwickelt haben (sie geht bei den Modalverben von Polysemie aus). So sind die zirkumstantiellen auch der Ausgangspunkt der Analyse.

Bei *müssen* liegt eine unwiderstehliche Kraft vor, die jemanden zu etwas drängt. Die Kraft kann eine externe soziale Kraft sein (*Max muss ins Theater gehen, weil seine Eltern das so wollen*), aber auch eine interne psychologische Kraft (*Ich muss diesen Krimi heute zu Ende lesen*). Bei *dürfen* gibt es eine Kraft, die etwas verhindern könnte, dies aber nicht tut. Die Kraft kann extern sein (*Max darf ins Theater gehen, seine Eltern haben nichts dagegen*), aber auch intern (*Heute darf ich mir auch mal etwas genehmigen*). Bei *sollen* gibt es eine externe Kraft, die in eine bestimmte Richtung drängt. Die zirkumstantielle, genauer: deontische Lesart von *müssen*, *dürfen* und *sollen* in (54) kann also kräftedynamisch etwa wie in (55) analysiert werden:

Zirkumstantielle Lesarten

(54) *Max muss (darf, soll) ins Theater gehen.*

(55) a. Müssen = Es gibt eine psychosoziale Instanz, die mit unwiderstehlicher Kraft Max dazu drängt, dass er ins Theater geht.

b. Dürfen = Es gibt eine psychosoziale Instanz, die keine Kraft auf Max ausübt, um zu verhindern, dass er ins Theater geht.

c. Sollen = Es gibt eine externe soziale Instanz, die Max dazu drängt, dass er ins Theater geht.

Sweetser ist der Ansicht, dass sich die epistemische Lesart der Modalverben durch eine metaphorische Übertragung der Kräftedynamik im Bereich der sozialen Pflichten auf den Bereich des Urteilens und Schließens erklären lässt. Beim epistemischen *müssen* üben die Evidenzen, über die jemand verfügt, eine unwiderstehliche Kraft aus, die diese Person zu einer bestimmten Schlussfolgerung drängt; beim epistemischen *dürfen* verhindern die Evidenzen, über die jemand verfügt, eine bestimmte Schlussfolgerung nicht.

»The meaning of epistemic *may* would thus be that there is no barrier to the speaker's process of reasoning from the available premises to the conclusion expressed in the sentence qualified by *may*. My claim, then, is that an epistemic modality is metaphorically viewed as that real-world modality which is its closest parallel in force-dynamic structure.« (Sweetser 1990, 59)

In Analogie zu (55) kann (56) wie folgt analysiert werden:

(56) *Max müsste (dürfte) ins Theater gegangen sein.*
(57) a. Müssen = Es gibt Evidenzen, die mit unwiderstehlicher Kraft den Sprecher zu der Schlussfolgerung drängen, dass Max ins Theater gegangen ist.
  b. Dürfen = Es gibt keine Evidenzen, die auf Seiten des Sprechers die Schlussfolgerung verhindern, dass Max ins Theater gegangen ist.

Es gibt aber innerhalb der kognitiven Semantik eine prominente alternative Sicht auf die epistemischen Lesarten. Derzufolge sind sie durch Konventionalisierung von konversationellen Implikaturen bzw. durch einen metonymischen Prozess entstanden sind (vgl. Mortelmans 2007, § 2.3):

»*Must* in the epistemic sense of ›I conclude that‹ derived from the obligative sense of ›ought to‹ by strengthening of conversational inferences and subjectification. If I say *She must be married* in the obligation sense, I invite the inference that she will indeed get married. This inference is of course epistemic, pertaining to a state of affairs that is anticipated to be true at some later time.« (Traugott/König 1991, 209)

Der Satz *Max muss ins Theater gehen* legt in der deontischen Lesart den Schluss nahe, dass viel dafür spricht, dass Max ins Theater gehen wird. Mit der Zeit wird dieser Schluss als etwas betrachtet, das der Sprecher des Satzes mit dem Satz direkt zu verstehen geben kann. Damit ist die epistemische Lesart etabliert (zum Stand der Modalitätsforschung in der kognitiven Semantik vgl. Mortelmans 2007).

1.7 | Hilfs- und Kopulaverben

Als Hilfsverben werden im Allgemeinen alle Verben bezeichnet, die sich mit Vollverben zu einer grammatischen Konstruktion verbinden. Die zentralen Hilfsverben sind *sein, haben* und *werden*.

Tempus: Wie bereits in Kapitel II.1.5 gesehen, kommen *sein* und *haben* als **Perfekthilfsverben** vor, vgl. (58).

(58) a. *Er ist gestern von der Leiter gefallen.*
  b. *Er hat seine Prüfung mit Auszeichnung bestanden.*

Dabei ist es plausibel anzunehmen, dass *sein* und *haben* selbst keine referenzielle Bedeutung tragen, sondern lediglich über das grammatische Tempus (Präsens, Präteritum) zur Zeitreferenz beitragen. Die Wahl zwischen *sein* und *haben* ist von diversen Faktoren (Stelligkeit, Aktionsart) der selegierten Verben abhängig (vgl. Duden-Grammatik 2009, § 659).

Prädikativkonstruktionen: In der Funktion als **Kopulaverb** kommen *sein* und *werden* vor, vgl. (60). Für die Kopula *sein* wurde dabei explizit

argumentiert, dass sie als semantisch leer aufzufassen ist (vgl. z. B. Heim/
Kratzer 1998). Gestützt wird diese Auffassung empirisch durch Fälle sekundärer Prädikation wie *Xaver wischte den Tisch sauber*, bei dem das Adjektiv *sauber* auch ohne Kopula über *den Tisch* prädiziert.

(59) a. *Das Wetter ist heute wieder wunderschön!*
    b. *Mein früherer Feind wurde mein bester Freund.*

Die Kopula *werden* dagegen drückt eine Zustandsveränderung aus, wobei
das Prädikatsnomen den Resultatszustand bezeichnet.

Passiv: Zuletzt sei noch ein Bereich angesprochen, der bisher noch
keine explizite Erwähnung gefunden hat: das Passiv. Der kanonische Fall
unter den Passivkonstruktionen ist das **werden-Passiv**, bei dem das Subjekt der Aktiv-Variante unterdrückt und das Objekt zum formalen Subjekt
wird, vgl. (60b).

(60) a. *Xaver hat Hans besucht.*
    b. *Hans wurde (von Xaver) besucht.*

Das Passiv ist zunächst ein rein syntaktischer Vorgang, da sich das Verb
weiterhin auf dieselbe (Art von) Situation bezieht und das ehemalige Objekt bei der ›Transformation‹ zum Subjekt auch seine ehemalige semantische Rolle beibehält. Dennoch wird häufig davon gesprochen, dass das
Passiv ein Verb auf sein konverses Gegenstück abbildet. Zur Erinnerung:
Wir reden von konversen Prädikaten *P* und *Q*, wenn »*x P y*« äquivalent ist
zu »*y Q x*«. In diesem Sinn sind *besuchen* und *besucht-werden-von* konverse Prädikate.

Diese Annahme ist sicherlich sinnvoll, wenn man davon ausgeht, dass
von Xaver in (60b) ein Präpositionalobjekt ist, also weiterhin den Status
einer Ergänzung hat. Eine alternative und durchaus naheliegende Annahme ist jedoch, dass beim *werden*-Passiv das Subjekt als Ergänzung in
der syntaktischen Valenz des Passivs vollständig entfällt, da die Subjekt-
stelle in der semantischen Valenz aufgrund von *werden* deiktisch zu interpretieren ist. (Das Passiv füllt über einen klassischen Konversionsprozess
die fragliche Argumentstelle mit einer Variablen). Aufgrund der deikti-
schen Interpretation rückt das Objekt in der Hierarchie der Argumente um
eine Stelle höher und wird entsprechend als Subjekt realisiert. Die *von*-
Phrase ist in diesem Fall (in der Art von *und zwar*-Nachträgen) als eine
Angabe zu betrachten, die eine anaphorische Interpretation des deikti-
schen Arguments des Passivs erlaubt.

Neben dem *werden*-Passiv existiert als weitere prominente Passivvari-
ante das *sein*- oder auch **Zustandspassiv**, vgl. hierzu z. B. (61).

(61) a. *Der Anton ist abgeholt.*
    b. *Der Anton ist abgeholt worden.*

Das Beispiel (61a) mag für den einen oder die andere etwas auffällig sein,
ist aber z. B. in den saarländischen Dialekten unauffällig und hochfre-
quent. Genau genommen wird beim Zustandspassiv wie bei der Kopula-
konstruktion ein Zustand über das Subjekt prädiziert (und daher ist es naheliegend, auch in diesem Fall ein semantisch leeres *sein* anzunehmen).
Der wesentliche Unterschied liegt darin, dass zu der Konstruktion in (61a)

systematisch ein perfektives Passiv existiert, vgl. (61b), auf das das Zustandspassiv bezogen werden kann. Das Zustandspassiv kann allerdings keine elliptische Version des perfektiven Passivs sein, da ein Unterschied im Ereignisbezug vorliegt (Zustand vs. Zustandsveränderung). Dennoch ist die Beziehung suggestiv.

Zusammenfassend ist zu sagen, dass die meisten Hilfsverben semantisch leer (*haben*, *sein*) oder in ihrer Semantik stark reduziert (*werden*-Passiv, *werden*-Kopula) sind und ihre Bedeutung vor allem in ihrer Syntax liegt.

Einen ersten Überblick über grundlegende Eigenschaften von Verben wie z. B. die der syntaktischen und semantischen Valenz vermitteln Einführungen in die Syntax (wie z. B. Pafel 2011). Ein Klassiker ist Bech (1955/57). Eine vertiefte Auseinandersetzung mit thematischen bzw. semantischen Rollen bietet Primus (2012). Der Klassiker zu Fragen des Ereignisbezugs von Verben ist Vendler (1957), sehr zu empfehlen ist aber auch Dowty (1979). Einen umfassenden deutschsprachigen Überblick gibt Nicolay (2007). Kompaktere Darstellungen finden sich z. B. in Rapp (1997), Engelberg (2000) oder Maienborn (2003). Tempus wird in Rothstein (2007) mit Schwerpunkt auf dem Perfekt systematisch aus der Perspektive des Reichenbach'schen und des »extendend now«-Ansatzes dargestellt. Tkatschuk (2011) diskutiert den Zusammenhang zwischen morphosyntaktischem Tempus, Temporalkonstruktionen und Zeitreferenz. Der Klassiker zum Tempus ist Reichenbach (1947). Klein (1994) ist eine einflussreiche neuere Arbeit. Will man sich näher mit Modalverben im Deutschen auseinandersetzen, wird man zunächst Öhlschläger (1989) konsultieren. Eine klassische Referenz ist Bech (1949), aus modelltheoretischer Perspektive Kratzer (1976).

Weiterführende Literatur zu Kapitel II.1

Übungen

Materialientext (Lewis Carroll: *Alice im Wunderland*, Auszug)

»[…] Hinunter, hinunter, hinunter! Sie konnte nichts weiter thun, also fing Alice bald wieder zu sprechen an. *»Dinah wird mich gewiß heut Abend recht suchen!«* *(Dinah war die Katze.)* »Ich hoffe, sie werden ihren Napf Milch zur Theestunde nicht vergessen. Dinah! Miez! ich wollte, du wärest hier unten bei mir. Mir ist nur bange, es giebt keine Mäuse in der Luft; aber du könntest einen Spatzen fangen; die wird es hier in der Luft wohl geben, glaubst du nicht? Und Katzen fressen doch Spatzen?« Hier wurde Alice etwas schläfrig und redete halb im Traum fort. »Fressen Katzen gern Spatzen? Fressen Katzen gern Spatzen? Fressen Spatzen gern Katzen?« Und da ihr niemand zu antworten brauchte, so kam es gar nicht darauf an, wie sie die Frage stellte. Sie fühlte, daß sie einschlief und hatte eben angefangen zu träumen, sie gehe Hand in Hand mit Dinah spazieren, und frage sie ganz ernsthaft: »Nun, Dinah, sage die Wahrheit, hast du je einen Spatzen gefressen?« da mit einem Male, plump! plump! kam sie auf einen Haufen trocknes Laub und Reisig zu liegen, – und der Fall war aus. […]«

1. Bestimmen Sie die Art des Ereignisbezugs der folgenden Verben bzw. verbalen Konstruktionen im Materialientext, indem Sie von den in Kapitel II.1.4 vorgestellten Testverfahren Gebrauch machen: *suchen, hoffen, bange sein, einen Spatzen fangen, fühlen, einschlafen, träumen, zu liegen kommen.*

2. Identifizieren sie im Materialientext je ein Beispiel für ein Präsens, ein Präteritum, ein Futur und eine (der drei möglichen) Perfektkonstruktion(en). Überlegen Sie, wie diese Fälle im Reichenbach'schen Ansatz analysiert werden können, und ob sie den (in Kap. II.1.5 dargestellten) typischen Verwendungen dieser Tempora entsprechen.

3. Bestimmen Sie im obigen Materialientext alle Hilfsverben und alle Modalverben und begründen sie jeweils knapp ihre Einordnung.

4. Wählen Sie von den gefundenen Modalverben vier aus und beschreiben Sie möglichst präzise die Lesarten ihrer jeweiligen Vorkommen im Text. Versuchen Sie außerdem die Struktur dieser Fälle (a) mit Kratzer (1977) und (b) Sweetser (1990) zu analysieren.

2 Nomen und Nominalgruppen

Nominalgruppen sind das geeignete sprachliche Mittel, um auf Gegenstände zu referieren, wenn man Aussagen über sie treffen will, Fragen zu ihnen stellen will u. s. w. Eine bevorzugte Verwendung von Nominalgruppen ist, mit anderen Worten, die Verwendung als Term. Wie wir sehen werden, kann diese Verwendungsweise recht unterschiedliche Formen annehmen. Daneben kann man mit Nominalgruppen aber auch allgemein über Gegenstände reden, d. h. man kann sie als Quantoren verwenden. Hierbei wird es notwendig sein, eine klare Vorstellung vom Unterschied zwischen Termen und Quantoren zu gewinnen. Das Spektrum von Nominalgruppen, das wir in diesem Kapitel unter die Lupe nehmen werden, reicht von Eigennamen und quantifikationellen Nominalgruppen über Definita und Demonstrativa bis hin zu Indefinita. Als Einstieg werden wir jedoch zuerst einen Blick auf zwei semantisch wichtige Gruppen von Nomen bzw. Substantiven und auf zwei zentrale semantische Relationen zwischen Nominalgruppen werfen.

2.1 | Individuativa und Kontinuativa

Ihrer semantischen Kategorie nach sind Substantive Prädikate. Sie beziehen sich auf Begriffe, genauer: auf Kategorien (Arten, Typen) von Gegenständen, sie sind also Ausdrücke, die auf Gegenstände zutreffen oder nicht zutreffen, je nachdem, ob die Gegenstände den Begriff erfüllen oder nicht. Ein Substantive ist *kein* Term, mit dem man auf einen bestimmten Gegenstand, ein bestimmtes Einzelding referieren kann. Diese Funktion übernimmt die ganze Nominalgruppe, die das Substantiv als Teil (als Kern der Nominalgruppe) enthält: So ist beispielsweise das Substantiv *Musiker* ein Prädikat, das auf alle Personen zutrifft, die Musiker sind, während die Nominalgruppe *dieser Musiker* ein Term ist, der auf einen bestimmten Musiker referiert. Insofern Substantive ein Teil von Nominalgruppen sind, spielen sie natürlich eine Rolle bei der Referenz von Termen. Das, worauf ein Term referiert, ist typischerweise etwas, das den Begriff, den das Kernnomen bezeichnet, erfüllt. Insofern sind Substantive in einem engen Verhältnis zur Referenz von Termen zu sehen. Nichtsdestotrotz handelt es sich bei ihnen um Prädikate.

    Zwei große Gruppen von Substantiven gibt es, die ein deutlich unterschiedliches Verhalten zeigen, wobei der Grund für diese Unterschiede in

Substantive sind Prädikate

ihrer Semantik liegt. Betrachten wir dazu das Substantiv *Klaviersonate* einerseits und das Substantiv *Klaviermusik* andererseits. *Klaviersonate* kann im Singular mit dem indefiniten Artikel (1a), aber nicht ohne einen Artikel (bzw. allgemeiner: ohne ein Determinativ) auftreten (1b), es kann im Plural stehen (1c), aber nicht mit *viel* oder *wenig* im Singular kombiniert werden (1d).

(1) a. *Sie haben sich eine Klaviersonate angehört.*
    b. **Sie haben sich Klaviersonate angehört.*
    c. *Sie haben sich Klaviersonaten angehört.*
    d. **Sie haben sich viel Klaviersonate angehört.*

Genau das komplementäre Muster weist das Substantiv *Klaviermusik* auf. Es kann im Singular nicht zusammen mit dem indefiniten Artikel auftreten (2a), aber durchaus ohne einen Artikel bzw. ein Determinativ (2b), es kann nicht im Plural stehen (2c), aber mit *viel* oder *wenig* im Singular kombiniert werden (2d) – zu vermeintlichen Ausnahmen, was den Plural angeht, kommen wir gleich.

(2) a. **Sie haben sich eine Klaviermusik angehört.*
    b. *Sie haben sich Klaviermusik angehört.*
    c. **Sie haben sich Klaviermusiken angehört.*
    d. *Sie haben sich viel Klaviermusik angehört.*

Diese beiden Substantive stehen stellvertretend für zwei große Gruppen von Substantiven im Deutschen, die sich syntaktisch danach unterscheiden lassen, ob sie alleine mit dem indefiniten Artikel auftreten können, ob sie im Singular ohne Determinativ auftreten können, ob sie im Plural stehen können und ob sie mit *viel* und *wenig* im Singular kombiniert werden können.

	alleine mit indefinitem Artikel	im Singular ohne Determinativ	Plural möglich	mit *viel, wenig* im Sing.
Gruppe A	+	−	+	−
Gruppe B	−	+	−	+

Abb. 1:
Syntaktische
Eigenschaften von
Individuativa und
Kontinuativa

Für die Substantive der Gruppe A gibt es unterschiedliche Bezeichnungen: Gattungsname, Appellativum, engl. *count noun*, Individuativum und andere.

Definition

> Ein **Individuativum** ist ein Substantiv, das auf (konkrete wie abstrakte) Einzeldinge zutrifft, die man im Prinzip zählen könnte. Beispiele: *Klaviersonate, Flügel, Partitur, Tisch, Lampe, Löffel, Haus, Arzt, Gerichtsurteil, Schuss, Ehe, Jahr, Seele.* Typischerweise können Individuativa im Singular und Plural auftreten (insb. auch mit den Kardinalia *ein, zwei, drei* etc.), im Singular aber nicht ohne Determinativ.

Auch für die Substantive der Gruppe B gibt es unterschiedliche Bezeichnungen: Stoffbezeichnung, Stoffsubstantiv, Massennomen, engl. *mass noun*, Kontinuativum und andere.

> Ein **Kontinuativum** ist ein Substantiv, das nicht auf Einzeldinge zutrifft. Es trifft auf Substanzen, Stoffe, Massen u. a. zu. Beispiele: *Musik, Wasser, Gold, Staub, Erde, Lehm, Liebe, Gleichheit, Freiheit.* Typischerweise können Kontinuativa ohne Determinativ vorkommen, aber nicht im Plural auftreten.

Definition

Übergänge von der einen in die anderen Gruppe

Es gibt Verwendungen von Substantiven, die einer der beiden Gruppen angehören, in denen sie sich wie die Substantive der anderen Gruppe verhalten. Zum Beispiel verhalten sich die unterstrichenen Substantive in (3) und (4) wie Individuativa und nicht wie Kontinuativa:

(3) *Wir bestellten drei Schnäpse und noch drei Wasser hinzu.*
(4) a. *Dort haben die eine große Auswahl an Ölen, Weinen und Säften.*
     b. *Ein Öl ist nicht wie das andere.*

In (3) haben wir es mit einer **Portionenlesart** von *Schnaps* bzw. *Wasser* zu tun. Das heißt, die Substantive haben ihre Bedeutung verändert: *Wasser* in (3) bedeutet *Glas Wasser*, *Schnäpse* bedeutet *Gläser Schnaps*. In dieser Bedeutung handelt es sich um Individuativa, da die Substantive nun auf zählbare Einzeldinge zutreffen. Dies gilt auch für den Plural von *Musik*. Den Satz *Sie haben sich Klaviermusiken angehört* kann man so verwenden, dass man mit dem Kompositum *Klaviermusiken* (im Plural) Klaviermusik*stücke* meint. Dann handelt es sich bei dem Substantiv um ein Individuativum.

In (4) haben wir es mit der **Sortenlesart** von *Öl*, *Wein* und *Saft* zu tun, die Substantive bezeichnen nun Sorten (bzw. Arten) von Öl, Wein oder Saft. Sorten und Arten kann man zählen wie konkrete Einzeldinge. In dieser Bedeutung sind diese Substantive keine Kontinuativa, sondern Individuativa. Eine Sortenlesart ist nicht bei allen Kontinuativa möglich, so nicht bei *Gold*, *Fleisch* oder *Mehl*, sie haben keinen Plural (Substantive, die nur im Singular stehen können, nennt man *Singulariatantum* – der Singular davon ist *Singularetantum*).

Es gibt auch das Umgekehrte, wenn auch weniger gebräuchlich, dass nämlich ein Individuativum seine Bedeutung verändert und zum Kontinuativum wird:

(5) *Das Gemisch aus drei Viertel Hund und einem Viertel Schakal zeichne sich durch einen hervorragenden Geruchssinn und hohe Lernwilligkeit aus.* [Internetbeleg; vgl. Duden-Grammatik 2009, 174]
(6) *Da bekommen Sie viel Flügel für Ihr Geld.* [Beim Kauf eines Klavierflügels]

Hier haben wir es mit einer **Substanzlesart** von *Hund*, *Schakal* und *Flügel* zu tun.

Damit ist klar, dass diese besonderen Verwendungsweisen die Unterscheidung zwischen Individuativa und Kontinuativa nicht in Frage stellen, sondern im Gegenteil bestätigen.

Zur Vertiefung

Zur Bedeutung von Numerus und Genus von Substantiven

Singular und Plural sind einmal ein morphosyntaktisches Phänomen, das im Deutschen bei Substantiven, aber auch bei Determinativen, Adjektiven und Verben auftaucht. Bei Substantiven, die Individuativa sind, ist der Unterschied zwischen Singular und Plural auch für die Semantik relevant. Während *Dirigent*, ein Substantiv im Singular, auf einzelne Personen zutrifft (einzelne Dirigenten erfüllen den Begriff), trifft das Substantiv im Plural, *Dirigenten*, auf Pluralitäten von Personen zu, von denen jeder einzelne ein Dirigent ist. Der Plural hat also bei Individuativa den Effekt, dass aus einem Ausdruck, der auf Einzeldinge bestimmter Art zutrifft, ein Ausdruck wird, der auf Pluralitäten von Einzeldingen dieser Art zutrifft. Dabei ist zu beachten, dass der Grenzfall einer Pluralität ein Einzelding ist. Auf die Frage *Hast du Kinder?* kann man antworten: »Ja, ich habe eine Tochter (/einen Sohn).« Wir verstehen die Frage also nicht als Frage, ob man mehr als ein Kind hat (vgl. *Hast du zwei oder mehr Kinder?*). Das bedeutet für die semantische Analyse von Substantiven im Plural, dass sie nicht nur auf echte Pluralitäten, sondern auch auf Einzeldinge zutreffen können, wenn es sich bei dem Substantiv um ein Individuativum handelt. Den Begriff der Pluralität haben wir in Kap. I.2.2 (s. Vertiefung »Worauf wir referieren«) bereits so eingeführt, dass er ein Einzelding als Grenzfall umfasst.

Für den Singular sollte man aber keine semantische Festlegung treffen. Dazu sind Substantive im Singular zu verschieden – Individuativa *und* Kontinuativa können ja den Singular aufweisen.

Auch die drei Genera – Maskulinum, Femininum, Neutrum – sind zunächst einmal ein morphosyntaktisches Phänomen. Bei Determinativen und Adjektiven ist Genus eine Flexionskategorie, bei Substantiven aber eine inhärente Eigenschaft, die sich erst in Kongruenzerscheinungen zeigt. Die Wahl des Genus von Substantiven ist manchmal durch den Sexus, das natürliche Geschlecht, bestimmt (z. B. *der Vorsitzende* vs. *die Vorsitzende*, *der Kranke* vs. *die Kranke*), aber selbst da, wo es sich um Menschen handelt, nicht immer (z. B. *das neue Parteimitglied*, *diese freche Person*). Die Beispiele sind Legion, wo das Genus keine irgendwelche Art von Bedeutung hat (dass *Garten* Maskulinum und *Hecke* Femininum ist, ist so ein Beispiel). Es gibt durchaus in den einzelnen Sprachen, die die Kategorie des Genus aufweisen, Regularitäten für die Selektion des Genus von Substantiven. Diese können sehr unterschiedlicher Natur sein (die Phonetik/ Phonologie kann eine Rolle spielen, die Zugehörigkeit zu bestimmten Wortfeldern und anderes mehr). Doch dies bedeutet nicht automatisch, dass Genus eine bestimmte Bedeutung hätte. Nur in bestimmten Fällen wird Genus dazu benutzt, um Sexusunterschiede zu bezeichnen (in manchen Sprachen wird Genus auch benutzt, um andere als Sexusunterschiede zu bezeichnen).

Genusfragen sind in der Genderdebatte sprachpolitisch bedeutsam geworden. Soll man Sätze wie *Ich bin nicht zufrieden, wenn sich kein Student meldet* oder *Ich bin nicht zufrieden, wenn sich die Studenten nicht melden* umformen zu *Ich bin nicht zufrieden, wenn sich kein Student bzw. keine Studentin meldet* und *Ich bin nicht zufrieden, wenn sich die Studenten und Studentinnen nicht melden*? Dies ist keine linguistische, sondern eine sprachpolitische Frage. Sprachlich ist es ohne weiteres möglich, *kein Student* bzw. *die Studenten* so zu verwenden, dass damit nicht nur die männlichen, sondern auch die weiblichen Studenten gemeint sind (manchmal redet man vom »generischen Maskulinum«). Es ist eine sprachpolitische Entscheidung, sie nur noch so zu verwenden, dass ausschließlich männliche Personen damit gemeint sind.

2.2 | Anaphorische Beziehungen

Koreferenz ist eine wichtige semantische Relation zwischen Termen. Den Satz (7) kann man so verstehen, dass sich *sie* auf *Marie* bezieht, denselben Referenten hat wie *Marie*, also auf Marie referiert. Den Satz (8) kann man so verstehen, dass mit *ihre* Marie gemeint ist. In diesen Fällen ist *sie* bzw. *ihre* koreferent mit *Marie*.

(7) *Marie glaubt, dass sie gewinnen kann.*
(8) *Marie hat ihre Brille verloren.*

Es gibt zwei Möglichkeiten, Koreferenz zu definieren: entweder als eine symmetrische Beziehung (wenn A koreferent zu B ist, dann auch B zu A) oder als eine asymmetrische Beziehung (wenn A koreferent zu B ist, dann kann B nicht koreferent zu A sein). Die Wahl zwischen den Möglichkeiten hängt von der genaueren Analyse des Phänomens der Koreferenz ab. Bei der folgenden Definition ist der Zusatz in Klammern nur für die asymmetrische Koreferenz gültig.

> Der Ausdruck A ist **koreferent** zum Ausdruck B =def
> A hat dieselbe referenzielle Bedeutung wie B (wobei A seine referenzielle Bedeutung von B erhält).

Definition

Ein etwas schwierigerer Fall liegt in (9) vor. Man kann den Satz so verstehen, dass sich *sie* sowohl auf Max wie auf Moritz, also auf beide gleichzeitig bezieht. Diese Lesart ist in (9') dargestellt:

(9)   *Max hat Moritz versichert, dass sie gewinnen können.*
(9') *Max hat Moritz versichert, dass sie$_{\text{Max + Moritz}}$ gewinnen können.*

Hier redet man von **überlappender Referenz**.

Man beachte, dass Koreferenz eine satzinterne Relation sein kann wie in den bisher betrachteten Fällen, aber auch satzübergreifend vorkommt (in (12) liegt Koreferenz zwischen *das* und dem *dass*-Satz vor):

(10) *Marie hat sich gut vorbereitet. Sie wird wohl gewinnen.*

(11) *Marie ist ganz außer sich. Ihre Brille ist verschwunden.*

(12) *Marie glaubt, dass es regnen wird. Das glaube ich aber nicht.*

Zur Vertiefung

Koreferenz und Ellipse

So wie Koreferenz oben definiert wird, ist es nicht nur eine Beziehung zwischen Termen, sondern eine allgemeine Beziehung zwischen Ausdrücken. Dass ein solcher allgemeiner Begriff nützlich ist, zeigt sich in elliptischen Konstruktionen. Ein Beispiel ist die N-Ellipse:

(1) *Was ihre Augen angeht, so kenne ich keine Frau, die schönere hat als sie.*
    = Was ihre Augen angeht, so kenne ich keine Frau, die schönere Augen hat als sie.

In der Nominalgruppe *schönere* ist das Kernnomen ausgelassen worden; doch verstehen wir in diesem Kontext den Satz so, dass wir uns das Nomen *Augen* dazu denken. Dies ist möglich, da am Anfang des Satzes dieses Nomen schon einmal verwendet wurde. Bei einer solchen Ellipse liegt es nah, von einem ›stummen‹ (nicht hör- oder sichtbaren) Element auszugehen, von einem stummen Nomen, das koreferent interpretiert wird mit *Augen* am Anfang des Satzes. Damit liegt hier eine Koreferenz zwischen Prädikaten vor (Nomen sind Prädikate, s. Kap. II.2.1).

Bindung ist eine zweite wichtige semantische Beziehung, die typischerweise, aber nicht ausschließlich zwischen einem Quantor und einem Term besteht. In (13) ›bindet‹ der Quantor *jeder Trojaner* das Pronomen *er*:

(13) *Jeder Trojaner glaubt, dass er es mit Achill aufnehmen kann.*

Das Pronomen bezieht sich in einem zu präzisierenden Sinne auf den Quantor. Dass es sich dabei nicht um Koreferenz handeln kann, werden wir später sehen (Kap. II.2.4.1 und 2.4.2). Dann wird auch klarer werden, um was für eine Beziehung es sich handelt.

Koreferenz und Bindung sind **anaphorische Beziehungen** und werden oft durch **Koindizierung** formal dargestellt.

(7') *Marie$_i$ glaubt, dass sie$_i$ gewinnen kann*

(8') *Marie$_i$ hat ihre$_i$ Brille verloren*

(13') *[Jeder Trojaner]$_i$ glaubt, dass er$_i$ es mit Achill aufnehmen kann*

(9') *Max$_i$ hat Moritz$_j$ versichert, dass sie$_{i+j}$ gewinnen können*

Der Ausdruck, von dem die Referenz bzw. die Bindung ausgeht, wird **Antezedens** genannt, der koreferente bzw. gebundene Ausdruck **anaphorischer Ausdruck**. In (7') bzw. (8') ist *Marie* das Antezedens, in (13') der Quantor *jeder Trojaner* und in (9') hat der anaphorische Ausdruck zwei

Antezedentien. (Mitunter sagt man einfach *Anapher* statt *anaphorischer Ausdruck*; doch wird der Ausdruck *Anapher* unterschiedlich verwendet in der Literatur – wir verwenden ihn als Wortartbezeichnung für eine bestimmte Pronomenart (*er, sie, es*)).

Das Antezedens geht dem anaphorischen Ausdruck oft – wie in den bisher betrachteten Beispielssätzen – voran. Das Antezedens kann dem anaphorischen Ausdruck aber auch folgen:

(14) *Obwohl seine$_i$ Freundin auch mitkommen könnte, wird Moritz$_i$ nicht kommen*

In diesem Fall spricht man von einer **kataphorischen Beziehung**. Bei einem Satz wie (14) muss sichergestellt sein, dass es nicht notwendig ist, dass das Antezedens schon vorher erwähnt ist. Diese Bedingung ist erfüllt, denn man kann ein Gespräch Folgendermaßen beginnen: *Weißt du schon das Neueste? Obwohl seine Freundin auch mitkommen könnte, wird Moritz nicht kommen*. Das Possessiv *seine* kann nur von *Moritz* seinen Referenten bekommen, es liegt also eine kataphorische Beziehung vor.

Die kataphorische Beziehung ist eine spezielle Form von anaphorischer Beziehung, d. h. *kataphorisch* ist hyponym zu *anaphorisch*. (Man beachte, dass man oft ›anaphorische Beziehung‹ auch so verwendet, dass *anaphorisch* und *kataphorisch* komplementär zueinander sind).

2.3 | Eigennamen

Die Debatte über die Semantik von Eigennamen kreist um die Frage, ob sich die Bedeutung von Eigennamen darin erschöpft, dass sie einen Referenten haben, oder ob sie neben dem Referenten zusätzlich noch einen ›Sinn‹ haben. Die erste Position ist mit dem Namen des englischen Logikers und Philosophen John Stuart Mill verbunden, die zweite Position mit dem Namen des deutschen Logikers und Philosophen Gottlob Frege. Doch bevor wir uns dieser Debatte widmen, betrachten wir einige Eigenschaften von Eigennamen, die für die Debatte wichtig sind.

> Bei Eigennamen handelt es sich syntaktisch um Nominalgruppen, die wie *Marie, Einstein, der Neckar* oder *die Schweiz* ein **Nomen Proprium** (*Marie, Einstein, Neckar, Schweiz*) als Kern haben. Eigennamen sind Terme, die auf einen Gegenstand referieren, der einen bestimmten Namen trägt (wobei der ›Name‹ das Nomen Proprium ist).

Definition

2.3.1 | Eigenschaften von Eigennamen

Eigennamen haben, das ist semantisch ihr Charakteristikum, als Referenten einen Träger des Namens. Person und Gegenstände erhalten ihre Namen in formellen und informellen **Taufhandlungen**, von denen die späteren Benutzer der Namen in den meisten Fällen keine Kenntnis haben. Dabei gilt es zu beachten, dass ein Name in aller Regel der Name von vielen ist – kein Name ist notwendigerweise der Name einer und nur einer Person. So heißen nicht nur viele Frauen *Marie* und viele Männer *Paul*, es teilen sich auch viele Menschen denselben Vor- und Nachnamen (*Helmut Schmidt* beispielsweise ist nicht nur der Name des Altbundeskanzlers). Aus diesem Grund muss zur Bestimmung des Referenten eines Eigennamens durch die Adressaten der Kontext herangezogen werden (*Von welcher Marie redet sie gerade? Meint er den Altbundeskanzler oder unseren Hausmeister?*). Das heißt, Eigennamen sind **kontextabhängig**.

Spezielle
Konstruktionen
mit Eigennamen

Identitätssätze sind für die Frage nach der Semantik von Eigennamen relevant. Ein Satz wie *A ist identisch mit A* ist zwar wahr, aber uninformativ. *A ist identisch mit B* jedoch ist, wenn *A* und *B* Eigennamen sind, die dieselbe Referenz haben, nicht nur wahr, sondern auch ein informativer Satz, mit dem man jemandem etwas Neues mitteilen kann. Beides Mal wird von ein und demselben Gegenstand gesagt, dass er mit sich identisch ist, und doch ist der eine Satz informativ, der andere uninformativ (s. Kap. IV.1.2).

Einstellungsberichte sind auf ähnliche Weise für die Semantik von Eigennamen interessant. Auch wenn *A* und *B* Eigennamen sind, die auf dieselbe Person referieren, kann der Satz *Sie weiß, dass A ›Heinrich von Ofterdingen‹ geschrieben hat* wahr und der Satz *Sie weiß, dass B ›Heinrich von Ofterdingen‹ geschrieben hat* gleichzeitig falsch sein. Man setze *Novalis* für *A* und *Friedrich von Hardenberg* für *B* ein. Nicht jeder weiß, dass Friedrich von Hardenberg unter dem Pseudonym *Novalis* publiziert hat.

Auch in speziellen Kontexten, die keine psychologischen Zustände beschreiben, verhalten sich referenzidentische Eigennamen nicht gleich. So ist es etwas anderes, wenn man sagt *Clark Kent ging in die Telefonzelle und Superman kam heraus*, als wenn man sagt *Superman ging in die Telefonzelle und Clark Kent kam heraus* (Clark Kent ist Superman). Im ersten Satz hat man das Bild vor Augen, dass ein normal gekleideter Mann in die Telefonzelle hineingeht und ein Mann im Superman-Kostüm herauskommt, während es sich im zweiten Satz genau andersherum verhält. Je nachdem, wie die Situation ist, die man beschreiben will, scheint der eine Satz wahr und der andere falsch zu sein (vgl. Saul 2007).

Negative Existenzsätze mit Eigennamen (wie *Moses hat nicht existiert*) scheinen dem Eigennamen einen Referenten abzusprechen: Was aber ist dann die propositionale Bedeutung des Satzes, wenn der Eigenname keine Referenz hat? Einen propositionalen Gehalt muss der Satz aber haben, schließlich kann er als wahr oder falsch beurteilt werden.

In Modalaussagen schließlich verhalten sich Eigennamen wie ›rigide Designatoren‹ (vgl. Kripke 1980). In dem Satz *Es ist durchaus möglich, dass sich Obama nach seiner Amtszeit ganz aus der Politik zurückzieht* ist von Barack Obama die Rede, auch wenn der Eigenname in einem modalen Kontext (*möglich*) steht (zu Modalität s. auch Kap. II.1.6). Für andere Arten von Nominalgruppen gilt dies nicht, wie man an dem folgenden Kontrast sieht:

(15) *Der Präsident der USA ist eine Frau.*

(16) *Es ist durchaus möglich, dass der Präsident der USA nach der nächsten Wahl eine Frau ist.*

Der Satz (15) ist falsch, da Obama, der gegenwärtige Präsident der USA, ein Mann ist. Der Satz (16) jedoch hat eine Lesart, in der er wahr ist (Hilary Clinton bewirbt sich um das Präsidentenamt). In dieser Lesart des Satzes kann die Nominalgruppe *der Präsident der USA* aber nicht dieselbe Referenz aufweisen wie die identische Nominalgruppe in (15). Ob eine solche Nominalgruppe außerhalb oder innerhalb eines modalen Kontextes steht, kann also Auswirkungen auf ihre Referenz haben. Ein Eigenname jedoch weist außerhalb wie innerhalb eines modalen Kontextes dieselbe Referenz auf, er ist **rigide** (daher die Rede vom rigiden Designator).

Dies sind wichtige Eigenschaften von Eigennamen, mit denen eine semantische Analyse von Eigennamen zumindest kompatibel sein muss, für die sie im besten Fall eine Erklärung liefern kann.

2.3.2 | Semantische Analyse von Eigennamen

Gottlob Freges Sicht auf die Semantik von Eigennamen hat die Debatte stark geprägt. Andere Sichtweisen sind oft aus der Kritik an Frege entstanden. Deshalb beginnen wir die Darstellung mit Frege (ausführlicher zu Frege s. Kap. IV.1.1 und IV.1.2).

Beschreibungstheorie der Eigennamen

Frege war der Auffassung, dass Eigennamen nicht nur einen Gegenstand bezeichnen, sondern auch eine Beschreibung des Gegenstands mitliefern. In seiner Redeweise haben Eigennamen ›Sinn‹ und ›Bedeutung‹, wobei Bedeutung bei Frege mit Referenz gleichzusetzen ist, und der Sinn die Bedeutung festlegt. Dem folgenden Ausschnitt aus einer Fußnote in Frege (1892, 42n2) kann man entnehmen, wie sich Frege den Sinn eines Eigennamens vorstellte.

»Bei einem eigentlichen Eigennamen wie ›Aristoteles‹ können freilich die Meinungen über den Sinn auseinander gehen. Man könnte z. B. als solchen annehmen: der Schüler Platos und Lehrer Alexanders des Großen. Wer dies tut, wird mit dem Satze ›Aristoteles war aus Stagira gebürtig‹ einen anderen Sinn verbinden als einer, der als Sinn dieses Namens annähme: der aus Stagira gebürtige Lehrer Alexanders des Großen.«

**Frege zu
Eigennamen**

Frege gibt den Sinn in Form einer (definiten) Beschreibung an: *der Schüler Platos und Lehrer Alexanders des Großen* bzw. *der aus Stagira gebürtige Lehrer Alexanders des Großen*. (Bertrand Russell hatte eine ähnliche Auffassung von Eigennamen – er betrachtet sie als verkürzte Beschreibungen.) Aus diesem Grund spricht man bei Frege von einer Beschreibungstheorie der Eigennamen. Identitätssätze sind für Frege die entscheidende Evidenz für die Annahme eines Sinns bei Eigennamen. Wenn Eigennamen nur eine Bedeutung, d. h. nur eine Referenz hätten, dann könnte man nicht erklären, warum sich *A ist identisch mit A* und *A ist identisch mit B* unterscheiden, auch wenn *A* und *B* denselben Referenten haben. Erst mit der Annahme eines Sinns kann man erklären, dass der zweite Satz informativ ist, weil er einen anderen Gedanken ausdrückt als der erste (der Gedanke ergibt sich nach Frege aus dem Sinn der Wörter). Auch Einstellungsberichte und negative Existenzsätze sprechen für die Annahme eines Sinns neben der Referenz (s. Kap. IV.1.2). Schließlich gibt die Annahme eines Sinns eine Antwort auf die Frage, wodurch die Referenz festgelegt ist. – Eine Beschreibungstheorie der Eigennamen weist aber eine Reihe von Problemen auf:

Probleme der Beschreibungs- theorie

Tautologieproblem: Nehmen wir an, der Sinn von *Aristoteles* wäre »der aus Stagira gebürtige Lehrer Alexanders des Großen«. Dann sollten nach Frege die beiden folgenden Sätze denselben Gedanken ausdrücken:

(17) *Aristoteles war aus Stagira und war Lehrer Alexanders des Großen.*
(18) *Der aus Stagira gebürtige Lehrer Alexanders des Großen war aus Stagira und war Lehrer Alexanders des Großen.*

Doch ist der erste Satz informativ, aber nicht der zweite, der tautologisch ist. Dies verträgt sich nicht mit der Annahme, dass sie denselben Gedanken ausdrücken. Es scheint nicht der Fall zu sein, dass wir mit Eigennamen einen definitiven Sinn in Form einer Beschreibung verbinden. Aus diesem Grund wurde vorgeschlagen, die Beschreibungstheorie so zu verändern, dass mit einem Eigennamen ein Cluster, d. h. ein Bündel an Beschreibungen verknüpft ist, das, wenn es nicht den Sinn des Eigennamens darstellt, so doch die Referenz festlegt (vgl. Wittgenstein 1971, § 79; Searle 1958).

Gegen die verschiedenen Varianten der Beschreibungstheorie hat Saul Kripke, Logiker und Philosoph, in *Naming and Necessity* (1980) eine Palette von Einwänden vorgebracht:

Fehlinformationsproblem: Mit dem Namen Peano verbinden die Leute, die den Namen schon einmal gehört haben, dass er die nach ihm benannten Axiome aufgestellt hat, die die Reihe der natürlichen Zahlen charakterisieren. Nun sind die Axiome nicht von Peano, sondern von Dedekind aufgestellt worden, worauf Peano in einer Fußnote auch hinweist, die aber ignoriert worden ist. Nichtsdestotrotz erkundigen wir, die wir mit Peano nur die Peano-Axiome verbinden, uns nach Peanos Lebensumständen und nicht nach denen von Dedekind, wenn wir fragen: »Wo und wann lebte Peano?« Da dem so ist, können die mit Eigennamen verknüpften Beschreibungen nicht den Referenten festlegen, denn wir verknüpfen mit Peano eine Beschreibung »derjenige, der die Peano-Axiome aufgestellt hat«, die nicht auf ihn zutrifft, reden aber trotzdem über Peano. Referenz scheint also trotz erheblicher Fehlinformation möglich zu sein.

Zirkularitätsproblem: Von Milan Kundera wissen viele nur, dass er der Verfasser von *Die unerträgliche Leichtigkeit des Seins* ist. Die Beschreibung, der Verfasser von *Die unerträgliche Leichtigkeit des Seins* zu sein, trifft auf Kundera und nur auf ihn zu. Wenn wir uns die Beschreibung genauer anschauen, so taucht in dieser ein Eigenname auf: *Die unerträgliche Leichtigkeit des Seins* ist der Titel eines Romans. Wenn wir also die Referenz des Eigennamens *Kundera* über eine Beschreibung, die einen weiteren Eigennamen enthält, bestimmen wollen, muss sichergestellt sein, was die Referenz dieses Eigennamens ist. Viele Leute kennen nur den Titel von Kunderas Roman, ohne ihn gelesen zu haben oder sonst etwas von ihm zu wissen. Solche Leute können die Referenz des Eigennamens *Die unerträg-*

liche Leichtigkeit des Seins nicht anders bestimmen als über die Beschreibung »Kunderas berühmtester Roman«. Damit wird die Sache aber zirkulär: Um die Referenz des Eigennamens des Autors zu bestimmen, nimmt man auf den Eigennamen seines berühmtesten Werks Bezug, dessen Referenz man wiederum nicht anders bestimmen kann als durch Bezug auf den Eigennamen des Romanautors. In einem solchen Fall kann man nicht sagen, dass die Beschreibung, die man von Kundera besitzt, eindeutig die Referenz bestimmen würde. Aber trotzdem können wir sagen, dass man über Kundera redet.

Uneindeutigkeitsproblem: Von vielen historischen Persönlichkeiten wissen wir nur so wenig, dass dieses Wissen nicht hinreicht, diese Persönlichkeiten von anderen zu unterscheiden. So wissen viele nur, dass Stresemann ein Politiker der Weimarer Zeit gewesen ist. Trotzdem wollen solche Leute etwas über Stresemann, also über eine bestimmte Person wissen, wenn sie fragen: »Wer war Stresemann eigentlich?«

Falsche, zirkuläre oder uneindeutige Beschreibungen, so lautet Kripkes Fazit, verhindern nicht, dass wir mit einem Eigennamen auf einen bestimmten Gegenstand referieren. Also kann die Referenz der Eigennamen, die wir verwenden, nicht durch die Beschreibungen festgelegt werden, die wir mit diesen Eigennamen verknüpfen. Es kommt weiter hinzu, dass die Beschreibungstheorie zumindest nicht direkt eine Erklärung für die Rigidität von Eigennamen hat und auch das Phänomen der speziellen Kontexte nicht erklären kann (zur Verteidigung der Beschreibungstheorie vgl. Searle 1983).

Kritisches Fazit

Kausale Theorie der Eigennamen

Die Konsequenz aus der Kritik an der Beschreibungstheorie scheint klar: Mit Eigennamen ist kein Bündel an Beschreibungen verbunden, das ihre Referenz festlegt oder gar ihren Sinn darstellen würde. So lautet Kripkes Schlussfolgerung, dass wir zu der Position von John Stuart Mill zurückkehren sollten (sie wurde vor Frege entwickelt), wonach – in unserer heutigen Terminologie – Eigennamen nur eine Referenz, aber keine andere Form von Bedeutung aufweisen (vgl. auch Marcus 1961, 310).

Wie aber kommen Eigennamen dann zu ihrer Referenz? Hierzu hat Kripke das Bild einer **historisch-kausalen Kette** vorgeschlagen. Eigennamen erhalten über einen Taufakt ihre Referenz – entweder durch Ostension (»Dies soll so-und-so heißen«) oder durch Fixierung über eine Beschreibung. Die bei der Taufe Anwesenden kennen den Eigennamen und seine Referenz durch den Taufakt. Sprecher, die nicht beim Taufakt dabei waren (im Normalfall die übergroße Masse an Sprechern), beabsichtigen, einen neuen Eigennamen mit derselben Referenz zu verwenden wie diejenigen, von denen sie ihn zuerst gehört haben. Der Referent des Eigennamen steht damit über die Taufsituation und über eine Kette von Kommunikationsakten in Beziehung zum einem (beliebigen) Sprecher, der den Eigennamen verwendet.

Kritikpunkte: Eine solche kausale Theorie hat sich nun nicht mit den Problemen der Beschreibungstheorie herumzuschlagen, auch die Rigidität findet eine einfache Erklärung. Ein kleineres Problem jedoch stellt das

Phänomen der multiplen Trägerschaft dar, da die kausale Theorie annehmen muss, dass ein Name wie *Marie* hunderttausendfach, wenn nicht millionenfach ambig ist.

Ein größeres Problem stellt das Phänomen der **irrtümlichen Referenzänderung** dar (Evans 1973; 1982, Kap. 11). ›Madagaskar‹ war ursprünglich der Name einer Region auf dem afrikanischen Festland, ist heute aber der Name einer Insel vor Afrika. Marco Polo ist möglicherweise der erste gewesen, der ›Madagaskar‹ als Eigennamen für die Insel verwendet hat. Dabei war er der irrigen Meinung, dass die Leute, von denen er den Namen übernommen hatte, auch schon die Insel damit meinten. Diese Änderung der Referenz des Eigennamens kann die kausale Theorie nicht erklären: Marco Polo wollte ja den Eigennamen so verwenden, wie die Leute, von denen er ihn gehört hat, der Name sollte also noch die ›alte‹ Referenz haben.

Das gravierendste Problem für die kausale Theorie besteht darin, dass sich Sätze, die sich nur durch die **Substitution zweier referenzgleicher Eigennamen** unterscheiden, auf der propositionalen Ebene nicht unterscheiden können. Identitätssätze, Einstellungsberichte und spezielle Kontexte sind damit eine ernste Herausforderung für die Theorie. Auch negative Existenzsätze bleiben ein Problem.

Weiterführende Literatur Einführend kann man sich über den neueren Stand der Debatte informieren in Devitt/Sterelny (1999), für Fortgeschrittene vgl. Soames (2002); McKinsey (2010); in der Linguistik ist die kausale Theorie von Longobardi (1994) aufgegriffen worden, vgl. die Diskussion in *Zeitschrift für Sprachwissenschaft* Band 24 Heft 1 (2005).

Prädikatstheorie der Eigennamen

Diese Sicht auf Eigennamen, die auf Burge (1973) zurückgeht und für die es noch keine etablierte Bezeichnung gibt (wir haben uns für ›Prädikatstheorie‹ entschieden), geht erstens von der Annahme aus, dass das Nomen Proprium in Eigennamen semantisch ein Prädikat ist und zwar ein Prädikat, das die Eigenschaft, N zu heißen, bezeichnet. Diese Eigenschaft können beliebig viele Dinge aufweisen. Damit setzt diese Sicht einerseits direkt an dem Faktum an, dass ein Name in der Regel ein Name von vielen ist, und dass ein Proprium mit Attributen und unterschiedlichen Determinativen kombiniert werden kann wie andere Substantive auch.

Die zweite Annahme der Prädikatstheorie der Eigennamen besteht in der Kontextabhängigkeit von Eigennamen. Diese ergibt sich fast zwangsläufig aus der ersten Annahme. Wenn ein Name der Name von vielen sein kann, wie kommt es zur Referenz auf eine bestimmte Person? Sätze mit Eigennamen (etwa *Marie geht gerade in die Bibliothek*) sind genauso kontextabhängig wie Sätze der Art *Dieses Buch ist interessant* oder *Das Buch musst du mal lesen*, deren propositionalen Gehalt man erst versteht, wenn man weiß, welches Buch gemeint ist. Und diese Information gibt der Äußerungskontext. In der Frage, wie die Kontextabhängigkeit genau funktioniert, unterscheiden sich die verschiedenen Varianten der Prädikatstheorie erheblich. Manche deuten Eigennamen nach dem Muster von Demonstrativa, andere nach dem Muster von Definita (s. Kap. II.2.5). Auf jeden

Fall muss gewährleistet sein, dass der Eigennamen auf den im Äußerungskontext ›salienten‹ (den Gesprächsteilnehmern kognitiv präsenten) Gegenstand mit dem entsprechenden Namen referiert.

Diese Sichtweise auf Eigennamen hat nicht die Probleme der Beschreibungstheorie und ist durch den Bezug auf den Äußerungskontext mit Rigidität vereinbar. Ob diese Sicht mit der Informativität von Identitätssätzen und dem Kontrast bei Einstellungsberichten kompatibel ist, hängt von der umfassenderen semantischen Theorie ab, in die die Sicht eingebettet ist. Eine unmittelbare Lösung für die speziellen Kontexte und die negativen Existenzsätze liegt nicht auf der Hand. Der Haupteinwand gegen die Prädikatstheorie ist Zirkularität: Referenz werde durch das Tragen eines Namens expliziert, und das Tragen eines Namens wiederum durch Referenz (zum neueren Stand der Prädikatstheorie vgl. u. a. Karnowski/Pafel 2005; Matushanky 2008; Gray 2014; Fara 2015).

2.4 | Nominale Quantoren

Nominalgruppen mit Ausdrücken wie *alle, jeder, viele, einige, ein, kein, niemand, nichts* etc. sind für die Semantik eine große Herausforderung. Es handelt sich bei diesen Nominalguppen um ›quantifikationelle Nominalgruppen‹, kurz: nominale Quantoren. Sie verhalten sich in vielerlei Hinsicht ganz anders als Eigennamen bzw. Terme, d. h. anders als Ausdrücke, die einen Gegenstand bezeichnen. Die Herausforderung besteht darin, diese Unterschiede genau zu beschreiben und für diese Unterschiede eine semantische Erklärung zu finden.

2.4.1 | Quantoren vs. Terme

Es gibt eine Reihe von Phänomenen, bei denen sich Quantoren einerseits und Terme andererseits (wir werden uns auf Eigennamen konzentrieren) ein deutlich unterschiedliches Verhalten zeigen.

Negationssensitivität: Es spielt bei Eigennamen keine Rolle, ob die Negationspartikel *nicht* auf den Eigennamen folgt oder ihm vorangeht. Der Satz *Marie ist nicht arrogant* und der Satz *Es ist nicht der Fall, dass Marie arrogant ist* beispielsweise besagen dasselbe, sie sind logisch äquivalent. Ersetzt man aber *Marie* durch *einige Menschen*, sehen die semantischen Relationen zwischen den Sätzen plötzlich ganz anders aus:

Quantorentests

(19) a. *Einige Menschen sind nicht arrogant.*
　　 b. *Es ist nicht der Fall, dass einige Menschen arrogant sind.*

Diese Sätze sagen nicht dasselbe aus. (19a) besagt, dass es eine Gruppe von Menschen gibt, die nicht arrogant sind. (19b) dagegen verneint schlichtweg die Existenz von arroganten Menschen. (19a) ist wahrscheinlich ein wahrer Satz, (19b) ist höchstwahrscheinlich falsch.

Ganz ähnlich verhält es sich, wenn wir Eigennamen und Quantoren mit *alle* vergleichen. Wieder macht es keinen Unterschied, ob ich sage *Damals ist Marie nicht eingeladen worden* oder sage *Es ist nicht der Fall, dass*

Marie damals eingeladen worden ist. Doch es macht einen gewaltigen Unterschied, wenn in diesen Sätzen der Eigennamen durch eine Nominalgruppe mit *alle* ersetzt wird, z. B. durch *alle, die um eine Einladung nachsuchten*:

(20) a. *Damals sind alle, die um eine Einladung nachsuchten, nicht eingeladen worden.*
    b. *Es ist nicht der Fall, dass alle, die um eine Einladung nachsuchten, damals eingeladen worden sind.*

Satz (20a) besagt, dass niemand von denen, die eingeladen werden wollten, letztlich eingeladen wurde. (20b) jedoch sagt nur, dass nicht alle, die eingeladen werden wollten, auch tatsächlich eingeladen wurden. In einer Situation, in der von denjenigen, die eingeladen werden wollten, einige eingeladen wurden, einige nicht, ist (20a) falsch, (20b) aber wahr. Quantoren sind im Unterschied zu Eigennamen negationssensitiv.

Quantorensensitivität: Darüber hinaus können Quantoren mit anderen Quantoren in einem Satz so interagieren, dass sich unterschiedliche Lesarten ergeben. Wir haben schon in Kapitel I.3.5.3 gesehen, dass der Satz *Einmal hat jeder einen Fehler gemacht* mit den beiden Quantoren *einmal* und *jeder* zwei Lesarten haben kann (»Einmal war es der Fall, dass jeder einen Fehler gemacht hat« vs. »Von jedem gilt, dass er einmal einen Fehler gemacht hat«). Eine vergleichbare Mehrdeutigkeit gibt es bei Eigennamen nicht (*Einmal hat Marie einen Fehler gemacht*). Quantoren sind im Unterschied zu Eigennamen quantorensensitiv (für weitere Tests zur Unterscheidung von Quantoren und Termen vgl. Pafel 2005, § 1.2.1).

Referieren Quantoren auf Pluralitäten? Wie ist dieses unterschiedliche Verhalten von Termen und Quantoren zu erklären? Man ist versucht, den Unterschied darauf zurückzuführen, dass Terme Einzeldinge bezeichnen, Quantoren aber (echte) Pluralitäten. Dies hat man auch sehr lange gedacht (zu den vielen gescheiterten Versuchen, die auf dieser Idee aufbauten vgl. Geach 1980).

Dass eine referenzielle Analyse von Quantoren scheitert, sieht man schlaglichtartig, wenn man die Nominalgruppe *die beiden Philosophen* mit der Nominalgruppe *beide Philosophen* vergleicht. Von *die beiden Philosophen* wird man erwarten, dass dieser Ausdruck zwei Philosophen bezeichnet, also kein Einzelding, sondern eine Pluralität von Einzeldingen. Schaut man sich das Verhalten der Negation gegenüber an, so verhält sich die Nominalgruppe wie ein Term: Die beiden folgenden Sätze sind logisch äquivalent.

(21) a. *Die beiden Philosophen sind nicht eingeladen worden.*
    b. *Es ist nicht der Fall, dass die beiden Philosophen eingeladen worden sind.*

Von der Nominalgruppe *beide Philosophen* kann man annehmen, dass sie zwei Philosophen bezeichnet, wenn sie überhaupt etwas bezeichnet. Wenn sie zwei Philosophen bezeichnet, dann hat sie dieselbe Referenz wie *die beiden Philosophen* und sollte sich der Negation gegenüber genauso verhalten. Doch die beiden folgenden Sätze sind nicht logisch äquivalent:

(22) a. *Es sind beide Philosophen nicht eingeladen worden.*
  b. *Es ist nicht der Fall, dass beide Philosophen eingeladen worden sind.*

Wenn nur einer von den beiden Philosophen eingeladen worden ist, dann ist (22a) falsch und (22b) wahr. Der Kontrast zwischen (21) und (22) legt nahe: *Die beiden Philosophen* ist ein Term, *beide Philosophen* ist jedoch ein Quantor, was sich auch durch die anderen Tests für die Unterscheidung von Termen und Quantoren belegen lässt. Damit ist klar, dass auch Terme Pluralitäten bezeichnen können und dass der Unterschied zu den Quantoren nicht im dem liegen kann, was bezeichnet wird.

Prädikate und Quantifikation   **Zur Vertiefung**

Auch bei Prädikaten kann man das Phänomen der Quantifikation beobachten.

Erstens kann anstelle eines prädikativen Adjektivs (wie in *Moritz ist schwerhörig*) auch ein quantifikationeller Ausdruck (wie *vieles, was Max nicht ist*) stehen:

(1) a. *Moritz ist vieles (/manches, nichts, etwas etc.), was Max nicht ist.*
  b. *Jeder Satz ist genau eines von beiden: wahr oder falsch.*

Will man über das, was mit Verben gemeint ist, quantifizieren, so kann man dies mit der umgangssprachlichen *tun*-Konstruktion bewerkstelligen:

(2) *Moritz tut vieles (/manches, nichts, etwas* etc.), *was Max nicht tut.*

Zweitens ist bei Prädikaten ›Existenzgeneralisierung‹ möglich, etwas, was bei Termen generell möglich ist. Hier ein Beispiel: ($A \Rightarrow B$ steht für »Aus A folgt logisch B«)

(3) *Max schwimmt nicht $\Rightarrow$ Es gibt jemanden, der nicht schwimmt*

Diese Möglichkeit gibt es nun auch bei Verben und Adjektiven:

(4) a. *Max schwimmt nicht $\Rightarrow$ Es gibt etwas, das Max nicht tut*
  b. *Max ist nicht feige $\Rightarrow$ Es gibt etwas, das Max nicht ist*

Drittens ist die ›universelle Instanziierung‹ auch auf Prädikate anwendbar. (5) ist ein Standardbeispiel für universelle Instantiierung:

(5) *Jeder Mensch ist eitel. Und: Moritz ist ein Mensch. Also: Moritz ist eitel.*

Etwas ganz Analoges ist bei prädikativen Ausdrücken möglich:

(6) a. *Moritz ist alles, was Max ist.*   b. *Moritz tut alles, was Max tut.*
  Max ist ein Tunichtgut.   *Max ärgert die Lehrer.*
  Also: Moritz ist ein Tunichtgut.   *Also: Moritz ärgert die Lehrer.*

Aus dem Phänomen der **Prädikatsquantifikation** kann man also schließen, dass Prädikate wie Terme auf etwas referieren: Wenn ein Ausdruck A auf etwas referiert, dann kann man ihn im Prinzip ersetzen durch einen Ausdruck B, der über die Art von Dingen quantifiziert, auf die A referiert.

(Übrigens sind Prädikate genau wie Terme negationsinsensitiv: *Moritz ist nicht eitel* ist logisch äquivalent mit *Eitel ist Moritz nicht.*)

Dagegen wird manchmal eingewandt, dass wir es bei Prädikatsquantifikation mit sogenannter substitutioneller Quantifikation zu tun haben, d. h. mit Quantifikation über Ausdrücke. Die Existenzgeneralisierung des Prädikativs in *Max ist nicht feige* würde demzufolge analysiert werden als: »Es gibt ein Prädikat P, so dass der Satz *Max ist nicht P* wahr ist.« Theoretisch ist dies eine Möglichkeit, aber es gibt keine Evidenzen, dass bei der Prädikatsquantifikation eine andere Form von Quantifikation vorliegen würde als sonst – eine andere als die ›objektuale‹ Quantifikation, d. h. Quantifikation über Gegenstände.

Auch ein Phänomen wie das der **Aktionsart** bzw. des **Ereignisbezugs** (s. Kap. II.1.4) zeigt, dass Prädikate auf etwas referieren. Es genügt nicht, einfach zu sagen, dass Prädikate auf bestimmte Gegenstände zutreffen, und dass sie sich, wenn sie überhaupt auf etwas referieren, auf diese Gegenstände beziehen. Denn der Unterschied in der Aktionsart von Prädikaten (Zustand, Prozess etc.) ergibt sich nicht aus den Gegenständen, auf die die Prädikate zutreffen. Dies kann man sich durch ein Gedankenexperiment klar machen: Nehmen wir an, man wüsste, dass Prädikat A auf eine bestimmte Menge von Gegenständen zutrifft, Prädikat B auf eine andere Menge – wobei die Mengen gemeinsame Elemente haben können oder auch nicht. Daraus kann man nicht ableiten, welches die Aktionsart von A und B ist. Wenn Prädikate jedoch auf Begriffe referieren, dann kann es sich bei diesen um (Typen von) Zuständen, Prozessen etc. handeln und das Phänomen des Ereignisbezugs ergibt sich aus der Semantik der Prädikate.

2.4.2 | Semantische Analyse von Quantoren

Struktur der Quantifikation: Der Satz *Lola rennt* ist eine einfache Prädikation, die aus einem Term und einem Prädikat besteht, wobei der Term das Argument des Prädikats ist. Das Argument des Prädikats referiert auf das, was rennt. Da der Quantor in *Einige Leute rennen* auf keine Gegenstände referiert, kann er nicht das Argument des Prädikats sein. Nur ein Term kommt als Argument in Frage. Aber der Quantor muss in irgendeiner Beziehung zum Argument von *rennen* stehen, es gibt ja sonst nichts, was *rennen* das Argument liefern könnte.

Wie diese Beziehung aussieht, kann man erkennen, wenn man betrachtet, wie sich angeben lässt, wann ein Satz wie

(23) *Alle Mitglieder der Weltmeistermannschaft lachen*

wahr ist (es sei die Weltmeistermannschaft von 2014 gemeint). Dieser Satz ist genau dann wahr, wenn Götze lacht, Müller lacht, Hummels lacht, Schweinsteiger lacht und so weiter für alle weiteren Mitglieder. (Der Satz (23) ist in der gegebenen Situation logisch äquivalent mit dem Satz *Götze lacht, Müller lacht, Hummels lacht, … und Neuer lacht*). Es gibt also eine erkennbare Beziehung zwischen dem Satz mit dem Quantor einerseits und einer Reihe von Sätzen, die einfache Prädikationen darstellen, d. h. Prädikationen mit einem Term.

Wir können auch sagen: (23) ist genau dann wahr, wenn der ›offene‹ Satz *x lacht* wahr ist egal, wer aus der Weltmeistermannschaft mit *x* gemeint ist. Wir können also die Wahrheitsbedingungen des Satzes angeben, indem wir (i) das Argument von *lachen* offen lassen und als eine Variable angeben (d. h. als Term, dessen Referent nicht bestimmt wurde), und (ii) festlegen, wie viele Elemente aus der Menge der Weltmeistermannschaft als Referent der Variablen von *lachen* eine wahre Prädikation ergeben – nämlich alle. Damit wird deutlich, dass wir in der semantischen Struktur des *All*-Satzes einen Term in der Funktion einer Variablen als Argument für das Prädikat annehmen und eine Beziehung zwischen dem Quantor und diesem Term herstellen sollten (dies kann durch Koindizierung geschehen). Bei dem Term handelt es sich um eine **gebundene Variable**. Da ein Quantor nicht Teil einer einfachen Prädikation sein kann (er ist weder das Prädikat noch der Term), muss er außerhalb dieser Prädikation stehen, mit der er zusammen wieder eine Prädikation bildet, und zwar eine Quantifikation. Dies können wir folgendermaßen darstellen:

Prädikation		
Quantor$_1$	Prädikation	
	Term$_1$	Prädikat
Alle Mitglieder der Weltmeistermannschaft		*lachen*

Abb. 2: Beispiel für die Struktur einer Quantifikation

Hier ist der Quantor *alle Mitglieder der Weltmeistermannschaft* mit *Term$_1$*, dem Argument von *lachen*, durch Koindizierung verbunden. *Term$_1$* ist eine Variable, und durch den koindizierten Quantor werden Anzahl bzw. Quantität und Art der Gegenstände angegeben, die, wenn das Argument von *lachen* auf sie referiert, eine wahre (einfache) Prädikation ergeben. In (23) liegt eine Allquantifikation vor (»Für alle *x* gilt«), Existenzquantifikation (»Es gibt (ein) *x*, so dass«) liegt vor in *Einige haben gelacht*.

Skopus: Die Prädikation, mit der der Quantor zusammen eine (größere) Prädikation bildet, ist der ›Skopus‹ des Quantors. Den Skopus kann man oft durch eine Paraphrase kenntlich machen. So entspricht in der folgenden Paraphrase des Satzes (23) der Skopus dem *dass*-Satz: »Von jedem Mitglied der Weltmeistermannschaft gilt, dass es lacht.« Bei dieser Paraphrase haben wir *alle* durch *jeder* ersetzt. Dies ist möglich, weil das Prädikat *lachen* auf jedes einzelne Mitglieder der Mannschaft zutrifft, *alle* also distributiv interpretiert wird.

Distributivität

Zur Vertiefung

Wenn man eine Quantifikation so versteht, dass der Skopus auf jedes einzelne Element der Dinge, über die quantifiziert wird, zutrifft, dann handelt es sich um eine **distributive Lesart**. Der Satz *Alle Mitglieder der Weltmeistermannschaft lachen* hat eine distributive Lesart. Aber der Satz *Alle Mitglieder der Weltmeistermannschaft haben sich in einer Reihe aufgestellt* hat eine nicht-distributive, genauer: **kollektive Lesart**. Dies ist bedingt durch das Prädikat *sich in einer Reihe aufstellen*. Dieses Prädikat trifft nur auf echte Pluralitäten von Einzeldingen zu, nicht auf Einzeldinge selbst (es macht kein Sinn zu sagen *Müller hat sich in einer Reihe aufgestellt*).

Skopusambiguität: In einem Satz mit mehreren Quantoren (multiple Quantifikation) kann es zu Ambiguität kommen, wenn es mehrere Möglichkeiten gibt, wie die Quantoren im Skopus der anderen Quantoren liegen (Skopusambiguität). In dem Satz *Einmal hat jeder einen Fehler gemacht* haben wir mit *einmal* und *jeder* zwei Quantoren, und es ergeben sich zwei Lesarten je nachdem, welcher Quantor im Skopus des anderen liegt: »Einmal war es der Fall, dass jeder einen Fehler gemacht hat« (*einmal* hat Skopus über *jeder*), »Von jedem gilt, dass er einmal einen Fehler gemacht hat« (*jeder* hat Skopus über *einmal*).

Diese Analyse der Quantoren folgt der Idee nach der Art, wie Quantifikation in der Prädikatenlogik erster Stufe behandelt wird (zu einer alternativen Analyse s. den Vertiefungskasten).

Zur Vertiefung

Die Theorie der Generalisierten Quantoren

Für die moderne Sicht auf die Quantifikation stellt Gottlob Freges Werk den entscheidenden Durchbruch dar (zu Frege s. Kap. IV.1.1 und 1.2). In seinem Werk *Begriffschrift* von 1879, der ersten modernen Logik, hat er als erster überhaupt das Problem der multiplen Quantifikation, d. h. des gleichzeitigen Auftretens von mehreren Quantoren, gelöst. Dabei hat er für seine formale Sprache eine Analyse vorgenommen, die man in Bezug auf natürlich-sprachliche Sätze wie folgt darstellen kann. Einen Satz wie *Alle Menschen sind sterblich* kann man als Relationsaussage deuten, bei der *alle* eine zweistellige Relation zwischen dem Begriff ›Mensch‹ und dem Begriff ›sterblich‹ bezeichnet.

(1)	*Alle*	*Menschen*	*sind*	*sterblich*
	Prädikat	Argument		Argument

Alle ist ein Prädikat mit zwei Argumenten, das zwei Begriffe in Relation zueinander setzt, und zwar in die Relation der Unterordnung. In (1) wird der Begriff ›Mensch‹ dem Begriff ›sterblich sein‹ untergeordnet. (Ein Begriff *F* ist einem Begriff *G* genau dann *untergeordnet*, wenn jeder Gegenstand, der *F* erfüllt, auch *G* erfüllt.)

Frege selbst tat dies noch nicht, aber heute unterscheidet man strikt zwischen *Prädikatenlogik erster Stufe*, wo nur Individuenkonstanten und -variablen Argumente von Prädikaten sein können, einerseits und *Prädikatenlogik zweiter Stufe*, wo auch Prädikate Argumente von Prädikaten sein können, andererseits. Vor diesem Hintergrund kann man *alle* als ein **Prädikat zweiter Stufe** bezeichnen, da es Prädikate (*Mensch*, *sterblich*) als Argumente zu sich nimmt.

Daraus wird in den 1980er Jahren eine Theorie, die auf Mengen basiert: Determinative wie *jeder*, *ein*, *die meisten* denotieren Relationen zwischen Mengen. *Jeder* denotiert die Relation, in der zwei Mengen A und B genau dann stehen, wenn A eine Teilmenge von B ist. *Ein* denotiert die Relation, in der zwei Mengen genau dann stehen, wenn ihre Schnittmenge nicht leer ist. *Die meisten* denotiert die Relation, in der zwei Mengen A und B genau dann stehen, wenn die Schnittmenge von A und B größer ist als die Menge A abzüglich der Menge B (s. (2)).

(2) a. JEDER(A,B) ist wahr gdw. $A \subseteq B$ (bzw. äquivalent: $A \cap B = A$)
  b. EIN(A,B) ist wahr gdw. $A \cap B \neq \emptyset$
  c. DIE-MEISTEN(A,B) ist wahr gdw. $|A \cap B| > |A - B|$

Aus dieser ›relationalen‹ Analyse der Quantifikation kann man eine ›funktionale‹ Analyse entwickeln. Bei dieser bildet das Determinativ zusammen mit dem Nomen ein Prädikat, das ein Prädikat als Argument hat.

(3) ***Alle Menschen*** *sind*   *sterblich*
    Prädikat   Argument

Während bei der relationalen Analyse von *alle A sind B* das Determinativ *alle* ein Ausdruck ist, der zwei Argumente (A und B) zu sich nimmt, ist bei der funktionalen Analyse *alle* ein Ausdruck, der nur ein Argument (A) zu sich nimmt, mit diesem aber wieder einen Ausdruck bildet, der ein Argument (B) zu sich nimmt.

(4) a. relational: ALLE(A,B)
    b. funktional: $($ALLE$(A))(B)$

ALLE(A) denotiert eine Menge von Mengen und zwar die Mengen aller Mengen B, in denen A enthalten ist (und ist ein Prädikat zweiter Stufe; siehe oben). Dies ist auf Anhieb nicht leicht zu verstehen. Eine solche Menge von Mengen nennt man einen **generalisierten Quantor**. Von einem *generalisierten* Quantor redet man vor allem deswegen, weil man bei einem solchen Vorgehen alle Quantoren in natürlichen Sprachen semantisch behandeln kann und nicht nur solche mit *ein, einige, alle* und *jeder* (vgl. etwa Partee et al. 1990, Kap. 14).

Die Theorie der Generalisierten Quantoren ist in der logischen Semantik zur Standardtheorie geworden. Man kann oft hören und lesen, dass man nur mit einer solchen Theorie (die auf der Prädikatenlogik zweiter Stufe basiert) beispielsweise das Determinativ *die meisten* analysieren kann. Nun ist es richtig, dass man in der Standardversion der Prädikatenlogik erster Stufe keinen Quantor mit der Bedeutung von *die meisten* definieren oder alleine mit dem All- und dem Existenzquantor die Bedeutung von Sätzen mit *die meisten* ausdrücken kann (vgl. Barwise/Cooper 1981). Dies ändert sich aber, wenn man zulässt, dass All- und Existenzquantor nicht nur über Einzeldinge, sondern auch über Pluralitäten quantifizieren können. Dann lässt sich auch *die meisten* analysieren, ohne von den Mitteln einer Prädikatenlogik zweiter Stufe Gebrauch zu machen (vgl. Pafel 2005, § 1.4.2).

2.5 | Definita und Demonstrativa

Als **Definita** sollen Nominalgruppen bezeichnet werden, die mit dem definiten Artikel, einem Possessivum oder einem pränominalen Genitiv beginnen und deren nominaler Kern kein Nomen Proprium ist. Beispiele für Definita sind: *das Fahrrad, der Hausmeister der Klinik, die letzte Bundestagssitzung, unsere Katze, seine schmutzigen Finger, Schrödingers Katze.* Als **Demonstrativa** werden Nominalgruppen bezeichnet, die mit einem demonstrativen Determinativ eingeleitet werden wie *dieses uralte Gebäude, jene Kuchen mit Marzipan* – aber auch pronominale Verwendungen von *dieses, jenes* oder *die*.

Bei beiden Typen von Nominalgruppen stellt sich die Frage nach ihrer semantischen Kategorie, nämlich danach, ob sie Terme oder Quantoren sind. Spontan wird man vielleicht antworten, es handelt sich um Terme, da die Ausdrücke benutzt werden, um auf bestimmte Dinge Bezug zu nehmen: Mit *der Hausmeister der Klinik* nimmt man auf eine bestimmte Person Bezug, mit *dieses uralte Gebäude* auf ein bestimmtes Haus. Insbesondere bei den Definita ist es aber umstritten, ob der erste Eindruck tatsächlich richtig ist. Weitere Fragen werden sein, wie sehr sich beide Typen von Nominalgruppen semantisch voneinander unterscheiden, wie stark sie vom Kontext abhängig sind.

2.5.1 | Definita

Verwendungsweisen von Definita

Verschaffen wir uns zuerst einen Überblick über die verschiedenen Verwendungsweisen von Definita (vgl. vor allem Hawkins 1978, Kap. 3.3 und 3.4).

Unmittelbar-situativer Gebrauch: Wir können mit einem Definitum auf einen Gegenstand Bezug nehmen, der in der Äußerungssituation unmittelbar präsent ist, er mag sichtbar sein oder nicht:

(24) a. *Gib mir bitte das Glas!*
    b. *Der Stuhl wackelt.*
    c. *Das Fenster ist offen.*
    d. *Denkt an den Wachhund!*

Abstrakt-situativer Gebrauch: Es gibt aber auch Fälle, wo sich das Definitum auf nichts bezieht, was in der Äußerungssituation präsent ist, aber in der umfassenderer Situation, in der sich Sprecher und Adressat befinden, so dass wir als Hörer auf der Basis der Äußerungssituation und unserem Weltwissen schließen können, was genau gemeint ist:

(25) a. *Wo ist der Ausgang?*
    b. *Wo ist der Hauptbahnhof?*
    c. *Ist der Mond schon aufgegangen?*

Mit *der Ausgang* kann der Ausgang aus dem Gebäude, in dem man sich gerade befindet, mit *der Hauptbahnhof* der Hauptbahnhof der Stadt, in der man sich gerade aufhält, und mit *der Mond* der Mond, der um die Erde kreist, gemeint sein (aber es kann auch der Ausgang eines Gebäudes, dessen Bild man gerade betrachtet, sein, der Hauptbahnhof der Stadt, über die man sich unterhält, der Mond eines anderen Planeten).

Direkt-anaphorischer Gebrauch: Wenn in dem einer Äußerungssituation vorangehenden Diskurs ein Gegenstand eingeführt wurde, so kann mit dem Definitum darauf Bezug genommen werden:

(26) a. *Plötzlich näherte sich ein Auto. Das Auto wurde langsamer und hielt schließlich an.*
   b. *Ein Mann stieg aus, und ohne etwas zu sagen, zog der Kerl eine Pistole.*
   c. *Er hat drei Kugeln abgeschossen. Die erste Kugel traf mich ins Knie.*

Assoziativ-anaphorischer Gebrauch: Es können im vorangegangenen Diskurs Gegenstände eingeführt worden sein und ein Definitum bezieht sich auf etwas, das in einer mehr oder weniger engen Beziehung zu dem eingeführten Gegenstand steht:

(27) a. *Marie hat sich ein neues Buch über Mozart gekauft. Der Autor widerlegt darin gängige Klischees über Mozart.*
   b. *Auf dem Parkplatz stand ein Auto. Der Kofferraum war offen.*
   c. *Der Mord ist in der Wohnung passiert. Das Messer fand sich im Abfall.*
   d. *Sie reisten letztes Jahr nach Kanada. Allein die Überfahrt dauerte vier Wochen.*

Spezifisch-nichtfamiliärer Gebrauch: Es gibt aber auch ›nichtfamiliäre‹ Verwendungsweisen, wo sich der Referent des Definitums allein durch die Informationen ergibt, die das Definitum selbst bietet. Der Referent kann einmal ein spezifischer Gegenstand sein:

(28) a. *Ich habe das Buch, das ich mir geliehen habe, verloren.*
   b. *Der Sachverhalt, dass die Erde sich erwärmt, ist gut belegt.*
   c. *Die Messestadt Leipzig boomt.*
   d. *Die Farbe Blau ist ihre Lieblingfarbe.*

Abstrakt-nichtfamiliärer Gebrauch: Es gibt nichtfamiliäre Verwendungsweisen, bei denen der Gegenstand ein ›Typus‹ ist:

(29) a. *Der Luchs wird in deutschen Wäldern langsam wieder heimisch.*
   (generische Verwendung)
   b. *Der amerikanische Präsident wird anders als der deutsche vom Volk gewählt.*
   (funktionale Verwendung)
   c. *Du solltest ins Krankenhaus gehen. Da muss jetzt der Fachmann ran.*
   (schwach-definite Verwendung)

Mit diesen Definita nimmt man nicht auf ein konkretes Einzelding Bezug, sondern auf eine Tierart, einen Funktionsträgertyp, eine Art von Einrichtung des Gesundheitswesen bzw. einen Typ von Handwerker.

Term oder Quantor?

Definita als Terme: Wendet man die Kriterien zur Unterscheidung von Termen und Quantoren auf Definita an, so sieht die Sache eindeutig aus. Definita sind nicht negationssensitiv. Die folgenden Satzpaare sind logisch äquivalent.

(30) a. *Unser Hausmeister ist nicht rasiert.*
     b. *Es ist nicht der Fall, dass unser Hausmeister rasiert ist.*
(31) a. *Die Tische dort drüben sind nicht aus Holz.*
     b. *Es ist nicht der Fall, dass die Tische dort drüben aus Holz sind.*
(32) a. *Die beiden Philosophen sind nicht eingeladen worden.*
     b. *Es ist nicht der Fall, dass die beiden Philosophen eingeladen worden sind.*

Auch auf die Anwesenheit eines Quantors reagieren Definita nicht sensitiv, die beiden folgenden Sätze sind logisch äquivalent:

(33) a. *Unser Hausmeister hat vielen Gästen den Weg gezeigt.*
     b. *Vielen Gästen hat unser Hausmeister den Weg gezeigt.*

Dies gilt für alle Verwendungsweisen, die wir in Kapitel II.2.5.1 betrachtet haben, also nicht nur für den unmittelbar- und den abstrakt-situativen Gebrauch.

Eine Reihe von Problemfällen gibt es für die Auffassung von Definita als Termen. Besonders ›leere‹ Definita und Definita im Skopus von Quantoren stellen solche Problemfälle dar. Betrachten wir die folgenden beiden Sätze:

(34) *Der (gegenwärtige) König von Frankreich lebt in Bordeaux.*
(35) *Mein Vater hat heute Morgen mit dem König von Frankreich gespeist.*

Frankreich hat schon lange keinen König mehr, es gibt also keine Person, auf die das Definitum *der König von Frankreich* referieren könnte, wenn diese Sätze heute geäußert werden. Auf beide Sätze wird man als Zuhörer mit etwas Befremden reagieren, doch versteht man sie natürlich, auch wenn der Referent fehlt. Soll man die Wahrheit der Sätze beurteilen, so wird man sich beim ersten Satz eines Urteils vielleicht eher enthalten wollen, aus dem Grund eben, dass es einen solchen König nicht gibt. Bei dem zweiten Satz liegt aber die Reaktion nahe, dass dies nicht wahr sein kann, also falsch ist. Das würde aber bedeuten, dass der Satz eine propositionale Bedeutung hat, also eine Proposition bezeichnet, die man als falsch bewerten kann. Wie aber kann das sein, wo doch das Definitum *der König von Frankreich* keinen Referenten, also keine propositionale Bedeutung hat?

Ein anderes Problemfeld sind negative Existenzsätze und andere negative Aussagen. Man kann die Existenz eines französischen Königs unter Verwendung eines Definitums in Frage stellen, ohne dass die Sätze unsinnig werden würden: *Es gibt den König von Frankreich nicht*; *Der König von Frankreich existiert nicht*. In diesen Fällen würde man allerdings eine Formulierung mit einem Indefinitum vorziehen: *Einen König von Frankreich gibt es nicht*; *Es gibt keinen König von Frankreich*. Auch der folgende Satz ist wohlgeformt und eine sinnvolle, möglicherweise wahre Aussage: *Dem*

*König von FRANKreich hat unser Präsident NICHT die Hand geschüttelt –
denn Frankreich hat gar keinen König.*

Auch Definita im Skopus eines Quantors sind ein Problem für eine
Term-Analyse von Definita. In *Jeder hat sein Fahrrad mitgebracht* kann das
Definitum kein bestimmtes Fahrrad bezeichnen, die Leute, über die quan-
tifiziert wird, können jeder ein eigenes haben. Ähnlich in

(36) *Für jeden Wochentag sind fein säuberlich die notwendigen Hausarbeiten aufgelistet.*

Den Satz kann man so verstehen, dass abhängig vom Wochentag die jeweils notwendigen Hausarbeiten (leicht) verschieden sind. Das Definitum referiert also nicht auf eine bestimmte Menge an Hausarbeiten.
Wenn man Definita vor dem Hintergrund dieser Problemfälle als Quantoren analysieren will, so muss man die Fälle erklären können, wo sich Definita wie Terme verhalten (auch in den gerade eben betrachteten Beispielen verhalten sie sich so). Beide Sichtweisen stehen also vor Herausforderungen.

Semantische Analyse von Definita

Referenzielle Analyse: Die beiden folgenden Sätze scheinen dieselbe semantische Struktur zu haben:

(37) a. *Goethe ist weltberühmt.*
b. *Der Dichter des ›Faust‹ ist weltberühmt.*

Hier bildet ein Term (*Goethe* bzw. *der Dichter des ›Faust‹*) zusammen mit
einem Prädikat eine Prädikation, es wird einem Gegenstand, nämlich Goethe, das Prädikat zugesprochen, weltberühmt zu sein. So sieht es nach der
referenziellen Analyse aus. Wie ist nach dieser aber die interne Struktur
des Definitums zu deuten? *Dichter des ›Faust‹* ist ein Prädikat, das eine Eigenschaft bezeichnet. Der definite Artikel ergibt zusammen mit diesem
Prädikat einen Term, er ist ein Operator, der **Definitheitsoperator**. Ein
Operator bezeichnet nichts, er ist ein Ausdruck, dessen Bedeutung sich
erst im Zusammenspiel mit anderen Ausdrücken entfaltet. In unserem Fall
wird der Operator mit einem Prädikat kombiniert und ergibt einen Term,
der den Gegenstand bezeichnet, der als einziger die Eigenschaft aufweist,
die das Prädikat bezeichnet. Da Goethe der einzige Gegenstand ist, der die
Eigenschaft aufweist, Dichter des ›Faust‹ zu sein, bezeichnet *der Dichter
des ›Faust‹* niemand anderen als Goethe.

Bei der Quantorenanalyse wird der definite Artikel als Relationsaus-
druck gedeutet, der zwei Prädikate A und B in Beziehung setzt, in unserem Beispiel das Prädikat *Dichter des ›Faust‹* und das Prädikat *weltberühmt*. Die semantische Struktur ist $\text{DER}(A,B)$ oder $(\text{DER}(A))(B)$ (s. die relationale und funktionale Analyse von Quantoren in der Vertiefung zu den
generalisierten Quantoren in Kap. II.2.4.2). Ein solcher Satz drückt die
Proposition aus, dass es genau einen Gegenstand gibt, der A ist, und dass
dieser Gegenstand B ist. Die starke Intuition, dass die Sprecher sich mit einem Definitum in vielen Fällen auf einen bestimmten Gegenstand beziehen, versucht man bei der Quantorenanalyse gerecht zu werden, indem

man neben der semantischen Referenz eine Sprecherreferenz ansetzt (vgl. Kripke 1979).

Zur Vertiefung

Die Debatte um definite Beschreibungen

Die referenzielle Analyse der Definita geht in der logischen Semantik zurück bis auf Gottlob Frege (1892). Ihr wurde vehement von Bertrand Russell (1905) widersprochen, der argumentiert hat, dass Sätze mit Definita als Quantifikationen zu analysieren sind. (Er hat Definita nicht direkt als Quantoren analysiert, diese Konsequenz haben erst spätere Semantiker gezogen.) Nach Russell ist ein Satz wie

(1) *Der gegenwärtige König von Frankreich hat eine Glatze*

so zu analysieren, dass er in drei Teilaussagen zerfällt:

(a) Es gibt gegenwärtig mindestens einen König von Frankreich.
                                                        (Existenz)
(b) Es gibt gegenwärtig höchstens einen König von Frankreich.
                                                        (Einzigkeit)
(c) Wer immer gegenwärtig König von Frankreich ist, hat eine Glatze.
                                                        (Prädikation)

Da Frankreich gegenwärtig keinen König hat, ist der Satz nach dieser Analyse falsch – die Existenzaussage ist verletzt. Jedoch ein Satz wie *Es ist nicht der Fall, dass der gegenwärtige König von Frankreich eine Glatze hat* ist wahr, da er die Existenzaussage verneint.

Peter F. Strawson (1950), ein weiterer prominenter Philosoph, hat wiederum Russell widersprochen. Für Strawson kann sich in Bezug auf den Satz (1) gar nicht die Frage stellen, ob er wahr oder falsch ist, da es keinen König von Frankreich gibt. Die Existenzbedingung ist für Strawson eine Präsupposition (»[O]ne of the conventional functions of the definite article is to act as a *signal* that a unique reference is being made – a signal, not a disguised assertion«, Strawson 1950, §III). Da die Existenzpräsupposition falsch ist, ist eine Äußerung des Satzes (1) ›verunglückt‹, ihr gelingt es nicht, eine Aussage zu machen, die wahr oder falsch sein könnte. Russells Fehler ist, aus Sätzen, die über bestimmte Gegenstände eine Aussage machen sollen, Existenzsätze zu machen – so Strawson.

Die Debatte ging weiter und ist immer noch nicht beendet, wobei in der Linguistik heute sehr oft die referenzielle Analyse, in der Sprachphilosophie jedoch die Quantorenanalyse favorisiert wird (zu dieser Debatte vgl. Heim 1991; 2011; Neale 1990; Elbourne 2013). Seit Russell (1905) redet man sehr häufig von ›definite descriptions‹ (deutsch ›**definite Beschreibungen**‹, oder auch ›Kennzeichnungen‹), wenn es um die Semantik von Definita geht.

Unvollständigkeit der Beschreibung: Nun verwenden wir Definita oft, ohne dass der (einfache oder komplexe) nominale Ausdruck, der mit dem definiten Artikel zusammen vorkommt, eine Eigenschaft bezeichnen würde, die eindeutig auf einen Gegenstand zutrifft – d. h. der Gegenstand ist nicht vollständig beschrieben. Man kann sagen *Der Stuhl wackelt* und damit einen bestimmten Gegenstand meinen, obwohl es unzählig viele

Stühle auf der Welt gibt. In der Äußerungssituation kann trotzdem völlig klar sein, welcher Stuhl gemeint ist. Wenn sich nur *ein* Stuhl in dem Raum befindet, in dem die Äußerung getätig wird, dann ist möglicherweise dieser gemeint. Es kann aber auch ein Stuhl sein, von dem vorher die Rede war. Selbst wenn sich im Raum mehrere Stühle befinden, kann klar sein, welcher Stuhl gemeint ist.

Diese Unvollständigkeit der Beschreibung ist ein Kennzeichen aller Gebrauchsweisen von Definita. Unvollständigkeit ist übrigens kein exklusives Merkmal von Definita, es kommt auch durchgängig bei Quantoren vor. Und zwar ist dies der Fall, wenn bei einem Quantor die Menge, über die quantifiziert wird, ›unvollständig‹ spezifiziert ist. *Alle sind aufgestanden* bedeutet nicht, dass alle Menschen aufgestanden sind, sondern dass in Bezug auf eine kontextuell bestimmte Menge von Menschen gilt, dass alle aufgestanden sind.

Es gibt vor allem zwei **Strategien**, wie man mit der Unvollständigkeit umgehen kann:

- **Strategie der Bereichsbeschränkung:** Man nimmt an, dass die Eigenschaft, durch die der Gegenstand beschrieben wird, unvollständig ausgedrückt ist, und vervollständigt die Eigenschaft so, dass eindeutig ein Gegenstand die Eigenschaft aufweist. *Der Stuhl wackelt* könnte man etwa verstehen als »Der Stuhl, auf dem ich gerade sitze, wackelt«. Dann ist die relevante Eigenschaft die Eigenschaft, ein Stuhl zu sein, auf dem ich gerade sitze.
- **Strategie der Salienz:** Man geht davon aus, dass wir implizit mit verstehen, dass es sich bei dem Gegenstand um den salienten bzw. salientesten Gegenstand mit einer bestimmten Eigenschaft handelt. Die Salienz soll sichern, dass genau ein Gegenstand als Bezugsobjekt gelten kann. *Der Stuhl wackelt* verstehen wir demnach als »der für die Gesprächsteilnehmer salienteste Stuhl wackelt«.

Ein Gegenstand ist in einer Gesprächssituation salient, wenn er in dieser Situation den Gesprächsteilnehmern kognitiv präsent ist: Sie sehen ihn, kennen ihn, haben schon über ihn geredet etc. Es handelt sich bei Salienz um eine graduelle Eigenschaft, insofern Gegenstände salienter sein können als andere.

Zum Begriff

Es ist nicht leicht, sich zwischen der Strategie der Bereichsbeschränkung und der Strategie der Salienz zu entscheiden, beide können so ausgearbeitet werden, dass sie viele Fälle gut erfassen können.

Definite Beschreibungen und Maximalität

Zur Vertiefung

Wenn man definite Beschreibungen von Pluralitäten und von Massen erfassen will, so ist die bisherige Vorgehensweise noch nicht hinreichend. Der referenziellen Analyse zufolge wird der Definitheitsoperator mit einem Prädikat kombiniert und ergibt einen Term, der den Gegenstand bezeichnet, der als einziger die Eigenschaft aufweist, die das Prädikat bezeichnet.

Nehmen wir *die Herausgeber der ›Kinder- und Hausmärchen‹* als Beispiel, ein Definitum im Plural. Die Brüder Grimm haben bekanntlich die unter ›Grimms Märchen‹ bekannten *Kinder- und Hausmärchen* herausgegeben. Mit *die Herausgeber der ›Kinder- und Hausmärchen‹* beziehen wir uns also auf die Gebrüder Grimm. Nun trifft das Prädikat (im Plural) *Herausgeber der ›Kinder- und Hausmärchen‹* sowohl auf Jacob wie auf Wilhelm Grimm einzeln zu wie auf beide zusammen (dies ergibt sich aus der Pluralsemantik – s. die Vertiefung in Kap. II.2.1). Damit trifft das Prädikat nicht eindeutig auf genau einen Gegenstand zu. Aber man kann sagen, dass die Brüder zusammen die ›größte‹, die maximale Pluralität sind, auf die das Prädikat zutrifft (d. h. es gibt nicht noch jemanden außer den beiden Brüdern, auf den das Prädikat zutreffen würde). Das heißt, die Brüder Grimm sind **maximal** in Bezug auf das Prädikat *Herausgeber der ›Kinder- und Hausmärchen‹* (eine Entität *e* ist maximal in Bezug auf ein Prädikat *F* genau dann, wenn *F* auf *e* zutrifft und *e* jede Entität als Teil hat, auf die *F* zutrifft). Pluralische Definita kann man in diesem Sinne erfassen, indem man mit dem Begriff der Maximalität arbeitet (vgl. Sharvy 1980):

(1)   Eine definite Beschreibung bezeichnet den (salientesten) Gegenstand, der maximal ist in Bezug auf das Prädikat.

Definita, die auf Massen bezug nehmen, werden so auch erfasst, wenn man eine entsprechend weite Konzeption von ›Gegenstand‹ hat. *Das Wasser im Keller* bezeichnet die (saliente) Masse, die maximal ist in Bezug auf das Prädikat *Wasser im Keller*.

2.5.2 | Demonstrativa

Verwendungsweisen von Demonstrativa

Der situativ-deiktische Gebrauch ist die prototypische Verwendungsweise von Demonstrativa. Mit *Dieser Stuhl wackelt* referiert man auf einen Stuhl, der in der Äußerungssituation am salientesten ist (zu ›Salienz‹ s. Kap. II.2.5.1). Oft werden Demonstrativa von einer Zeigegeste, einer ›Demonstration‹, begleitet, durch die der gemeinte Gegenstand salient(er) gemacht wird (eine Zeigegeste kann recht unterschiedlich aussehen: Es kann ein Deuten mit den Fingern sein, eine Wendung mit dem Kopf, ein Fixieren mit den Augen u. a. m.). Wenn mehrere Stühle in Frage kommen, dann wird eine solche Geste notwendig sein; wenn der Sprecher auf einem Stuhl sitzt, kann sich die Geste erübrigen, wenn er seinen Stuhl meint. Keine Zeigegeste gibt es in einem situativ-deiktischen Fall wie *Diese Stadt steht kurz vor dem Verkehrskollaps*, wo die Stadt gemeint ist, in der sich der Sprecher gerade befindet.

Einen anaphorischen Gebrauch kennen die Demonstrativa auch.

(38) a. *Hier sehen sie den Reichstag. Im Jahre 1999 hat dieses Gebäude die große Glaskuppel bekommen.*

b. *Der Anwalt sprach mit einem Klienten. Da der nicht viel Zeit hatte, vereinbarten sie ein weiteres Gespräch nächste Woche.*

Der anaphorische Gebrauch von Demonstrativa weist einige Besonderheiten auf im Vergleich zu anderen anaphorischen Ausdrücken. So bezieht sich *der* in (38b) auf den Klienten, während die Anapher *er* (anstelle von *der*) sich auf den Anwalt oder auf den Klienten beziehen könnte. Anaphorische Demonstrativa führen ein neues Diskurstopik ein, während eine Anapher wie *er* sich auf ein etabliertes Diskurstopik bezieht.

Im diskurs-deiktischen Gebrauch beziehen man sich mit Demonstrativa auf inhaltliche Aspekte des laufenden Diskurses, d. h. auf etwas, was in der Äußerungssituation salient ist, dadurch dass von ihm im vorangehenden Diskurs die Rede war:

(39) a. *Diesen Punkt habe ich noch nicht verstanden.*
    b. *Das kann unmöglich wahr sein.*

Von wiederaufgreifendem Gebrauch kann man reden, wenn mit einem Demonstrativum ein Gegenstand neu in den Diskurs eingeführt wird, dabei aber vorausgesetzt wird, dass der Hörer von dem Gegenstand schon einmal gehört hat:

(40) a. *Ich habe dieses Buch, das ich mir geliehen habe, verloren.*
    b. *Dieser Sachverhalt, dass die Erde sich erwärmt, ist gut belegt.*

Semantische Analyse von Demonstrativa

Bei Demonstrativa hat man den Eindruck, dass es sich bei ihnen um Terme handeln muss. In der Tat verhalten sie sich bei den Tests, die Terme und Quantoren unterscheiden, ganz wie Terme. Es gibt aber Sätzen, in denen sich das Demonstrativum wie eine gebundene Variable bzw. wie ein Ausdruck im Skopus des Quantors eines vorangehenden Satzes verhält.

(41) a. *Von jedem Hund in unserer Nachbarschaft, selbst vom hinterhältigsten, glaubt sein Besitzer, dass <u>dieser Hund</u> süß ist.*
    b. *In jeder Mannschaft gibt es einen Schwachpunkt. <u>Diesen</u> müssen wir zu Fehlern zwingen.*
    c. *Wenn ein Sportler sich am Knöchel verletzt, wird <u>diese Verletzung</u> sofort auf besondere Weise behandelt.*

So gibt es auch den Ansatz, Demonstrativa als Quantoren zu analysieren (vgl. King 2001; Roberts 2002). Doch viel verbreiteter sind referenzielle Analysen. Sehr einflussreich sind die Arbeiten von David Kaplan (1989a; 1989b), der Demonstrativa als ›direkt-referenzielle Ausdrücke‹ analysiert und ursprünglich Zeigegesten für ein wesentliches Element für die Referenz hielt. Die sich daran anschließende Diskussion geht um die genaue semantische Struktur von Demonstrativa und um den Status von Zeigegesten (Spielen diese für die Referenz der Demonstrativa eine entscheidende Rolle oder nicht? – vgl. Predelli 2012). Wenn man die Ähnlichkeiten zu Definita berücksichtigt, kann man versuchen, Demonstrativa als definite Beschreibungen zu analysieren: Ein Demonstrativum bezeichnet einen Gegenstand, der relativ zur Äußerungssituation oder relativ zum Diskurs der salienteste Gegenstand ist in Bezug auf das Prädikat. *Dieser Stuhl* bezeichnet demzufolge den in der Äußerungssituation salientesten Stuhl oder den salientesten Stuhl, von dem die Rede. Zumindest den situativ-deiktischen und den diskurs-deiktischen Gebrauch könnte man so erfassen. Doch die genaue Analyse wirft noch viele ungeklärte Fragen auf (zu neueren Forschungen zur Semantik von Demonstrativa vgl. u. a. Braun 2008; Elbourne 2008; Predelli 2012).

2.6 | Indefinita

Bei **Indefinita** handelt es sich um Nominalgruppen, die mit dem indefiniten Artikel eingeleitet werden (*eine Katze, ein großes Schiff, ein Kleid aus reiner Seide* etc.) oder ohne ein Determinativ auftreten (*Katzen, große Schiffe, Gold, reines Wasser* etc.). Indefinita weisen ein großes Spektrum an Gebrauchsweisen auf, das die Semantik vor große Herausforderungen stellt.

Verwendungsweisen von Indefinita

Ein unspezifischer Gebrauch liegt vor in Sätzen wie *Magst du Katzen? Nein, Katzen mag ich nicht. Sie haben immer Kartoffeln gegessen. Kartoffeln haben sie immer gegessen.* Hier ist klar, dass nicht von ganz bestimmten Katzen oder von einer konkreten Menge an Kartoffeln die Rede ist, sondern von Katzen und Kartoffeln ganz allgemein. Ein Kennzeichen der unspezifischen Lesart der Indefinita ist, dass sie immer von der Negation erfasst werden: *Katzen mag ich nicht* bedeutet so viel wie »Es ist nicht der Fall, dass ich Katzen mag« und nicht »Es gibt Katzen, die ich nicht mag«. Weiterhin stehen unspezifische Indefinita immer im Skopus der vorkommenden Quantoren (*Kartoffeln haben sie immer gegessen* bedeutet so viel wie »Es ist immer der Fall gewesen, dass sie Kartoffeln gegessen haben« und nicht »Es gibt Kartoffeln, die sie immer gegessen haben«).

Man kann **zwei Formen des unspezifischen Gebrauchs** unterscheiden. So hat beispielsweise der Satz *Die Müllers suchen eine Katze* zwei verschiedene Lesarten.

- Entweder gibt es eine konkrete Katze, die gesucht wird (möglicherweise ist sie entlaufen) – in diesem Fall liegt eine unspezifische ***de-re*-Lesart** vor.
- Oder die Müllers tragen sich mit dem Gedanken, eine Katze zu halten, und schauen, was an Katzen angeboten werden – in diesem Fall liegt eine unspezifische ***de-dicto*-Lesart** vor.

Spezifischer Gebrauch: Nehmen wir an, dass sich seit einiger Zeit ein Fuchs mit weißen Pfoten in der Gegend herumtreibt, und dass er vergeblich versucht hat, in den Hühnerstall zu gelangen. Dann kann man sagen:

(42) a. *Einem Fuchs mit weißen Pfoten ist es nicht gelungen, in den Hühnerstall zu gelangen.*
 b. *Ein Fuchs mit weißen Pfoten hat immer wieder versucht, in den Hühnerstall zu gelangen.*

Hier handelt es sich um einen spezifischen Gebrauch eines Indefinitums. Im Unterschied zu den unspezifischen werden spezifische Indefinita von der Negation nicht unbedingt erfasst und stehen auch nicht strikt im Skopus der vorkommenden Quantoren. In den beiden Sätzen wird *ein Fuchs mit weißen Pfoten* weder von der Negation erfasst noch steht er im Skopus von *immer*: Der eine Satz bedeutet »Es gibt einen Fuchs mit weißen Pfoten, dem es <u>nicht</u> gelungen ist, in den Hühnerstall zu gelangen«; der andere Satz bedeutet: »Es gibt einen Fuchs mit weißen Pfoten, der <u>immer</u> wieder versucht hat, in den Hühnerstall zu gelangen.« Würden wir das Indefinitum unspezifisch interpretieren, so hätte der erste Satz die Bedeutung »Keinem Fuchs mit weißen Pfoten ist es gelungen, in den Hühnerstall zu gelangen« und der zweite die Bedeutung »Immer wieder gab es einen Fuchs mit weißen Pfoten, der versucht hat, in den Hühnerstall zu gelangen«.

Ob ein Indefinitum spezifisch oder unspezifisch interpretiert wird, hängt zu einem beträchtlichen Teil von seiner Form ab. Ein Indefinitum, das nur aus einem Nomen und gegebenenfalls noch einem Artikel besteht (*eine Katze, Katzen*), wird eher unspezifisch verstanden; wenn Attribute zu dem Nomen hinzukommen, also Adjektive, Präpositionalgruppen oder Relativsätze, dann wird die spezifische Lesart wahrscheinlicher; Indefinita mit *bestimmt* oder *gewiss – eine bestimmte Katze, ein gewisser Fuchs mit weißen Pfoten* – sind nur spezifisch zu interpretieren.

Zur Vertiefung

Unterschiedliche Begriffe von Spezifizität

In der Forschungsliteratur werden unterschiedliche Begriffe von Spezifizität diskutiert. Neben der **skopalen Spezifizität**, die wir im Haupttext behandelt haben, und die sich vor allem durch das Verhalten der Indefinita in Bezug auf Negation, Quantoren und Satzeinbettung bestimmt, gibt es die **epistemische Spezifizität**, die die Frage betrifft, inwieweit der mit dem Indefinitum gemeinte Gegenstand durch die Gesprächsteilnehmer identifizierbar ist. Ein Satz wie *Eine Katze treibt hier seit einiger Zeit ihr Unwesen* kann unterschiedlich fortgesetzt werden. Epistemisch spezifisch ist das Indefinitum, wenn der Sprecher ein bestimmtes Individuum vor Augen hat: *Sie hat einen weißen Schwanz und gehört der Bürgermeisterin.* Epistemisch unspezifisch ist das Indefinitum, wenn die Identität der Katze nicht bekannt ist: *Niemand weiß genau, wem sie gehört.* Indefinita mit *irgendein-* sind inhärent epistemisch unspezifisch, siehe den folgenden Kontrast:

(1) a. *Ein Kollege hat angerufen. Willst du wissen wer?*
    b. **Irgendein Kollege hat angerufen. Willst du wissen wer?*

Generischer Gebrauch: Indefinita können auch generisch gebraucht werden. *Dinosaurier sind ausgestorben* und *Schildkröten sind eine existenzbedrohte Tierart* sind Beispiele für eine Form von generischem Gebrauch, bei der direkt von einer Art etwas prädiziert wird (**direkte Art-Prädikation**). *Schildkröten leben sehr lange* ist ein Beispiel für einen anderen Gebrauch, bei dem über typische Exemplare der Art prädiziert wird (**charak-**

terisierender generischer Gebrauch). *Sehr lange leben* ist ein Prädikat, das auf konkrete Schildkröten zutreffen kann, nicht aber auf die Tierart der Schildkröte; umgekehrt ist es die Tierart, die *ausstirbt*, und nicht die konkreten Schildkröten (die *sterben*).

Indefinita im Plural weisen generell diese beiden generischen Gebräuche auf. Dies ist anders bei Indefinita im Singular. *Ein Dinosaurier ist ausgestorben* und *Eine Schildkröte ist eine existenzbedrohte Tierart* können nicht als direkte Art-Prädikationen verstanden werden. *Eine Schildkröte lebt sehr lange* jedoch kann generisch charakterisierend verstanden werden. Manchmal haben solche Sätze auch eine normative Note wie *Ein Römer sorgt sich um das Wohl des Staates* (im Unterschied dazu ist *Römer sorgen sich um das Wohl des Staates* als Generalisierung zu verstehen, nicht normativ).

Es gilt noch zu vermerken, dass Indefinita (wie Definita) als Argumente, aber auch prädikativ vorkommen können. Eine typische Funktion von Indefinita ist schließlich, dass man mit ihnen neue Gegenstände in den Diskurs einführen kann; diese kann man dann mit einem Definitum oder einem Pronomen aufgreifen: *Ein Fuchs mit gelbem Schwanz treibt sich seit einiger Zeit in unserer Gegend herum. Der Fuchs (/er) versuchte gestern vergeblich in den Hühnerstall zu gelangen.*

Zur Vertiefung

Indefinita: Term oder Quantor?

Betrachtet man die Indefinita vor dem Hintergrund der Tests, die Terme von Quantoren unterscheiden (s. Kap. II.2.4.1), so ist das Ergebnis relativ eindeutig; es spricht viel dafür, dass sie keine Quantoren sind. So sind Indefinita nicht negationssensitiv: *Katzen mag sie nicht* sagt dasselbe wie *Es ist nicht der Fall, dass sie Katzen mag*; *Einem Fuchs mit weißen Pfoten ist es nicht gelungen, in den Hühnerstall zu gelangen* kann dasselbe sagen wie *Es ist nicht der Fall, dass es einem Fuchs mit weißen Pfotgen gelungen wäre, in den Hühnerstall zu gelangen*; *Schildkröten leben nicht sehr lange* sagt dasselbe wie *Es ist nicht der Fall, dass Schildkröten sehr lange leben*. Auch sind sie nicht sensitiv in Bezug auf die Anwesenheit von Quantoren. Jedoch kann man viele der Sätze mit Indefinita angemessen paraphrasieren, wenn man das Indefinitum mit einer Existenzquantifikation wiedergibt. Der Satz *Einem Fuchs mit weißen Pfoten ist es nicht gelungen, in den Hühnerstall zu gelangen* bedeutet so viel wie »Es gibt einen Fuchs mit weißen Pfoten, dem es nicht gelungen ist, in den Hühnerstall zu gelangen«. Indefinita sind ein besonders interessanter Fall, wenn es um die Frage geht »Term oder Quantor«?

Man beachte aber, dass es Nominalgruppen mit *ein* (oder *kein*) gibt, die durchaus negationssensitiv sind und auch weitere Anzeichen von Quantoren aufweisen: *Die Kanzlerin hat eine von den Fragen nicht beantwortet* sagt nicht dasselbe wie *Es ist nicht der Fall, dass die Kanzlerin eine von den Fragen beantwortet hat*. Und eine Satz wie *Eine Frage stellt jeder* kann man verstehen als »Eine Frage gibt es, die jeder stellt« oder als »Jeder stellt eine Frage«. Bei diesen Nominalgruppen ist es einerseits ganz natürlich, *ein* zu betonen; man kann andererseits *ein* aber nicht phonetisch abschwächen (klitisieren) zu *'n*. Dies sind zwei Indizien dafür, dass es sich bei diesem *ein* **nicht** um den indefiniten Artikel handelt, denn diesen kann man klitisieren, aber nicht – abgesehen von der Verwendung als emphatischer indefiniter Artikel – betonen. Damit ist weder *eine von den Fragen* noch *eine Frage*, wenn *eine* ganz natürlich betonbar ist, ein Indefinitum (wenn ein Indefinitum in der Tat ein Term ist). Bei diesen Vorkommen von *ein* scheint es sich um das quantifikationelle Determinativ *ein* zu handeln.

Semantische Analyse von Indefinita

Bei der Vielfalt der unterschiedlichen Gebrauchsweisen stellt sich einmal die Frage, ob es für Indefinita überhaupt eine einheitliche Analyse geben kann. Zum anderen die Frage, wie die einzelnen Gebrauchsweisen am besten zu analysieren sind. Wie wir sehen werden, ist die Bandbreite an semantischen Analysen sehr groß.

Die aus logischer Sicht erstmal naheliegendste Analyse war, Indefinita als **Existenzquantoren** zu betrachten. Sätze mit unspezifischen und spezifischen Indefinita lassen sich ja oft als Existenzquantifikationen wiedergeben. Allerdings sind die Unterschiede zu Ausdrücken, die echte Quantoren sind, doch zu groß, als dass man sie so einfach als Existenzquantoren betrachten kann. Oft zeigen Indefinita ja ein Verhalten wie ein Term. So ist der Vorschlag gemacht worden, spezifische Indefinita als **referenzielle Terme** zu analysieren, die wie Eigennamen oder Definita Einzeldinge bezeichnen können (Fodor/Sag 1982). Doch selbst spezifische Indefinita lassen sich nicht immer als derartige referenzielle Terme analysieren.

Wenn es also fraglich ist, dass Indefinita konkrete Einzeldinge bezeichnen können, so scheinen sie aber Arten, Typen bzw. Kategorien von Einzeldingen bezeichnen zu können, wie dies direkte Art-Prädikationen wie *Dinosaurier sind ausgestorben* nahe legen (Carlson 1980). Carlson selbst hielt dies aber nur in Bezug auf Indefinita im Plural für angemessen, heute votieren manche dafür, alle Indefinita als **typen-denotierende Ausdrücke** zu analysieren.

Eine andere Sichtweise betrachtet Indefinita weder als Terme noch als Quantoren, sondern als **Prädikate** mit einem offenen Argument (Heim/Kamp-Analyse, vgl. Kamp/Reyle 1993). *Eine Katze* etwa wird analysiert als »x ist eine Katze«. Erst auf Diskursebene wird die Variable x durch einen Existenzquantor abgebunden.

Eine in der logischen Semantik heute beliebte Analyse macht Gebrauch von **Auswahlfunktionen** (vgl. u. a. Reinhart 1997). Eine Auswahlfunktion ist eine Funktion, die einer Menge von Gegenständen genau einen Gegenstand aus dieser Menge als Wert zuordnet. Ein Beispiel: f_1 könnte die Funktion sein, die der Menge der verschiedenen Smartphones das iPhone 6 zuordnet. f_2 könnte die Funktion sein, die der Menge der verschiedenen Smartphones das Samsung S6 zuordnet. Ein Satz wie *Max bewundert jeden, der ein ganz bestimmtes Smartphone besitzt* lässt sich dann (vereinfacht) so analysieren, dass es eine Auswahlfunktion gibt, so dass Max jeden bewundert, der das Smartphone besitzt, das der Wert dieser Funktion ist.

Übungen

1. Geben Sie für die folgenden Substantive jeweils an, ob es sich um ein Individuativum oder um ein Kontinuativum handelt.

   Auftrag, Forschung, Freiheit, Gefahr, Geheimnis, Lehrauftrag, Lehre (wie in: *die universitäre Lehre*), *Pflicht, Präsident,*
   Schluss$_1$ (wie in: *Jetzt ist Schluss!*),
   Schluss$_2$ (wie in: *Dieser Schluss ist gültig*),
   Unabhängigkeit, Vertrag, Wissenschaft

2. Stellen Sie in den folgenden Sätzen die anaphorischen Beziehungen durch Koindizierung dar (alle Pronomen haben ein satzinternes Antezedens).

   Moritz verspricht Marie, dass er ihr helfen wird, damit sie schnell fertig werden.
   Wenn jeder seinen Teil dazu beiträgt, sind wir schnell mit unserem Auftrag fertig.

3. Handelt es sich bei den folgenden Nominalgruppen jeweils um einen Term oder um einen Quantor? Argumentieren Sie anhand des Verhaltens der Negation gegenüber.

   mehrere Teilnehmer; die sieben Zwerge; die meisten Flaschen; Katzen

4. Machen Sie sich in Bezug auf Definita klar, worin sich (a) der abstrakt-situative vom unmittelbar-situativen Gebrauch, (b) der assoziativ-anaphorische vom direkt-anaphorischen Gebrauch und (c) der abstrakt-nichtfamiliäre vom spezifisch-nichtfamiliären Gebrauch unterscheidet.

5. Finden Sie zu jedem der fünf Verwendungsweisen von Definita zwei Belege (aus Zeitung, Internet, Büchern, Gesprächen etc.). Geben Sie möglichst genau an, wo Sie den Beleg her haben (auch ›Hörbelege‹ zählen). Geben Sie jeweils auch zumindest den Vorgängersatz an, damit der Kontext deutlich wird, in dem das Definitum steht.

6. Welche der Verwendungsweisen von Definita scheinen bei den Demonstrativa keine Entsprechung zu haben? Was könnte der Grund sein?

7. Handelt es sich bei *ein bestimmtes Smartphone* in dem folgenden Satz um ein spezifisches oder unspezifisches Indefinitum? Begründen Sie Ihre Entscheidung.

   Max bewundert jeden, der ein ganz bestimmtes Smartphone besitzt.

3 Adjektive und Adjektivgruppen

3.1 | Drei Typen von Adjektiven

In erster Annäherung lassen sich Adjektive im Deutschen in mindestens drei Typen klassifizieren (vgl. z. B. Duden-Grammatik 2009): Dies ist erstens die Gruppe der Zahladjektive bestehend aus quantifizierenden Adjektiven (wie *viele, andere, weitere*), Kardinalzahlen (wie *zwei, drei, vier*) und Ordinalzahlen (wie *zweite, dritte, vierte*). Zweitens ist dies die Gruppe der **relationalen Adjektive** (wie *europäisch, ärztlich, technisch, metallisch, gestrig*), die eine Beziehung oder Zugehörigkeit ausdrücken. Und drittens ist dies die große Klasse der **qualifizierenden Adjektive** (wie *z. B. alt, groß, süß, rot, kalt, leise, glatt, ehrgeizig, gut*), die von einem Gegenstand eine Eigenschaft aussagen.

Zahladjektive sind semantisch mit den quantifikationellen Determinativen (wie *alle, einige, keine*) verwandt (s. Kap. II.2.4). Relationale Adjektive lassen sich, wie der Name bereits sagt, auf relationale Strukturen wie Genitiv- oder Präpositionalattribute zurückführen (so ist z. B. die *ärztliche Anweisung* die Anweisung *des Arztes* oder die Anweisung *durch den Arzt*). Da beide Klassen im Zusammenhang mit anderen Konstruktionen behandelt werden müssen, beschränken wir uns in diesem Kapitel auf den zentralen Fall der qualifizierenden Adjektive.

3.2 | Qualifizierende Adjektive

In syntaktischer Hinsicht verhalten sich (qualifizierende) Adjektive äußerst flexibel: Sie können grundsätzlich in prädikativer (1a), in attributiver (1b) und in adverbialer Funktion (1c) vorkommen; bei attributivem Gebrauch flektieren sie nach Kasus, Numerus und Genus:

Die verschiedenen Gebrauchsweisen von Adjektiven

(1)   a. *Das Mädchen ist <u>verliebt</u>.*
      b. *Das <u>verliebte</u> Mädchen schaut auf den See.*
      c. *Das Mädchen schaut <u>verliebt</u> auf den See.*

Allen Gebrauchsweisen in (1) liegt, wie man aus der Syntax weiß, ein und dasselbe (hier: partizipiale) Adjektiv *verliebt* zugrunde. Es liegt daher nahe anzunehmen, dass das Adjektiv auch in allen seinen Verwendungen dieselbe Bedeutung hat. Was bedeutet also *verliebt*?

3.2.1 | Der prädikative Gebrauch

Prädikation: Auch wenn die Wortart »Adjektiv« in der Regel über die Möglichkeit zur attributiven Verwendung definiert wird, tritt die Semantik von Adjektiven beim prädikativen Gebrauch am deutlichsten zutage: In (1a) wird dem Mädchen (nennen wir sie Aphrodite) eine Eigenschaft zugeschrieben, und zwar die Eigenschaft, verliebt zu sein. Es liegt also eine Form der Prädikation vor, die sich schematisch als $P(a)$ darstellen lässt (und als »a ist P« oder »a hat die Eigenschaft P« zu lesen ist). In diese Darstellungsweise gehen verschiedene Annahmen ein, die überraschendste dabei ist aber vielleicht, dass wir der Kopula *sein* hier nur eine syntaktische Funktion, aber keinerlei Bedeutung zuschreiben (s. auch Kap. II.1.7): Die Kopula *sein* ist in (1a) lediglich Träger der Finitheitsmerkmale und ermöglicht so die Kongruenz von Subjekt und Prädikat. Dass diese Annahme nicht völlig abwegig ist, zeigen die folgenden Beispiele:

(2)   a. *Er wischt den Boden <u>sauber</u>.*
  b. *Er sprang <u>sauber</u> in den Senftopf.*

Sekundäre Prädikation: In (2a) liegt eine sogenannte *resultative* und in (2b) eine sogenannte *depiktive* Konstruktion mit dem Adjektiv *sauber* vor, in beiden Fällen eine Form der sekundären Prädikation. Etwas verständlicher formuliert heißt das, dass beide Sätze auf die Konjunktion zweier Prädikationen zurückgeführt werden können: *Er wischt den Boden und der Boden ist (in der Folge) sauber* im Fall von (2a), *Er war sauber und er sprang (in diesem Zustand) in den Senftopf* im Fall von (2b). Das Besondere an diesen Fällen ist, dass die sekundären Prädikationen *der Boden (ist) sauber* und *er (war) sauber* in (2) ohne die Beteiligung einer Kopula ausgedrückt werden. Die Kopula spielt hier also offenbar semantisch keine Rolle und hat folglich auch in (1a) nur syntaktische Funktion.

3.2.2 | Der adverbiale Gebrauch

Orientiert man sich nun bei der Semantik des adverbialen Gebrauchs zum einen an der Semantik von Adverbialen (s. Kap. II.4.1) und zum anderen an entsprechenden Überlegungen in Larson (1998), dann kann auch das Adjektiv *verliebt* in (1c) als ein Prädikat P aufgefasst werden, das eine Eigenschaft ausdrückt. Anders als in (1a) wird diese Eigenschaft nun allerdings nicht von einer Person a ausgesagt, sondern von einem Ereignis e, das im selben Satz über die Verbphrase *auf den See schauen* näher als ein Ereignis des Auf-den-See-Schauens spezifiziert wird. Ähnlich wie beim prädikativen Gebrauch können wir die Bedeutung damit (zumindest in erster Annäherung) mit $P(e)$ repräsentieren, nur dass $P(e)$ hier eher in der Art von »e erfolgt in verliebter Weise« zu paraphrasieren ist. (Die Semantik des adverbialen Gebrauchs ist bei genauerer Betrachtung recht komplex; vertiefend dazu vgl. z. B. Eckardt 1998).

3.2.3 | Der attributive Gebrauch

Nachdem bereits beim prädikativen und beim adverbialen Gebrauch von Adjektiven für die Annahme einer Prädikationsstruktur argumentiert wurde, in der eine Eigenschaft *P* von einem Gegenstand oder einem Ereignis ausgesagt wird, sollte Analoges auch für den attributiven Gebrauch möglich sein. Vergleicht man nun die Nominalgruppe *das verliebte Mädchen* mit der Aussage *Das Mädchen ist verliebt* in (1a), dann kodieren die beiden sprachlichen Ausdrücke intuitiv im Wesentlichen die gleiche Information, wenn auch auf unterschiedliche Weise: In (1a) wird zunächst auf das Mädchen referiert und dann die Eigenschaft *verliebt (zu sein)* von diesem ausgesagt; (1a) legt damit nahe, dass es nur ein einziges Mädchen in der fraglichen Situation gibt. Nicht so bei *das verliebte Mädchen*. Hier dient das Adjektiv (zumindest in der *restriktiven* Lesart, s. Vertiefung) der Identifikation der Person: Von den in Frage kommenden Mädchen bezieht sich die Nominalgruppe auf das verliebte. Damit ist aber eine Darstellung in der Form *P(a)* wie beim prädikativen Gebrauch nicht möglich, da hier ja bereits die eindeutige Identifizierung des Mädchens vorausgesetzt wird. Eine Paraphrase der attributiven Konstruktion wäre also eher etwas in der Art: »Diejenige Person, die zum einen die Eigenschaft hat, ein Mädchen zu sein, und zum anderen die Eigenschaft, *verliebt* zu sein.«

Zur Vertiefung

Restriktivität

Grundsätzlich kann ein attributives Adjektiv wie *verliebt* auf zwei Arten interpretiert werden: restriktiv und nicht-restriktiv. Ein **restriktiver** Gebrauch liegt vor, wenn der Begriffsumfang von Nomen und attributivem Adjektiv echt kleiner ist als der des Nomens alleine, das Adjektiv also substanziell zur Einschränkung des Begriffsumfangs beiträgt. Ein **nicht-restriktiver** Gebrauch liegt vor, wenn der Referent der Nominalgruppe auch bereits ohne das attributive Adjektiv eindeutig in/definit festgelegt ist. Restriktive und nicht-restriktive Lesarten finden sich nicht nur bei attributiven Adjektiven (1a), sondern auch bei Relativsätzen (1b).

(1) a. *das (im Übrigen) verliebte Mädchen*
     b. *das Mädchen, das (im Übrigen) verliebt ist*

Diese Mehrdeutigkeit kann als eine strukturelle aufgefasst werden (vgl. z. B. die Diskussion in Sternefeld 2009). An dieser Stelle soll aber erwähnt sein, dass man die nicht-restriktive Lesart durchaus auch als einen Spezialfall der restriktiven Lesart behandeln kann: Ist das Prädikat *Mädchen* bereits kontextuell auf eine einzelne saliente Person (also auf eine Einermenge) eingeschränkt, dann kann das Prädikat *verliebt* nichts mehr zur Identifizierung der Person beitragen. In diesem Fall liegt ebenfalls ein nicht-restriktiver Gebrauch vor, dem allerdings nicht notwendig eine andere syntaktische Analyse zugrundeliegen muss.

3.3 | Formen attributiver Adjektive

3.3.1 | Intersektive Adjektive

Das Adjektiv *verliebt* gehört zu einer Klasse von Adjektiven, die als intersektiv bezeichnet werden. Mit **intersektiv** ist hier gemeint, dass aus Satz (3) sowohl (3a) wie auch (3b) logisch gefolgert werden kann. Hieraus wird häufig geschlossen, dass (3) als eine Konjunktion zweier Prädikationen der Art *Aphrodite ist verliebt und Aphrodite ist ein Mädchen* analysiert werden kann. Semantisch würde das Kopfnomen damit keine ausgezeichnete Rolle spielen.

(3) *Aphrodite ist ein verliebtes Mädchen.*
   a. *Aphrodite ist verliebt.*
   b. *Aphrodite ist ein Mädchen.*

Definition

> Ein Adjektiv heißt **intersektiv**, wenn von der komplexen Prädikation *»x ist ein A N«* auf die einfachen Prädikationen *»x ist ein A«* und *»x ist ein N«* und damit auf *»x ist ein A und x ist ein N«* geschlossen werden kann.

Zu den intersektiven Adjektiven gehören Farb- und Stoffbezeichnungen (wie *grün, metallisch*) sowie Bezeichnungen von Resultaten punktueller Zustandsveränderungen (wie *tot, schwanger*). Intersektive Adjektive sind häufig – Ausnahmen bestätigen die Regel – nicht komparierbar. Sie sind außerdem in dem Sinne **absolut**, dass für ihre Interpretation bei attributivem Gebrauch grundsätzlich kein Bezug auf das modifizierte Kernnomen erforderlich ist. Entsprechend kann man annehmen, dass ein intersektives Adjektiv direkt auf einen Begriff *P* referiert, der mit dem durch das Kernnomen ausgedrückten Begriff in einer Art und Weise verknüpft wird, die die beiden Folgerungen in (3) zulässt.

3.3.2 | Relative Adjektive

Davon zu unterscheiden sind Adjektive wie *groß*, die im Allgemeinen lediglich eine der beiden Schlussfolgerungen zulassen, vgl. (4).

(4) *Flip ist ein großer Grashüpfer.*
   a. *Flip ist groß.*
   b. *Flip ist ein Grashüpfer.*

Aus (4) folgt zwar logisch, dass Flip ein Grashüpfer ist, nicht aber notwendig, dass Flip auch groß ist: Flip ist vielleicht groß *für einen Grashüpfer*, aber er ist sicher nicht groß ›an sich‹, verglichen mit anderen Tieren wie etwa Kühen oder Elefanten oder mit anderen Objekten wie Bergen oder Planeten. Das Kernnomen hat in diesem Fall offenbar die Funktion, die **Vergleichsbasis** (»verglichen mit«) für die Aussage explizit zu machen.

Recht ähnlich, allerdings nicht völlig identisch, scheint sich das Adjektiv *ehrgeizig* zu verhalten, vgl. (5):

(5) *Flop ist ein ehrgeiziger Mann.*
    a. *Flop ist ehrgeizig.*
    b. *Flop ist ein Mann.*

Auch in (5) lässt sich logisch von *Flop ist ein ehrgeiziger Mann* auf *Flop ist ein Mann* schließen. Und wie in (4) ist auch hier der Schluss auf *Flop ist ehrgeizig* blockiert: Dass Flop ein ehrgeiziger Mann ist, heißt nicht notwendig, dass Flop ehrgeizig ›an sich‹ ist, also in allem, was er tut. Man kann sich sehr gut vorstellen, dass sich Flops Ehrgeiz alleine auf seinen Beruf bezieht, nicht aber auf sein Privatleben, also das Spielen mit seinen Kindern, das Sauberhalten der Wohnung oder das Kochen für die Familie.

Die Tatsache, dass beide Adjektive (in dieser Hinsicht) dasselbe Folgerungsverhalten zeigen und beide in ihrer Gültigkeit relativiert werden müssen, legt nahe, sie in einer Klasse von Adjektiven zusammenzufassen und so von den intersektiven abzugrenzen:

> Ein Adjektiv heißt **relativ**, wenn seine Interpretation bei attributivem Gebrauch notwendig auf einen anderen Begriff zu relativieren ist.

Definition

Ein wesentlicher Unterschied zwischen (4) und (5) besteht nun allerdings darin, dass wir in (4) von *Flip ist ein großer Grashüpfer* auf *Flip ist groß für einen Grashüpfer* schließen können, nicht aber in (5): Aus *Flop ist ein ehrgeiziger Mann* folgt nicht (notwendigerweise), dass *Flop ehrgeizig für einen Mann ist* (was das auch immer heißen mag). In welcher Hinsicht Flop ehrgeizig ist, ergibt sich hier alleine aus dem nicht-sprachlichen Kontext, nicht aus dem Kernnomen der attributiven Konstruktion.

Formen des relationalen Bezugs

Und wenn der Kontext nahelegt, dass Flop in seinem Beruf – sagen wir, er ist Ingenieur – ehrgeizig ist, dann würde man auch nicht formulieren, dass Flop *für* einen Ingenieur ehrgeizig ist, sondern dass er *als* Ingenieur ehrgeizig ist. Hier ist also eher von einem **Bezugsbereich** (»bezogen auf«), als von einer Vergleichsbasis zu sprechen (was aber nicht ausschließt, dass der Bezugsbereich auch als Vergleichsbasis dient.)

Da eine *als*-Paraphrase auch bei Adjektiven angebracht sein kann, die auf ihr Kopfnomen zu beziehen sind (vgl. z. B. *Flop war ein freches Kind* vs. *Flop ist ein freches Kind*), scheint es sinnvoll, hier begrifflich auf zwei Ebenen zu trennen:

> Ein relatives Adjektiv (bzw. sein Vorkommen) heißt **frei**, wenn sein interpretatorischer Bezug (bei diesem Vorkommen) nicht durch das Kopfnomen gegeben ist.
> Ein relatives Adjektiv heißt **komparativ**, wenn sein Bezug durch eine *für*-Phrase paraphrasiert werden kann. Es heißt (funktional oder temporal) **selektiv**, wenn sein Bezug durch eine *als*-Phrase zu paraphrasieren ist.

Definition

Die Bezeichnung »(funktional oder temporal) selektiv« lehnt sich terminologisch an Eggs (2009) an. Alternativ könnte man auch von **bereichsgebundenen** Adjektiven sprechen. Man beachte, dass ein selektives Adjektiv auch in dem Sinne komparativ sein kann, dass es im Rahmen des funktionalen oder temporalen Bezugs vergleichenden Charakter hat (so kann *Flop war ein freches Kind* verstanden werden als *Flop war frech als Kind (und) für ein Kind*), diesen vergleichenden Charakter muss es aber nicht aufweisen ((5) wird selbst in einem geeigneten Kontext nicht verstanden als *ehrgeizig als Ingenieur* und *für einen Ingenieur*).

3.3.3 | Relative Adjektive und Prädikation

Damit stellt sich aber ein grundsätzliches Problem: Relative Adjektive wie *groß* oder *ehrgeizig* sind eben in der Regel nicht nur attributiv, sondern auch prädikativ verwendbar, vgl. (6) und (7). Beim prädikativen Gebrauch gibt es aber kein (offensichtliches) Kernnomen, auf das das Adjektiv relativiert werden könnte. Zwei Möglichkeiten, damit umzugehen, sind hier angedeutet: Eine wäre, den prädikativen Gebrauch auf den attributiven zurückzuführen, vgl. (6a) und (7a). Eine andere, vielleicht überzeugendere, wäre wie in (6b) und (7b) eine explizite Restriktion der Art *für ein N* bzw. *als (ein) N* anzunehmen, die getilgt wird.

(6) *Flip ist groß.*
    a. *Flip ist ein~~ großer Grashüpfer~~.*
    b. *Flip ist groß ~~für einen Grashüpfer~~.*
(7) *Flop ist ehrgeizig.*
    a. *Flop ist ein ehrgeizig~~er Ingenieur~~.*
    b. *Flop ist ehrgeizig ~~als Ingenieur~~.*

Eine nicht-elliptische Alternative wäre anzunehmen, dass Adjektive wie *groß* und *ehrgeizig* inhärent kontext-abhängig sind, also notwendig auf einen kontextuell gegebenen Begriff bzw. eine kontextuell gegebene Vergleichsmenge zu beziehen sind. Wie dies in einer formalen Semantik aussehen könnte, wird (für komparative Adjektive) in Heim/Kratzer (1998) diskutiert. Der Unterschied zwischen freien und ›gebundenen‹ Adjektiven ließe sich dann wie folgt konkretisieren: Bei *freien* Adjektiven ist der relative Bezug bzw. die Vergleichsbasis *deiktisch*, bei den ›gebundenen‹ Adjektiven *anaphorisch* gegeben.

3.3.4 | Intensionale Adjektive

Auch wenn bei freien Adjektiven die Vergleichsbasis bei attributivem Gebrauch nicht notwendig mit dem Kernnomen zusammenfällt, so folgt doch aus *Flop ist ein ehrgeiziger Mann* immer noch *Flop ist ein Mann*. Folgerungen auf die mit dem Kernnomen verbundene Prädikation ist also bei *allen* bisher diskutierten Adjektivtypen möglich. Nun gibt es aber eine (kleinere) Klasse von Adjektiven, bei denen selbst dieser Schluss blockiert ist, vgl. hierzu (8).

(8) *Flip ist ein mutmaßlicher Mörder.*
    a. **Flip ist mutmaßlich.*
    b. *Flip ist ein Mörder.*

Aus *Flip ist ein mutmaßlicher Mörder* folgt offenbar nicht, dass Flip ein Mörder ist, da diese Eigenschaft durch das Adjektiv *mutmaßlich* ja gerade explizit in Frage gestellt wird. Das Adjektiv *mutmaßlich* modalisiert damit das Prädikat *Mörder* in ähnlicher Weise wie das Adverb *vermutlich* den Satz *Flip ist ein Mörder* (wobei das Satzadverb *vermutlich* die Einschätzung des Sprechers wiedergibt, nicht aber das Attribut *mutmaßlich*). Aus diesem Grund werden Adjektive wie *mutmaßlich* als **intensionale** Adjektive bezeichnet. Intensionale Adjektive können auch temporal modifizierend sein wie das Adjektiv *früher* zeigt.

> Ein Adjektiv heißt **intensional**, wenn es den Schluss auf das Kernnomen blockiert.

Definition

Die Beobachtung, dass intensionale Adjektive nicht prädikativ verwendbar sind (8a), legt nahe, dass intensionale Adjektive grundsätzlich von anderer Natur sind als alle bisher diskutierten Adjektive: Sie referieren nicht direkt auf einen – möglicherweise kontextabhängigen – Begriff (der dann mit der Referenz des Kopfnomens z. B. konjunktiv verknüpft wird), sondern operieren notwendig auf der Referenz des Kernnomens und bilden diesen Begriff auf einen neuen Begriff ab, der nicht mehr als Hyponym des ursprünglichen Begriffs aufgefasst werden kann. Auch hier ist der Vergleich mit modalen Satzadverbien nicht ganz von der Hand zu weisen.

Für eine eingehende Analyse intensionaler Adjektive ist eine intensionale Semantik erforderlich, die an dieser Stelle noch nicht zur Verfügung steht (für einige Andeutungen s. Kap. IV.1; für eine weiterführende Diskussion vgl. Larson 2002). Im Folgenden werden wir uns auf die Semantik komparierbarer Adjektive konzentrieren.

3.4 | Zur Steigerung von Adjektiven

Die Möglichkeit zur Steigerung (Komparation) ist (mit wenigen Ausnahmen) spezifisch für die Wortart Adjektiv, kommt innerhalb dieser Klasse aber vor allem bei relativen Adjektiven wie *groß* und *ehrgeizig* vor. Morphosyntaktisch werden drei Formen unterschieden: **Positiv**, **Komparativ** und **Superlativ**. Der Positiv ist die morphosyntaktisch unmarkierte Form (9a), der Komparativ ist durch das Suffix *-er* markiert (9b) und der Superlativ durch das Suffix *-st* (9c).

(9) a. Positiv: *eine fähig-Ø-e Semantikerin*
    b. Komparativ: *eine fähig-er-e Semantikerin*
    c. Superlativ: *die fähig-st-e Semantikerin*

Die Komparation ist eine intuitiv vergleichsweise gut zugängliche semantische Beziehung, die Schwierigkeit liegt in diesem Fall aber, wie so oft, im Detail.

3.4.1 | Der Positiv

Die Semantik des Positivs wurde bereits in den letzten beiden Abschnitten angedeutet und aus Gründen der Einfachheit werden wir auch hier annehmen, dass ein Adjektiv wie *groß* auf eine Eigenschaft referiert und dabei kontextabhängig zu interpretieren ist. Betrachten wir zur Präzisierung das Beispiel in (10) im Kontext der Dalton-Brüder, wie sie aus dem Comic »Lucky Luke« bekannt sind. Die Daltons sind insgesamt vier Brüder, Joe, William, Jack und Averell. Averell ist der größte, er ist ungefähr einen Kopf größer als Jack, der wiederum ungefähr einen Kopf größer ist als William, der wiederum ungefähr einen Kopf größer ist als Joe (s. Abb. 1).

(10) *Jack ist groß (für einen Dalton-Bruder).*
    a. Vergleichsbasis: *Dalton-Bruder*
    b. Ordnung nach Größe: *Joe ‹ William ‹ Jack ‹ Averell*

Relative vs. absolute Ordnungen

Ordnen von Begriffsumfängen: In (10) ist damit die Vergleichsbasis über die Eigenschaft *(ein) Dalton-Bruder (zu sein)* kontextuell gegeben, und es wird behauptet, dass Jack groß ist *für einen Dalton-Bruder*. Nun können nicht Eigenschaften an sich relativ zu einer Dimension wie Größe verglichen werden, sondern nur die Gegenstände, die unter die Eigenschaft fallen. Genaugenommen ist die Vergleichsbasis also durch die Menge all derjenigen Personen gegeben, denen (im relevanten Kontext) das Prädikat *Dalton-Bruder* zukommt. Diese Menge heißt auch der **Begriffsumfang** oder die **Extension** (oder die **Denotation**) der Eigenschaft *Dalton-Bruder* (in diesem Kontext).

Der Begriffsumfang (also die Dalton-Brüder) kann nun nach diversen

Dimensionen geordnet werden, nach Größe, Intelligenz oder Aussehen. Diese Ordnung kann dann gewissermaßen in zwei Abschnitte geteilt werden, von denen der obere Abschnitt die großen und der untere die nicht großen Personen beheimatet. Wo die **Grenze** genau verläuft, variiert von Kontext zu Kontext, im gegebenen Fall ist es aber sicher plausibel anzunehmen, dass sie zwischen William und Jack liegt. Unter dieser Annahme wird (10) als wahr bewertet. William ist außerdem größer als Joe, da er in der Ordnung oberhalb von Joe liegt, und Averell ist schließlich der größte Dalton-Bruder, da er in der Ordnung das maximale Element darstellt.

Dies ist eine mögliche Präzisierung der Semantik für *groß*, die in möglichst informeller (aber nicht ganz getreuer) Weise zentrale Annahmen von Kamp (1975) oder Klein (1980) aufgreift. Diese Semantik hat den Vorteil, dass man die Grenze zwischen *groß* und *nicht groß* nicht exakt in Zentimetern bestimmen können muss, sondern nur relativ zu den jeweils beteiligten Personen oder Gegenständen. Darüber hinaus bleibt die Semantik sehr nah an der Semantik nicht graduierbarer Adjektive, die sich von ersteren nur dadurch unterscheiden, dass ihr Begriffsumfang nicht geordnet (weil nicht ordenbar) ist. In diesem Ansatz wird auch verständlich, dass eigentlich nicht graduierbare Adjektive doch gesteigert werden können, wenn konzeptuell eine Ordnung denkbar ist, z. B. der Bauchumfang bei Schwangeren.

Messen von Objekten auf Skalen: Dennoch wird in der neueren Literatur eine andere Semantik für relative Adjektive favorisiert. An dieser Stelle sollen zwei Argumente reichen: Das erste Argument bezieht sich darauf, dass relative Adjektive grundsätzlich über **Maßangaben** wie *172 cm* quantifiziert und mit Hilfe von Steigerungspartikeln wie *sehr* modifiziert werden können, vgl. (11).

(11) a. *Jack ist 172 cm groß.*
     b. *Averell ist sehr groß.*

Für die Beschreibung der Semantik einer Maßangabe wie *172 cm* ist es aber nicht ausreichend, die relative Position von Jack in der fraglichen Ordnung zu kennen, sondern es muss notwendigerweise auf eine **Skala** in Zentimetern Bezug genommen und Jack dort genau verortet werden.

Das zweite Argument bezieht sich auf **Equative**, also auf Konstruktionen, in denen zwei Personen als relativ zu einer Dimension auf derselben Ebene befindlich behauptet werden, vgl. (12a). Tatsächlich ist es sogar möglich, Objekte auch entlang unterschiedlicher Dimensionen zu vergleichen, wenn nur das Maß identisch (vergleichbar) bleibt, vgl. (12b,c).

(12) a. *Jack ist so groß wie Lucky Luke.*
     b. *Joe ist so groß wie Mum Dalton breit.*
     c. *#Joe ist so groß wie Rantanplan schnell.*

In einer Semantik, die nur Begriffsumfänge ordnet, liegen in einem Fall wie (12b) jedoch zwei Ordnungen vor (eine nach Größe, eine nach Breite) und es ist nicht wirklich klar, wie zwei Objekte unterschiedlicher Ordnungen zueinander in Beziehung gesetzt werden können (auch wenn es vielleicht nicht völlig unmöglich ist). Beide Argumente legen damit zumindest nahe, dass für Komparativkonstruktionen der Begriff der Skala und damit des Grades eines Objekts auf einer Skala benötigt wird.

Bedeutungstheorien, die von dieser Annahme ausgehen, fassen in der Regel Adjektive als **Relationen** zwischen Graden und Objekten oder Personen auf: Das Adjektiv *groß* weist jedem relevanten Gegenstand auf einer Skala seine Größe zu. Ein nominaler Ausdruck wie *172 cm* bezeichnet einen **Grad** auf der Zentimeterskala und die Aussage in (11a) kann damit als *die Größe von Joe beträgt (mindestens) 172 cm* paraphrasiert werden.

Maßangaben und Vergleichsstandards: Wichtig ist, dass die Größe einer Person immer mit dem Adjektiv *groß* bezeichnet wird (13b), auch wenn die nicht quantifizierte Aussage (13a) als falsch beurteilt wird.

(13) a. *Joe ist groß.*
    b. *Joe ist 153 cm groß.*
    c. *Joe ist (standard$_C$) groß.*

In der relationalen Semantik graduierbarer Adjektive existiert dafür eine naheliegende Erklärung: Die Rolle, die in (13b) explizit die Maßangabe *153 cm* übernimmt, übernimmt in (13a) der implizite **Vergleichsstandard** *standard$_C$* und umgekehrt: (13a) liegt also eine Struktur in der Art von (13c) zugrunde und lässt sich als »die Größe von Joe beträgt mindestens den Vergleichsstandard *standard$_C$*« paraphrasieren. Die Semantik des Positivs ist unter dieser Auffassung tatsächlich ein versteckter Komparativ: Die Größe von Joe wird systematisch mit einer anderen Größe verglichen.

3.4.2 | Der Komparativ

Diese andere Größe muss nun kein impliziter Vergleichsstandard oder eine explizite Maßangabe sein, es kann natürlich auch die Größe eines anderen Gegenstandes oder einer anderen Person sein. In einem solchen Fall wird die komparative Struktur der Äußerung transparent, vgl. (14).

(14) *William ist größer als Joe.*

Hier stellen sich viele Fragen sowohl zur Syntax als auch zur Semantik der Komparativkonstruktion. Leider können hier nur die Grundzüge und das auch nur in vereinfachter Form skizziert werden (für ausführlichere Diskussion vgl. den Überblicksartikel von Klein 1991 und für ganz Ambitionierte vgl. Beck 2011).

Bevor (14) analysiert wird, ist es sinnvoll, zunächst einen Satz wie (15a) zu betrachten, in dem der **Vergleichsgrad** explizit gegeben ist.

(15) a. *William ist [größ-er [als 160 cm]]*
    b. *William ist [[mehr [als 160 cm]] groß]*

Vergleicht man (15a) mit (13b), dann stellt man fest, dass beide Beispiele eigentlich sehr ähnlich sind, mit Ausnahme von zwei Punkten: Zum einen steht die Gradangabe *nach* dem Adjektiv, eingeleitet durch die Konjunktion *als*, zum anderen wird behauptet, dass die tatsächliche Größe von William auf der einschlägigen Skala echt oberhalb von 160 cm liegt. (15a) ist folglich als »die Größe von William beträgt mehr als 160 cm« zu paraphrasieren. Der einzige Unterschied zwischen dem Nullmorphem ∅ des Positivs und dem Komparativmorphem *-er* besteht also sehr wahrscheinlich in dem zwischen *mindestens* und *mehr* (der formal mit *größer-gleich* vs. *(echt) größer* zusammenfällt):

> Der **Positiv** *groß-∅* bezeichnet die Relation zwischen Graden *g* und Objekten *x*, die genau dann wahr ist, wenn die Größe von *x mindestens g* beträgt.
>
> Der **Komparativ** *größ-er* bezeichnet die Relation zwischen Graden *g* und Objekten *x*, die genau dann wahr ist, wenn die Größe von *x mehr als g* beträgt.

Zum Begriff

Damit wird auch deutlich, wieso in manchen Sprachen wie etwa dem Englischen der Komparativ (auch) analytisch über den Komparativ von *viel* ausgedrückt wird (vgl. z. B. *more competent*): Der einzige relevante Unterschied zwischen dem Komparativmorphem *-er* und dem Komparativ *mehr*, und damit zwischen (15a) und (15b), scheint morphosyntaktischer Natur: Während sich das Komparativmorphem *-er* zuerst mit dem Adjektiv verbindet und erst dann mit der *als*-Phrase kombiniert, kombiniert *mehr* syntaktisch erst mit der *als*-Phrase und dann mit dem Adjektiv. Dies führt häufig zu der Annahme, dass Komparativkonstruktionen wie in (15a) eigentlich eine syntaktische Struktur wie in (15b) zugrunde liegt.

Komparativellipse: In (15a) wird durch den *als*-Satz als Vergleichskategorie eine Gradangabe eingeführt. In (16a) ist diese Vergleichskategorie jedoch kein Grad, sondern eine Person. Aus diesem Grund wird für Fälle wie (16a) häufig angenommen, dass die Vergleichsphrase ein elliptisch verkürzter Satz ist, also eine **Komparativellipse** vorliegt, vgl. (16b). Plausibel wird diese Annahme, wenn man sich Fälle wie *Joe ist größer als William breit (ist)* anschaut, in denen das Adjektiv *breit* in der *als*-Phrase realisiert werden muss (vgl. z. B. Lechner 2004).

(16) a. *William ist größer als Joe.*
　　 b. *William ist größer als Joe (groß ist).*
　　 c. *William ist [g groß-er [als Joe [g' groß ist]]]*

Man kann nun in den entsprechenden Analysen zeigen, dass ein Vergleichssatz wie *als Joe groß ist* auf einen Grad referiert, und zwar genau auf die Größe von Joe. Die Bedeutung von (16a) lässt sich damit wie folgt paraphrasieren: »Die (maximale) Größe *g* von William ist echt größer als die (maximale) Größe *g'* von Joe«, vgl. schematisch (16c).

3.4.3 | Der Superlativ

Wie der Positiv (in diesem Ansatz) ist auch der Superlativ ein versteckter Komparativ. Ein Satz wie (17a) kann als (17b) paraphrasiert werden:

(17) a. *Averell ist der größte (Dalton-Bruder)*
     b. *Averell ist größer als alle anderen Dalton-Brüder*
     c. *Averell ist [g groß-er [als alle anderen [g' groß sind]]]*

Diese Paraphrase führt zu einer ersten strukturierten Darstellung von (17a) als (17c): Für jeden Dalton-Bruder x (Averell natürlich ausgenommen) gilt, dass Averell größer ist als x. Der Superlativ kommt nur attributiv vor und erfordert offenbar notwendig den Bezug auf das Kernnomen als Vergleichsbasis, blockiert aber gleichzeitig die Realisierung einer Vergleichsphrase (vgl. dazu vertiefend z. B. Heim 1999).

3.5 | Unscharfe Grenzen

Am Beispiel des Adjektivs *groß* kann auch recht anschaulich eine weitere zentrale Eigenschaft vieler Adjektive illustriert und dabei gleichzeitig von dem Begriff der **Ambiguität** abgegrenzt werden: **Vagheit**. Betrachtet man zunächst das Beispiel in (18a), dann wird deutlich, dass das Adjektiv *groß* mindestens zwei Lesarten hat: zum einen *groß* im Sinne von *bedeutend* und zum anderen *groß* in Bezug auf die Körpergröße.

(18) a. *Helmut Kohl war ein großer Staatsmann.*
     b. *Napoleon Bonaparte war ein großer Staatsmann.*

Hier liegt eine Mehrdeutigkeit (Ambiguität) des Adjektivs *groß* vor. Von einer Mehrdeutigkeit spricht man, wenn beide Lesarten grundsätzlich unabhängig voneinander sind, also in ein und derselben Situation die eine Lesart wahr, die andere Lesart dagegen falsch sein kann (s. Kap. I.3.5). So ist z. B. (18b) wahr in Bezug auf die geschichtliche Rolle Napoleons, aber nicht unbedingt auch korrekt in Bezug auf seine Körpergröße (auch wenn er mit 1,68 cm für seine Zeit durchaus im Schnitt lag).

Beide Lesarten von *groß* weisen dabei gleichzeitig einen gewissen Grad an Unschärfe auf. Besonders deutlich wird dies bei der Interpretation von *groß* im Sinne von *bedeutend*: Wann wird denn ein Politiker als bedeutend charakterisiert? Etwa wenn er den Lauf der Welt maßgeblich beeinflusst hat? Wann hat er aber den Lauf der Welt maßgeblich beeinflusst? Wenn er viele Länder erobert hat? Und wenn er dabei bestimmten ethischen Werten gerecht wird? – Tatsächlich ist nicht klar, welche Kriterien für die Bedeutsamkeit eines Politikers einschlägig sind, sicher ist nur, dass sie mit der historischen Situation und der Perspektive auf diese variieren. Ähnlich ist es mit Adjektiven wie *schön*. Auch hier variieren die Kriterien relativ zu der Art des Objekts oder zum kulturellen Hintergrund. Aber selbst wenn man diese Bezüge fixiert, ist nicht klar, wie Schönheit beurteilt wird: Wenn wir Schönheit sehen, dann erkennen wir sie, aber wir können in aller Regel nicht objektivieren, was sie ausmacht.

Vagheit: Wird das Adjektiv *groß* in Bezug auf die Körpergröße verstanden, dann liegt die Situation etwas anders. Zwar ist auch die Körpergröße auf eine (in Alter und Geschlecht) vergleichbare Gruppe zu relativieren, aber wenn diese Relativierung vorgenommen wurde, dann ist das Kriterium für die Größe einer Person absolut transparent: die Länge in einer Maßeinheit wie Zentimeter oder Millimeter. Aber selbst in diesem Fall ist ein Sprecher keineswegs immer sicher, ob das Prädikat *groß* nun auf ein Objekt zutrifft oder nicht, und in diesem Sinne ist auch diese Lesart von *groß* **vage**. Ein Beispiel soll dies etwas deutlicher machen: Die Durchschnittsgröße deutscher Männer liegt in etwa bei 178 cm. Mit 159 cm liegt Bernhard Hoëcker deutlich unter dem Schnitt und würde wohl von den meisten als klein bezeichnet werden. Dirk Nowitzki ist dagegen mit einer Größe von 213 cm sicher als groß zu bezeichnen. Was aber ist z. B. mit Günter Netzer, der genau dem Durchschnitt entspricht (zumindest in dieser Hinsicht), oder mit Franz Beckenbauer, der mit 181 cm nur etwas größer ist als der Durchschnitt?

Offenbar haben wir in diesen Fällen keine klaren Intuitionen. Aber warum ist das so? Und was bedeutet das für die Semantik des Adjektivs *groß*? Zunächst zur ersten Frage: Der Kontrast mit Prädikaten wie *tot* oder *schwanger* legt nahe, dass es einen Zusammenhang mit der Graduierbarkeit von Adjektiven gibt. Tatsächlich ist aber Vagheit keine spezifische Eigenschaft von Adjektiven, sondern findet sich auch im nominalen (z. B. *Fluss*) oder verbalen Bereich (z. B. *lieben*). Folglich ist die Vagheit sprachlicher Ausdrücke *unmittelbarer Reflex der Struktur ihres Gegenstandsbereichs*: Gibt es hier fließende Übergänge, dann werden sich diese in einer kategorialen Unsicherheit niederschlagen: Ist das fließende Gewässer noch ein Bach oder schon ein Fluss? Mögen sich Harry und Sally nur oder lieben sie sich schon? Ist Franz Beckenbauer (in Bezug auf seine Körpergröße) nur Durchschnitt oder ist er schon groß?

Für den Semantiker steht nun nicht unbedingt die Ursache der Vagheit im Vordergrund, sondern die Frage, ob sich die Struktur des Gegenstandsbereichs in der Bedeutungsbeschreibung des sprachlichen Ausdrucks, also insbesondere in der des Adjektivs niederschlagen muss; und wenn das zu bejahen sein sollte, ist die nächste Frage, in welcher Weise. In der Literatur werden hier im Wesentlichen drei Möglichkeiten diskutiert (die Darstellung dieser Diskussion folgt hier weitgehend Kennedy 2011):

Der Kontinuumsansatz

Der vielleicht naheliegendste Ansatz geht von der Annahme aus, dass die Semantik des Adjektivs tatsächlich entlang der Struktur des Gegenstandsbereichs zu modellieren ist. Für ein kategoriales Adjektiv wie *schwanger* bliebe alles gleich: Das Prädikat *schwanger* trifft auf eine Person zu oder eben nicht, es gibt keine dritte Möglichkeit. Im Fall eines vagen Prädikats wie *groß* dagegen wäre von einer Art **Kontinuum** auszugehen, das im Wesentlichen die Struktur des Gegenstandsbereichs wiedergibt: Ein erwachsener Mann von 159 cm ist definitiv nicht groß, ein Mann von 178 cm ist weder groß noch klein, ein Mann von 181 cm ist nicht klein, aber auch noch nicht richtig groß, ein Mann von 186 cm ist schon einigermaßen

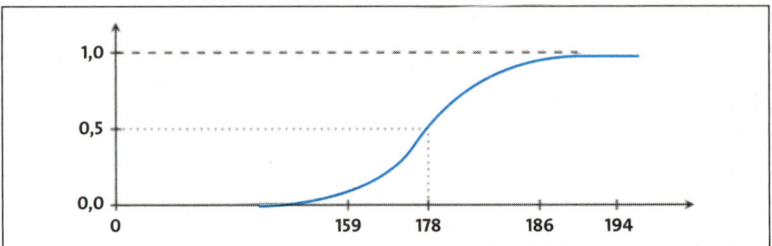

groß, ein Mann von 194 cm ist dann doch ziemlich groß und Dirk Nowitzki ist schließlich außergewöhnlich groß (s. Abb. 2).

Die Frage, ob ein Prädikat wie *groß* auf ein Objekt zutrifft, verlangt damit kein **kategoriales** Urteil mehr (das nur die Alternativen 1 für »wahr« und 0 für »falsch« kennt), sondern erlaubt ein **graduelles** Urteil, das ein Objekt irgendwo zwischen den Wahrheitswerten 0 und 1 lokalisiert.

Die Annahme gradueller Wahrheitsurteile ist nicht untypisch für die **Prototypensemantik**: So kann man etwa den Spatz als den Prototypen des Vogels oder den Hammer als den Prototypen eines Werkzeugs begreifen. **Prototypen** stehen im Zentrum eines Begriffs, andere Objekte wie die Eule oder der Seilzug sind weniger zentral, während noch andere Objekte wie der Pinguin oder der Schaber eher an der Peripherie des Begriffs anzusiedeln sind. Begriffe sind unter dieser Auffassung konzentrisch strukturiert und Objekte fallen nur bis zu einem gewissen Grad unter einen Begriff (s. Kap. I.4.2).

Die Prototypentheorie und die Prototypensemantik als ihr linguistisches Desiderat sind sehr intuitiv und formulieren eine konkrete Vorstellung, in welcher Weise kognitive Aspekte Eingang in die semantische Analyse finden könnten. Dennoch sind gewisse Zweifel angebracht, ob die Prototypensemantik wirklich geeignet ist, das Phänomen der Vagheit linguistisch zu modellieren, da sie für komplexe Sätze wie beispielsweise *Der Pinguin ist ein Vogel und er ist kein Vogel* oder *Günter Netzer ist (entweder) groß oder er ist nicht groß* (zumindest unter bestimmten, naheliegenden Annahmen) zu kontraintuitiven Resultaten führt (vgl. auch Kamp/ Partee 1995 und Löbner 2015): Denn intuitiv wird der erste Satz (wenn man die Prädikation nicht gerade auf unterschiedliche Bezüge relativiert) als notwendig falsch (also als Kontradiktion) und der zweite Satz als notwendig wahr (also als Tautologie) beurteilt. Diese Einschätzung kann unter den obigen Annahmen aber nicht vorhergesagt werden, da die Wahrheitswerte aller Teilsätze irgendwo zwischen den Werten 0 und 1 liegen und deren (wahrheitsfunktionale) Verknüpfung damit weder in dem Wahrheitswert 0 noch in dem Wahrheitswert 1 resultieren kann.

Damit sollen die Ergebnisse der kognitiven experimentellen Psychologie in keiner Weise in Frage gestellt werden. Ganz im Gegenteil, es ist sehr plausibel, dass Sprecher in ihrem Urteil zwischen klaren und nicht ganz so klaren Instanzen eines Begriffes unterscheiden. Was die Diskussion dieser Ergebnisse aber nahelegt, ist, dass dies vor allem ein psychologisches Phänomen, also eine Verhaltensweise, ein Phänomen des Gebrauchs ist, das nicht notwendigerweise Rückschlüsse auf das grammatische System zulässt.

Der Unbestimmtheitsansatz

Dennoch bleibt die Frage bestehen, wieso die einzelne Aussage *Günter Netzer ist (nicht) groß* nicht ohne Weiteres als wahr oder falsch beurteilt werden kann bzw. woran der Unterschied zwischen den Prädikaten *schwanger* einerseits und *groß* andererseits festzumachen ist. Ein alternativer Ansatz, dessen Wurzeln in die **dreiwertigen** Systeme von Łukasiewicz (1970) zurückreichen, geht von der Annahme aus, dass ein Prädikat wie *groß* im Wesentlichen drei Bereiche definiert: Diejenigen Objekte, auf die das Prädikat klar zutrifft; diejenigen, auf die das Prädikat klar nicht zutrifft; und diejenigen, für die das Zutreffen des Prädikats fraglich ist. Im ersten Fall ist die Aussage wahr, im zweiten Fall falsch und im dritten Fall bleibt der Wahrheitswert offen (oder wird mit einem dritten Wert »**unbestimmt**« bewertet). Im Fall von *groß* wäre dies schematisch wie in Abbildung 3 darzustellen.

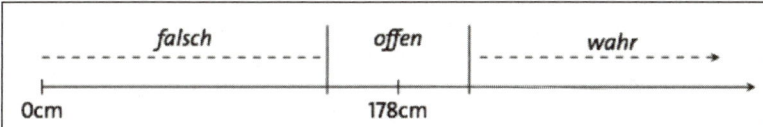

Dieser Ansatz kann in den unterschiedlichsten Formen präzisiert werden, auf die hier jedoch nicht im Einzelnen eingegangen werden kann (vgl. aber z. B. Pinkal 1991). Wie in allen anderen Ansätzen ist klar, dass der unbestimmte Bereich von Kontext zu Kontext variieren kann und (mit diesem) ebenso die Grenzen zum falschen und zum wahren Bereich. Und genau hier wird das Problem des Modells deutlich: Mit der Einführung eines Unbestimmtheitsbereiches sind zwei neue Grenzen entstanden, bei denen man mit gleicher Berechtigung fragen kann, ob sie kategorial oder fließend sind. Innerhalb des Systems sind sie nach Annahme kategorial, womit das Problem aber nur verschoben (bzw. dupliziert) zu sein scheint.

Der kategoriale Ansatz

Möchte man das Problem nicht auf eine andere Ebene verschieben und auch keinen kontinuierlichen Wahrheitsbegriff annehmen, dann bleibt eigentlich nur, in den sauren Apfel zu beißen und eine kategoriale Semantik auch für das Adjektiv *groß* anzunehmen. Diese kann schematisch wie in Abbildung 4 dargestellt werden.

  Damit bleibt aber die eingangs gestellte Frage immer noch offen, wieso wir uns im Fall von Adjektiven wie *groß* so schwer tun, in Grenzfällen

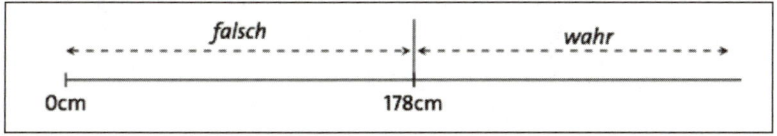

klare Urteile zu fällen, nicht aber bei Adjektiven wie *tot*. Unter Annahme einer kategorialen Semantik kann die Antwort offenbar nicht in der sprachlichen Kompetenz des Sprechers liegen, denn die Bedeutung des Prädikats *groß* zu kennen, impliziert zu wissen, dass es grundsätzlich eine scharfe (wenn auch kontextuell variable) Grenze zwischen großen und nicht großen Objekten gibt. Die Antwort muss also mit unserem Verhalten oder unserer Kognition zu tun haben.

Verhaltensmuster
und ihr Einfluss
auf Urteile

Eine mögliche Erklärung kann hier nur angedeutet werden (für weitere Diskussion vgl. Kennedy 2011): Wird man auf der Straße nach der Uhrzeit gefragt, dann wird man in aller Regel die Uhrzeit nicht auf die Sekunde genau angeben, da man annimmt, dass dies für den Adressaten nicht von Interesse ist. Ähnliches gilt für die Angabe des Körpergewichts: In einem normalen Gespräch wird man dieses nicht exakt angeben (was auch immer das heißt), aber beim Anästhesisten wird man sich in aller Regel (schon aus Eigeninteresse) um Exaktheit bemühen. Je nach kontextueller Relevanz tolerieren Sprecher also eine gewisse Unschärfe bei graduierbaren Gegenstandsbereichen.

Aus dieser Toleranz leitet Fara (2000) ein **Ähnlichkeitsprinzip** ab, das die Vagheit von Prädikaten wie *groß* möglicherweise erklären kann (und das hier in sehr freier Form wie folgt wiedergegeben wird):

Zum Begriff

> **Ähnlichkeitsprinzip:** Zwei Objekte, die sich (relativ zu den gegebenen Interessen des Beurteilenden) ähnlich genug sind, werden entweder beide als unter den fraglichen Begriff fallend aufgefasst oder beide nicht.

Das Ähnlichkeitsprinzip ist (nach Annahme) ein Verhaltensmuster, es bewegt sich auf einer anderen Ebene als die Beschreibung der linguistischen Kompetenz von Sprechern und ist entsprechend auch mit einer kategorialen Semantik für graduierbare Adjektive vereinbar. Aus dem Ähnlichkeitsprinzip folgt, dass zwei nebeneinander liegende Einheiten auf einer Skala für Größe im Allgemeinen beide entweder als *groß* oder beide als *nicht groß* beurteilt werden, und dies gilt insbesondere für Einheiten, die adjazent zu (d. h. unmittelbar neben der) kategorialen Grenze zwischen *groß* und *nicht groß* liegen. In kleinen Schritten ›von unten kommend‹ wird man diese Grenze folglich als nicht groß bezeichnen; in kleinen Schritten ›von oben kommend‹ wird man sie dagegen als groß bezeichnen. Widersprüchlich ist dann aber nicht die semantische Beschreibung des Adjektivs, sondern unser Verhalten.

Zur Vertiefung

Das Sorites-Paradoxon

Das Ähnlichkeitsprinzip kann auch als eine Möglichkeit verstanden werden, das Sorites Paradoxon aufzulösen. Mit ›Sorites Paradoxon‹, zu Deutsch »Haufenparadoxon«, wird die folgende Sequenz von logischen Schlüssen bezeichnet, bei der jeder einzelne Schluss intuitiv gültig ist, alle in ihrer Gesamtheit aber zu einem kontraintuitiven Resultat führen: Angenommen, vor uns liegt ein Sandhaufen (Prämisse 1). Wenn man von einem Sandhaufen ein Sandkorn wegnimmt, dann ist das Resultat immer noch ein Sandhaufen (Prämisse 2). Letztere Aussage würden die meisten wohl als wahr beurteilen. Nimmt man also von einem Sandhaufen ein Sandkorn weg, dann folgt mit Prämisse 2, dass das Resultat wieder ein Sandhaufen ist. Damit ist aber erneut die Voraussetzung für die Anwendung von Prämisse 2 gegeben. Und da wir Prämisse 2 als wahr vorausgesetzt haben, dürfen wir nochmals ein Sandkorn wegnehmen und das Resultat ist erneut ein Sandhaufen. Diesen Vorgang kann man nun beliebig lang (mit derselben Berechtigung wie beim ersten Mal) iterieren, bis nur noch ein einzelnes Sandkorn übrig bleibt. Von diesem einzelnen Sandkorn werden wir aber sicherlich nicht mehr sagen wollen, dass es ein Sandhaufen ist.

Worin liegt das Problem? Das Problem scheint darin zu liegen, dass die meisten von uns Prämisse 2 wohl nur für kleine Unterschiede (Differenzen) unterschreiben würden. Würden wir gleich eine ganze Schippe Sand wegnehmen, dann würden viele Prämisse 2 als eher falsch ablehnen. Und der Grund für die Ablehnung ist wohl darin zu suchen, dass wir bei bei der Schippe Sand im Gegensatz zum einzelnen Sandkorn das Resultat des Vorgangs intuitiv nicht mehr als notwendigerweise ähnlich zum Ausgangsobjekt auffassen wollen.

3.6 | Unterschiedliche Perspektiven

In den letzten Abschnitten wurde systematisch dem Adjektiv *groß* dessen Negation *nicht groß* gegenübergestellt, um die Semantik von *groß* genauer eingrenzen zu können. Intuitiv würde man aber als Gegenstück zu *groß* wohl eher das Adjektiv *klein* nennen, wie man im Fall von *gut schlecht* oder im Fall von *alt jung* nennen würde. Die genannten Begriffspaare sind (gradierbare) **Antonyme** und bezeichnen – so eine gängige Charakterisierung der Sinnrelation Antonymie – zwei gegenüberliegende Enden einer Skala (zur Antonymie allgemein s. Kap. I.3.3.2): Das Adjektiv *klein* bezieht sich auf das Anfangsstück, *groß* dagegen auf das Endstück. Im Folgenden wird sich zeigen, dass diese Charakterisierung in gewissem Sinne richtig, in gewissem Sinne aber auch irreführend ist.

Klein **als Antonym:** Da *nicht groß* komplementär zu *groß* ist, liegt zunächst die Frage nahe, ob *klein* und *nicht groß* nicht vielleicht bedeutungsgleich (synonym) sind. Der Kontrast in (19) macht deutlich, dass dem nicht so ist: (19a) wird intuitiv (bei gleichem Bezug) als (notwendig) falsch bewertet. (19b) dagegen lässt Raum für einen Zwischenbereich und wird, da Günter Netzer mit 178 cm genau im Schnitt liegt, eher als wahr betrachtet werden.

(19) a. *Günter Netzer ist weder groß noch ist er nicht groß.*
    b. *Günter Netzer ist weder groß noch ist er klein.*

Soweit so gut. Aber was heißt das nun für die Semantik von *klein*? Und wie folgt aus der Semantik von *klein*, dass zwischen *klein* und *groß* noch ein neutraler Zwischenbereich liegt?

Hier ist es hilfreich, sich zunächst noch einmal die Semantik von *groß* in Erinnerung zu rufen: *groß* bezieht sich auf eine Skala (der Körpergröße) und behauptet, dass die fragliche Person oberhalb eines (kontext-abhängigen) Standards liegt, der (bisher immer) als der Durchschnitt der Vergleichsmenge angenommen wurde (s. Abb. 5).

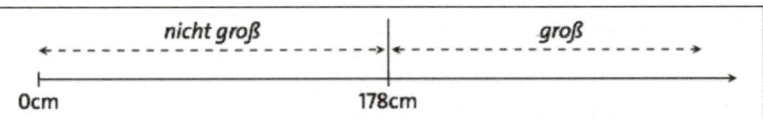

Abb. 5:
Die Semantik
von *groß*

Zwei Vergleichsstandards, eine Skala: Wird nun behauptet, dass eine Person klein ist, dann wird wie bei *groß* auf dieselbe Skala Bezug genommen, es wird jedoch ausgesagt, dass die fragliche Person *unterhalb* des jeweiligen Standards liegt. Würden sich nun *klein* und *groß* auf denselben Standard beziehen, dann würde offenbar folgen, dass *klein* semantisch äquivalent zu *nicht-groß* ist. Das ist aber, wie oben bereits argumentiert wurde, nicht der Fall. Also darf sich *klein* nicht systematisch auf denselben Standard beziehen wie *groß*, es muss einen Standard *k* für Kleinheit und einen Standard *g* für Größe geben: *k* liegt immer unterhalb des Durchschnitts und *g* immer oberhalb des Durchschnitts; dabei ist die Entfernung von *k* zum Durchschnitt (in aller Regel) symmetrisch zu der Entfernung von *g* zum Durchschnitt, und nur in extremen Fällen können beide mit dem Durchschnitt zusammenfallen. Schematisch hat man sich das also eher wie in Abbildung 6 vorzustellen (der neutrale Bereich zwischen *klein* und *groß* ist grau markiert):

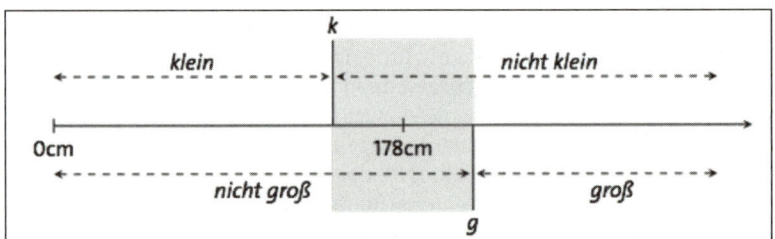

Abb. 6:
Die Antonyme
klein* und *groß

Maßangaben: Eine weitere zentrale Eigenschaft von antonymen Begriffspaaren wie *klein* und *groß* besteht darin, dass (in der Regel) einer der Begriffe nur bedingt mit konkreten Maßangaben kombinierbar und in diesem Sinne gegenüber dem anderen Begriff als markiert aufzufassen ist, vgl. (20).

(20) a. *Bernhard Hoëcker ist 159 cm groß / 42 Jahre alt.*
    b. *?Bernhard Hoëcker ist 159 cm klein / 42 Jahre jung.*

Äußerungen wie (20b) sind nicht scharf ungrammatisch und haben sich gerade bei der Bezeichnung von Altersangaben aus Gründen der politischen Korrektheit inzwischen durchaus eingebürgert. Dort, wo dies einigermaßen akzeptabel ist (*Mario Götze ist gerade mal 20 Jahre jung*) wird deutlich (oder zumindest intuitiv verständlich), dass die beiden Adjektive *klein* und *groß* tatsächlich in dem Sinne bedeutungsgleich sind, dass sie exakt dieselbe Beziehung zwischen Personen und Graden bezeichnen, nämlich diejenige Relation, die jeder Person ihre (maximale) Größe auf der Skala für Körpergröße zuweist.

Konverse Prädikate: Worin besteht dann aber der Unterschied zwischen *klein* und *groß*? Einer Antwort können wir uns annähern, wenn wir die Komparative betrachten:

(21) a. *Günter Netzer ist größer als Bernhard Hoëcker.*
      b. *Bernhard Hoëcker ist kleiner als Günter Netzer.*

Die beiden Relationen *(ist) größer als* und *(ist) kleiner als* sind konvers zueinander. Zur Erinnerung: Zwei Relationen P und Q heißen genau dann *konvers*, wenn sie gewissermaßen die Umkehrungen voneinander sind: Sind x und y zwei beliebige Objekte und es gilt, dass x in der Relation P zu y steht, dann steht y in der Relation Q zu x (und umgekehrt; s. auch Kap. I.3.3.2). Typische konverse Relationen sind die Paare *Vormund* und *Mündel*, *Ehemann* und *Ehefrau* oder auch die Verbmodi Aktiv und Passiv bei transitiven Verben wie *werfen*. Die Bedeutung von *kleiner* lässt sich damit völlig parallel (nur eben konvers) zur Bedeutung von *größer* in Kap. III.3.4.2 wie folgt paraphrasieren:

> Der **Komparativ *klein-er*** bezeichnet die Relation zwischen Graden g und Objekten x, die genau dann wahr ist, wenn die Größe von x weniger als g beträgt.

Zum Begriff

Die Beschreibung der Semantik von *kleiner* unterscheidet sich von der von *größer* damit nur darin, dass statt des Komparativs *mehr* der Komparativ *weniger* steht. Dies ist nach dem bereits Gesagten nicht überraschend, da *weniger* und *mehr* offenbar selbst konverse Prädikate sind, die Konversität der Komparative *kleiner* und *größer* (und entsprechend anderer Paare) also systematisch auf die Konversität von *weniger* und *mehr* zurückgeführt werden kann: *kleiner* ist also als *weniger groß* und *größer* als *mehr groß* aufzufassen.

Eine semantische Dekomposition von »wenig« und »weniger«

Zur Vertiefung

Diese Dekomposition von *kleiner* und *größer* lässt sich nun noch insofern fortführen, als man die Konversität der Komparative *weniger* und *mehr* explizit machen kann: Als Konverse von *mehr* ist *weniger* als eine Kombination aus *mehr* und einem Operator CONVERSE darstellbar, der Prädikate auf ihre konverses Gegenstück abbildet: *weniger* = CONVERSE(*mehr*). Insgesamt sind die Komparative *kleiner* und *größer* also wie (1) in darstellbar. Dabei ist nochmals zu betonen, dass der *Stamm* beider Komparative semantisch identisch ist (und nur phonologisch – analog zu *some* vs. *any* – anders realisiert wird).

(1) a. *größ-er* = [mehr [groß]]
     b. *klein-er* = [CONVERSE(mehr) [groß]]

Ein Argument für die Annahme eines solchen Operators lässt sich aus
Kennedys (1997) Beobachtung ableiten, dass nur die markierten Varianten
solcher Paare negative Polaritätselemente wie *jemals* lizenzieren können
(vgl. z. B. *Es wäre dumm/*klug von ihm, jemals seine Fehler zuzugeben*):
Nur in der Struktur der markierten Varianten existiert mit dem Operator
CONVERSE eine Form der Negation, die NPEs lizenzieren kann.

Ein weiteres Argument ergibt sich daraus, dass die Annahme des Operators CONVERSE eine Erklärung dafür liefern kann, wieso der Positiv markier-
ter Varianten wie *klein* (streng genommen) nicht mit expliziten Gradangaben vorkommen kann: Beim Positiv modifiziert der Operator CONVERSE
nicht den Komparativ *mehr*, sondern den Positiv *viel* und bildet diesen auf
das konverse Gegenstück *wenig* ab. Da *wenig* aber soviel wie *kleiner-gleich*
bedeutet, drückt ein Satz wie *Bernhard Hoëcker ist 159 cm klein* aus, dass
die (maximale) Größe von Bernhard Hoëcker höchstens 159 cm beträgt
(also kleiner-gleich 159 cm ist). Diese Behauptung wäre aber auch dann
korrekt, wenn Bernhard Hoëcker tatsächlich nur 145 cm groß wäre. Intuitiv ist der Satz in einer solchen Situation aber falsch.

Die Kombination von expliziten Gradangaben mit einer markierten Variante wie *klein* führt also systematisch zu falschen Wahrheitsbedingungen.
Wird dennoch eine explizite Gradangabe wie *159 cm* mit einer markierten
Variante verwendet, dann muss diese nochmals konvertiert und im Sinne
des unmarkierten Gegenstücks reinterpretiert werden.

Ist dies richtig, dann wird klar, dass für die Sinnrelation der (gradierbaren)
Antonymie nicht charakteristisch ist, dass etwa *klein* das Anfangsstück
einer Skala und *groß* das Endstück bezeichnet (beide ordnen in identischer
Weise einer Person ihre Größe zu), sondern dass das Antonym *klein* eine
andere Perspektive vermittelt als *groß*: Der Positiv *klein* kodiert die Information, dass die fragliche Größe unterhalb eines kontextuellen Standards
liegt, *groß*, dass sie oberhalb eines (nicht notwendig identischen) Standards liegt.

Nicht zuletzt bildet diese dekompositionale Analyse auch ab, dass *klein*
die markierte Variante von *groß* ist und nicht umgekehrt: Das Adjektiv
groß ist Ausgangspunkt für und Teil der semantischen Beschreibung von
klein und nicht umgekehrt. *Warum* das so ist (wir hätten es ja genauso gut
auch anders herum beschreiben können), hängt vermutlich mit unseren
kognitiven Dispositionen, mit einer Präferenz für ›aufsteigende Relationen‹
zusammen.

**Weiterführende
Literatur zu Kapitel
II.3**

Einen guten Überblick über alle deskriptiv relevanten Aspekte von Adjektiven kann man sich mit der Duden-Grammatik (2009, § 456ff) verschaffen. Vergleichsweise gut zugängliche Darstellungen der Semantik von Adjektiven und des damit verbundenen Phänomens der Vagheit liefern Kennedy (2006, 2011, 2012). Ein Klassiker in diesem Bereich ist von Stechow
(1984). Vor allem mit Dimensionsadjektiven setzen sich die Arbeiten in
dem Sammelband von Bierwisch/Lang (1989) auseinander.

Übungen

Materialientext (Friedrich Schlegel: *Allegorie von der Frechheit*, 1799)

»Sorglos stand ich in einem kunstreichen Garten an einem runden Beet, welches mit einem Chaos der herrlichsten Blumen, ausländischen und inländischen, prangte. Ich sog den würzigen Duft ein und ergötzte mich an den bunten Farben: aber plötzlich sprang ein häßliches Untier mitten aus den Blumen hervor. Es schien geschwollen von Gift, die durchsichtige Haut spielte in allen Farben und man sah die Eingeweide sich winden wie Gewürme. Es war groß genug, um Furcht einzuflößen; dabei öffnete es Krebsscheren nach allen Seiten rund um den ganzen Leib; bald hüpfte es wie ein Frosch, dann kroch es wieder mit ekelhafter Beweglichkeit auf einer unzähligen Menge kleiner Füße. Mit Entsetzen wandte ich mich weg: da es mich aber verfolgen wollte, faßte ich Mut, warf es mit einem kräftigen Stoß auf den Rücken, und sogleich schien es mir nichts als ein gemeiner Frosch. Ich erstaunte nicht wenig, und noch mehr, da plötzlich jemand ganz dicht hinter mir sagte: ›Das ist die öffentliche Meinung, und ich bin der Witz; deine falschen Freunde, jene Blumen sind schon alle welk.‹«

---

1. Identifizieren Sie im Materialientext zwei relationale und zwei qualifizierende Adjektive. Liegen im Fall von *allen* wie in *allen Farben* und/ oder im Fall von *unzähligen* wie in *einer unzähligen Menge* Zahladjektive vor? Begründen Sie Ihre Einschätzung.

---

2. Identifizieren Sie im Materialientext eine attributive, ein prädikative und eine adverbiale Verwendung eines Adjektivs und begründen Sie jeweils Ihre Klassifikation.

---

3. Ist das Adjektiv *rund* in *einem runden Beet* ein intersektives, ein relatives oder ein intensionales Adjektiv? Wie sieht das bei *hässlich* in *ein hässliches Untier* aus?

---

4. Gibt es im Materialientext Vergleichskonstruktionen? Wenn ja, sind sie über die Methoden der semantischen Beschreibung, wie sie hier eingeführt wurden, erfassbar?

---

5. Was bedeutet *nicht wenig* in *ich erstaunte nicht wenig* semantisch? Entspricht dies der Interpretation, die Sie diesem Ausdruck in diesem Kontext intuitiv geben würden?

4 Adverbien, Partikeln und Präpositionen

In den drei vorangegangenen Kapiteln haben wir zentrale Aspekte der Semantik von Verben, Nomina und Adjektiven diskutiert. Neben diesen drei Wortarten, die sich morphosyntaktisch insbesondere durch ihre Fähigkeit zur Flexion auszeichnen, gibt es natürlich noch weitere wichtige Wortarten wie z. B. Präpositionen, Adverbien, Partikeln oder Konjunktionen. Diese haben alle die Eigenschaft, dass sie der (heterogenen) Klasse der **Unflektierbaren** angehören. Aufgrund ihrer Fähigkeit zur Rektion werden Präpositionen häufig ebenfalls zu den Hauptwortarten gezählt.

Adverbien, Partikeln und Konjunktionen können topologisch definiert werden: Konjunktionen stehen entweder in der KOORD- oder in der C-Position (nach Höhle 1986), je nachdem ob sie koordinierend oder subordinierend sind. Partikeln und Adverbien können beide im Mittelfeld stehen, aber nur Adverbien auch im Vorfeld. Aufgrund der Heterogenität der Klasse der Unflektierbaren und der Vielzahl der Subklassen, die weitere semantische Differenzierungen mit sich bringen, ist es in einer Einführung unmöglich, diese Klassen alle detailliert darzustellen. Das Ziel dieses Kapitels ist daher vor allem, einen ersten Eindruck von zentralen Phänomenen in diesem Bereich zu vermitteln.

4.1 | Adverbien und Adverbiale

Adverb und Adverbial: Für das Folgende ist es sinnvoll, sich zunächst die Unterscheidung zwischen Adverb und Adverbial nochmals in Erinnerung zu rufen. Während Adverb eine Wortart, also eine syntaktische Kategorie bezeichnet, verweist der Begriff des Adverbials auf Wortgruppen, die in adverbialer Funktion verwendet werden. Das können neben Adverbien (1a), Adjektiv- (1b), Präpositional- (1c) und Nominalgruppen sein (1d).

(1)   a. *Xaver ist <u>schnellstens</u> zum IKEA gefahren.*
       b. *Xaver ist <u>schnell</u> zum IKEA gefahren.*
       c. *Xaver ist <u>auf die Schnelle</u> zum IKEA gefahren.*
       d. *Xaver ist <u>den ganzen Tag</u> zum IKEA gefahren.*

Da es hier primär um die semantische Charakterisierung adverbialer Ausdrücke geht, werden wir im Folgenden nicht weiter zwischen Adverbien und anderen Wortgruppen in adverbialem Gebrauch differenzieren.

Formen adverbialer Modifikation: Um einen ersten Eindruck zu bekommen, welche Formen adverbialer Modifikation zu differenzieren sind, betrachten wir zunächst das Beispiel in (2).

(2) »*Ganz ehrlich*, er hat sich *wahrscheinlich* einfach nichts dabei gedacht, *so spät in der Nacht* noch *hupend durch die Fußgängerzone* zu fahren. *Trotzdem* sollte man ihn dafür mal *so richtig* unter den Senkel stellen.«

Tatsächlich haben alle in (2) kursivierten Ausdrücke den Status eines Adverbs oder Adverbials, ihre Funktionen sind aber sehr unterschiedlich.

Verbbezogene Adverbiale: So liegen mit *durch die Fußgängerzone*, *so spät in der Nacht* und *hupend* **Lokal-**, **Temporal-** und **Modaladverbiale** vor, die den Ort, die Zeit bzw. die Art und Weise der Durchführung des vom Verb bezeichneten Ereignisses näher spezifizieren. Adverbiale dieser Art werden in der Literatur **verbbezogene** oder auch **ereignismodifizierende** Adverbiale genannt (vgl. z. B. Maienborn/Schäfer 2012).

Definition	Adverbiale, die relevante Aspekte des vom Verb bezeichneten Ereignisses näher spezifizieren, heißen **verbbezogen** bzw. **ereignismodifizierend**.

Was wir hier als verbbezogen und ereignismodifizierend bezeichnet haben, kann (und muss vielleicht) noch weiter differenziert werden. So wird z. B. das Adverbial *schnell* in dem Satz *wir brachen dann schnell auf* anders verstanden als in dem Satz *er fuhr zu schnell in die Kurve rein*. Nur im letzteren Satz wird *schnell* als ein Modaladverbial im engeren Sinne verwendet. Im ersten Satz hat es eher aspektuelle Funktion und drückt aus, dass das Ereignis des Aufbrechens zeitnah (und nicht hektisch) erfolgte (vgl. Pittner 1999).

Vertiefung

Weitere semantische Unterscheidungen

In den Kapiteln II.2.1.3 und II.2.1.4 wurde darauf hingewiesen, dass ereignismodifizierende Adverbiale nicht immer mit allen Formen des Ereignisbezugs (allen Aktionsarten) vereinbar sind bzw. in ihren möglichen Interpretationen von diesen abhängen. Als Adverbiale von besonderer Relevanz wurden dort **Kompletiv-** (*in einer Stunde*)·, **Durativ-** (*eine Stunde lang*) und **Punktadverbiale** (*um Mitternacht*) genannt. Ergänzt werden kann diese Liste durch **Initialadverbiale** (*seit einer Stunde*), die den Beginn eines Ereignisses markieren. Dies sind alles unterschiedliche Formen temporaler Modifikation.

Bei den Lokaladverbialen sind vor allem zwei Formen zu unterscheiden: **Ortsadverbiale** (*im Stadion, dort*), die einen (statischen) Gegenstand an einem Ort lokalisieren, sowie **Direktionaladverbiale** (*ins Stadion, dorthin*), die den Pfad eines bewegten (dynamischen) Gegenstandes näher beschreiben.

Die Klasse der Modaladverbiale wird nicht selten weiter differenziert in

Adverbiale der **Art und Weise** (*schnell*, *lärmend*), **Instrumentaladverbiale** (*mit dem Hammer*) und **subjektorientierte** Adverbiale (*freiwillig*, *gern*, *absichtlich*), die eine bestimmte Haltung des (syntaktischen) Subjekts zum realisierten Sachverhalt deutlich machen.

Kausale Adverbiale

Vertiefung

Häufig werden unter die verbbezogenen Adverbiale auch noch verschiedene Formen (im weiteren Sinne) kausaler Beziehungen gefasst (vgl. z. B. Duden-Grammatik 2009, § 1190 ff.), darunter die echt **kausalen** Adverbiale (*wegen des schlechten Wetters*, *ihretwegen*, *gesundheitshalber*), **finale** Adverbiale (*um nicht zu spät zu kommen*), **konditionale** Adverbiale (*bei schönem Wetter* wie beispielsweise in dem Satz *Bei schönem Wetter gehe ich joggen*) und auch **konzessive** Adverbiale (*trotz aller Widerstände*). Während bei Temporal-, Lokal- und Modaladverbialen (vielleicht mit Ausnahme der subjektorientierten Modaladverbiale) unmittelbar einsichtig ist, dass sie relevante Aspekte des vom Verb bezeichneten Ereignisses näher spezifizieren, kann man das für die kausalen Adverbiale durchaus kritisch sehen. So wird Kausalität (im engeren Sinne) in der Literatur zwar meist als eine Beziehung zwischen Ereignissen aufgefasst (z. B. Lewis 1973), an nicht wenig prominenter Stelle aber auch als eine Beziehung zwischen Propositionen (Dowty 1979). Letztere Auffassung könnte sich vor allem dann als fruchtbar erweisen, wenn man Fälle ›echter‹ Kausalität auf verwandte Formen (wie oben genannt, aber auch evidenzielle oder sprechaktbezogene, s. Kap. III.2.3) generalisieren möchte. An dieser Stelle können wir auf diese Problematik leider nur hinweisen.

Satzbezogene Adverbiale: Davon zu unterscheiden sind Adverbiale wie das **epistemische** Satzadverb *wahrscheinlich*, das nicht das fragliche Ereignis näher spezifiziert, sondern die gesamte Aussage des Satzes, dessen Proposition, relativiert. Adverbiale dieser Art kann man als **satzbezogen** oder auch als **propositionsmodifizierend** bezeichnen. Eine gängigere Bezeichnung ist die des **Satzadverbs** oder Satzadverbials.

> Adverbiale, die die Proposition eines Satzes modifizieren, heißen **satzbezogen** bzw. **propositionsmodifizierend**.

Definition

Ein weiteres propositionsmodifizierendes Adverbial ist das Satzadverb *natürlich*, das eine **evaluative** Einstellung des Sprechers zur Proposition zum Ausdruck bringt.

Äußerungsbezogene Adverbiale: Neben den verb- und den propositionsbezogenen Adverbialen gibt es auch noch Adverbiale, die sich auf den Sprechakt einer Äußerung beziehen. So betont das Adverbial *ganz ehrlich* in unserem Beispiel die behauptende Kraft des assertiven Sprechakts und in Interrogativsätzen – *Ganz ehrlich, hättest du gedacht, dass er so was macht?* – die Aufrichtigkeit der Antwort auf die gestellte Frage.

<table>
<tr><td>Definition</td><td>Adverbiale, die den Sprechakt einer Äußerung eines Satzes modifizieren, heißen **äußerungsbezogen** bzw. **sprechaktmodifizierend**.</td></tr>
</table>

Damit haben wir drei Ebenen der Modifikation kennengelernt: das Ereignis (eines Verbs), die Proposition (eines Satzes) und den Sprechakt (einer Äußerung). Die genannten Adverbiale sind dabei meist auf genau eine dieser Verwendungen eingeschränkt. So kann das Satzadverbial *wahrscheinlich* kein Ereignis modifizieren und das Sprechaktadverbial *ganz ehrlich* keine Proposition.

Rahmenadverbiale: Lokal- und Temporaladverbiale dagegen können auch eine andere Funktion einnehmen, sie können den Geltungsbereich einer Proposition einschränken, vgl. (3). In diesem Fall spricht man auch von **rahmensetzenden** oder **Ramenadverbialen** (englisch »frame adverbials«). In diese Klasse gehören ebenfalls Ausdrücke wie *körperlich* oder *aus sprachwissenschaftlicher Perspektive*, vgl. (4).

(3) a. *In der Schule habe ich immer zu den Besten gehört.*
     b. *In seiner Kindheit hat Hannes vor allem Punk gehört.*
(4) a. *Körperlich bringt er die besten Voraussetzungen mit.*
     b. *Aus sprachwissenschaftlicher Perspektive ist das völlig egal.*

Konjunktionaladverbiale: Eine weitere wichtige adverbiale Kategorie stellt die Klasse der Konjunktionaladverbiale dar (in Beispiel (2) durch das konzessive *trotzdem* vertreten), die sich (so sagt man) von den obigen Adverbialen dadurch unterscheiden, dass sie nicht ein einzelnes Objekt (ein Ereignis, eine Proposition, einen Sprechakt) modifizieren, sondern eine Beziehung zwischen zwei Objekten (Propositionen, Sprechakten) herstellen. So wird z. B. durch *trotzdem* kommuniziert, dass man den im syntaktisch modifizierten Satz ausgedrückten Sachverhalt unter Annahme der Geltung einer zuvor geäußerten Proposition nicht erwartet hätte, diese aber dennoch zutrifft. Neben solchen konzessiven gibt es auch temporale (*dann*) oder kausale (*deswegen*) Konjunktionaladverbiale.

<table>
<tr><td>Definition</td><td>Adverbiale, die eine Beziehung zwischen entweder Propositionen oder Sprechakten zum Ausdruck bringen, heißen **Konjunktionaladverbiale**.</td></tr>
</table>

Konjunktional-
adverbiale und
Diskursanaphern

Hinzuweisen ist aber darauf, dass die Mehrzahl der als Konjunktionaladverbiale bezeichneten Adverbiale einen pronominalen Ausdruck enthalten (wie *trotz›dem‹* oder *›des‹wegen*), der anaphorisch einen zuvor geäußerten Sachverhalt aufgreift und gemeinsam mit der Präposition z. B. einen Grund für die Geltung der modifizierten Proposition (bzw. für die Realisierung des Ereignisses) aussagt. In diesem Sinne unterscheiden sich diese Adverbiale nicht wesentlich von den oben diskutierten (einstelligen) kausalen Adverbialen (wie *trotz des schlechten Wetters* oder *wegen des Staus auf der A8*) und weisen auch vergleichbare Subklassen auf. Als im eigentlichen Sinne relational können dagegen nur Konjunktionaladverbien wie *folglich* bezeichnet werden.

Der Vollständigkeit halber seien schließlich noch **graduierende** Verwendungen wie *so* in *so richtig unter den Senkel stellen* erwähnt, s. hierzu das folgende Kapitel (für eine ausführliche Klassifikation aller Gebrauchsweisen adverbialer Ausdrücke vgl. Duden-Grammatik 2009, 845; Maienborn/Schäfer 2012, 1402, und Pittner 1999).

4.2 | Partikeln

Selbst im Vergleich zu der Klasse der Adverbien und Adverbiale ist die Klasse der Partikeln als sehr heterogen zu bezeichnen. Auch hier muss für einen vollständigen Überblick auf die einschlägige Literatur verwiesen werden (z. B. Duden-Grammatik 2009, § 870 ff.; Helbig 1994). Wir werden uns daher im Folgenden auf die Partikelarten beschränken, die in semantischer Hinsicht von besonderem Interesse sind.

4.2.1 | Die Steigerungspartikel

Im Zusammenhang mit (2) wurde bereits angedeutet, dass Adverbien und Adverbiale auch in graduierender Funktion vorkommen können (*so* in *so richtig*). Ein weiteres Beispiel ist *sehr* in *er bedauert sein Verhalten sehr*. In diesem Fall spricht man von einer **Steigerungs-** oder auch **Intensivierungspartikel**. Steigerungspartikeln sind in ihrer Kategorie nicht festgelegt, es können Adverbien (wie *sehr*) oder Adjektive (wie *voll*) sein, in Ausnahmefällen können selbst Nomina (wie *sau*) oder Präpositionen (wie *bis zu*) vorkommen. Einige Steigerungspartikeln (wie *ziemlich*) können nur in dieser Funktion verwendet werden.

> **Steigerungspartikeln** modifizieren skalierbare Ausdrücke und verschieben deren Geltung auf der einschlägigen (semantischen, kognitiven) Skala (nach oben).

Zum Begriff

Steigerungspartikeln modifizieren typischerweise graduierbare Adjektive (5a) und graduierbare Adverbien (5b), sie können aber durchaus auch Verben (5c) oder sogar die Negation *nicht* betreffen (5d).

(5) a. *Er hat sich ihm gegenüber <u>ziemlich</u> unverschämt verhalten.*
   b. *Er trifft seine Freunde <u>sehr</u> oft. / Er macht das <u>ziemlich</u> gern.*
   c. *Sie lieben sich <u>wahnsinnig</u>.*
   d. *Das habe ich mir <u>überhaupt</u> nicht so vorgestellt.*
   e. *Das ist <u>voll</u> krass. / Das ist <u>sau</u> gut. / Das ist <u>echt</u> cool.*

Dabei machen sich Steigerungspartikeln zunutze, dass bei den modifizierten Ausdrücken bereits ein Skalenbezug in ihrer lexikalischen Semantik angelegt (z. B. bei graduierbaren Adjektiven, s. Kap. II.3) oder eine skalierbare Dimension kognitiv zugänglich ist (bei nicht graduierbaren Adjektiven wie *schwanger*, bei Verben oder bei der Negation). Insgesamt ist der Bereich der Steigerungspartikeln ›voll krass‹ produktiv, vgl. (5e).

4.2.2 | Die Modalpartikel

Ein charakteristisches Phänomen des Deutschen ist die häufige Verwendung von Modal- bzw. **Abtönungspartikeln** vor allem im Gesprochenen. Die zentrale Funktion von **Modalpartikeln** (der auch anzutreffende Begriff **Diskurspartikel**, vgl. Zimmermann 2012, wird hier vermieden, um Verwechslungen mit z. B. diskurseröffnenden Konjunktionen zu vermeiden) besteht darin, die Einstellung des Sprechers zur nicht-modalisierten Proposition zu kommunizieren, vgl. (6).

Zum Begriff

> **Modalpartikeln** sind Partikeln, die eine Einstellung des Sprechers zum propositionalen Gehalt des Satzes zum Ausdruck bringen.

(6) a. *Ein G7-Gipfel kostet halt viel Geld.*
b. *Komm doch morgen zu uns zum Abendessen!*
c. *Du hast ja recht! / Komm mir JA nicht zu nahe!*
d. *Xaver ist eben ein ewiger Hallodri!*

In (6a) modifiziert die Modalpartikel *halt* die Proposition, dass ein G7-Gipfel viel Geld kostet. Diese Proposition wird dabei vom Sprecher als unvermeidlich, als hinzunehmen dargestellt. Wie viele Modalpartikeln kann *halt* nicht mit allen Sprechakten (bzw. Satztypen) konstruieren (vgl. z. B. **Kostet ein G7-Gipfel halt viel Geld?*), sondern ist im Wesentlichen auf Deklarative und Imperative (*Dann geh halt in die USA!*) beschränkt.

Nicht in diesem Maße eingeschränkt ist die Modalpartikel *doch*. Diese kann in derselben Art wie *halt* verwendet werden (*Dann geh doch in die USA!*), ist insgesamt jedoch als Modalpartikel flexibler. So schwächt *doch* beispielsweise in (6b) die Aufforderung, morgen zum Abendessen zu kommen, zu einem Vorschlag ab. An *doch* lässt sich außerdem sehr gut illustrieren, dass Modalpartikeln aufgrund von polysemen Varianten nicht immer einfach zu identifizieren sind. So findet *doch* als Konjunktion (7a), als Konjunktionaladverb (7b), als Antwortpartikel (7c) und als Modalpartikel (7d) Verwendung.

(7) a. *Xaver wollte nach Harvard. Doch er hat sich dagegen entschieden.*
b. *Xaver konnte nach Harvard. Und doch hat er sich dagegen entschieden.*
c. *Ist Xaver etwa nicht nach Harvard? Doch, natürlich ist er hin.*
d. *Letztlich hat sich Xaver doch für Harvard entschieden.*

Das *doch* in (7d) ist dabei nochmals von den bereits oben angesprochenen Varianten zu unterscheiden und drückt aus, dass die modifizierte Proposition bereits früher einmal Thema war und bis zum Zeitpunkt der Äußerung als die unwahrscheinlichere Variante galt.

Die Modalpartikel *ja* in (6c) illustriert eine weitere zentrale Eigenschaft von Modalpartikeln: Im Allgemeinen sind Modalpartikeln unbetont. Dass es betonbare Varianten gibt, zeigt ebenfalls (6c). Es zeigt sich aber auch, dass die betonte Variante eine andere Bedeutung trägt (vgl. aber Meibauer 1993): Während betontes *ja* (in diesem Beispiel) durch *bloß* paraphrasierbar ist, drückt unbetontes *ja* eine hohe Erwartbarkeit der Geltung der Proposition aus. Die Modalpartikel *eben* in (6d) ist in dieser Hinsicht noch stärker einzuordnen, sie markiert die Proposition als eigentlich bereits von allen als wahr akzeptierte Aussage, die aber nochmals in Erinnerung gerufen bzw. betont werden soll.

Dies ist nur ein kleiner Ausschnitt aus der Klasse der Modalpartikeln und aus möglichen Interpretationen. Da die Interpretation von Modalpartikeln nicht Teil des propositionalen Gehalts, einstellungsbezogen und sehr variabel ist, sind Modalpartikeln ein Stolperstein für den Zweitspracherwerb. Besonders gut nachzuvollziehen ist das selbst für Muttersprachler, wenn man erklären soll, worin genau die Bedeutung der zu *ja wohl* geclusterten Modalpartikeln *ja* und *wohl* in (8a) besteht, was der Unterschied zu den beiden Beispielen in (8b) ist und warum die umgekehrte Reihenfolge (meist) nicht möglich ist (8c).

(8)   a. *Der ist ja wohl verrückt!*
       b. *Der ist ja / wohl verrückt!*
       c. **Der ist wohl ja verrückt!*

Modalpartikeln sind ein vieldiskutiertes Thema (ausführliche Darstellungen finden sich u. a. in Müller 2014a, b; Zimmermann 2012; Coniglio 2011; Autenrieth 2002; Meibauer 1994; Thurmair 1989 und Weydt 1977).

4.2.3 | Die Fokuspartikel

Im Gegensatz zu Modalpartikeln verändern Fokuspartikeln systematisch den propositionalen Gehalt eines Satzes. Wie die Interpretation des Satzes dabei verändert wird, hängt wesentlich davon ab, welcher Teil des Satzes **fokussiert** wird. Fokussierung wird im Deutschen durch Akzentsetzung angezeigt (die allerdings nicht in allen Fällen eindeutig ist).

> Der Beitrag von **Fokuspartikeln** zum propositionalen Gehalt eines Satzes variiert systematisch mit der Wahl der fokussierten (und akzentuierten) Konstituente.

Zum Begriff

Hier ist nicht der Ort, um die gesamte Fokustheorie zu entwickeln (die auch eher in eine Einführung in die Pragmatik gehört), aber der Grundgedanke soll zumindest angedeutet werden: Wird in (9a) *eine Kollegin* fokussiert, dann trägt *Kollegin* einen Fokusakzent und ist kontrastiv zu interpretieren: nur eine Kollegin und nicht z. B. eine Freundin. Wird dagegen alleine das Numeral *eine* fokussiert, dann verändert sich die Interpretation schlagartig: nur eine Kollegin, nicht zwei oder drei; vgl. (9b).

(9) a. *Xaver hat nur [eine KoLLEgin] zum Kaffee eingeladen.*
     b. *Xaver hat nur [EIne] Kollegin zum Kaffee eingeladen.*
(10) a. *Xaver hat [eine KoLLEgin] zum Kaffee eingeladen.*
     b. *Xaver hat [EIne] Kollegin zum Kaffee eingeladen.*

Da Kontrastfokus auch unabhängig von Fokuspartikeln möglich ist, vgl. (10), wurde in der Literatur früh vorgeschlagen, dass fokussierte Konstituenten generell Alternativen evozieren und Fokuspartikeln (in welcher Weise auch immer) Zugriff auf diese Alternativen bekommen und Aussagen über ihre Geltung machen können (vgl. z. B. Rooth 1992). Nehmen wir z. B. an, dass der Fokus *eine Kollegin* mit den Alternativen *eine Verwandte* und *eine Freundin* kontrastiert, dann kann (9a) mitsamt dem Kontrasteffekt in etwa wie in (11) dargestellt werden (wobei die Alternativen, die nicht Teil des Satzes sind, blau markiert sind).

eine Freundin

(11) *Xaver hat nur*   *eine Kollegin*   *zum Kaffee eingeladen*

eine Verwandte

Die Bedeutung von *nur* kann nun in etwa so beschrieben werden, dass ein Satz wie (11) die Information kommuniziert, dass (a) Xaver eine Kollegin zum Kaffee eingeladen hat, dies aber (b) für keine der (kontextuell salienten) Alternativen (Freundin, Verwandte) zutrifft. Mit anderen Worten: Die Fokuspartikel *nur* schließt alle relevanten Alternativen zu der (Referenz der) fokussierten Konstituente aus, sie ist in diesem Sinne **restriktiv**. Weitere Beispiele restriktiver Fokuspartikeln sind *lediglich, ausschließlich, alleine, einzig*.

Zum Begriff

> **Restriktive** Fokuspartikeln schließen – mit Ausnahme der (Referenz der) fokussierten Konstituente – alle kontextuell salienten Alternativen aus.

Die Fokuspartikel *auch* ist dagegen als **additiv** zu charakterisieren. Sie drückt in diesem Kontext aus, dass (a) Xaver eine der kontextuellen Alternativen zu *eine Kollegin* (also eine Freundin oder eine Verwandte) eingeladen hat und er (b) darüber hinaus eine Kollegin eingeladen hat. Ein weiteres Beispiel für ein additive Fokuspartikel wäre *ebenfalls*.

eine Freundin

(12) *Xaver hat auch*   *eine Kollegin*   *zum Kaffee eingeladen*

eine Verwandte

> **Additive** Fokuspartikeln schließen – neben mindestens einer der kontextuell salienten Alternativen – die fokussierte Konstituente explizit ein.

Zum Begriff

Fokuspartikeln, Assertion und Präsupposition

Zur Vertiefung

Bei der Charakterisierung des Bedeutungsbeitrags der Fokuspartikeln *nur* und *auch* ist auffällig, dass immer zwei Bedingungen unterschieden werden: eine Bedingung, die die (Referenz der) fokussierte(n) Konstituente betrifft (die **Fokusbedingung**), und eine Bedingung, die die Alternativen betrifft (die **Alternativenbedingung**). Tatsächlich haben beide Bedingungen je unterschiedlichen Status (vgl. z. B. Meibauer et al. 2015, 230). Im Fall von *nur* wird die Fokusbedingung präsupponiert (sie ist eine Vorbedingung für die Assertion) und die Alternativenbedingung assertiert (also behauptet). Deutlich wird dies beim Fragetest: Wird (11) in eine Frage umformuliert (*Hat Xaver nur eine KoLLEgin eingeladen?*), dann wird nicht in Frage gestellt, dass Xaver eine Kollegin zum Kaffee eingeladen hat. Dieses Verhalten ist typisch für Präsuppositionen. Es wird aber in Frage gestellt, dass er sonst niemanden eingeladen hat. Dies ist typisch für den ›assertiven‹ Gehalt. Im Fall von *auch* verhält es sich genau umgekehrt: Die Fokusbedingung wird assertiert und die Alternativenbedingung wird präsupponiert. Dies wird wieder über den Fragetest deutlich: Die Frage *Hat Xaver auch eine KoLLEgin eingeladen?* setzt voraus, dass Xaver bereits jemanden eingeladen hat, der unter die Alternativen fällt, und fragt, ob dasselbe für eine Kollegin gilt. Dieses Verhalten restriktiver und additiver Partikeln ist in die obigen Charakterisierungen indirekt eingeflossen.

Die Fokuspartikeln *auch* und *nur* haben gemeinsam, dass sie im Wesentlichen quantifikationellen Charakter haben, sie beinhalten also keine Wertung des Sprechers (vgl. aber Hole 2015, § 2.3). (Man beachte aber, dass *auch* und *nur* auch als Modalpartikeln vorkommen können und als solche sehr wohl eine Sprechereinstellung kommunizieren.) Dies ist bei der (ebenfalls additiven) Fokuspartikel *sogar* nicht der Fall. Hier wird ausgedrückt, dass (a) Xaver *auch* eine KoLLEgin eingeladen hat und (b) der Grad der Erwartbarkeit (mindestens für den Sprecher) im Vergleich zu den kontextuell salienten Alternativen ziemlich gering ist. Aufgrund des impliziten Skalenbezugs spricht man hier von **skalaren** Fokuspartikeln.

(13) *Xaver hat sogar*   *eine Freundin* / *eine Kollegin* / *eine Verwandte*   *zum Kaffee eingeladen*

> **Skalare** Fokuspartikeln verorten die (Referenz der) fokussierte(n) Konstituente relativ zu deren Alternativen auf einer Skala der Erwartbarkeit am oberen (*nicht einmal*) oder unteren (*sogar, selbst*) Ende dieser Skala.

Zum Begriff

Die Fokuspartikeln stellen für die semantische Literatur eine besondere Herausforderung dar, da keineswegs offensichtlich ist, in welcher Weise hier Fokus (Alternativenbezug) und Partikel miteinander interagieren. Die klassische Auffassung ist, dass die fokussierte Konstituente (*covert*) zur Fokuspartikel bewegt wird (vgl. z. B. Chomsky 1977). Neuere Theorien (vor allem Rooth 1992) gehen davon aus, dass die **Assoziation mit Fokus** indirekter vor sich geht: Fokuspartikeln, so die Annahme, beinhalten als Quantoren eine kontext-abhängige Restriktion, die anaphorisch auf die durch den Fokus erzeugte Alternativenmenge (oder eine Teilmenge davon) festgelegt wird. Eine weitere wichtige Tradition besteht darin, Fokuspartikeln als Quantoren über spezifische Ereignisse aufzufassen (vgl. z. B. Herburger 2000 oder Beaver/Clark 2008).

4.2.4 | Die Negationspartikel

Eigentlich sollte man nicht meinen, dass ein so kleines Wort wie *nicht* einen eigenen Abschnitt rechtfertigen kann. Tatsächlich zeichnet sich die Negation aber dadurch aus, dass sie mit vielen anderen Ausdrücken interagiert und auf die verschiedensten Bedeutungsebenen Bezug nehmen kann, und ist so für die Forschung von zentralem Interesse.

Die Satznegation

Ausgangspunkt für die semantische Beschreibung der Negation *nicht* ist in der Regel die Feststellung, dass die Negation den Wahrheitswert eines Satzes umkehrt:

Zum Begriff

> Die **Negation** eines Satzes S ist wahr, wenn S falsch ist, und falsch, wenn S wahr ist.

Dies ist die Definition der **Satznegation**. Im Deutschen können aber natürlich nicht nur Sätze, sondern auch kleinere Einheiten wie Verbal- oder Präpositionalgruppen negiert werden:

(14) a. *Xaver hat nicht zuhause gearbeitet (sondern war im Freibad).*
　　 b. *Xaver hat zuhause nicht gearbeitet (sondern einen Roman gelesen).*
　　 c. *Xaver hat nicht zuhause gearbeitet (sondern an der Uni).*
　　 d. *Nicht Xaver hat zuhause gearbeitet (sondern seine Frau Elena).*

In manchen Fällen können die Negationen in (14) auf die Definition der Satznegation zurückgeführt werden (vgl. Rooth/Partee 1987), in anderen scheint dies aber zumindest nicht offensichtlich. So gibt es für das Deutsche gute Gründe anzunehmen, dass die Negation *nicht* in (14d) den Eigennamen *Xaver* modifiziert. Aber was heißt es, einen Eigennamen zu negieren? Hier könnte man argumentieren, dass man (mit Gottfried Wilhelm Leibniz, dem vielleicht letzten Universalgelehrten) eine Person mit der Menge ihrer Eigenschaften identifizieren kann. Unter dieser Annahme kann die Negation diese abstrakte Menge formal negieren und eine Rückführung auf die Satznegation ist sogar in diesem Fall möglich.

Negation und Skopus

Das Beispiel in (14e) illustriert gleichzeitig, dass wir im Allgemeinen zwischen einem **syntaktischen Wirkungsbereich** und einem **semantischen Wirkungsbereich** (Skopus) eines sprachlichen Ausdrucks unterscheiden müssen. Syntaktisch modifiziert die Negation *nicht* in (14e) nur *Xaver*, semantisch negiert sie aber den gesamten Satz.

> Unter dem syntaktischen Skopus eines sprachlichen Ausdrucks verstehen wir dessen syntaktischen Wirkungsbereich, in der Regel seine Schwesterkonstituente.
> Unter dem semantischen Skopus eines sprachlichen Ausdrucks verstehen wir dessen semantischen Wirkungsbereich, also den Bereich eines Satzes, der durch den Ausdruck inhaltlich modifiziert (bzw. von diesem beeinflusst) wird.

Zum Begriff

Letzteres mag durch den Kontrastfokus auf *Xaver* und dem damit verbundenen inhaltlichen Kontrast mit Xavers Frau Elena intuitiv nicht unmittelbar klar sein. Der Kontrasteffekt geht aber wie im letzten Abschnitt gesehen nur indirekt auf die Negation zurück und ist primär ein Resultat der Fokussierung. (Dieses Beispiel zeigt also auch, dass sich die Negation wie eine Fokuspartikel verhalten kann. Man spricht dann von **replaziver Negation**; vgl. Jacobs 1983, 1991). Deutlicher wird dies vielleicht mit der Paraphrase in (15b), bei der der semantische Skopus mit dem syntaktischen Skopus zusammenfällt.

(15) a. *Nicht Xaver hat zuhause gearbeitet (sondern seine Frau Elena).*
  b. *Es ist nicht der Fall, dass Xaver zuhause gearbeitet hat (sondern …)*

Von besonderer Wichtigkeit ist der Begriff des semantischen Skopus bei der Interaktion mit anderen skopusrelevanten Ausdrücken wie z. B. Quantoren (s. Kap. II.2.4) oder Modalverben (s. Kap. II.1.6.2). Hier spricht man auch von **Skopusambiguitäten**. Zwei in der Literatur viel diskutierte Beispiele seien hier in (16) und (17) angeführt:

(16) *Alle Kolleginnen hat Xaver nicht eingeladen.*
  a. Xaver hat einige, aber nicht alle Kolleginnen eingeladen
  b. Xaver hat tatsächlich gar keine der Kolleginnen eingeladen.
(17) *Annalena darf nicht Fahrrad fahren.*
  a. Jemand hat Annalena verboten, mit dem Fahrrad zu fahren.
  b. Was Annalena darf, ist, nicht mit dem Fahrrad zu fahren.

Liegt in (16) ein starker Akzent auf *alle*, dann erhält man für (16) die Lesart in (16a). Diese Lesart kann auch paraphrasiert werden als *es ist nicht der Fall, dass Xaver alle Kolleginnen eingeladen hat*. Bei dieser Paraphrase wird deutlich, dass zuerst die Negation *nicht* und erst dann der Quantor *alle* verarbeitet wird, also der Quantor *alle* in den (semantischen) Wirkungsbereich von *nicht* fällt. Man spricht auch davon, dass *nicht* Skopus über *alle* hat. Wird (16) weitgehend neutral ausgesprochen (was zugegebenermaßen schwer fällt), dann erhält man die Lesart in (16b). Diese kann paraphrasiert werden als *Für alle Kolleginnen gilt, dass Xaver sie nicht eingeladen hat.* Hier sieht man an der Paraphrase, dass der Quantor *alle* nun Skopus über die Negation *nicht* hat. Ohne den desambiguierenden Faktor der Intonation ist (17) also semantisch mehrdeutig und diese Mehrdeutigkeit geht (sehr wahrscheinlich) auf das Skopusverhalten der beteiligten Ausdrücke zurück.

Ähnlich sieht es im Fall von (17) aus. Die skopus-relevanten und interagierenden Ausdrücke sind hier die Negation *nicht* und das Modalverb *dürfen*. Die naheliegende Lesart ist hier die in (17a). Die Paraphrase (*es ist nicht der Fall, dass Annalena Fahrrad fahren darf*) zeigt, dass in diesem Fall die Negation *nicht* Skopus über das Modalverb hat. Unter der Lesart (17b) dagegen hat das Modalverb Skopus über die Negation. Auch in diesem Fall kann die Intonation desambiguieren: Bei neutraler Betonung erhält man Lesart (17a), bei einer Art Doppelpunktbetonung (*Annalena darf: nicht Fahrrad fahren*) die Lesart in (17b) (die zugänglicher wird, wenn man weiß, dass sie Radfahren hasst).

Negation und Antwortpartikel

Betrachtet man die Interpretation der Negation *nicht* in Interrogativsätzen, dann ist ein überraschendes Phänomen zu beobachten, das vor allem an den Antworten deutlich wird:

(18) *Hat Xaver Annalena nicht zum Kaffee eingeladen?*
    a. *Nein*. (Er hat Annalena nicht zum Kaffee eingeladen.)
    b. *Doch*. (Er hat Annalena zum Kaffee eingeladen.)
(19) *Hat Xaver Annalena zum Kaffee eingeladen?*
    a. *Ja*. (Er hat Annalena zum Kaffee eingeladen.)
    b. *Nein*. (Er hat Annalena nicht zum Kaffee eingeladen.)

Ausgehend von (19) ist man versucht, die Antwortpartikel *nein* als eine Form der Negation *nicht* zu analysieren, da mit *nein* der propositionale Gehalt der Frage negiert wird, vgl. (19b). Die Antwort *ja* dagegen ist rein affirmativ, semantisch vermutlich bedeutungslos. Betrachtet man nun aber die Antwort *nein* auf eine negative Frage, vgl. (18a), dann scheint *nein* in diesem Fall wie *ja* bei einer positiven Frage zu funktionieren: Der propositionale Gehalt der Frage wird (inklusive der Negation) bestätigt. Die verneinende Funktion hat in diesem Fall die Antwortpartikel *doch*. Nun ist es aber fragwürdig anzunehmen, dass *nein* in dem einen Fall eine Negation bedeutet, in dem anderen Fall jedoch semantisch leer ist.

Antwortpartikel
und Kontextbezug
Rein deskriptiv stellt sich die Situation wie folgt dar: Die Antwortpartikel *nein* kann nur dann vorkommen, wenn die entsprechende ausformulierte und satzwertige Antwort die Negation *nicht* enthält, sonst wird *ja* oder *doch* verwendet. Und der Unterschied zwischen *ja* und *doch* besteht darin, dass bei *doch* die vorangegangene Frage negiert sein muss, bei *ja*

dagegen nicht negiert sein darf. Die Wahl der Antwortpartikel scheint damit nicht von der Semantik der Antwortpartikel abzuhängen, sondern von der Art des Kontexts.

Dies legt nahe, *alle* Antwortpartikeln – ob *ja*, *nein* oder *doch* – als semantisch im Wesentlichen bedeutungslos aufzufassen und die Wahl von den Kontexten steuern zu lassen, in denen die Antwortpartikeln vorkommen, also (a) der positiven oder negativen Polarität der Frage und (b) der positiven oder negativen Polarität der (satzwertigen) Antwort, für die die Antwortpartikel inhaltlich steht (vgl. z. B. Reich 2003).

Auf diese Weise wird das eingangs geschilderte Problem aufgelöst: Die Antwortpartikel *nein* steht immer für einen negierten Satz, der auf eine positiv formulierte Frage als Widerspruch und auf eine negativ formulierte Frage als Zustimmung zu interpretieren ist. Darüber hinaus läuft man nicht Gefahr, dass sich die Negation *nicht* und die Partikel *nein* in einer Frage/Antwort-Sequenz wie (18a) gegenseitig aufheben.

Eine weitere Möglichkeit, das eingangs geschilderte Problem aufzulösen, besteht in der Annahme, dass die Negation *nicht* in (18) nicht den Status einer Negation, sondern den einer Modalpartikel hat. Auch diese Analyse hat durchaus etwas für sich, da bei negierten Fragen wie (18) in der Tat eine Sprechereinstellung kommuniziert wird: Der Sprecher hätte eigentlich erwartet, dass Xaver Annalena zum Kaffee eingeladen hat.

Positive und negative Polaritätselemente

Im letzten Abschnitt wurde bereits angedeutet, dass das Vorkommen sprachlicher Ausdrücke durch die Art des Kontextes eingeschränkt sein kann. Tatsächlich ist die Negation bekannt dafür, dass sie derartige Kontexte kreieren kann. So kann z. B. das Modalverb *brauchen* nur gemeinsam mit einer Negation auftreten und diese hat dann Skopus über das Modalverb, vgl. (20). Man spricht dann auch von einem **negativen Polaritätselement** (NPE). Weitere NPEs sind *sonderlich, jemals* oder idiomatische Wendungen wie *einen Finger krümmen*.

(20) *Annalena braucht nicht Rad zu fahren.*
    a. Es ist nicht der Fall, dass Annalena Rad fahren muss.
    b. #Was Annalena braucht, ist, nicht Rad zu fahren.

Starke und schwache Polaritätselemente Zur Vertiefung

Genaugenommen wird in der Literatur zwischen starken und schwachen negativen Polaritätselementen unterschieden. Starke negative Polaritätselemente kommen tatsächlich nur im Skopus der Negation vor. Dazu gehört das Modalverb *brauchen*. Daneben gibt es aber auch Ausdrücke wie *jemals*, die auch in Fragen oder im Antezedens eines Konditionals vorkommen können. Es liegt nicht auf der Hand, welche Eigenschaft diese Kontexte alle gemeinsam haben. Inzwischen scheint sich aber weitgehend die Auffassung durchgesetzt zu haben, dass alle diese Kontexte **nicht veridikal** sind, d. h. dass die Geltung des propositionalen Gehalts noch als offen betrachtet wird (vgl. z. B. Giannakidou 2011).

Definition

> (Stark) **negative Polaritätselemente** sind Ausdrücke, die auf negative Kontexte beschränkt sind, die im (semantischen) Skopus einer Negation stehen müssen.
>
> (Stark) **positive Polaritätselemente** sind Ausdrücke, die auf positive Kontexte beschränkt sind, die nicht im (semantischen) Skopus einer Negation stehen dürfen.

Positive Polaritätselemente (PPE), die nur in positiven Kontexten vorkommen, sind im Deutschen eher selten, als potentielle Beispiele kann man *ziemlich* (als Steigerungspartikel) oder *schon* (als Temporaladverb) nennen.

Mehrfache Negation

Im Allgemeinen tritt in einem Satz, wenn überhaupt, nur eine Negation auf. Grundsätzlich ist es aber natürlich möglich, in einem Satz mehrere Negationen unterzubringen: So wird mit dem Satz *Kein Mensch will nicht viel Geld verdienen* ausgesagt, dass jeder Mensch (natürlich) viel Geld verdienen möchte. Die beiden Negationen heben sich also gegenseitig auf.

Nun gibt es aber auch Fälle mehrfacher Negation, bei denen sich die negativen Ausdrücke nicht gegenseitig aufheben, sondern gemeinsam (im Wesentlichen) wie eine einzelne Negation verstanden werden. In diesen Fällen spricht man von **pleonastischer Negation** oder auch von »**Negative Concord**« (vgl. z. B. Labov 1972). Das Auftreten pleonastischer Negationen ist ein stark register- und varietätenabhängiges Phänomen und im Deutschen vor allem in Dialekten anzutreffen. Hier ein Beispiel aus dem Bairischen:

(21) *I hab koan Huand net.*
    a. = Ich habe keinen Hund.
    b. ≠ Es ist nicht der Fall, dass ich keinen Hund habe.
(22) a. *We don't need no education.*
    b. *non mangio niente*

»Negative Concord« ist ein verbreitetes Phänomen, vgl. z. B. (22). Eine Möglichkeit, dieses Phänomen zu erklären, besteht in der Annahme, dass alle negativ markierten Ausdrücke wie *kein*, *nichts* oder *niemand* (»**kohäsive Verbindungen**«) tatsächlich selbst keine Negation ausdrücken, sondern wie ihre positiven Gegenstücke *ein*, *etwas* und *jemand* zu interpretieren sind. Im Gegensatz zu diesen sind sie jedoch NPEs, die über eine abstrakte Negation lizenziert werden, die den eigentlichen semantischen Gehalt trägt (vgl. Ladusaw 1992, von Stechow 1993; Penka/von Stechow 2001). Hier dringen wir in die Tiefen der abstrakten Syntax und Semantik vor und es wird Zeit, zum nächsten Thema überzugehen.

4.3 | Präpositionen

Syntaktisch sind Präpositionen dadurch charakterisiert, dass sie eine Ergänzung, in der Regel eine Nominalgruppe, selegieren und die Form dieser Ergänzung (ihren Kasus) bestimmen. Semantisch etablieren Präpositionen eine Beziehung, eine **Relation** zwischen zwei Gegenständen. diese Beziehung kann eine **lokale**, **temporale**, **kausale**, **modale** oder, bei Präpositionalobjekten, eine **neutrale** sein (vgl. Duden-Grammatik 2009, § 895 ff.):

(23) a. *Er bringt das Buch in die UB. / Er legt das Buch auf den Tisch.*
   b. *Er kommt in einer Stunde wieder. / Jedenfalls vor dem Mittagessen.*
   c. *Wegen des Streiks kam er zu spät. / Trotz des Streiks kam er pünktlich.*
   d. *Die Hose ist aus Leinen. / Er nahm es ohne ein Wimpernzucken zur Kenntnis.*
   e. *Sie lachten sehr über ihr Missgeschick. / Er rechnete mit allem.*

Ein weithin bekanntes Phänomen bei lokalen Präpositionen besteht in der Korrelation zwischen Zuständen und Ereignissen und der Art des regierten Kasus: Ist das zu lokalisierende Objekt unbewegt, regieren lokale Präpositionen den Dativ, ist es Gegenstand eines Bewegungsprozesses, den Akkusativ:

(24) a. *Das Buch liegt auf dem Tisch. / Der Käse ist im Kühlschrank.*
   b. *Er legt das Buch auf den Tisch. / Er legt den Käse in den Kühlschrank.*

In der logischen Semantik sind Präpositionen, zumindest verglichen mit anderen Phänomenen, ein etwas stiefmütterlich behandeltes Thema. Dies mag damit zusammenhängen, dass insbesondere Fragen der Perspektivierung hier keine oder nur eine untergeordnete Rolle spielen, da sie für den propositionalen Gehalt einer Aussage nicht relevant sind. Mit anderen Worten: Die Aussage *Die Lampe hängt über dem Tisch* und die Aussage *Der Tisch steht unter der Lampe* referieren (im Wesentlichen) auf ein und dieselbe Proposition, jedoch auf unterschiedliche Weise.

Präpositionen in der logischen und der kognitiven Semantik

Die Wahl zwischen diesen beiden Varianten hängt wesentlich von der Art der Konzeptualisierung und der Perspektivierung ab (vgl. z. B. Langacker 1990). Daher ist es nicht überraschend, dass sich vor allem die kognitiven Semantiker der Untersuchung von Präpositionen verschrieben haben. Da sich lokale Präpositionen auf eine Basisdomäne beziehen (den dreidimensionalen Raum, der darüber hinaus auch Grundlage für die Konzeptualisierung beispielsweise zeitlicher Beziehungen ist), nehmen die lokalen Präpositionen in der kognitiven Literatur eine herausgehobene Stellung ein.

Das Ziel der Untersuchungen besteht dabei in einer möglichst umfassenden Beschreibung der lexikalischen Semantik lokaler Präpositionen. Mit welchen Problemen man dabei zu kämpfen hat, wird schnell an den folgenden Beispielen deutlich:

(25) a. *Das Bild hängt über dem Sofa.*
　　b. *Das Flugzeug fliegt über die Alpen.*
　　c. *Ich bin über den ganzen Campus gelaufen.*

In (25a) beschreibt *über* eine statische Szenerie, in der wir uns ein Sofa an die Wand gerückt und darüber hängend ein Bild vorstellen. In (25b) dagegen ein eher dynamisches Szenario, in dem das Flugzeug (der Trajektor) auf Flughöhe in mehr oder weniger gleichmäßigem Flug die Alpen (die Landmarke) überquert. In letzterem Fall ist die Bewegung gerichtet, in (25c) dagegen ist die Bewegung im Wesentlichen ungerichtet.

　　Zumindest für die Verwendungen in (25a) und (25b), vielleicht aber auch für die in (25c), müssen unterschiedliche Bedeutungen angenommen werden, die schematisch in etwa wie folgt dargestellt werden können (vgl. Brugmann/Lakoff 1988):

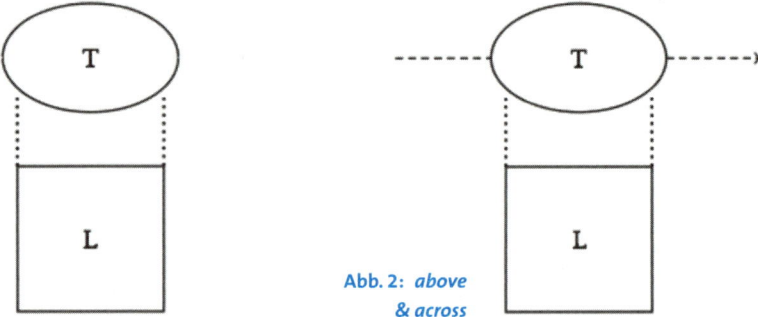

Abb. 1: *above*

Abb. 2: *above & across*

Präpositionen und Polysemie

Relativ zu diesen beiden Kernbedeutungen müssen jedoch in Abhängigkeit vom sprachlichen Kontext und von Weltwissen weitere Differenzierungen angenommen werden. So zeigen die folgenden Beispiele, dass, abweichend von der protoypischen statischen Verwendung von *über* (26a), der Trajektor (die Wohnung des Mathe-Lehrers) nicht notwendig direkt über der Landmarke (die Wohnung des Sprechers) zu lokalisieren ist (26b) und dass sich die relevanten Objekte auch berühren können, (26c) und (26d), dies aber auf durchaus unterschiedliche Weise. (Man denke nur an den armen Patienten.)

(26) a. *Das Bild hängt über dem Sofa.*
　　b. *Mein Mathe-Lehrer wohnt über mir.*
　　c. *Die Krümel sind über das ganze Bett verstreut.*
　　d. *Der Magen-Darm-Patient hängt über der Kloschüssel.*

Auch bei der dynamischen *above & across*-Verwendung von *über* sieht es nicht besser aus. Neben der Verwendung in (27a) existieren auch Verwendungen, bei denen es einen festen Anfangs- und Endpunkt gibt (27b), Verwendungen, bei denen ebenfalls Kontakt der beiden Objekte involviert ist (27c) und (27d), dieser aber auf jeweils spezifische Art und Weise vonstatten geht.

(27) a. *Das Flugzeug fliegt über die Alpen.*
   b. *Die Katze springt über die Mauer.*
   c. *Xaver krabbelt über den Berg.*
   d. *Xaver fährt über die Brücke.*

Eine wichtige Frage ist, wie alle diese Interpretationen der Präposition *über* miteinander zusammenhängen. In der kognitiven Semantik wird dies über die Annahme radial organisierter mehrdimensionaler Strukturen beantwortet (vgl. z. B. Brugmann/Lakoff 1988) oder auch über semantische Netze (vgl. z. B. Tyler/Evans 2003, 80).

In den Arbeiten von Ewald Lang wird ein etwas anderer Weg verfolgt. Lang (1990, 1993) arbeitet im Rahmen der von Manfred Bierwisch (1983) und Ewald Lang entwickelten **Zwei-Ebenen-Semantik**. Die Zwei-Ebenen-Semantik geht davon aus, dass für die Beschreibung sprachlicher Phänomene sowohl eine **logisch-semantische Struktur** wie auch eine **kognitive Ebene** erforderlich ist. Im Fall lokaler Präpositionen ist die Letztere der **primäre Wahrnehmungsraum**, also im Wesentlichen unser kognitives Abbild der realen räumlichen Struktur. Relativ zu diesem primären Wahrnehmungsraum können Orte sowie lokale Beziehungen präzisiert werden und als Interpretationen prädikativer Strukturen dienen. Der Versuch der Kombination einer logisch-semantischen Struktur mit einer kognitiven Ebene hat den Vorteil, dass Fragen der Kompositionalität wieder etwas mehr ins Zentrum rücken und diskutiert werden kann, welche semantischen Effekte tatsächlich nicht auf die Bedeutung der Präposition, sondern auf die Bedeutungen der beteiligten Verben oder Nominalgruppen zurückgeht und welche Rolle genau kontextuelles Wissen spielt. Eine vergleichbare Auffassung vertritt auch Ray Jackendoff in seinen Arbeiten (s. Kap. IV.2.2; für einen Vergleich dieser beiden Ansätze vgl. Wiese 1999).

> **Präpositionen in der Zwei-Ebenen-Semantik**

Um ein gutes Gefühl für die Klassifikation von Partikeln und den damit verbundenen Problemen zu bekommen, ist Helbig (1994) zu empfehlen. Speziell zu Modalpartikeln wurden Lesehinweise bereits im Text formuliert. Als Einstieg in den Bereich der Fokuspartikeln empfiehlt sich König (1991), einen Überblick über verschiedene Theorien geben Hinterwimmer (2011) und Reich (2012). Zur Negation ist der Überblicksartikel von Jacobs (1991) immer noch sehr lesenswert. Und an Pittner (1999) kommt man nicht vorbei, wenn man sich eingehender mit Adverbialen beschäftigen möchte. Eine nützliche Sammlung kürzerer systematischer Darstellungen findet sich in Hoffmann (2009).

> **Weiterführende Literatur zu Kapitel II.4**

Übungen

Materialientext (»Der Hase und der Igel« [Auszug], Gebrüder Grimm, 1843)

Es war einmal.

Es ist an einem schönen Sonntag im Herbst, früh am Morgen. Die Sonne steht schon am Himmel. Ein warmer Wind weht über die Felder und Wiesen. Bienen fliegen von Blüte zu Blüte. – Der Igel steht vor seiner Haustür. Er freut sich, weil die Sonne so schön scheint. [...] Da denkt der Igel: »Ich will einmal die Rüben auf dem Feld ansehen. Vielleicht sind sie schon groß.« [...] Der Igel ist noch nicht weit gegangen, da trifft er den Hasen. [...] Der Igel ist freundlich und höflich. Er sagt: »Guten Morgen, Herr Hase.« Der Hase ist nicht so freundlich und höflich wie der Igel. Er ist sehr eitel. Er ist stolz auf seine langen Beine. Er schaut den kleinen Igel von oben herunter an und sagt: »Was willst du denn am frühen Morgen hier zwischen den Feldern?« Der Igel antwortet freundlich: »Ich gehe spazieren.« – Da lacht der Hase und sagt: »Du hast kurze, krumme Beine. Mit solchen kurzen Beinen kannst du nicht weit gehen.« Der Igel ärgert sich, weil der Hase über seine Beine spottet. Er sagt zum Hasen: »Ich kann mit meinen kurzen, krummen Beinen bestimmt schneller laufen als du. Wollen wir einen Wettlauf machen?« Da lacht der Hase und spottet: »Was, du willst mit deinen kurzen Beinen schneller laufen als ich mit meinen langen Beinen? Da muss ich lachen. Gut, wir wollen einen Wettlauf machen. Was bekommt der Sieger?« Der Igel antwortet: »Der Sieger bekommt einen goldenen Taler und eine Flasche Wein.« [...] Der Hase ist einverstanden. Der Igel läuft nach Hause. Er denkt: »Der Hase ist stolz auf seine langen Beine. Er ist eitel und ein bisschen dumm. Ich habe nur kurze Beine, aber ich bin schlau. Ich will den Hasen betrügen.«

1. Identifizieren Sie in dem obigen Materialientext zwei (möglichst verschiedene) Temporal-, Lokal-, Modal- und Satzadverbiale und klassifizieren Sie diese so präzise wie möglich. Begründen Sie Ihre Klassifikation.

2. Identifizieren sie im Materialientext alle Vorkommen des Wortes *einmal*. Wird *einmal* immer in derselben Art und Weise verwendet? Begründen Sie ihre Einschätzung.

3. Wie ist *schon* in *Vielleicht sind sie schon groß* zu klassifizieren?

4. Welche Vorkommen im Text sind gute Kandidaten für Modalpartikeln?

5. Hat *nicht* in dem Satz *Der Igel ist noch nicht weit gegangen* Skopus über *noch*?

6. Wie sind die Skopusverhältnisse zwischen *kannst* und *nicht* in dem Satz *Mit solchen kurzen Beinen kannst du nicht weit gehen* präzise zu beschreiben?

7. Welchen Status hat *nur* in *Ich habe nur kurze Beine*?

8. Identifizieren Sie alle Vorkommen von *über* im Text und klassifizieren Sie diese. Sind die lokalen Verwendungen als *above* oder *above & across* zu klassifizieren?

III Sätze und ihre Bedeutung

1 Satztypen

In Kapitel II wurde die Bedeutung von Verben, Nomen, Adjektiven und vieler weiterer Wortarten diskutiert und gezeigt, worin sich deren Bedeutungen ähneln und worin sie sich unterscheiden. Kombinieren wir diese Wörter nun gemäß den morphosyntaktischen Gesetzmäßigkeiten des Deutschen, erhalten wir irgendwann Sätze wie in (1).

(1)   a. *Wolfgang zählt die Steuereinnahmen vom heutigen Tag.*
      b. *Wolfgang, zähl die Steuereinnahmen vom heutigen Tag!*
      c. *Zählt Wolfgang die Steuereinnahmen vom heutigen Tag?*

Form und Funktion: Die Sätze in (1) werden in der Syntax in der Regel als »Deklarativsatz« (1a), »Imperativsatz« (1b) und »Interrogativsatz« (1c) bezeichnet. Syntaktisch liegen hier also unterschiedliche **Satztypen** bzw. **Formtypen** vor. Alle diese Sätze sind (wenn man von der Verbflexion einmal absieht) im Wesentlichen aus denselben Wörtern zusammengesetzt (sie haben dieselbe ›lexikalischen Füllung‹). Dennoch haben sie in der Regel ganz unterschiedliche (pragmatische) **Funktion**: Mit einem Deklarativsatz wird typischerweise eine »Aussage« getätigt, mit einem Imperativsatz eine »Aufforderung« formuliert und mit einem Interrogativsatz eine »Frage« gestellt. Würde man nun annehmen, dass alle Sätze in (1) aufgrund der identischen lexikalischen Füllung auch als Sätze dieselbe (referenzielle) Bedeutung haben, dann wäre es doch sehr überraschend, dass ihr (typisches) Funktionsspektrum so weit auseinanderliegt. Eine naheliegende Annahme ist also, dass die Sätze in (1) – trotz derselben lexikalischen Füllung – unterschiedliche (referenzielle) Bedeutung haben und diese unterschiedlichen (referenziellen) Bedeutungen letztlich für die (typische) Art der Verwendung dieser Sätze verantwortlich sind.

Strukturbedeutung: Der Unterschied in den (referenziellen) Bedeutungen dieser Sätze kann nun aber nicht von der lexikalischen Füllung herrühren (die ja identisch ist), er kann nur auf die unterschiedliche **Struktur** der Sätze zurückgeführt werden. In diesem Sinne leisten die abstrakten strukturellen Eigenschaften von Deklarativsätzen, Imperativsätzen und Interrogativsätzen (ob je einzeln oder alle in ihrer Gesamtheit) einen eigenen und spezifischen Beitrag zur (referenziellen) Bedeutung eines Satzes. Dieser Beitrag zur (referenziellen) Bedeutung eines Satzes wird auch die **Strukturbedeutung** eines Satztyps genannt.

Zum Begriff

> Der Beitrag der strukturellen Eigenschaften eines Satztyps zur (refe-
> renziellen) Bedeutung eines Satzes wird als die **Strukturbedeutung**
> des Satztyps bezeichnet.

Die (referenzielle) Bedeutung, die sich für einen Satz aus der Strukturbedeutung des Satztyps und aus seiner konkreten lexikalischen Füllung (und
aus der Art ihrer Kombination) ergibt, wird dann auch als die Strukturbedeutung eines Satzes bezeichnet. Die hier zu diskutierende Frage ist also
offenbar: »Worin besteht die Strukturbedeutung eines Satztyps?«

1.1 | Der Deklarativsatz

Für Deklarativsätze wie in (1a) scheint diese Frage (auf den ersten Blick)
leicht zu beantworten: In Kapitel I.2.2 wurde bereits argumentiert, dass
die referenzielle Bedeutung eines Deklarativsatzes wie *Marie schläft* in
einer Proposition besteht, und zwar in der Proposition, dass Marie
schläft. Solange nichts zwingend dagegen spricht, ist es also durchaus
naheliegend, die (referenzielle) Strukturbedeutung des Satzes *Marie
schläft* zunächst mit der Proposition zu identifizieren, auf die der Satz referiert:

Zum Begriff

> **Propositionen** sind die (referenzielle) Strukturbedeutung von Dekla-
> rativsätzen.

Zur Vertiefung

Propositionaler Gehalt und referenzielle Bedeutung

Tatsächlich wird in diesem Kapitel deutlich werden, dass in Teil I bei der
Bestimmung der referenziellen Bedeutung von Sätzen (mit Absicht) etwas
vereinfacht wurde: Generell ergibt sich die referenzielle Bedeutung eines
Satzes aus (a) der Strukturbedeutung des Satztyps und (b) seinem propositionalen Gehalt. Der **propositionale Gehalt** eines Satzes wiederum
ergibt sich aus den referenziellen Bedeutungen seiner Teile und der Art
ihrer Zusammensetzung. Genau genommen wurde in Teil I also der propositionale Gehalt des Satzes *Marie steht* (als die Proposition, dass Marie
steht) bestimmt und nicht dessen referenzielle Bedeutung.
Das Besondere an Deklarativsätzen ist nun, dass der propositionale Gehalt
des Satzes mit seiner referenziellen Bedeutung (im Wesentlichen) zusammenfällt. Das heißt mit anderen Worten, dass der Deklarativsatz als Satztyp nichts Zusätzliches zur referenziellen Bedeutung des Satzes beiträgt.
In diesem Sinne ist der Deklarativsatz der unmarkierte Satztyp.
Die Notwendigkeit der begrifflichen Differenzierung zwischen propositionalem Gehalt und referenzieller Bedeutung wird vor allem deutlich, wenn
man die Sätze in (1a) und (1c) miteinander vergleicht: Man kann und wird

im Allgemeinen davon ausgehen, dass (1a) und (1c) denselben propositionalen Gehalt haben, sie aber – aufgrund unterschiedlicher Strukturbedeutung – unterschiedliche referenzielle Bedeutungen aufweisen.

Selbständige vs. unselbständige Deklarativsätze: Die referenzielle Bedeutung eines Deklarativsatzes wie (1a) wird häufig wie folgt angegeben: »Der Deklarativsatz (1a) referiert auf bzw. denotiert die Proposition, ›*dass Wolfgang (Schäuble) die Steuereinnahmen vom heutigen Tag zählt*‹.« Mit anderen Worten, die Proposition wird mit einem abhängigen Deklarativsatz »dass ...« umschrieben. Das führt zu der Frage, ob die beiden Deklarativsätze in (2) eigentlich auf ein und dieselbe Proposition referieren oder ob wir für selbständige und unselbständige Deklarativsätze verschiedene Bedeutungen annehmen müssen.

(2)   a. *Wolfgang zählt die Steuereinnahmen vom heutigen Tag*
       b. *(…) dass Wolfgang die Steuereinnahmen vom heutigen Tag zählt*

Rein formal sind die Sätze in (2) beide als Deklarativsätze zu klassifizieren. Sie unterscheiden sich lediglich in zwei Parametern, die miteinander zusammenhängen, aber nicht notwendig zusammenfallen: Erstens in ihrer **Abhängigkeit** und zweitens in der **Stellung des finiten Verbs**. Satz (2a) wird selbständig verwendet und weist Verbzweitstellung (V2) auf, Satz (2b) wird abhängig verwendet und weist Endstellung des finiten Verbs (VE) auf.

Der Faktor ›Abhängigkeit‹: Betrachten wir zunächst den ›kanonischen‹ Fall, also Deklarativsätze wie in (2a) und (2b), bei denen die selbständige Verwendung mit V2-Stellung und die abhängige Verwendung mit VE-Stellung des finiten Verbs einhergeht. Folgt man der Auffassung von Frege (1892), dann sind selbständige und abhängige Deklarativsätze (DSe) tatsächlich semantisch unterschiedlich zu behandeln: Nach Frege ist die Bedeutung eines selbständigen Deklarativsatzes mit einem Wahrheitswert zu identifizieren und sein Sinn mit einem Gedanken. In heutiger Terminologie würde man sagen, dass die Extension eines selbständigen Deklarativsatzes in einem Wahrheitswert besteht und seine Intension in einer Proposition (s. Abb. 1 und zur Terminologie Kap. IV.1).

	unabhängiger DS	abhängiger DS
Sinn:	*Gedanke*	Sinn von »der Gedanke, dass ... «
Bedeutung:	*Wahrheitswert*	*Gedanke*

Abb. 1: Zur Semantik abhängiger und unabhängiger Deklarativsätze (nach Frege 1892)

Was nun abhängige Deklarativsätze betrifft, argumentiert Frege explizit, dass sich hier die Ebenen der semantischen Beschreibung systematisch verschieben: Der Sinn eines selbständigen Deklarativsatzes wie (2a) wird zur Bedeutung seines abhängigen Pendants (2b), und der Sinn des abhängigen Deklarativsatzes (2b) besteht im Sinn der definiten Beschreibung »der Gedanke, dass ...« (vgl. Frege 1892, 37):

Zu den mit »daß« eingeleiteten abstrakten Nennsätzen gehört auch die ungerade Rede, von der wir gesehen haben, daß in ihr die Wörter ihre ungerade Bedeutung haben, welche mit dem übereinstimmt, was gewöhnlich ihr Sinn ist. In diesem Falle hat also der Nebensatz als Bedeutung einen Gedanken, keinen Wahrheitswert; als Sinn keinen Gedanken, sondern den Sinn der Worte »der Gedanke, daß ... «, welcher nur Teil des Gedankens des ganzen Satzgefüges ist.

In heutiger Terminologie spricht man auch davon, dass satzeinbettende Verben wie *glauben* oder *wissen* »intensionale Kontexte« kreieren (s. Kap. III.2.4). Strukturell kann man sich das (frei nach Frege) so vorstellen, dass ein abhängiger Deklarativsatz wie in (3a) gewissermaßen die Form einer definiten Beschreibung wie in (3b) hat:

(3) Angela glaubt,
     a. *dass Wolfgang die Steuereinnahmen zählt*
     b. [*die Proposition* [*dass Wolfgang die Steuereinnahmen zählt*]]

Als definite Beschreibung referiert der Ausdruck in (3b) auf eine Proposition, und zwar auf genau diejenige Proposition, die durch den *dass*-Satz beschrieben wird. Wie die Intension der definiten Beschreibung in (3b) in neueren Theorien zu beschreiben ist, hängt nicht zuletzt von der jeweiligen Analyse definiter Beschreibungen ab. Eine naheliegende Möglichkeit besteht darin, die Intension von (3b) als ein **Propositionenkonzept** aufzufassen (also als eine, möglicherweise konstante, Funktion von möglichen Welten in Propositionen). Dies würde auch die Rede von »**nominalisierten Propositionen**« konkretisieren.

    Die Frege'sche Analyse (un)abhängiger Deklarativsätze setzt offenbar zwei Ebenen der semantischen Beschreibung sprachlicher Ausdrücke voraus, ob man diese nun »Sinn« und »Bedeutung« oder »Intension« und »Extension« nennt. In Kapitel I.2 dieser Einführung wurde jedoch angenommen, dass unabhängige Deklarativsätze nicht auf Wahrheitswerte, sondern auf Propositionen referieren. Dies mit dem Ziel, mit möglichst nur einer einzigen Bedeutungsebene auszukommen. Unter dieser Annahme fällt allerdings die Referenz eines Ausdrucks wie (3a) mit der Referenz des selbständigen Pendants (2a) zusammen. Wenn also unter dieser Annahme überhaupt semantisch ein Unterschied zwischen selbständigen und abhängigen Deklarativsätzen gemacht werden kann, dann nur in der Art und Weise, *wie* auf ein und dieselbe Proposition Bezug genommen wird (z.B. auf direkte oder eher indirekte, vermittelte Art und Weise). Wie dies im Einzelnen aussehen könnte, kann in einer Einführung leider nicht diskutiert werden. Wichtiger ist hier die Frage, welche Rolle die Stellung des finiten Verbs bei der semantischen Interpretation spielt.

    Der Faktor ‚Verbstellung‘: In Bezug auf die Stellung des finiten Verbs wird im Allgemeinen angenommen, dass sie für die eigentliche semantische Beschreibung abhängiger und selbständiger Deklarativsätze keine wesentliche Rolle spielt. Dennoch wird nicht selten angenommen, dass es zumindest einen inhaltlichen Effekt gibt, der mit der selbständigen (vs. abhängigen) Verwendung eines Deklarativsatzes einhergeht. Kurz gesagt muss die Äußerung eines selbständig verwendeten Deklarativsatzes (minimal) informativ sein, d.h. er muss für den Adressaten neue Information zur Verfügung stellen (oder zumindest muss der Sprecher davon ausgehen, dass dies der Fall ist). Dieser Effekt ist jedoch eine **Gebrauchsbedingung**, die mit der Durchführung des Sprechaktes der **Assertion** (also einer Behauptung, Aussage) untrennbar verknüpft und damit wesentlich pragmatischer Natur ist.

Am deutlichsten beschrieben wurde diese Gebrauchsbedingung wohl von Robert Stalnaker (vgl. z.B. Stalnaker 1978). Stalnaker geht davon aus, dass konkrete Äußerungen auf dem Hintergrund eines **Common Ground** (CG) getätigt werden, der als »gemeinsamer Wissenshintergrund« alle diejenigen Propositionen umfasst, die sowohl vom Sprecher als auch vom Adressaten in der fraglichen Äußerungssituation für wahr gehalten werden und die sie sich auch gegenseitig in diesem Sinne zuschreiben können.

Wenn ich zum Beispiel heute Abend mit einer mir bisher unbekannten Person essen gehe, dann kann ich davon ausgehen, dass die Proposition, dass Angela Merkel Kanzlerin der Bundesrepublik Deutschland ist, Teil unseres Common Ground ist. Ich kann aber nicht davon ausgehen, dass dies auch für die Proposition gilt, dass ich zwei ältere Schwestern habe. Entsprechend ist die Assertion des Satzes *Angela Merkel ist (übrigens) Kanzlerin der Bundesrepublik Deutschland* in diesem Kontext (ohne eine pragmatische Reinterpretation) unangemessen, nicht aber die des Satzes *Ich habe (übrigens) zwei ältere Schwestern*.

Wird eine Aussage durch den Adressaten nicht in Frage gestellt, dann besteht der Effekt der (erfolgreichen) Assertion nach Stalnaker darin, dass die geäußerte Proposition dem Common Ground hinzugefügt und so ein neuer Common Ground kreiert wird, auf dessen Hintergrund dann wiederum neue Äußerungen getätigt werden können (s. hierzu Kap. IV.1.5 zur dynamischen Semantik).

Aufgrund der ›kanonischen‹ Beziehung zwischen V2-Stellung und selbständiger Verwendung, ist es (auf den ersten Blick) durchaus naheliegend, diesen inhaltlichen Effekt mehr oder weniger direkt mit der Zweitstellung des finiten Verbs in Zusammenhang zu bringen. Nun ist aber durchaus bekannt, dass es auch selbständig verwendete *dass*-Sätze wie (4a) und abhängig verwendete Deklarativsätze wie (4b) mit Zweitstellung des finiten Verbs gibt. Der Intuition folgend, dass diese Verwendungen eher atypischen Charakter haben, werden sie häufig auch als ›nicht-kanonisch‹ bezeichnet.

(4)   a. *Dass Wolfgang (gerade jetzt) die Steuereinnahmen zählt!*
       b. *Ich glaube, Wolfgang zählt (gerade jetzt) die Steuereinnahmen.*

Solche nicht-kanonischen Verwendungen sind nun nicht ohne Weiteres mit der Annahme vereinbar, dass der oben dargestellte inhaltliche Effekt mit der Zweitstellung des finiten Verbs korreliert. Schlicht deshalb, weil abhängige Sätze keine eigene Illokution tragen.

Dennoch wurde in der Literatur die Position verteidigt, dass (a) V2-Stellung bei selbständiger Verwendung systematisch mit dem Sprechakt der Assertion und damit einer Modifikation des Common Ground einhergeht und (b) dieser inhaltliche Effekt der V2-Stellung auch bei abhängigen

Deklarativsätzen, wenn auch in etwas modifizierter Form, bestehen bleibt. So wird in Gärtner (2002) und Truckenbrodt (2006) argumentiert, dass V2-Sätze in Argumentposition eine ›**proto-assertorische**‹ **Kraft** entfalten, die im Wesentlichen (nach Truckenbrodt 2006) darin besteht, dass aus dem Matrixprädikat folgt, dass der Sprecher die Faktizität (das Zutreffen) der eingebetteten Proposition glaubt. Damit kann z.B. das Phänomen erklärt werden, dass abhängige V2-Sätze im Fall des Verbs *glauben* nur bei positivem, nicht aber bei negiertem Prädikat zulässig sind.

(5) a. *Ich glaube, Wolfgang zählt (gerade) die Steuereinnahmen*
      b. **Ich glaube nicht, Wolfgang zählt (gerade) die Steuereinnahmen.*

Tatsächlich ist schon die empirische Sachlage in diesem Bereich sehr komplex und auch die theoretischen Konzepte werden kontrovers diskutiert (vgl. z.B. die Kommentare zu dem von Hubert Truckenbrodt in *Theoretical Linguistics* 32/33 verfassten Target-Artikel). An dieser Stelle soll nicht näher auf diese Problematik eingegangen werden. Ziel dieses Abschnitts war es zu zeigen, dass nicht immer klar ist, welche inhaltlichen Effekte mit welchen syntaktischen Konstruktionen einhergehen und auf welcher Ebene sie anzusiedeln sind.

Vom Satztyp zum Sprechakt: Konzentrieren wir uns vor allem auf die kanonischen Fälle, dann ergibt sich für die Interpretation und Verwendung von (selbständig verwendeten) Deklarativsätzen ein kohärentes Bild:
- **Deklarativsatz:** Was alles unter den Begriff des Deklarativsatzes fällt, ist Sache der Syntax. Die kanonischen Fälle sind abhängige *dass*-VE-Sätze und selbständige V2-Sätze, deren Vorfeld durch eine beliebige (nicht-interrogative) Konstituente besetzt ist.
- **Proposition:** Deklarativsätze referieren auf Propositionen. Propositionen beschreiben die Gegebenheiten, die in einer (realen oder gedachten) Situation vorliegen müssen, damit eine Äußerung des Deklarativs mit Bezug auf diese Situation als wahr gelten kann.
- **Assertion:** Ein Deklarativsatz, oder genauer dessen Proposition, kann in einem Kontext relativ zu einem Common Ground dann assertiert bzw. behauptet werden, wenn die Proposition nicht bereits Teil des Common Ground ist. Ist die Assertion geglückt, dann wird der Common Ground durch diese Proposition erweitert.

1.2 | Satzmodus

Dass sich dieses Bild so kohärent gestaltet, liegt nicht zuletzt an unserer Annahme, dass Deklarativsätze eine Strukturbedeutung aufweisen, die wir Proposition genannt haben. Mit dieser Annahme lässt sich vergleichsweise einfach erklären, wieso Deklarativsätze typischerweise für assertive Sprechakte Verwendung finden: Da Propositionen (Aspekte von) Situationen beschreiben, führt die Äußerung eines Deklarativsatzes zur Thematisierung seiner Proposition, die im Normalfall als Prädikation über die Situation aufgefasst wird.

Tatsächlich lässt die gerade skizzierte Herleitung einige Freiheiten. Mit anderen Worten: Die Äußerung eines Deklarativsatzes führt nicht *logisch notwendig* zur Durchführung des Sprechaktes der Assertion. Dies kann man positiv oder negativ sehen. So kann man z. B. einwenden, dass bei der Herleitung des **illokutionären Potentials** eines Deklarativsatzes (also der Frage, welche Sprechakte mit einem Deklarativsatz im Prinzip durchführbar sind) ein Sprung in der Argumentation besteht.

1.2.1 | Satzmodus und Sprechereinstellung

Betrachten wir daher eine Alternative und ihre Konsequenzen. Eine mögliche (und in der Literatur auch vertretene) Auffassung besteht in der Annahme, dass mit der Äußerung eines Deklarativsatzes (strukturell) eine **propositionale Einstellung des Sprechers** kommuniziert wird, die im Fall des Deklarativsatzes in etwa mit »Der Sprecher (S) glaubt, dass ...« oder der »Sprecher intendiert, dem Adressaten mitzuteilen, dass ... « paraphrasiert werden kann (vgl. z. B. Bierwisch 1980; Altmann 1987; Pafel 2016a). Mit dem Deklarativsatz (6a) würde also z. B. die Sprechereinstellung in (7a) ausgedrückt, mit dem Imperativsatz (6b) die Sprechereinstellung in (7b) und mit dem Interrogativsatz (6c) die in (7c).

(6) a. *Wolfgang zählt die Steuereinnahmen.*
     c. *Wolfgang, zähl die Steuereinnahmen!*
     b. *Zählt Wolfgang die Steuereinnahmen?*
(7) a. S glaubt, dass   *Wolfgang die Steuereinnahmen zählt.*
     c. S möchte, dass   *Wolfgang die Steuereinnahmen zählt.*
     b. S möchte wissen, ob *Wolfgang die Steuereinnahmen zählt.*

Analysen dieser Art finden sich in der Literatur in den verschiedensten Ausprägungen, von einer syntaktischen Fundierung der Sprechereinstellung in einer funktionalen Projektion (wie z. B. ForceP) bis hin zu rein pragmatischen Analysen. Frühe Vorläufer dieses Ansatzes sind Stenius (1967) und Lewis (1970, 55). Letzterer formuliert hierzu:

Satzmodus und explizit performative Formel

»One method of treating non-declaratives is to analyze all sentences, declarative or non-declarative, into two components: a *sentence radical* that specifies a state of affairs and a *mood* that determines whether the speaker is declaring that the state of affairs holds, commanding that it hold, asking whether it hold, or what.«

Lewis trennt damit explizit das, was im Vertiefungskasten in Kapitel III.1.1 als »propositionaler Gehalt« bezeichnet wurde, von der eigentlichen »Strukturbedeutung« eines Satztyps. Der propositionale Gehalt, das **Satzradikal**, ist der Teil der referenziellen Bedeutung eines Satzes, der sich aus den referenziellen Bedeutungen der Teilausdrücke und der Art ihrer Kombination ergibt, in (6a) die Proposition, dass Wolfgang die heutigen Steuereinnahmen zählt. Die eigentliche Strukturbedeutung eines Satztyps, dessen **Modus** oder genauer **Satzmodus,** ist dagegen mit einer Einstellung des Sprechers (oder einer explizit performativen Formel) zu identifizieren, die den propositionalen Gehalt zu ihrem Gegenstand hat.

Nach Lewis fällt die referenzielle Bedeutung eines Deklarativsatzes folglich (im Allgemeinen) nicht mit seinem propositionalen Gehalt zusammen, wie das in Kapitel III.1.1 zunächst angenommen wurde. Vergleich-

Satzmodus und komplexe sprachliche Zeichen

bares gilt für den einflussreichen Ansatz von Hans Altmann (1987, 1993), der Satzmodi als komplexe Zeichen mit einer Form- und einer Funktionsseite begreift.

> Laut Altmann (1993, 1007) ist der **Satzmodus** »[...] ein komplexes sprachliches Zeichen mit einer Formseite, normalerweise eine oder mehrere satzförmige Strukturen mit angebbaren formalen Eigenschaften, und einer Funktionsseite, also der Beitrag dieser Struktur(en) zum Ausdruck propositionaler Einstellungen [...] oder zur Ausführung sprachlicher Handlungen.«

Die Strukturbedeutung eines Satztyps ist in dieser Konzeption nicht kompositional, sondern entspricht einer Funktion (Ausdruck propositionaler Einstellungen, Ausführung sprachlicher Handlungen), die per Konvention mit einer bestimmten Form verknüpft ist und gemeinsam mit dieser ein komplexes Zeichen, den Satzmodus, konstituiert. (Altmann formuliert hier Annahmen, die später für die »Konstruktionsgrammatik« zentral werden.)

Damit haben wir an den Deklarativsätzen mindestens drei verschiedene Satzmodus-Konzeptionen kennengelernt: Entweder wird Satzmodus (a) als ein komplexes Zeichen bestehend aus einer Form- und einer Funktionsseite aufgefasst oder (b) als Strukturbedeutung im obigen Sinne. Wird der Satzmodus als Strukturbedeutung aufgefasst, kann dieser in einer propositionalen Einstellung bestehen, muss es aber nicht.

1.2.2 | Einstellungsfreier Satzmodus?

Der Vorteil eines einstellungsbasierten Ansatzes ist natürlich, dass die Herleitung des illokutionären Potentials eines Deklarativsatzes ›wasserdicht‹ wird: Die Formaspekte, die den Deklarativsatz syntaktisch eindeutig charakterisieren, sind notwendig mit einer propositionalen Einstellung wie »*Der Sprecher glaubt, dass ...*« verknüpft, womit ein zentrales Charakteristikum assertiver Sprechakte direkt durch den Satztyp (den Satzmodus) kodiert wird.

Dennoch wurden die einstellungsbasierten Ansätze in Teilen der Literatur immer wieder eher kritisch gesehen (vgl. z. B. Brandt et al. 1992). Auf diese Diskussion kann hier nicht ausführlich eingegangen werden, es sollen aber zumindest zwei Punkte angesprochen werden, die in diesem Zusammenhang Erwähnung finden.

Abhängige Deklarativsätze: Der erste Punkt betrifft die Frage, ob abhängige Deklarativsätze einen Satzmodus haben (sollten) oder nicht. Unter der Lewis'schen oder auch der Altmann'schen Konzeption können abhängige Sätze generell keinen Satzmodus aufweisen, da sonst die Sprechereinstellung als Teil der Bedeutung des abhängigen Satzes aufgefasst werden müsste. Wird Satzmodus mit Strukturbedeutung identifiziert, dann wäre das sicher ein Problem, denn in diesem Fall wären abhängige

Sätze bedeutungslos bzw. würden generell mit ihrem propositionalen Gehalt zusammenfallen. Wird der Satzmodus aber als ein komplexes Zeichen begriffen, dann können für abhängige Sätze grundsätzlich ganz andere Form/Bedeutungs-Zuordnungen vorgenommen werden.

Nicht-assertive Sprechakte: Der zweite Punkt betrifft die Freiheitsgrade bei der Verwendung von z. B. Deklarativsätzen. Während ein einstellungsbasierter Ansatz zwar direkt die kanonische Funktion eines Deklarativsatzes abbilden kann, also dessen assertive Verwendung, ist nicht ohne Weiteres klar, wie nicht-assertive Verwendungen zu erklären sind, vgl. z. B. die Verwendungen in (8) und (9).

(8) a. *Wolfgang zählt die heutigen Steuereinnahmen?*
    b. *Was? Wolfgang zählt die heutigen Steuereinnahmen?*

(9) a. *Im Namen des Volkes verurteile ich sie zu 20 Stunden Sozialarbeit.*
    b. *Mit diesem Schreiben fordere ich Sie auf, sich sofort umzumelden.*

Eine naheliegende Möglichkeit, diese Verwendungen zu erfassen, bestünde (insbesondere im Altmann'schen Ansatz) in der Annahme spezieller Formtypen, die dann auch mit dem Ausdruck anderer propositionaler Einstellungen oder der Durchführung anderer sprachlicher Handlungen einher gehen könnten. Möchte man die Annahme weiterer Formtypen vermeiden, dann wäre eine weitere Alternative zuzulassen, dass die Funktionsseite eines komplexen sprachlichen Zeichens systematisch modifiziert, überlagert oder gestrichen werden kann. Diese Prozesse sollten dann aber eher allgemeinen Charakter haben und auch beispielsweise bei lexikalischen semantischen Verschiebungen zu beobachten sein.

Ohne damit eine Wertung verbinden zu wollen, werden wir uns in den nächsten Abschnitten auf Ansätze konzentrieren, die Satzmodi mit Strukturbedeutungen identifizieren und versuchen, diese Strukturbedeutungen wie auch den propositionalen Gehalt eines Satzes möglichst kompositional aus den verschiedenen Formaspekten herzuleiten.

1.3 | Interrogativsätze

Wenn man zu der Auffassung zurückkehrt, dass die Strukturbedeutung eines Deklarativsatzes im Wesentlichen in seinem propositionalen Gehalt besteht, die Strukturbedeutung von Interrogativsätzen aber davon verschieden sein muss, dann stellt sich natürlich die Frage, was denn eine geeignete Strukturbedeutung für Interrogativsätze sein könnte. Dieser Frage wollen wir uns hier annähern, indem wir die Sätze in (10) miteinander kontrastieren:

(10) a. *Wolfgang hat gestern wen kennengelernt.*
     b. *Wen hat Wolfgang gestern kennengelernt?*
     c. *Wolfgang hat gestern WEN kennengelernt?*

Polysemie? Die Sätze in (10a) und (10b) scheinen sich nur darin zu unterscheiden, dass das syntaktische Objekt *wen* in (10a) im »Mittelfeld«, in (10b) dagegen im »Vorfeld« des jeweiligen Satzes steht (zur topologischen

Terminologie vgl. Pafel 2011; Wöllstein 2014). Mit der unterschiedlichen Stellung von *wen* geht ein Unterschied sowohl in der Form wie auch in der Funktion einher: (10a) ist ein Deklarativsatz in der Funktion einer Behauptung, und (10b) ist ein Interrogativsatz in der Funktion einer Frage.

Wenn man für diese Unterschiede in Form und Funktion alleine *wen* verantwortlich machen möchte, dann wird man zwei unterschiedliche *wen* annehmen müssen, eine interrogative *w*-Phrase *wen* und ein Indefinitum *wen*. Die interrogative *w*-Phrase führt dann zur Bildung eines Interrogativsatzes und zu einer Strukturbedeutung, die von der des Deklarativsatzes mit dem Indefinitum *wen* verschieden ist.

Dies alleine wird aber nicht ausreichen, denn in diesem Fall würden wir (grundsätzlich) erwarten, dass die beiden Varianten auch in den jeweils anderen Positionen (Vorfeld bzw. Mittelfeld) auftauchen können und die entsprechenden Effekte auslösen. Mit anderen Worten: Sowohl (10a) als auch (10b) sollten ambig sein zwischen einer deklarativen und einer interrogativen Lesart. Das sind sie aber nicht. Lediglich bei starker Fokussierung von *wen* im MF können wir eine Fragelesart erzwingen (10c), die aber besonderen pragmatischen Bedingungen unterliegt (vgl. z. B. Reis 1991).

Q-Morphem: Die Alternative ist anzunehmen, dass *wen* in beiden Fällen als ein Indefinitum der Art *jemand* aufzufassen, seine Interpretation aber positionsabhängig ist. Dies kann auch wieder zwei Gründe haben: Entweder ist das Vorfeld eine ausgezeichnete Position für interrogativ zu interpretierende Ausdrücke oder das Indefinitum *wen* interagiert ›auf seinem Weg in das Vorfeld‹ mit einem anderen Element des Satzes und diese Interaktion führt zur Frageinterpretation. Da wir aus diversen anderen Kontexten wissen, dass im Vorfeld (selbständiger V2-Sätze) nicht nur interrogative *w*-Phrasen stehen können, scheint letztere Annahme die einzig verbleibende zu sein.

Tatsächlich wurde in der Literatur auf der Basis entsprechender Überlegungen für die Existenz eines weder sicht- noch hörbaren *Q*(uaestio)-Morphems (oder [+ w]-Merkmals) argumentiert (vgl. Baker 1988), das in der Syntax gewissermaßen zwischen dem Vorfeld und der linken Satzklammer anzusiedeln ist. (10b) hat damit die Struktur in (11).

(11) *Wen* Q *hat Wolfgang gestern kennengelernt?*

Das Q-Morphem ist damit das zentrale formbildende Merkmal des Interrogativsatzes und führt auch dazu, dass die (interrogative) *w*-Phrase *wen* zur Bildung eines Interrogativsatzes an den Satzanfang gestellt wird. Die Strukturbedeutung des Interrogativsatzes besteht dann im Wesentlichen in der semantischen Interpretation des Q-Merkmals, die zur Bildung einer Quaestio führt, also zur referenziellen Bedeutung eines Interrogativsatzes.

Zum Begriff

> Unter einer Quaestio verstehen wir die referenzielle Bedeutung eines Interrogativsatzes. Sie entsteht auf der Basis des propositionalen Gehalts über die Interaktion von Q-Morphem ([+ w]-Merkmal) und (interrogativen) *w*-Phrasen.

Im Gegensatz zur Proposition ist eine Quaestio weder wahr noch falsch und ihre Äußerung führt zu einer Antworterwartung. Grundsätzlich gibt es mehrere Möglichkeiten, diese Eigenschaften zu modellieren, wir werden uns hier aber auf zwei beschränken.

1.3.1 | Antwortmengen

Eine beliebte Art und Weise, sich der referenziellen Bedeutung von Interrogativsätzen zu nähern, ist über die Propositionen, die in einer konkreten Situation die mit der Quaestio verbundene Frage beantworten sollen. So wird z. B. (12b) als eine **direkte Antwort** auf (12a) verstanden, oder allgemeiner alle Propositionen der Art »Wolfgang hat gestern x kennengelernt«, wobei x ein kontextuell relevantes Individuum ist.

(12)   a. *Wen* Q *hat Wolfgang gestern kennengelernt?*
        b. *Wolfgang hat gestern* Varoufakis *kennengelernt.*

(13)   *Wolfgang hat gestern*
        $$\begin{matrix} Varoufakis \\ Tsipras \\ \dots \\ Jauch \\ Obama \end{matrix}$$
        kennengelernt

Die referenzielle Bedeutung von (12a) kann nun mit der Menge aller möglichen direkten Antworten auf die Frage identifiziert werden. Dies ist im Wesentlichen der Zugang zur Strukturbedeutung von Interrogativsätzen, wie er in Hamblin (1972) verfolgt wird (»Mengen *möglicher* Antworten«-Ansatz). Fordert man zusätzlich, dass die direkten Antworten auch (im relevanten Kontext) *wahre* Antworten sein sollen, dann erhält man eine Analyse in der Art von Kartunnen (1977): Eine Quaestio wird dann mit der Menge aller in einem gegebenen Kontext wahren Antworten identifiziert (»Mengen *wahrer* Antworten«-Ansatz).

Zur Vertiefung

Antwortmengen und Frageprädikate

Antwortmengen sind extensionale Objekte und es scheint unbefriedigend, eine Quaestio lediglich mit einer Antwortmenge zu identifizieren. Eine Quaestio ist grundsätzlich ein intensionales Objekt, auf dessen Basis in einer konkreten Situation die möglichen (direkten) Antworten eindeutig determiniert werden können. Eine alternative, aber konsistente Auffassung wäre, eine Quaestio als ein Prädikat über Propositionen aufzufassen, das in einer Situation s genau für die Propositionen wahr ist, die in s direkte Antworten darstellen.

Dem Q-Morphem kommt in diesem Ansatz die Funktion zu, den (offenen) propositionalen Gehalt des Satzes zu einer Menge von Propositionen ›anzuheben‹ und gemeinsam mit der im Vorfeld befindlichen interrogativen w-Phrase *wen* die Propositionen zu charakterisieren, die als mögliche direkte Antworten auf eine Äußerung des Interrogativsatzes gelten.

Diskussion: Aus der Beschreibung der referenziellen Bedeutung eines Interrogativsatzes über Mengen von Propositionen folgt, dass eine Quaestio nie wahr oder falsch sein kann, einfach weil Mengen von Propositionen nicht wahr oder falsch sind. Gleichzeitig kann man eine Antworterwartung ableiten, wenn man annimmt, dass (a) nur propositionale Objekte den Common Ground erweitern können, aber (b) der Common Ground aufgrund jeder Äußerung erweitert werden *muss*: Eine Quaestio wird dann zunächst einer »Liste zu beantwortender Fragen« hinzuzufügen sein (vgl. z. B. Roberts 1996) und nur die Äußerung einer direkten Antwort (oder einer Antwort, die zu einer solchen führt) führt dazu, dass der Common Ground durch die Antwort erweitert wird und die Quaestio von der Liste der zu beantwortenden Fragen wieder gestrichen werden kann. Unter diesen zusätzlichen Annahmen kann man also sagen, dass die Analyse empirisch adäquat ist.

1.3.2 | Propositionskonzepte

Anders als Hamblin und Karttunen versuchen Groenendijk/Stokhof (1982) an der Idee festzuhalten, dass auch Interrogativsätze Propositionen denotieren. Empirische Unterstützung erfährt diese Annahme mit der Beobachtung, dass Interrogativsätze und Deklarativsätze koordinierbar sind, was im Allgemeinen semantische Gleichartigkeit voraussetzt:

(14) Ich weiß, *wer Varoufakis kennt* und *dass du nicht dazugehörst.*

Propositionskonzepte: Völlig gleichartig können die referenziellen Bedeutungen von Deklarativ- und Interrogativsätzen allerdings dann doch nicht sein, denn im Gegensatz zu Deklarativsätzen verändert sich die referenzielle Bedeutung eines Interrogativsatzes in Abhängigkeit von der jeweiligen Situation (bzw. der jeweiligen möglichen Welt): Wenn Wolfgang Schäuble beim Treffen mit seinem Staatsekretär die Frage stellt, wer die Telefonnummer von Varoufakis kennt, dann werden die wahren (relevanten) Antworten auf diese Frage sicher andere sein, wie wenn dieselbe Frage von Christine Lagarde beim IWF gestellt wird. Um dieser Abhängigkeit Rechnung zu tragen, werden die referenziellen Bedeutungen von Interrogativsätzen von Groenendijk/Stokhof (1982) genaugenommen doch nicht als Propositionen beschrieben, sondern als Propositionskonzepte.

Propositionskonzepte sind vereinfacht formuliert intensionale Objekte, die als referenzielle Bedeutung eines sprachlichen Ausdrucks für jede beliebige Situation (jede beliebige mögliche Welt) angeben, auf welche Proposition dieser Ausdruck in der fraglichen Situation (Welt) referiert. Im Fall eines Interrogativsatzes wie *Wer kennt die Telefonnummer von Varoufakis?* ist das dasjenige Propositionenkonzept, das uns in einer gegebenen Situation (einer gegebenen möglichen Welt) genau den Begriffsumfang des Prädikats *kennt die Telefonnummer von Varoufakis* in dieser Situation (möglichen Welt) beschreibt. Das besonders Elegante an dieser Art der semantischen Beschreibung ist, dass die referenziellen Be-

deutungen von Deklarativsätzen diesem Typ von Bedeutungen vergleichsweise leicht angeglichen werden können, als *konstante* Funktionen von
Situationen (Welten) in Propositionen.

Diskussion: Ein Einwand, der auf der Hand liegt, ist der folgende: Wenn
Interrogativsätze nun doch auf Propositionen referieren und Propositionen wahr oder falsch sind, dann folgt doch, dass auch die referenzielle Bedeutung eines Interrogativsatzes, also die Quaestio, wahr oder falsch sein
können muss. Diesem naheliegenden Einwand entgehen Groenendijk/
Stokhof (1984), indem sie selbständigen und unselbständigen Interrogativsätzen unterschiedliche Strukturbedeutungen zukommen lassen. Tatsächlich wird die semantische Beschreibung von Interrogativsätzen über
Propositionenkonzepte in Groenendijk/Stokhof (1984) auf abhängige Interrogativsätze eingeschränkt. Die referenzielle Bedeutung eines selbständigen Interrogativsatzes wie *Wer kennt die Telefonnummer von Varoufakis?* wird dagegen mit dem Prädikat *kennt die Telefonnummer von Varoufakis* identifiziert, von dem bei der Beschreibung des Propositionenkon-
zepts für den abhängigen Interrogativsatz Gebrauch gemacht wird (siehe
oben). Da Prädikate aber weder wahr noch falsch sind, ist auch die Strukturbedeutung eines selbständigen Interrogativsatzes weder wahr noch
falsch. Darüber hinaus können die Strukturbedeutungen abhängiger Interrogativsätze wie in (14) als wahre Antworten auf die durch den selbständigen Interrogativsatz ausgedrückte Frage aufgefasst werden. Und genau diese semantischen Objekte sind es auch, die nach der Beantwortung
einer Frage, den Common Ground erweitern können.

Die Analyse der referenziellen Bedeutung abhängiger Interrogativsätzen über Propositionenkonzepte hat zur Entwicklung einer Form der dynamischen Semantik geführt, die heute unter dem Begriff *Inquisitive Semantics* geläufig ist (vgl. z. B. Ciardelli/Groenendijk/Roelofsen 2013). Auf
diese Entwicklung kann hier aber aus Platzgründen leider nicht näher eingegangen werden.

Kommen wir daher zum letzten der drei zentralen Satztypen.

1.4 | Imperativsätze

Die Bedeutung von Deklarativsätzen konnte in naheliegender Weise mit
der wahren oder falschen Beschreibung von Situationen und die Bedeutung von Interrogativsätzen mit den erwarteten Antworten auf die entsprechende Frage in Zusammenhang gebracht werden. In diesem Sinne
wurden beide Bedeutungen modelliert, indem man sich die Effekte der jeweiligen Äußerungen näher angeschaut und über diese generalisiert hat.
Übernimmt man diese Strategie für Imperativsätze, dann stellt sich die
Frage, welcher Effekt für Imperativsätze konstitutiv ist. Betrachten wir
dazu das Beispiel in (15).

(15) [Kontext: Angela Merkel zu Wolfgang Schäuble:]
    Zähl (jetzt endlich) die Steuereinnahmen des heutigen Tages!

Was Angela Merkel bei einer Äußerung von (15) neben einer unmittelbaren sprachlichen Reaktion vor allem erwartet, ist, dass Wolfgang Schäuble

die im Imperativsatz ausgedrückte Handlung **realisiert**. Er kann die Realisierung zwar verweigern (*Nein, das kann doch kein Mensch!*) oder darauf verweisen, dass der Sachverhalt bereits realisiert wurde (*Hab ich doch schon lange gemacht!*), in jedem Fall dreht sich aber die Äußerung um die Realisierung des Sachverhalts (in der Regel durch den Adressaten).

In den vorigen Abschnitten haben wir die Strukturbedeutung eines Deklarativsatzes eine »Proposition« und die eines Interrogativsatzes eine »Quaestio« genannt, um die semantische Ebene klar von der pragmatischen (also den Sprechakten *Assertion* und *Frage*) abzugrenzen. Führen wir daher analog für die Referenz von Imperativsätzen den Begriff der »**Actio**« ein (und grenzen die Strukturbedeutung damit vom Sprechakt der *Aufforderung* ab).

Definition	Unter einer **Actio** verstehen wir die Strukturbedeutung eines Imperativsatzes.

1.4.1 | Handlungstypen

Wie kann der Begriff der Actio semantisch mit Leben gefüllt werden? Eine naheliegende Möglichkeit besteht darin, diesen Begriff über **Handlungstypen** zu modellieren, die durch den Adressaten instantiiert werden sollen. Dies könnte in der Weise konkretisiert werden, dass die Bildung von Imperativsätzen explizit auf Verben eingeschränkt wird, die sich auf Ereignisse (und nicht auf Zustände) beziehen (s. auch Kap. II.1.4), und die in einem gegebenen Kontext noch nicht realisiert sein dürfen. Problematisch ist dann allerdings die Existenz von Imperativsätzen mit Zustands-Prädikat (16a,b), vor allem wenn deren Realisierung sich auch noch der Kontrolle durch den Adressaten entzieht (16b).

(16) a. [Auf dem Weg zu einem Blind Date:]
   Sei (bitte) reich!   (Kaufmann 2012, 55)
   b. [Kurz vor dem ersten Bungee-Sprung:]
   Hab keine Angst!

Findet man keine unabhängige Erklärung für diese Beispiele, dann ist zumindest nicht offensichtlich, wie der Begriff des Handlungstyps im Einzelnen zu präzisieren ist (vgl. aber Mastop 2005).

1.4.2 | Propositionen ohne Tempus

Wie kann man sich sonst noch der Strukturbedeutung von Imperativsätzen nähern? Bei den anderen Satztypen war der Vergleich mit abhängigen Pendants zumindest nicht kontraproduktiv, also könnte es nützlich sein, sich mit der Struktur und Bedeutung der eingebetteten Varianten von Imperativsätzen etwas näher zu beschäftigen. Da es im strengen Sinn keine abhängigen Imperativsätze (mit imperativischer Verbmorphologie) gibt, ist aber gar nicht klar, ob man von eingebetteten Imperativsätzen überhaupt sinnvoll reden kann. Wenn es gute Kandidaten gibt, dann sind dies wohl vor allem Beispiele abhängiger Infinitive wie in (17).

(17) a. Ich befehle dir, *die Steuereinnahmen zu zählen*.
     b. Ich fordere dich auf, *dich mit Varoufakis wieder zu versöhnen*.

Die Komplemente direktiver Verben wie *auffordern* und *befehlen* sind inkohärente Infinitive, die mit den Imperativsätzen gemein haben, dass sie kein (overtes) Subjekt realisieren. Dies ist eine Eigenschaft, die allen nichtfiniten Konstruktionen zukommt.

Für die Semantik ist nun die Frage zentral, ob das verstandene Subjekt lediglich nicht ausgesprochen wird, aber syntaktisch (und damit auch semantisch) präsent ist. Denn in diesem Fall läge eine Form der Prädikation vor, und das Resultat einer Prädikation ist nach allem, was wir in den vorangegangenen Kapiteln gesagt haben, eine Proposition.

Tatsächlich wurde in der Syntax dafür argumentiert, dass in inkohärenten Infinitiven das Subjekt durch eine pronominale Anapher PRO syntaktisch realisiert und dessen Interpretation durch Subjekt-, Objekt- oder arbiträre Kontrolle gesteuert wird (vgl. z. B. Stechow/Sternefeld 1988). Wenn dem so ist, dann bestünde die Referenz eines inkohärenten Infinitivs wie in (17) und entsprechend auch die Referenz eines Imperativsatzes wie (15) in einem propositionalen Objekt, das allerdings nicht über ein morphosyntaktisches Tempus explizit temporal spezifiziert ist.

Hieraus könnte man folgern, dass die referenzielle Bedeutung eines Imperativsatzes in einem temporal unterspezifizierten propositionalen Objekt besteht, das weder als wahr noch als falsch bewertet werden kann (da im Fall von ereignisbezeichnenden Verben Wahrheit nur für temporal verortete Situationen überhaupt Sinn macht). Auf der anderen Seite wäre dann aber nicht mehr klar, inwiefern wir hier wirklich von einem *propositionalen* Objekt reden können, da nach Annahme Propositionen eigentlich immer die Eigenschaft der Bewertbarkeit entlang der Kategorien *wahr* und *falsch* zukommt. (Davon abgesehen ist gar nicht klar, ob das propositionale Objekt tatsächlich temporal unterspezifiziert ist, da temporale Spezifikation nicht nur über morphosyntaktisches Tempus, sondern bei infiniten Konstruktionen auch über andere Mechanismen erfolgen kann, s. die Vertiefung »Tempus vs. Temporalkonstruktion« in Kap. II.1.2).

1.4.3 | Eigenschaften

Betrachten wir nun die angedeutete Alternative, dass das verstandene Subjekt weder in der Syntax noch in der Semantik realisiert, sondern pragmatisch ergänzt wird. In diesem Fall wäre die Referenz des abhängigen Infinitivs bzw. des Imperativsatzes mit der **Eigenschaft** bzw. dem **Prädikat** zu identifizieren, das durch diesen ausgedrückt wird. Da Eigenschaften weder wahr noch falsch sind, würde diese Eigenschaft von Imperativsätzen unmittelbar folgen. Was allerdings nicht unmittelbar folgt, ist die gewünschte Realisierung der Eigenschaft mit dem Adressaten als logischem Subjekt. Aus diesem Grund führt Portner (2005, 2007) neben dem bereits

bekannten Common Ground CG (Stalnaker 1978) und einer Liste zu beantwortender Fragen QL (vgl. z. B. Roberts 1996) eine weitere Liste ein
(genaugenommen eine pro Person), die genau diejenigen Eigenschaften
verzeichnet, die der Adressat (dem Sprecher zufolge) realisieren soll (AL).
Wird nun eine Eigenschaft (qua Äußerung eines Imperativsatzes) auf
diese Liste aufgenommen, dann ist hierfür offenbar Voraussetzung, dass
diese Eigenschaft nicht bereits durch den Adressaten realisiert wurde.
Gleichzeitig führt die Instantiierung der fraglichen Eigenschaft durch den
Adressaten dazu, dass die Eigenschaft wieder von der Liste entfernt und
der Common Ground durch die Proposition erweitert wird, dass der gewünschte Sachverhalt realisiert wurde. Abbildung 1 versucht diese ›getrennte Buchführung‹ von Strukturbedeutungen in Kontexten schematisch abzubilden.

Satztyp	Strukturbedeutung	Sprechakt	Kontextebene
Deklarativsatz	Proposition	assertiv	CG
Interrogativsatz	Quaestio (*p*-Menge)	erotetisch	QL
Imperativsatz	Actio (Eigenschaft)	direktiv	AL

1.4.4 | Modalisierte Proposition

Das gerade vorgestellte Modell der Semantik von Satztypen und der Verarbeitung ihrer Äußerungen in einem gegebenen Kontext ist umfassend
und macht das Zusammenspiel der verschiedenen Ebenen (Syntax, Semantik, Pragmatik) transparent. Aus konzeptueller Perspektive scheint lediglich ein Punkt potentiell problematisch: die Asymmetrie zwischen
Common Ground einerseits und Quaestio-Liste und Actio-Liste andererseits. Diese Asymmetrie zu eliminieren, würde jedoch wohl bedeuten, auf
die Zwischenspeicher QL und AL gänzlich zu verzichten. Dies würde jedoch wiederum bedeuten, dass die Strukturbedeutungen von Interrogativsatz und Imperativsatz direkt dem Common Ground hinzugefügt werden
müssten (und in der Regel auch nicht wieder von diesem gestrichen werden). Da der Common Ground aber nur propositionale Objekte verwaltet,
würde dies implizieren, dass sowohl die Strukturbedeutung von Interrogativsätzen als auch von Imperativsätzen propositional zu beschreiben
wären.

Dass dies für Interrogativsätze möglich ist, haben wir bereits in Kapitel
III.1.3.2 gesehen, wo die Strukturbedeutung eines Interrogativsatzes als
ein Propositionenkonzept aufgefasst wurde.

Dass eine propositionale Analyse grundsätzlich auch für Imperativsätze möglich sein sollte, wurde ebenfalls bereits in Kapitel III.1.4.2 angedeutet. Kaufmann (2012) konkretisiert die Idee einer propositionalen Analyse von Imperativsätzen und argumentiert für eine **modalisierte Proposition** als Strukturbedeutung von Imperativsätzen. Ohne in technische Details zu gehen, besteht die Idee darin, die Semantik eines Imperativsatzes
wie in (18a) durch (18b) zu paraphrasieren.

(18) a. *Zähl die Steuereinnahmen des heutigen Tages!*
    b. Du sollst die Steuereinnahmen des heutigen Tages zählen.

Dass Imperativsätzen trotz propositionaler Analyse kein Wahrheitswert zugeordnet werden kann, erklärt Kaufmann mit Verweis auf performative Verwendungen von Modalverben (wie z. B. in *Du darfst dir gerne noch einen Keks nehmen! #Nein, das stimmt nicht.*), die ebenfalls nicht ohne Weiteres als wahr oder falsch bewertbar sind. Entsprechend schränkt Kaufmann qua Präsupposition die Verwendung von Imperativen auf Kontexte ein, die keine deskriptive, sondern nur eine performative Interpretation des Modalverbs zulassen.

Proposition und Wahrheit

Folgt man Kaufmann (2012) in ihrer Analyse von Imperativsätzen und kombiniert diese mit einer propositionalen Semantik für Interrogativsätze und der klassischen Analyse von Deklarativsätzen als Propositionen, dann kann in der Tat auf eine ›getrennte Buchführung‹ bei der Verwaltung von Strukturbedeutungen in Kontexten verzichtet und die Verwaltung alleine über das *Common Ground*-Management modelliert werden. Analog zu Abbildung 1 würde sich das resultierende Modell in etwa wie folgt darstellen:

Satztyp	Strukturbedeutung	Sprechakt	Kontextebene
Deklarativsatz	Proposition	assertiv	CG
Interrogativsatz	Quaestio (Propositionskonzept)	erotetisch	CG
Imperativsatz	Actio (modalisierte Proposition)	direktiv	CG

Abb. 3: Strukturbedeutungen und Kontextverwaltung auf einer Ebene

Welches der beiden Modelle zu präferieren ist, ist natürlich nicht nur eine Frage der Eleganz und der Symmetrie in der Modellierung, sondern vor allem eine empirische Frage. Deren Beantwortung hängt jedoch von vielen nicht einfach zu beantwortenden Faktoren ab (z. B. davon, ob Imperativsätze über ein syntaktisches Subjekt verfügen oder nicht). Das Ziel dieser Diskussion war daher auch eher, die Rolle der Strukturbedeutung von Satztypen bei der Determinierung des illokutionären Potentials und bei der Verarbeitung ihrer Äußerungen in einem konkreten Kontext zumindest etwas deutlicher werden zu lassen.

Zwei Klassiker der Satzmodus-Debatte im Deutschen sind Altmann (1987) und Brandt et al. (1992). Eine neuere, umfassende Diskussion mit Bezug auf in diesem Kapitel besprochene Theorien findet man in Lohnstein (2000) sowie in Finkbeiner/Meibauer (2016). Sehr zugänglich und dabei kompakt sind die Artikel von Kaufmann (2013) und Meibauer (2013) in dem Handbuch von Meibauer et al. (2013). Letzterer enthält auch viele Einzeldarstellungen zur Syntax, Semantik und Pragmatik der unterschiedlichsten Satztypen.

Weiterführende Literatur zu Kapitel III.1

Übungen

1. Beschreiben Sie den Satztyp und den Satzmodus der folgenden Beispiele relativ zu den zwei zentralen in diesem Kapitel vorgestellten Satzmodustheorien:

a) *Wer bringt heute den Müll runter?*
b) *Dass der Xaver nie den Müll runterbringt!*
c) *Xaver, bring jetzt endlich den Müll runter!*
d) *Wer hat wohl noch nie den Müll runtergebracht?*
e) *Xaver bringt gerade den Müll runter?*

2. Wie sehen direkte Antworten auf die Frage *Wer fährt nachher mit dem Auto in die Stadt?* aus? Überlegen Sie sich in diesem Zusammenhang, was Sie unter einer »vollständigen« Antwort auf eine solche Frage verstehen würden. Gibt es mehrere Möglichkeiten?

3. Was legen Koordinationen der Art *Mach dich vom Acker oder du kriegst es mit mir zu tun!* in Bezug auf die Strukturbedeutung von Imperativ- und Deklarativsatz nahe?

2 Komplexe Sätze

Im Fokus der letzten Kapitel standen einfache Sätze des Deutschen. Neben einfachen Sätzen kennt das Deutsche aber natürlich auch die Verknüpfung von einfachen Sätzen zu komplexen Sätzen. Syntaktisch lassen sich hier im Wesentlichen zwei Fälle unterscheiden (vgl. Reis/Reich 2010 oder Pafel 2011): Subordination und Koordination. Von **Subordination** spricht man, wenn ein Satz von einem anderen abhängig ist. Die Abhängigkeit kann dabei entweder darin bestehen, dass ein Satz den Status einer Ergänzung im anderen Satz hat (wie bei Subjekt- oder Objektsätzen), oder darin, dass ein Satz den anderen modifiziert (wie z. B. bei Adverbialsätzen und weiterführenden Nebensätzen). Von **Koordination** spricht man, wenn zwischen zwei Sätzen keine solchen Abhängigkeiten bestehen.

2.1 | Koordinierte Sätze

Befassen wir uns zunächst mit koordinierten Sätzen. Typische Beispiele finden sich in (1).

(1)   a. *Merkel ist Kanzlerin und Steinmeier (ist) ihr Stellvertreter.*
       b. *Der Prüfling ist schlecht vorbereitet oder (er ist) ungeeignet.*

Koordination und Ellipse: In (1a) werden die zwei einfachen Sätze *Merkel ist Kanzlerin* und *Steinmeier ist ihr Stellvertreter* durch die koordinierende Konjunktion *und* zu einem komplexen Satz verknüpft. Dabei kann (unter Identität mit dem finiten Verb des ersten Konjunkts) im zweiten Konjunkt das finite Verb bzw. die Kopula *ist* ausfallen. Man spricht hier auch von **Gapping**.

In (1b) werden zwei einfache Sätze durch die koordinierende Konjunktion *oder* verknüpft. Hier kann (wieder unter spezifischen Bedingungen) sowohl das Subjekt als auch das finite Verb im zweiten Konjunkt entfallen. In diesem Fall spricht man (je nach theoretischer Auffassung) von **Rechtstilgung** oder von **phrasaler Koordination**.

Koordination und die Semantik koordinierender Konjunktionen: Aus semantischer Perspektive gestaltet sich die Situation hier einfach: Jeder der einfachen Sätze in (1a) und (1b) referiert auf eine Proposition (deren Identität durch ihre Teile und die Art ihrer Kombination eindeutig festgelegt ist). Das Resultat der Verknüpfung dieser einfachen Sätze mit den koordinierenden Konjunktionen *und* und *oder* ist wieder ein Satz, wenn nun auch ein komplexer. Da jeder Deklarativsatz nach Annahme auf eine Proposition referiert, gilt dies auch für die komplexen Sätze in (1a) und (1b).

Die Frage ist also nur noch, auf *welche* Proposition diese Sätze jeweils referieren. Da sich die Proposition eines Satzes nach Annahme aus den Bedeutungen seiner Teile und der Art ihrer Kombination ergibt und wir die Propositionen der Teilsätze bereits kennen, ist diese Frage äquivalent zu der Frage, welche Bedeutung den Konjunktionen *und* und *oder* zukommt. Diese Frage wiederum lässt sich beantworten, indem wir herausfinden, welchen Beitrag *und* und *oder* zu den Wahrheitsbedingungen der jeweiligen Gesamtaussage leisten.

2.1.1 | Die Konjunktion *und*

Beginnen wir mit der Konjunktion *und* und dem Satz in (1a). Angenommen, Merkel ist tatsächlich Kanzlerin und Steinmeier ihr Stellvertreter, dann ist der komplexe Satz in (1a) intuitiv wahr. Sollte sich aber herausstellen, dass nur eine dieser beiden Teilaussagen falsch ist, dann werden wir die Gesamtaussage intuitiv nicht mehr als wahr bewerten können. Dabei ist es offenbar völlig egal, welche der Teilaussagen falsch ist. In diesem Sinne ist die Semantik von *und* symmetrisch. Wir können also definieren:

<table>
<tr><td>**Definition**</td><td>Sind *S1* und *S2* zwei Sätze, die auf p_1 bzw. p_2 referieren, und ist *S1 und S2* ihre konjunktive Verknüpfung, dann referiert **S1 und S2** auf diejenige Proposition *p*, die in einer beliebigen Situation *s* genau dann wahr ist, wenn p_1 und p_2 in *s* wahr sind.</td></tr>
</table>

Die hier definierte Semantik von *und* entspricht im Wesentlichen der Semantik des Junktors »∧« in der Aussagenlogik (s. Kap. IV.3) und wird als **wahrheitsfunktional** bezeichnet, da sich der Wahrheitswert der Gesamtaussage als Funktion der Wahrheitswerte der Teilaussagen ergibt.
   Nicht-wahrheitsfunktionale Aspekte von *und*: Während die Semantik des Junktors »∧« in der Aussagenlogik aber nicht kontrovers ist, wurde die wahrheitsfunktionale Semantik von *und* immer wieder in Frage gestellt. Anlass dazu geben folgende Beispiele, die zu einem großen Teil auf Posner (1979) zurückgehen oder dort diskutiert werden:

(2)   a. *Peter ist in der Küche und bäckt Krapfen.*
      b. *Sie fuhr nach Zuffenhausen und kaufte sich einen Porsche.*
      c. *Xaver drückte auf den Schalter, und das Licht ging an.*

Neben der Wahrheit der Teilsätze spielt in (2a) noch eine lokale (*dort*), in (2b) eine temporale (*dann*) und in (2c) eine kausale Beziehung (*deswegen*) eine für die Wahrheit des Gesamtsatzes und damit für die Identität der Proposition nicht unwesentliche Rolle. Lokale, temporale und kausale Aspekte werden aber durch eine wahrheitsfunktionale Analyse von *und* nicht erfasst.

Zwischen Semantik und Pragmatik   Tatsächlich gibt es gute Argumente dafür, dass diese Aspekte nicht semantischer, sondern pragmatischer Natur sind (vgl. Posner 1979). Ein zentrales Argument ist, dass die verschiedenen nicht-wahrheitsfunktionalen Aspekte von *und* nicht bei jeder Verwendung von *und* einschlägig sind: So wird (2c) als kausale Beziehung verstanden, nicht aber (2b). Und (2b) drückt eine temporale Abfolge aus, nicht aber (2a). Würde man nun versuchen, all diese Aspekte in die Semantik von *und* zu integrieren, müsste man in (2) mit Mehrdeutigkeiten arbeiten (**Bedeutungsmaximalismus**). Und selbst dann wäre noch zu diskutieren, welche kontextuellen Faktoren letztlich in welcher Weise für eine Desambiguierung der Konjunktion(en) *und* sorgen.

Bedeutungsminimalismus: Die direktere Strategie ist anzunehmen, dass *und* in der Semantik tatsächlich nur wahrheitsfunktional zu analysieren ist und die weiteren Aspekte durch pragmatische Anreicherungsprozesse in konkreten Kontexten entstehen. Dies kann über die Grice'sche Maxime der Modalität (*Halte dich an die Reihenfolge!*) oder auch im Sinne von Sperber/Wilson (1987) über relevanztheoretische Überlegungen erfolgen. In jedem Fall ergeben sich die interpretatorischen Effekte der Konjunktion *und* aus einem komplexen Zusammenspiel semantischer und pragmatischer Faktoren.

Problemfälle: Wesentlich problematischer sind Verwendungen von *und*, wie sie in den Beispielen in (3) zu finden sind.

(3) a. *Gib mir deinen Roller und ich geb dir mein Rad.*
   b. *Und, wie war die Jahrestagung in Leipzig?*

In (3a) werden zwar zwei Sätze durch die Konjunktion *und* verknüpft, der Gesamtsatz wird aber eher in der Art eines Bedingungssatzes, also eines Konditionals verstanden: *Wenn du mir deinen Roller gibst, dann gebe ich dir mein Rad.* Dies ist bei einer wahrheitsfunktionalen Semantik für *und* doch etwas überraschend. Tatsächlich lässt sich dieser Effekt aber wahrscheinlich über eine Interaktion mit der (modalen) Semantik von Imperativsätzen erklären (vgl. z. B. Kaufmann 2012).

Noch problematischer ist die Verwendung von *und* als Diskurspartikel wie in (3b) illustriert. Abgesehen davon, dass in der Forschung bisher nicht einmal über die Extension dieser Klasse Konsens besteht, ist völlig offen, wie Diskurspartikeln semantisch oder pragmatisch einheitlich zu charakterisieren sind. Bisher wurde die Konjunktion *und* als eine Relation zwischen Propositionen aufgefasst. In (3b) ist *und* aber entweder nicht relational (im engeren Sinne) oder es bindet den Interrogativsatz an einen Diskurs an. Ob bzw. inwieweit dies über eine wahrheitsfunktionale Semantik erfassbar ist, muss an dieser Stelle offen gelassen werden, da dies eine Analyse von Diskursen erfordern würde (die allerdings im Sinne von Stalnaker 1978 durchaus auch propositional erfolgen kann).

2.1.2 | Die Disjunktion *oder*

Kommen wir damit zu der koordinierenden Konjunktion *oder*, die in der semantischen Literatur auch unter dem Begriff der **Disjunktion** diskutiert wird. Intuitiv ist klar, dass eine Verknüpfung mit *oder* weniger strikt ist als eine Verknüpfung mit *und*: Um den Satz (1b) wahrheitsgetreu behaupten zu können, ist es nicht erforderlich, dass beide Propositionen wahr sind, es reicht völlig aus, wenn eine der beiden Propositionen (*dass der Prüfling schlecht vorbereitet ist* oder *dass der Prüfling ungeeignet ist*) zutrifft.

Problematischer ist die Frage, ob eine Verknüpfung mit *oder* auch dann als wahr behauptet werden kann, wenn tatsächlich beide Propositionen wahr sind, also genaugenommen die Bedingungen für eine Verknüpfung mit *und* gegeben wären. Denn verstehen wir (1b) intuitiv nicht eigentlich so, dass der Prüfling *entweder* schlecht vorbereitet ist *oder* einfach ungeeignet, aber nicht beides zugleich?

Exklusives und inklusives *oder*

Zwei Interpretationen von *oder*: Hier scheint der kognitive Zustand, also das Wissen des Sprechers zum Zeitpunkt der Äußerung relevant zu sein: Angenommen, beide Propositionen sind tatsächlich wahr und der Sprecher weiß auch, dass dies der Fall ist. Dann würden wir erwarten, dass der Sprecher dieser Tatsache bei seiner Äußerung auch Rechnung trägt und uns entsprechend die volle Information zukommen lässt. Dies würde aber bedeuten, dass der Sprecher eine Verknüpfung mit *und* hätte verwenden können und müssen (Grice'sche Maxime der Quantität). Wenn er dies nicht gemacht hat, können wir im Umkehrschluss folgern, dass der Sprecher wohl nicht weiß, ob beide Propositionen tatsächlich zutreffend sind. Diese Annahme ist aber durchaus damit vereinbar, dass beide Propositionen eben doch gleichzeitig zutreffen. Oder um es an dem obigen Beispiel zu illustrieren: Die Erfahrung als Dozent hat uns (leider) gezeigt, dass es durchaus ungeeignete Prüflinge gibt, die darüber hinaus auch noch schlecht vorbereitet sind. Das wird man bei einer Äußerung von (1b) also nicht unbedingt ausschließen wollen. Mit der Äußerung von (1b) gibt man daher lediglich zu verstehen, dass man (a) nicht weiß, welche der beiden Propositionen wahr ist und man darüber hinaus (b) auch nicht weiß, ob nicht möglicherweise doch beide Propositionen zutreffend sind. Die Semantik von *oder* lässt sich also wie folgt formulieren:

Definition

> Sind *S1* und *S2* zwei Sätze, die auf p_1 bzw. p_2 referieren, und ist *S1 oder S2* ihre disjunktive Verknüpfung, dann referiert **S1 oder S2** auf diejenige Proposition *p*, die in einer Situation *s* genau dann wahr ist, wenn p_1 oder p_2 oder beide in *s* wahr sind.

Die oben formulierte Semantik für *oder* wird auch als eine **inklusive** bezeichnet, da sie die Möglichkeit der Wahrheit beider Propositionen explizit einschließt. Diese Semantik ist echt schwächer (weniger informativ) als die Semantik von *und* und erlaubt *und* und *oder* in einer Skala anzuordnen. Dass *oder*-Verknüpfungen sehr häufig exklusiv verstanden werden, also die Wahrheit beider Propositionen ausschließt, findet hier eine pragmatische Erklärung über das Phänomen der **skalaren Implikaturen** (vgl. z. B. Meibauer 2001).

Grundsätzlich ist auch eine **exklusive** Semantik für *oder* denkbar, in diesem Fall würde der Sprecher bei einer Äußerung von (1b) aber explizit die Möglichkeit ausschließen, dass beide Propositionen zutreffend sind, was wiederum hieße, dass der Sprecher genaugenommen wissen müsste, dass beide Propositionen nicht gleichzeitig zutreffen. Diese Annahme ist zwar in vielen Beispielen naheliegend, manchmal sogar (aufgrund von Weltwissen) fast zwingend (wie in *Xaver ist gerade in Stuttgart oder in Heidelberg*), aber eben, wie gesehen, nicht in allen Beispielen. Aus diesem Grund ist auch im Fall von *oder* eine schwächere Semantik in Kombination mit pragmatischen Mechanismen vorzuziehen.

Problemfälle: Ähnlich wie bei *und* gibt es allerdings auch bei *oder* einige Fälle, die sich einer wahrheitsfunktionalen Analyse zu entziehen scheinen oder zumindest weitere Überlegungen erfordern. Betrachten wir hierzu die Beispiele in (4).

(4) a. *Zum Flughafen kannst du den Bus oder ein Taxi nehmen.*
     b. *Gib mir jetzt das Skateboard oder es setzt Hausarrest.*
     c. *Hab ich doch mal wieder Recht gehabt, oder?*

Mit (4a) liegt eine sogenannte **free choice**-Lesart vor, d. h. dem Adressaten werden zwei Möglichkeiten offeriert, die beide zum Ziel führen. Da der Sprecher offenbar weiß, dass beide Propositionen wahr sind, würde man eigentlich (wie oben argumentiert) erwarten, dass die Sätze mit *und* verknüpft werden. Das werden sie aber nicht. Der Grund ist hier wohl darin zu suchen, dass der Sprecher dem Adressaten die Wahl lassen möchte und für den Adressaten bereits eine der Alternativen ausreichend ist, um sein Ziel zu erreichen. Hier liegen also besondere Verwendungsbedingungen vor, die stark an ›existenziell exhaustive‹ Lesarten von *w*-Interrogativen wie »Wie komme ich zum Flughafen« erinnern (was nicht weiter verwunderlich ist, da *w*-Phrasen Indefinita sind und *oder* ebenfalls eine Form der indefiniten Verknüpfung darstellt).

(4b) erinnert dagegen etwas an das Beispiel in (3a) bei *und*-Verknüpfungen: Eine eigentlich koordinative Verknüpfung wird konditional interpretiert (*Wenn du mir jetzt nicht das Skateboard gibst, dann setzt es Hausarrest*). Auch hier liegt eine Verknüpfung mit einem Imperativsatz vor und auch hier kann man argumentieren, dass sich die konditionale Lesart letztlich aus einer Interaktion von inklusiver *oder*-Semantik und der Semantik des Imperativs ergibt (Kaufmann 2012).

Das letzte Beispiel in (4c) schließlich erinnert an die Funktion von *und* als Diskurspartikel, allerdings mit dem Unterschied, dass *oder* hier an die Äußerung anschließt (*Tag*-Funktion) und dieser nicht vorausgeht. Auch hier werden durch die Konjunktion nicht explizit zwei Sätze miteinander verbunden, auch wenn inhaltlich klar ist, dass durch das Tag die vorangegangene Behauptung zumindest scheinbar in Frage gestellt wird.

2.2 | Konditionalgefüge

Von besonderem Interesse im Bereich der adverbialen Fügungen ist in der Semantik der **Konditional-** oder **Bedingungssatz**. Dies hat nicht zuletzt damit zu tun, dass die Semantik des Konditionalsatzes sehr eng mit dem für die Semantik zentralen Begriff der **logischen Folgerung** verknüpft ist.

Definition

> Grundsätzlich versteht man unter einem Konditional(gefüge) die (syntaktische) Fügung zweier Sätze *S1* und *S2*, bei der *S1* eine hinreichende Bedingung für *S2* darstellt. (Gleichzeitig stellt *S2* eine notwendige Bedingung für *S1* dar.) S1 wird als das Antezedens des Konditionals bezeichnet und S2 als das Konsequenz.

Konditionalsätze und *wenn-Sätze*: Mit dieser zunächst informellen Beschreibung wird schnell deutlich, dass *wenn*-Sätze zwar die kanonische Form für Konditionalsätze darstellen, vgl. (5a,b), aber weder jeder *wenn*-Satz ein Konditionalsatz (im inhaltlichen Sinne) sein muss, vgl. (6a,b), noch jeder Konditionalsatz (im formalen Sinne) ein *wenn*-Satz, vgl. (7a,b).

(5) a. *Wenn morgen Ostern ist, gibt es Geschenke.*
     b. *Wenn morgen Ostern ist, dann gibt es Geschenke.*
(6) a. *Wenn Xaver mich sucht, ich bin im Büro.*
     b. *Egal, ob er lernt oder nicht, er wird die Prüfung nicht bestehen.*
(7) a. *?Ist morgen Ostern, gibt es Geschenke.*
     b. *Ist morgen Ostern, dann gibt es Geschenke.*

Betrachten wir zunächst die Fälle in (6). Intuitiv ist klar, dass meine Anwesenheit im Büro nicht eine Folge davon ist, dass Xaver mich sucht. Ich bin so oder so im Büro und gebe diese Information weiter für den Fall, dass Xaver mich suchen sollte. Das formale Konsequenz in (6a) wird also unabhängig behauptet und das formale Antezedens gibt lediglich an, unter welchen Bedingungen die Aussage im Konsequenz von Relevanz sein könnte. *Wenn*-Sätze dieser Art werden in der Literatur auch unter dem Begriff des »**Relevanzkonditionals**« diskutiert (vgl. z. B. König/van der Auwera 1988).

Das ›Konditional‹ in (6b) hat eine ähnliche Struktur. Auch hier wird das formale Konsequenz unabhängig assertiert und das formale Antezedens stellt lediglich fest, dass das Konsequenz unter allen denkbaren Bedingungen eintreten wird. ›Konditionale‹ dieser Art werden in der Literatur als »**Irrelevanzkonditionale**« bezeichnet (vgl. ebd.). Gemeinsam haben Relevanz- und Irrelevanzkonditionale, dass ihr Antezedens syntaktisch nicht in den Bezugssatz integriert ist: Sie stehen nicht im Vorfeld, da dieses bereits durch das Subjekt besetzt ist. Und sie stehen auch nicht in der Linksversetzungsposition, da in diesem Fall das Antezedens durch das Korrelat *dann* im Vorfeld des Bezugssatzes wieder aufgenommen werden müsste. Das Antezedens steht also gewissermaßen außerhalb des Bezugssatzes und kann syntaktisch am ehesten mit einem freien Thema verglichen werden. Wird das Antezedens in den Bezugssatz integriert, verändert sich die Lesart, vgl. (8).

(8) a. *Wenn Xaver mich sucht, bin ich im Büro.*
     b. *Wenn Xaver mich sucht, dann bin ich im Büro.*

Wenn als Träger der Konditionalität? Der paarweise Kontrast zwischen den Beispielen in (5) und (7) macht deutlich, dass keineswegs klar ist, dass die konditionale Semantik (alleine) an der Subjunktion *wenn* (oder an der V1-Stellung oder an *dann*) festzumachen ist. Diese Beobachtung eröffnet eine interessante Diskussion, die wir hier aber leider nicht führen können (vgl. z. B. Kratzer 1977, 1991; Reis/Wöllstein 2010). Um die Darstellung möglichst verständlich zu halten, beziehen wir uns daher im Folgenden nur auf die kanonischen *wenn*-Sätze.

Zur Semantik von *wenn*: Worin besteht also genau die Bedeutung der subordinierenden Konjunktion *wenn*? In Analogie zu den Bedeutungsbeschreibungen von *und* und *oder* bietet sich auch hier zunächst eine wahrheitsfunktionale Analyse an. Dabei ist sofort klar, unter welchen Bedingungen ein Konditional intuitiv falsch ist: Wenn das Antezedens wahr ist, das Konsequenz aber dennoch nicht eintritt. Also wenn morgen Ostern ist, es aber dennoch keine Geschenke gibt.

Nicht so offensichtlich ist, unter welchen Bedingungen ein Konditional als wahr aufzufassen ist. Am klarsten ist hier sicher noch der Fall, in dem sowohl das Antezedens als auch das Konsequenz wahr sind, es also Ostern ist und es Geschenke gibt. In diesem Fall wird die Behauptung von (5b) zumindest nicht als falsch abgelehnt. Was ist aber mit den Fällen, in denen das Antezedens falsch ist, in denen wir also nicht Ostern haben?

Genaugenommen sagt (5b) über diese Fälle gar nichts aus. Wenn wir Pech haben (und das ist leider sehr wahrscheinlich), erwischen wir einen Tag, an dem es keine Geschenke gibt. Wenn wir Glück haben, erwischen wir einen Tag (Weihnachten oder den eigenen Geburtstag), an dem es trotzdem Geschenke gibt. Die Falschheit des Antezedens ist also sowohl mit der Falschheit als auch mit der Wahrheit des Konsequenz verträglich. Das heißt aber nichts anderes, als dass diese Fälle durch das Konditional nicht explizit ausgeschlossen werden. Folglich werden wir auch in diesen Fällen das Konditional nicht als falsch bewerten können (auch wenn man die Fälle eigentlich für irrelevant hält). Insgesamt muss eine wahrheitsfunktionale Analyse des Konditionals also wie folgt aussehen:

> Sind *S1* und *S2* zwei Sätze, die auf p_1 bzw. p_2 referieren, und ist *wenn S1, dann S2* ihre konditionale Verknüpfung, dann referiert **wenn S1, dann S2** auf diejenige Proposition *p*, die in einer Situation *s* genau dann falsch [!] ist, wenn in s p_1 wahr, aber p_2 falsch ist.

Definition

Diese Analyse des Konditionals ist auch unter dem Namen **materiales Konditional** bekannt und entspricht der Definition des Junktors »→« in der Aussagenlogik.

Ob diese Analyse den Eigenschaften des Konditionals im Deutschen gerecht wird, wird immer wieder kontrovers diskutiert. Zunächst einmal ist natürlich klar, dass eine wahrheitsfunktionale Analyse dem Bedingungscharakter des Konditionals mehr schlecht als recht Rechnung trägt. Gleichzeitig modelliert das materiale Konditional aber den **logischen Folgerungsbegriff** und kann so abbilden, dass Konditionale ein zentrales Mittel sprachlicher Argumentation darstellen.

Die Frage ist nun allerdings, ob sich der logische Folgerungsbegriff mit dem natürlichsprachlichen weitgehend deckt, oder ob der natürlichsprachliche nicht doch Besonderheiten aufweist, die in einer linguistisch-semantischen Analyse berücksichtigt werden sollten. An dieser Stelle werden wir knapp auf zwei solche Eigenschaften eingehen.

Verstärkung des Konditionals: Betrachten wir zunächst (9).

(9)   a. *Wenn du mir 10 Euro gibst, dann wasche ich das Auto.*
       b. *Wenn du mir keine 10 Euro gibst, dann wasche ich das Auto nicht.*

Wenn ich ein Konditional wie (9a) äußere, dann lege ich mich darauf fest, dass ich bei einer Bezahlung von 10 Euro (oder mehr) tatsächlich das fragliche Auto wasche. Gleichzeitig suggeriere ich aber auch, dass ich bei Nicht-Bezahlung das Auto nicht waschen werde. Eine Äußerung von (9a) scheint also gleichzeitig die Information in (9b) zu transportieren und wird interpretiert als *Nur dann, wenn du mir 10 Euro gibst, wasche ich das Auto*. Das nicht explizit ausgedrückte, aber mitverstandene *nur* führt eine Exhaustivitätsbedingung ein, die unter dem Begriff **Verstärkung des Konditionals** in der Literatur bekannt ist.

Für uns interessant ist die Frage, ob die Verstärkung des Konditionals ein semantisches oder pragmatisches Phänomen ist. Nehmen wir an, es ist ein semantisches Phänomen. Dann wäre (9b) eine logische Folgerung aus (9a). Nehmen wir weiter an, dass (9a) keine Ellipse von *nur* beinhaltet, dann wäre die Folgerung (9b) auf die Semantik des Konditionals zurückzuführen. Im Falle einer wahrheitsfunktionalen Semantik würde das aber wiederum bedeuten, dass bei Nichteintreffen des Antezedens, das Konditional nur dann als wahr aufzufassen wäre, wenn auch das Konsequenz nicht eintrifft.

Die Semantik des Konditionals wäre also durch das materiale Konditional nicht korrekt modelliert und müsste wie folgt modifiziert werden: »[…] dann referiert *wenn S1, dann S2* auf diejenige Proposition *p*, die in einer Situation *s* genau dann wahr ist, wenn p_1 und p_2 in s denselben Wahrheitswert haben.« Diese Semantik (die im Übrigen der der logischen Äquivalenz »↔« entspricht) ist aber angesichts von Beispielen wie in (5) sicherlich zu stark. Folglich ist es naheliegend, die Verstärkung des Konditionals über pragmatische Faktoren oder Prinzipien abzuleiten (vgl. z. B. Levinson 1990).

Nicht-monotones Verhalten des Konditionals: Problematischer für eine wahrheitsfunktionale Analyse des Konditionals ist das Beispielpaar in (10), das das **nicht-monotone** Verhalten von Konditionalen illustriert.

(10)   a. *Wenn du einen 6er im Lotto hast, bist du ein Glückspilz.*
       b. *Wenn du einen 6er im Lotto hast und 1000 andere auch, dann*
         […]

Den Satz in (10a) würden wir sicher alle als wahr betrachten. Wie aber würden wir das erweiterte Antezedens in (10b) fortführen wollen? Ebenfalls mit *bist du ein Glückspilz* oder doch eher mit *bist du ein Pechvogel*? Vermutlich Letzteres. Das zeigt, dass sich der Wahrheitswert des Konditionals grundsätzlich verändern kann, wenn das Antezedens des Konditionals konjunktiv durch eine weitere Bedingung erweitert wird. Das Problem ist nun, dass in der Aussagenlogik leicht gezeigt werden kann, dass sich das materiale Konditional anders verhält. Wird das materiale Konditional durch eine weitere *und*-Bedingung im Antezedens erweitert, dann kann das Antezedens dadurch seinen Wahrheitswert nie von falsch auf wahr, sehr wohl aber von wahr auf falsch verändern. Und aus Falschem folgt in der Logik eben Beliebiges. Daher kann eine solche Erweiterung in der Logik nie dazu führen, dass das Konditional als Ganzes falsch wird. Aber genau das wäre für eine korrekte Modellierung von Beispielen wie in (10) erforderlich.

Eine Lösung für dieses Problem liegt im Rahmen eines wahrheitsfunktionalen Ansatzes für das Konditional nicht unbedingt auf der Hand und kann damit durchaus ein starkes Argument für eine alternative Analyse sein. Lewis (1973) konnte jedoch zeigen, dass eine Unterscheidung in »typische« und »atypische« Situationen die Grundlage einer Erklärung dieses Phänomens sein könnte. Die zentrale Idee seiner Analyse besteht in der Annahme, dass bei der Verarbeitung des Antezedens von (10a) nicht *alle* Situationen betrachtet werden, in denen der Adressat einen 6er im Lotto hat, sondern nur (etwas vereinfacht) die *typischen* Situationen. Da ein 6er im Lotto ein statistisch äußerst seltenes Ereignis ist, ist eine typische Situation dieser Art eine, in der nur wenige Personen einen 6er im Lotto haben. Folglich wird bei der Verarbeitung des Antezendes von (10a) eine Situation, in der über 1000 Personen einen 6er im Lotto haben erst gar nicht berücksichtigt. Die Verarbeitung des Antezedens in (10b) führt diesen (hypothetischen) Sachverhalt aber explizit ein und lenkt den Fokus damit auf eine völlig neue Situation, die dann aber auch zu anderen Konsequenzen führen kann. Die Details der Lewis'schen Analyse sind zwar wesentlich komplexer als hier dargestellt, aber der Kerngedanke sollte hoffentlich dennoch verständlich geworden sein.

2.3 | Kausalsätze

Konditional- und Kausalsätze scheinen in ihrer Semantik auf den ersten Blick gar nicht so weit auseinanderzuliegen. In beiden Fällen liegen wohl intensionale Konstruktionen vor, bei denen die Realisierung zweier Sachverhalte oder Ereignisse zueinander in Beziehung gesetzt werden. So wird sowohl durch (11a) als auch durch (11b) suggeriert, dass ein Stromausfall die Ursache bzw. eine hinreichende Bedingung für das Ausgehen der Lichter ist.

(11) a. *Wenn der Strom ausfällt, dann gehen die Lichter aus.*
    b. *Die Lichter gingen aus, weil der Strom ausfiel.*
(12) a. *Wenn schönes Wetter ist, dann gehen wir joggen.*
    b. *Wir gehen joggen, weil schönes Wetter ist.*

Im Gegensatz zu Kausalsätzen drücken aber Konditionalsätze nicht notwendigerweise ein Ursache/Wirkungs-Verhältnis aus: Während in (12b) das schöne Wetter eindeutig den Grund für das Joggen-Gehen darstellt, ist es in (12a) in aller Regel lediglich eine Randbedingung. Der eigentliche Grund, die eigentliche Motivation, joggen zu gehen, ist der Wunsch nach körperlicher Ertüchtigung, der Steigerung der eigenen Fitness. Dass Kausalsätze explizit ein Ursache/Wirkungs-Verhältnis ausdrücken, können wir wie folgt festhalten:

Definition

> Sind *S1* und *S2* zwei Sätze, die auf p_1 bzw. p_2 referieren, und ist *S2, weil S1* ihre kausale Verknüpfung, dann referiert **S2, weil S1** auf diejenige Proposition *p*, die in einer Situation *s* genau dann wahr ist, wenn p_1 in *s* die Ursache von p_2 ist. Wir sprechen dann von einem **(epistemischen) Kausalverhältnis**.

Ein weiterer Unterschied zu Konditionalsätzen besteht im Wahrheitsanspruch der einzelnen Propositionen. Bei Konditionalsätzen wird nicht die Wahrheit der Teilsätze behauptet, sondern nur der konditionale Zusammenhang zwischen den beiden Aussagen. Anders bei Kausalsätzen. Hier wird zwar ebenfalls das Kausalverhältnis behauptet, gleichzeitig wird aber auch die durch S2 ausgedrückte Proposition p_2 behauptet und die Wahrheit der durch S1 ausgedrückten Proposition p_1 präsupponiert (also vorausgesetzt).

Kausalität und Integration: Ähnlich wie Konditionalsätze können auch Kausalsätze relativ zu ihrem Bezugssatz strukturell integriert oder desintegriert vorkommen. Integrierte Kausalsätze treten notwendig mit VL-Stellung des finiten Verbs auf und werden im Allgemeinen epistemisch kausal interpretiert.

Desintegrierte Kausalsätze können sowohl mit VL- als auch mit V2-Stellung vorkommen und sind deutlich flexibler in ihrer Interpretation, vgl. die folgenden Beispiele aus Antomo/Steinbach (2012) und Reis (2014).

(13) a. *Paul hat gekündigt. (\) Weil er wohl doch zu sehr beansprucht wurde.*

b. *Paul hat gekündigt. (\) Weil er wurde wohl doch zu sehr beansprucht.*

(14) a. *Es hat geschneit. (\) Weil die Straße ganz weiß ist.*

b. *Es hat geschneit. (\) Weil die Straße ist ganz weiß.*

(15) a. *Bist du nervös? (\) Weil du schon deine dritte Zigarette rauchst.*

b. *Bist du nervös? (\) Weil du rauchst schon deine dritte Zigarette.*

Die Beispiele in (13) zeigen, dass auch desintegrierte *weil*-Sätze epistemisch kausal interpretiert werden können. Eine solche Interpretation ist jedoch für die Sätze in (14) nicht verfügbar. Hier ist die weiße Straße offenbar nicht der eigentliche Grund, sondern lediglich **Evidenz** dafür, dass es geschneit hat. Und in (15) wird mit dem *weil*-Satz der Grund für das Stellen der vorangegangenen Frage genannt. Der *weil*-Satz bezieht sich hier also nicht auf die Proposition des Bezugssatzes, sondern auf dessen Illokution, seinen Sprechakt. Entsprechend werden neben epistemisch begründenden Kausalverhältnissen auch noch **evidenzielle** und **sprechakt-bezogene** Lesarten von *weil*-Sätzen unterschieden:

> Sind *S1* und *S2* zwei Sätze, die auf p_1 bzw. p_2 referieren, und ist *S2*, *weil S1* ihre **evidenziell kausale Verknüpfung**, dann referiert *S2*, *weil S1* auf diejenige Proposition *p*, die in einer Situation *s* genau dann wahr ist, wenn p_1 in *s* die Ursache für die Annahme von p_2 ist.
> Sind *S1* und *S2* zwei Sätze, S1 referiert auf p_1 und S2, *weil S1* ist ihre **illokutionär kausale Verknüpfung**, dann referiert *S2*, *weil S1* auf diejenige Proposition *p*, die in einer Situation *s* genau dann wahr ist, wenn p_1 in *s* die Ursache für die Äußerung von *S2* ist.

Definition

Die Herausforderung für eine Semantik des Kausalsatzes besteht offenbar darin, die verschiedenen Lesarten aus den beteiligten Faktoren **Kausalität** und **Grad der Integration** herzuleiten. Zumindest für die Unterscheidung zwischen epistemischem und illokutionärem Kausalverhältnis ist es nahe-liegend, von einer Form der **Skopusambiguität** auszugehen, die die subordinierende Konjunktion *weil* und abstrakte Satztypmerkmale betrifft. Für die evidenzielle Lesart liegt ein solcher Ansatz nicht unmittelbar auf der Hand. Denn hier scheint der Bezug weder auf der Proposition noch auf der Äußerung von *S2*, sondern auf der mit der Äußerung von *S2* verbunde-nen (klausalen) Qualitätsimplikatur *der Sprecher glaubt, dass p_2* zu liegen. Das Beispiel in (14) kann damit wie folgt paraphrasiert werden: »Die Ur-sache für den Glauben des Sprechers, dass es geschneit hat, ist, dass die Straße weiß ist.«

   Tatsächlich gibt es aber gute Gründe anzunehmen, dass auch Implika-turen in den Skopus lexikalischer Ausdrücke geraten können. So hat be-reits Posner (1979) argumentiert, dass die mit der koordinierenden Kon-junktion *und* einhergehende Sukzessivitätsimplikatur in den Skopus der subordinierenden Konjunktion *wenn* geraten kann: Der Satz *wenn Anna geheiratet und ein Kind bekommen hat, wird sich der Großvater freuen* hat intuitiv andere Wahrheitsbedingungen als der Satz *wenn Anna ein Kind bekommen und geheiratet hat, wird sich der Großvater freuen* (zumindest wenn wir einen eher konservativ orientierten Großvater unterstellen). Der Grund scheint also darin zu suchen zu sein, dass die Implikatur »… und *dann* …« bereits im Skopus von *wenn* verarbeitet wird und nicht erst auf der Ebene der Gesamtäußerung.

2.4 | Einstellungsberichte

Es gibt viele unterschiedliche Arten von Bewusstseinsphänomenen: Es gibt Überzeugungen, Wünsche, Hoffnungen, Gedanken, Wahrnehmun-gen, Empfindungen, Gefühle, Vorstellungen (z. B. visueller Art), Phanta-sien, Erinnerungen und vieles weitere. Wir werden uns im Folgenden mit der sprachlichen Darstellung von Überzeugungen befassen. Überzeugungen gehören wie Wünsche, Hoffnungen, Absichten u. a. zu dem, was ›(propositionale) Einstellungen‹ genannt wird, und sollen stellvertretend stehen für Einstellungen allgemein.

Zum Begriff

> **(Propositionale) Einstellung** (engl. *propositional attitude*) ist der in Philosophie und Semantik geläufige Oberbegriff für Überzeugungen, Wünsche, Hoffnungen, Absichten etc. Bei diesen handelt es sich um psychologische Zustände, denen ein propositionaler Gehalt zugeschrieben werden kann (im Unterschied zu Empfindungen und Gefühlen) und die dispositioneller Natur sind, d. h. man kann eine Einstellung haben, ohne sich ihrer aktuell bewusst zu sein (wir alle sind der Überzeugung, dass Berlin die Hauptstadt von Deutschland ist, und wir alle hoffen, dass kein dritter Weltkrieg ausbricht, – ohne dass dies bedeutet, dass wir permanent daran denken).

Einstellungen unterscheiden sich damit von **Gedanken**, die episodische bewusste Erlebnisse sind, die zu einer bestimmten Zeit an einem bestimmten Ort stattfinden (Beispiele sind der Gedanke, dass jetzt gerade die Sonne untergeht, oder der Gedanke, dass bald Essenszeit ist).

Die sprachliche Darstellung einer Einstellung kann die Form eines Einstellungsberichts annehmen. Ein **Einstellungsbericht** besteht typischerweise aus

Elemente eines Einstellungsberichts

- einer Einstellungskennzeichnung, in der der Einstellungsträger (d. h. die Person, die die Einstellung hat) und die Art der Einstellung genannt wird, und
- einer Inhaltsangabe, die den Inhalt der Einstellung wiedergibt.

In *Ralf glaubt, dass Ortcutt ein Spion ist* ist *Ralf glaubt* die Einstellungskennzeichnung und der *dass*-Satz die Inhaltsangabe.

Einstellungsberichte stellen die Semantik vor große Herausforderungen. Jemand kann wissen, dass Novalis den *Heinrich von Ofterdingen* geschrieben hat, ohne zu wissen, dass Novalis ein Pseudonym war und sein bürgerlicher Name ›Friedrich von Hardenberg‹ lautete. Es ist also möglich, dass der Satz *Marie glaubt, dass Novalis der Autor des ›Heinrich von Ofterdingen‹ ist* wahr ist und der Satz *Marie glaubt, dass Friedrich von Hardenberg der Autor des ›Heinrich von Ofterdingen‹ ist* falsch. Wie kann das sein, da die beiden Eigennamen referenzidentisch sind? Die genauere Beschäftigung mit diesem Problem hat bei Einstellungsberichten ein Spektrum von Lesarten zu Tage gefördert, das für propositionale Bewusstseinsdarstellungen spezifisch ist.

Opake und transparente Lesarten

Einstellungsberichte können sich darin unterscheiden, aus welcher Perspektive (*point of view*) der Inhalt der Einstellung im Einstellungsbericht dargestellt wird. Bei der **opaken Lesart** wird die Darstellung aus der

Perspektive des Einstellungsträgers gegeben, nicht so bei der **transparenten Lesart**, die die Perspektive dessen einnimmt, der die Einstellung berichtet.

Wenn Ralf am Strand längere Zeit einen Mann beobachtet hat und überlegt hat, ob es sich um einen Spion handelt, dann kann man die Überzeugung, zu der er gekommen ist, darstellen als *Ralf glaubt, dass der Mann am Strand ein Spion ist.* Der Satz hat eine opake Lesart, da Ralf den Mann, von dem die Rede ist, als den Mann am Strand kennt, und der Einstellungsbericht auf den Mann auf eine Art Bezug nimmt, auf die der Einstellungsträger mit ihm ›bekannt‹ ist.

Dies ist bei den folgenden Sätzen anders:

(16) a. *Ralf glaubt, dass der Mann, den du da vorne siehst, ein Spion ist.*
    b. *Kolumbus glaubte, dass Kuba zu Indien gehörte.*

Der Mann, den man da vorne sieht, ist der Mann am Strand, doch ist er jetzt aus der Perspektive des Adressaten (und Sprechers) beschrieben und nicht aus der von Ralf (der nicht anwesend ist). Trotzdem ist Satz (16a) wahr. Zu Kolumbus' Zeiten hieß Kuba noch nicht ›Kuba‹, trotzdem ist Satz (16b) wahr. Der Gegenstand, auf den sich die Einstellung in diesen Sätzen richtet, wird auf eine Weise beschrieben, wie es der Perspektive der Person, die den Einstellungsbericht äußert, entspricht und nicht der Perspektive des Einstellungsträgers. Es wird durch die Art, wie auf den Gegenstand Bezug genommen wird, nichts über die Art gesagt, wie der Einstellungsträger mit dem Gegenstand bekannt ist.

De-re- versus *de-dicto*-Lesarten

Nehmen wir an, Ralf kennt Ortcutt recht gut, und jemand sagt nun von Ralf:

(17) *Ralf glaubt, dass Ortcutt ein Spion ist.*

Mit (17) wird Ralf die Überzeugung zugeschrieben, dass eine bestimmte Person ein Spion sei. Die Überzeugung richtet sich auf eine bestimmte Person, nämlich Ortcutt. Eine Überzeugung, die über eine bestimmte Person bzw. allgemeiner: über einen bestimmten Gegenstand geht, heißt **de-re-Überzeugung** (lat. *de re* heißt etwa: ›über eine bzw. von einer Sache (*res*)‹). Ein Einstellungsbericht hat eine **de-re-Lesart**, wenn sie eine *de-re-* Einstellung zuschreibt. (17) hat damit eine *de-re*-Lesart. - Vergleichen wir nun (17) mit (18):

(18) *Ralf glaubt, dass es Spione gibt.*

Mit (18) wird Ralf die allgemeine Überzeugung zugeschrieben, dass es Spione gibt, eine Überzeugung, die keine Überzeugung über bestimmte Personen sein muss. Diese Überzeugung kann Ralf auch haben, wenn er keinen einzigen Spion kennt. Eine solche allgemeine Überzeugung heißt **de-dicto-Überzeugung**. Ein Einstellungsbericht hat eine **de-dicto-Lesart**, wenn er eine *de-dicto*-Einstellung zuschreibt. (18) hat damit eine *de-dicto-*

Lesart. - Nicht immer nun ist es so einfach zu entscheiden, ob eine *de-re*- oder eine *de-dicto*-Lesart vorliegt.

(19) *Ralf glaubt, dass der Beste gewinnen wird.*

Nehmen wir an, dass Ralf glaubt, dass Max der Beste ist und gewinnen wird. Vor diesem Hintergrund kann man (19) als *de-re*-Lesart verstehen. Nehmen wir hingegen an, dass Ralf gar nicht so genau weiß, wer alles bei dem Wettbewerb antritt. Er glaubt nur, dass die Bedingungen so sind, dass der Beste, wer dies auch immer sein mag, sich durchsetzen wird. Dann haben wir es mit einer *de-dicto*-Lesart zu tun.

Zur Vertiefung

Die *de-se*-Lesart

In dem Satz

(1) *Ralf glaubt, in Gefahr zu sein*

wird Ralf eine Überzeugung über sich selbst zugeschrieben, eine *de-se*-Überzeugung. Nun könnte man denken, dass eine *de-se*-Überzeugung lediglich ein Spezialfall einer *de-re*-Überzeugung ist, bei dem Einstellungsträger und ›res‹ identisch sind. Doch so einfach ist es nicht. Nehmen wir eine Situation, in der Ralf durch eine Glasscheibe hindurch sieht, dass ein Auto von hinten auf einen Mann zurollt. Dann wird man sagen können:

(2) *Ralf glaubt, dass der Mann, den er gerade im Blick hat, in Gefahr ist.*

Nehmen wir nun weiter an, dass, was Ralf nicht bemerkt, es sich um eine Spiegelung handelt, und er sich selbst auf der Glasscheibe erblickt. Er selbst ist es, auf den ein Auto zurollt. Dann werden wir (3) vielleicht gerade noch sagen können, aber sicher nicht (1) oder (4):

(3) *Ralf glaubt, dass er in Gefahr ist.*
(4) *Ralf glaubt, dass er selbst in Gefahr ist.*

Satz (2) hat eine *de-re*-Lesart, (1) und (4) eine *de-se*-Lesart – (3) kann man auf die eine wie die andere Weise verstehen (präferiert aber *de se*).

De re/de dicto versus opak/transparent

Die *de-re/de-dicto*-Unterscheidung bezieht sich auf den **propositionalen Gehalt** einer Einstellung: Handelt es sich um eine Einstellung über einen bestimmten Gegenstand oder bezieht sich die Einstellung auf einen allgemeinen Sachverhalt? Die opak/transparent-Unterscheidung dagegen bezieht sich darauf, aus welcher **Perspektive** der Inhalt der Einstellung im Einstellungsbericht dargestellt wird – bei der opaken Lesart aus der Perspektive des Einstellungsträgers, bei der transparenten Lesart aus der Perspektive dessen, der die Einstellung berichtet (diese Unterscheidung zwischen *de re/de dicto* und opak/transparent wird allerdings nicht so häufig beachtet, vgl. aber Haas-Spohn 1989). – Damit ergeben sich vier mögliche Lesarten von Einstellungsberichten:

1. Opake *de-re*-Lesart: Der Satz (20) kann eine *de-re*-Leart haben: Ralf glaubt von einem Mann, mit dem er bekannt ist (z. B. weil er ihn lange beobachtet hat), etwas (nicht). Diesen Mann kennt er als den Mann am Strand. Damit hat der Satz eine *de-re-* und eine opake Lesart. Fast alle bisherigen Sätze mit einer *de-re*-Lesart waren auch opak, es scheint sich dabei um die präferierte Lesart von Sätzen mit einer *de-re*-Lesart zu handeln. (Die *de-se*-Lesart könnte ein Spezialfall der opaken *de-re*-Lesart sein.)

Vier mögliche Lesarten von Einstellungsberichten

(20) *Ralf glaubt (nicht), dass der Mann am Strand ein Spion ist.*

2. Transparente *de-re*-Lesart: Es ist leicht zu sehen, dass die Sätze in (21) eine *de-re*-Lesart haben können. Doch ist ebenso klar, dass der Gegenstand, die *res*, auf eine Weise beschrieben wird, wie es der Perspektive der Person, die den Einstellungsbericht äußert, entspricht und nicht der Perspektive des Einstellungsträgers. Die Sätze haben also eine transparente *de-re*-Lesart.

(21) a. *Ralf glaubt (nicht), dass der Mann, den du da vorne siehst, ein Spion ist.*
       b. *Kolumbus glaubte, dass Kuba zu Indien gehörte.*
       c. *Ralf glaubt, dass ich ein Spion bin.*
       d. *Ralf glaubt, dass jemand ein Spion ist.*
          (In der Lesart: »Es gibt jemanden, von dem Ralf glaubt, dass er ein Spion ist.«)

3. Opake *de-dicto*-Lesart: Bei den Sätzen in (22) handelt es sich jeweils um eine allgemeine Überzeugung. Ralf kennt keinen Spion und Alfie kennt den reichsten Mann der Welt überhaupt nicht. Also handelt es sich um *de-dicto*-Überzeugungen. Gleichzeitig ist diese Überzeugung aus der Perspektive des Einstellungsträgers dargestellt – also opak.

(22) a. *Ralf glaubt, dass es Spione gibt.*
       b. *Alfie glaubt, dass der reichste Mann der Welt (bestimmt) ein Gauner ist.*

4. Transparente *de-dicto*-Lesart: Nehmen wir an, dass jemand weiß, dass Ralf glaubt, dass es Spione gibt. Dann kann er dieses Wissen (aus welchen Gründen auch immer) mit (23) wiedergeben, auch wenn Ralf die englische Bezeichnung für Spion gar nicht kennt. Damit ist der Begriff ›Spion‹ auf eine Weise wiedergegeben, die nicht der Perspektive des Einstellungsträgers entspricht. Es liegt also eine transparente *de-dicto*-Lesart vor.

(23) *Ralf glaubt, dass es ›secret agents‹ gibt.*

In der Sprachphilosophie und der logischen Semantik versucht man, Theorien zu entwickeln, wie die verschiedenen Lesarten erfasst werden können (vgl. einführend Haas-Spohn 1989). In der kognitiven Semantik wird dieser Bereich weniger bearbeitet (vgl. aber Fauconnier 2007).

Zur Vertiefung

Intensionale Kontexte

Einstellungsberichte sind ein Beispiel für einen **intensionalen (auch: opaken) Kontext**. Und zwar bildet die Einstellungskennzeichnung (z. B. *Marie glaubt*) einen intensionalen Kontext für die Inhaltsangabe (z. B. *dass Novalis der Autor des ›Heinrich von Ofterdingen‹ ist*). In einem solchen Kontext kann ein Term nicht so ohne weiteres durch einen referenzgleichen Term ersetzt werden (z. B. *Novalis* nicht durch *Friedrich von Hardenberg*). Und zwar ist dies nicht möglich, wenn die Sätze in einer opaken *de-re*-Lesart verstanden werden (Novalis mag Marie unter dem Namen ›Novalis‹ bekannt sein, aber nicht unter dem Namen ›Friedrich von Hardenberg‹).

Weiterführende Literatur zu Kapitel III.2

Einen ersten Überblick über die zentralen Aspekte der Semantik komplexer Sätze kann man sich mit Posner (1979) und König/van der Auwera (1988) verschaffen. Klassiker der Konditionalsemantik sind Stalnaker (1968), Lewis (1973) und Kratzer (1977). Eine Diskussion verschiedener Lesarten von Kausalsätzen im Deutschen findet sich in Reis (2014). Die mit propositionalen Einstellungen verbundenen Probleme werden z. B. in Swanson (2011) überblicksartig dargestellt. Dirscherl/Pafel (2015) gehen auf Rede- und Gedankendarstellung ein, die hier ausgespart werden mussten.

Übungen

1. Vergleichen Sie die wahrheitsfunktionalen Definitionen von *und*, *oder* und *wenn* in diesem Kapitel mit den Definitionen der aussagenlogischen Junktoren ∧, ∨ und → in Kapitel IV.3. Wie kann ein Satz der Art *Merkel ist Kanzlerin und Steinmeier (ist) ihr Stellvertreter* in die Aussagenlogik übersetzt werden?

2. Mit Konjunktionen können natürlich auch mehrere Sätze miteinander verknüpft werden. Wie würden Sie die Struktur von z. B. *Wenn ich im Lotto gewinne dann kaufe ich mir einen Porsche oder ich mache eine Weltreise* darstellen? Hat der Satz dieselbe Struktur wie der Satz *Wenn ich eine Festanstellung bekomme dann mache ich Karriere oder ich mogele mich halt so durchs Leben*? (Auf Kommas wurde mit Absicht verzichtet.)

3. Versuchen Sie zu argumentieren, ob die Semantik der Konjunktion *und* ausreichend ist, um auch die folgenden *und*-Koordinationen sinnvoll zu analysieren (Hinweise dazu finden sich in Kap. IV.3):

a) *Xaver fährt nach Zürich und kauft sich ein Raclette.*
b) *Xaver und sein bester Freund machen eine Ausflug in den Harz.*

4. Versuchen Sie, die folgenden Beispiele den unterschiedlichen Kausalverhältnissen zuzuordnen wie sie in Kapitel III.2.3 vorgestellt wurden (dabei ist grundsätzlich mit Mehrdeutigkeiten zu rechnen):

a) *Bring mir mal einen Engländer, ich krieg die Schraube nicht auf.*
b) *Die Nena ist bestimmt schwanger, weil die trinkt gar keinen Alkohol mehr.*
c) *Hast du Schokolade gegessen? Weil du hast da noch was am Mundwinkel.*
d) *Der muss ganz schön Geld haben, wenn er einen Porsche fährt.*

IV Theorien und Methoden

1 Logische Semantik

Die logische Semantik geht auf Gottlob Frege, Bertrand Russell und den frühen Ludwig Wittgenstein zurück, die man auch als die Gründungsväter der logischen Semantik bezeichnen kann.

Gottlob Frege (1848–1925), Mathematiker, Logiker und Philosoph, ist der großen Öffentlichkeit gemeinhin unbekannt, obwohl man seinen Namen in einem Zug mit Leibniz, Kant oder Einstein nennen kann. Er hat mit seiner *Begriffsschrift* aus dem Jahr 1879 die Grundlagen für die rasante Entwicklung der modernen Logik gelegt, indem er die erste vollständige formale Logik geschaffen hat, was vorher noch niemandem in dieser Form gelungen war. Seine Analyse der Quantifikation war dafür entscheidend. Für die logische Semantik sind seine Aufsätze *Funktion und Begriff* (1891), *Über Sinn und Bedeutung* (1892) und *Der Gedanke* (1918) grundlegend geworden.

Bertrand Russell (1872–1970) und **Ludwig Wittgenstein** (1889–1951), auch sie Mathematiker, Logiker und Philosophen, haben von Frege entscheidende Impulse erhalten, aber eine andere Richtung verfolgt als Frege. Für die logische Semantik sind Russells Aufsätze *On denoting* (1905) und *Knowledge by acquaintance and knowledge by description* (1910–11) sowie Wittgensteins *Tractatus Logico-Philosophicus* (1922) von großer Bedeutung.

1.1 | Grundlegende Annahmen

Ein guter Ausgangspunkt für die Annahmen, die für die verschiedenen Ansätze der logischen Semantik in unterschiedlicher Weise von zentraler Bedeutung sind, ist immer noch das Werk von Gottlob Frege und die darin explizit oder implizit vorkommenden Prinzipien, auch wenn es seit Frege viele Varianten und Modifikationen gegeben hat.

Kontextprinzip: Wenn man etwas über die Bedeutung von Wörtern herausfinden will, so sollte man von Sätzen und deren Bedeutung ausgehen, hat Frege gefordert und er hat das, wie wir sehen werden, beispielhaft vorexerziert:

»Man muß [...] immer einen vollständigen Satz ins Auge fassen. Nur in ihm haben die Wörter eigentlich eine Bedeutung.« (Frege 1884, § 60)

»Nur im Zusammenhange eines Satzes bedeuten die Wörter etwas.« (Frege 1884, § 62)

Dies hat man später Freges **Kontextprinzip** genannt. Man muss das Kontextprinzip nicht so verstehen, dass einem einzelnen Wort nicht eine bestimmte Bedeutung zuzuschreiben wäre. Das Kontextprinzip betont, dass es diese Bedeutung hat, weil es in Sätzen auf eine bestimmte Weise verwendet wird. Aus diesem Prinzip ergibt sich die methodische Maxime, dass man, wenn man die Bedeutung eines Wortes herausfinden will, danach Ausschau halten sollte, welches der Beitrag des Wortes zur Bedeutung der Sätze ist, in denen es vorkommt (zu unterschiedlichen Interpretationen des Kontextprinzips vgl. Janssen 2012).

Wahrheit als zentrale Kategorie ist ein zweites Prinzip der modernen logischen Semantik. Wenn man etwas über die Bedeutung von Wörtern und Sätzen herausfinden will, so sollte man von der semantischen Eigenschaft, dass Sätze wahr oder falsch sein können, ausgehen (dabei war sich Frege völlig darüber im Klaren, dass man nicht in Bezug auf alle Arten von Sätzen von Wahrheit reden kann). Um herauszubekommen, was die Bedeutung eines Wortes in einem Satz ist, untersucht man, welchen Einfluss das Wort auf die Wahrheit bzw. Falschheit des Satzes hat. Dies kann man tun, indem man das Wort durch andere Wörter ersetzt und schaut, was dies für Auswirkungen auf die Wahrheit bzw. Falschheit des Satzes hat. Daraus kann man dann Rückschlüsse ziehen darauf, was die Bedeutung des Wortes ist.

Kompositionalitätsprinzip: Eine Anwendung des Kontextprinzips, bei der wir Teile eines Satzes durch andere ersetzen, ist nur sinnvoll, wenn man annimmt, dass sich die Bedeutung eines Satzes aus der Bedeutung seiner Teile ergibt, wenn man also Kompositionalität annimmt. Wir haben in Kapitel I.2.3 das Kompositionalitätsprinzip kennengelernt, demzufolge sich die Bedeutung eines komplexen Ausdrucks aus der Bedeutung seiner Teilausdrücke und der Art ihrer Verknüpfung ergibt. (Inwiefern man das, was man heute Kompositionalitäts- oder auch Frege-Prinzip nennt, Frege selbst unterstellen kann, wird kontrovers diskutiert, vgl. Janssen 2012).

Das Substitutionsprinzip folgt aus dem Kompositionalitätsprinzip, man kann es wie folgt formulieren: »In einem Satz lassen sich Ausdrücke *salva veritate* durch bedeutungsgleiche Ausdrücke ersetzen« (d. h. eine Substitution ist möglich, ohne dass sich etwas an der Wahrheit oder Falschheit des Satzes ändert). Für Frege scheint dieses Prinzip allgemeine Gültigkeit gehabt zu haben. Oft wurde es aber später in der eingeschränkten Version als ›extensionales Substitutionsprinzip‹ vertreten, das nicht für intensionale Kontexte, insbesondere Einstellungsberichte gilt.

Argument-Funktionsstruktur: Schließlich hat Frege das Prinzip etabliert, dass sich die Bedeutung eines Satzes nach der Argument-Funktionsstruktur aufbaut, wie sie aus der Mathematik bekannt ist. Eine Funktion ist etwas, das angewendet auf Argumente einen Wert ergibt. Beispiel Addition: Die $+$-Funktion ist eine Funktion, die angewendet auf zwei Zahlen (die Argumente der Funktion) eine Zahl (den Wert) ergibt, nämlich die Summe der beiden Zahlen. In $1+2$ stehen $+$ für die Funktion, 1 und 2 für ihre Argumente und der gesamte Ausdruck für den Wert 3. Die Argument-Funktionsstruktur ist damit die Art und Weise, wie die Kompositionalität umgesetzt wird.

Zur Vertiefung

Funktionen bei Frege

In *Funktion und Begriff* (1891) hat Frege zuerst den Funktionsbegriff der damaligen Mathematik präzisiert, Argument, Funktion und Wert unterschieden und klar zwischen Funktionsausdruck und Funktion sowie Argumentausdruck und Argument differenziert. Die Übertragung der Argument-Funktionsstruktur auf die natürliche Sprache vollzieht Frege in *Funktion und Begriff* an folgender Stelle:

»Behauptungssätze im allgemeinen kann man ebenso wie Gleichungen oder analytische Ausdrücke zerlegt denken in zwei Teile, von denen der eine in sich abgeschlossen, der andere ergänzungsbedürftig, ungesättigt ist. So kann man z. B. den Satz *Caesar eroberte Gallien* zerlegen in *Caesar* und *eroberte Gallien*. Der zweite Teil ist ungesättigt, führt eine leere Stelle mit sich, und erst dadurch, daß diese Stelle von einem Eigennamen ausgefüllt wird oder einem Ausdrucke, der einen Eigennamen vertritt, kommt ein abgeschlossener Sinn zum Vorschein. Ich nenne auch hier die Bedeutung des ungesättigten Teiles Funktion. In diesem Falle ist das Argument Caesar« (Frege 1891a, 17).

Funktionen sind für Frege unvollständig, »ergänzungsbedürftig« oder »ungesättigt« zu nennen, sie führen »eine leere Stelle mit sich«. Argumente »ergänzen« eine Funktion zu einem Wert.
Die heutige Mathematik betrachtet Funktionen nicht als ungesättigt. Funktionen sind (eindeutige und vollständige) *Abbildungen* von Elementen eines Definitionsbereichs in Werte aus einem Wertebereich. Insofern ist zu beachten, dass der Funktionsbegriff bei Frege nicht dem heutigen entspricht. Für Frege waren Funktionen keine Mengen, er wollte im Gegenteil Mengen über Funktionen definieren (er wollte die Mathematik auf der Logik aufbauen).

1.2 | Freges Theorie von Sinn und Bedeutung

Freges Aufsatz *Über Sinn und Bedeutung* (1892) hat eine kaum zu überschätzende Bedeutung für die moderne Semantik. Er entwickelt darin systematisch eine Theorie der zwei semantischen Ebenen – der **Bedeutungs-** und der **Sinnebene**. Noch wichtiger als seine Theorie selbst sind die Problemfälle, die er aufgeworfen hat, die für jede Semantik eine Herausforderung darstellen, Probleme, die man erst erkennen konnte, wenn man so systematisch wie Frege an die Phänomene heranging.

Eigennamen: Für Frege ist die ›Bedeutung‹ eines Eigennamens der Gegenstand, den der Eigenname bezeichnet. Dies ergibt sich aus seinen Prinzipien wie folgt: Ersetzt man in einem Satz einen Eigennamen (z. B. *der Morgenstern*) durch einen Eigennamen eines anderen Gegenstandes (z. B. *der Jupiter*), ist es nicht gesichert, dass die Wahrheit des Ausgangssatzes erhalten bleibt; durch die Substitution kann aus einem wahren ein falscher Satz werden.

Sinn und Bedeutung von Eigennamen

(1) *Der Morgenstern ist der Sonne näher als die Erde.*
(2) *Der Jupiter ist der Sonne näher als die Erde.*

Ersetzt man jedoch den Eigennamen durch einen anderen Eigennamen, der denselben Gegenstand bezeichnet (*der Abendstern*, *die Venus*), so bleibt die Wahrheit des Ausgangssatzes erhalten:

(3) *Der Abendstern* ist der Sonne näher als die Erde.
(4) *Die Venus* ist der Sonne näher als die Erde.

Das, was für die Wahrheit der Sätze relevant ist, ist der Gegenstand, den der Eigenname bezeichnet. (Es ist für uns heute gewöhnungsbedürftig, einen Gegenstand die ›Bedeutung‹ des Eigennamens zu nennen; aber immerhin steckt in *Bedeutung* das Verb *deuten*: Ein Eigenname deutet auf einen Gegenstand. Für ›Bedeutung‹ im Sinne von Frege wird heute meist der Begriff der Referenz verwendet.)

Doch haben Eigennamen für Frege noch einen weiteren semantischen Aspekt neben der Bedeutung. Dies zeigen Identitätssätze und Einstellungsberichte. Die beiden folgenden **Identitätssätze** haben sehr unterschiedliche Eigenschaften:

(5) *Der Abendstern* ist identisch mit dem Morgenstern.
(6) *Der Morgenstern* ist identisch mit dem Morgenstern.

Der Satz (6) ist *a priori* wahr; das heißt, man kann seine Wahrheit erkennen unabhängig von äußerer, sinnlicher Erfahrung. Wir müssen keine empirischen Untersuchungen anstellen, um herauszufinden, dass der Satz (6) wahr ist. Dies ist anders bei Satz (5): Es ist eine bemerkenswerte Entdeckung gewesen, dass der Stern, der hin und wieder als letzter Stern morgens noch am Himmel leuchtet, derselbe Stern ist, der hin und wieder abends schon in der Dämmerung sichtbar ist. Ein solcher Satz ist *a posteriori* wahr, das heißt, man kann seine Wahrheit nur aufgrund von äußerer, sinnlicher Erfahrung erkennen.

Die beiden Sätze haben sehr unterschiedliche Eigenschaften, doch unterscheiden sie sich nur darin, dass ein Eigenname einen anderen ersetzt, der den gleichen Gegenstand bezeichnet. Durch die Ersetzung ist die Wahrheit des Satzes erhalten geblieben, aber sein ›Gehalt‹ scheint sich verändert zu haben.

Auch die beiden folgenden **Einstellungsberichte** (zu dieser Kategorie s. Kap. III.2.4) unterscheiden sich nur darin, dass ein Eigenname durch einen anderen ersetzt wurde, der den gleichen Gegenstand bezeichnet. Und trotzdem kann der eine Satz wahr sein (Max weiß noch nicht, dass es sich in beiden Fällen um die Venus handelt), der andere aber nicht.

(7) *Max weiß nicht, dass der Abendstern der Morgenstern ist.*
(8) *Max weiß nicht, dass der Morgenstern der Morgenstern ist.*

Zwei Ebenen der semantischen Beschreibung

Auch diese Sätze müssen einen unterschiedlichen ›Gehalt‹ haben, obwohl sie sich nur durch einen bedeutungsgleichen Eigennamen unterscheiden. Eigennamen haben neben ihrer **Bedeutung** einen Sinn, folgert Frege, und der **Sinn** ist die Art des Gegebenseins des Gegenstandes:

»Es liegt nun nahe, mit einem Zeichen (Namen, Wortverbindung, Schriftzeichen) außer dem Bezeichneten, was die Bedeutung des Zeichens heißen möge, noch das verbunden zu denken, was ich den Sinn des Zeichens nennen möchte, worin die

Art des Gegebenseins enthalten ist. [...] Es würde die Bedeutung von *Abendstern* und *Morgenstern* dieselbe sein, aber nicht der Sinn.« (Frege 1892a, 26 f.)

»Die regelmäßige Verknüpfung zwischen dem Zeichen, dessen Sinn und dessen Bedeutung ist derart, daß dem Zeichen ein bestimmter Sinn und diesem wieder eine bestimmte Bedeutung entspricht, während zu einer Bedeutung (einem Gegenstand) nicht nur ein Zeichen zugehört.« (Frege 1892a, 27)

Sätze: Wendet man das Kontextprinzip auf Sätze an, so bietet sich die Betrachtung von Sätzen als Teil von komplexen Satzgefügen an. Der folgende Satz ist wahr und seine beiden Teilsätze sind auch wahr.

Sinn und Bedeutung von Sätzen

(9)   *Goethe starb in Weimar, und Frege starb in Bad Kleinen.*

Wenn man nun einen der beiden Teilsätze durch einen beliebigen Satz ersetzt, der ebenfalls wahr ist, dann bleibt der Gesamtsatz wahr (Beispiel: *Kant starb in Königsberg, und Frege starb in Bad Kleinen*). Wir hätten auch den zweiten Teilsatz oder beide Teilsätze gleichzeitig durch wahre Sätze ersetzen können – die Wahrheit wäre erhalten geblieben. Hätte man einen oder beide Teilsätze durch einen falschen ersetzt, wäre der Gesamtsatz falsch (Beispiel: *Kant starb in Berlin, und Frege starb in Jena*). Die Wahrheit einer Satzkoordination mit *und* hängt von nichts weiter als der Wahrheit der Teilsätze ab.

In einfachen Sätzen mit einem Eigennamen hängt die Wahrheit des Satzes davon ab, welchen Gegenstand der Eigenname bezeichnet: Der Gegenstand ist die ›Bedeutung‹ des Eigennamens. In Satzkoordinationen hängt die Wahrheit des Gesamtsatzes davon ab, ob die Teilsätze wahr oder falsch sind: Die ›Bedeutung‹ eines (Teil-)satzes scheint damit nichts anderes als seine Wahrheit bzw. Falschheit zu sein. Den Sachverhalt, dass ein Satz wahr bzw. dass er falsch ist, nennt Frege den **Wahrheitswert** des Satzes und redet davon, dass ein Satz »das Wahre« oder »das Falsche« bezeichnet.

»So werden wir dahin gedrängt, den *Wahrheitswert* eines Satzes als seine Bedeutung anzuerkennen. Ich verstehe unter dem Wahrheitswerte eines Satzes den Umstand, daß er wahr oder daß er falsch ist. Weitere Wahrheitswerte gibt es nicht. Ich nenne der Kürze halber den einen das Wahre, den anderen das Falsche. Jeder Behauptungssatz, in dem es auf die Bedeutung der Wörter ankommt, ist also als Eigenname aufzufassen, und zwar ist seine Bedeutung, falls sie vorhanden ist, entweder das Wahre oder das Falsche. Diese beiden Gegenstände werden von jedem, wenn auch nur stillschweigend, anerkannt, der überhaupt urteilt, der etwas für wahr hält«. (Frege 1892a, 34)

Es ist nicht leicht, sich unter einem Wahrheitswert etwas vorzustellen (zu diesem Terminus vgl. die Erläuterungen in Künne 2010, Kap. I.6). Letztlich hat die Theorie von Frege die Konsequenz, dass alle *wahren* Sätze dieselbe Bedeutung haben (das Wahre), die sich von der Bedeutung, die alle *falschen* Sätze gemeinsam haben (das Falsche), unterscheidet – was immer diese zwei Bedeutungen auch sein mögen.

Auch Sätze müssen neben ihrer Bedeutung (ihrem Wahrheitswert) noch eine zusätzliche semantische Komponente aufweisen, sie müssen einen Sinn haben – wieder sind es Identitätssätze und Einstellungsberichte, die dies zeigen. Die beiden Identitätssätze

(10) *Der Abendstern ist identisch mit dem Morgenstern.*
(11) *Der Morgenstern ist identisch mit dem Morgenstern.*

haben denselben Wahrheitswert, aber sie müssen einen unterschiedlichen Sinn haben, denn sonst könnte der eine Satz nicht *a priori* und der andere *a posteriori* wahr sein. Da die beiden folgenden Einstellungsberichte einen unterschiedlichen Wahrheitswert haben können, kann sich die Semantik der Nebensätze nicht in ihrem Wahrheitswert erschöpfen (der ist in beiden Fällen das Wahre).

(12) *Max weiß nicht, dass der Abendstern der Morgenstern ist.*
(13) *Max weiß nicht, dass der Morgenstern der Morgenstern ist.*

Den Sinn eines (selbständigen) Aussagesatzes nennt Frege einen **Gedanken**. Bei ›Gedanke‹ denkt man sofort an etwas Psychologisches, doch für Frege sind Gedanken nichts in der ›Innenwelt‹, auch nichts in der ›Außenwelt‹ (vgl. Frege 1918). Sie sind, wie wir heute sagen würden, eine bestimmte Art von abstrakten Gegenständen. Da es für Frege ein wesentliches Kennzeichen von Gedanken ist, dass sie wahr oder falsch sind, entspricht sein Begriff von Gedanke dem, was man heute ›Proposition‹ nennt (s. Kap. I.2.2 sowie die folgende Vertiefung).

Zur Vertiefung

Unterschiedliche Konzeptionen von Propositionen

Propositionen werden von Sätzen bzw. Satzvorkommen ausgedrückt und sind wahr oder falsch. Darin stimmen die meisten Theoretiker überein, die den Begriff der Proposition benutzen. Doch dies lässt großen Spielraum, was eine Proposition genau ist. Für Frege ist bei der gewöhnlichen Verwendung von Sätzen eine Proposition (ein Gedanke) auf der Sinnebene anzusiedeln. Das heißt, bei einem Satz wie *Der Abendstern ist ein Planet*, ergibt sich die Proposition aus dem Sinn des Eigennamens (zusammen mit dem Sinn des Prädikats). Die Proposition hat damit mit dem Gegenstand selbst, den der Eigenname bezeichnet, mit dem Abendstern, nichts zu tun.
Bertrand Russell war ganz anderer Auffassung und hat sich mit Frege in diesem Punkt gestritten. Seiner Auffassung nach ergibt sich die Proposition des Satzes *Der Abendstern ist ein Planet* aus dem Abendstern und der Eigenschaft, ein Planet zu sein (eine solche Proposition nennt man heute eine ›singuläre Proposition‹). Für Frege war es unvorstellbar, dass ein Gegenstand mit allen seinen Teilen und Eigenschaften Teil einer Proposition ist.
Ein Teil der Semantikforschung ist Frege gefolgt und hat Propositionen als Mengen von möglichen Welten (bzw. als Funktionen von möglichen Welten in Wahrheitswerte) konzipiert (s. Kap. IV.1.3). Ein anderer Teil ist Russell gefolgt. Auch wir haben uns in Kapitel I.2.2 für Russells Konzeption entschieden. Eine Konsequenz bei dieser Konzeption ist, dass man auf die Annahme verzichten kann, dass Sätze Wahrheitswerte bezeichnen. Eine weitere Konzeption von Propositionen, die auf John L. Austin zurückgeht, betrachtet Propositionen als Gebilde, die aus Situationen und Situationstypen bestehen (s. Kap. IV.1.4).

Prädikate: Die Bedeutung eines Prädikats ergibt sich fast zwangsläufig aus dem Bisherigen. In dem Satz (14) bedeutet der Abendstern den Planten Venus und der Satz bedeutet das Wahre.

Sinn und Bedeu-
tung von
Prädikaten

(14) *Der Abendstern ist ein Planet.*

Der Wahrheitswert ergibt sich kompositional aus der Venus und dem, was das Prädikat *ist ein Planet* bedeutet. Nun kann man sich nicht vorstellen, was man zu der Venus im wörtlichen Sinne hinzutun sollte, damit der Wahrheitswert ›wahr‹ entsteht. Das heißt, man kann sich nicht vorstellen, dass das Wahre aus der Venus und irgendetwas Anderem besteht. Man muss also auf andere Weise von der Venus zum Wahren kommen. Mit der Argument-Funktionsstruktur kann die Bedeutung des Prädikats *ist ein Planet* nur eine Funktion sein, die angewendet auf die Venus den Wahrheitswert ›wahr‹ ergibt. Eine solche Funktion nennt Frege einen Begriff. Angewendet auf einen Planeten ergibt der Begriff des Prädikats *ist ein Planet* das Wahre, angewendet auf einen Gegenstand, der kein Planet ist, ergibt der Begriff das Falsche.

Auch bei Prädikaten müssen wir Bedeutung und Sinn unterscheiden. Ein Dreieck mit drei gleichlangen Seiten ist ein Dreieck, in dem die drei Winkel gleich groß sind. Jedes gleichseitige Dreieck ist somit ein gleichwinkliges Dreieck und umgekehrt. Betrachten wir nun die beiden folgenden Sätze:

(15) *Jedes gleichseitige Dreieck <u>ist ein gleichseitiges Dreieck</u>.*
(16) *Jedes gleichseitige Dreieck <u>ist ein gleichwinkliges Dreieck</u>.*

Der Satz (15) ist reichlich uninformativ, der Satz (16) jedoch ist informativ, zu einem gewissen Zeitpunkt wussten wir noch nicht, dass (16) wahr ist. Mit anderen Worten, (15) drückt einen anderen Gedanken aus als (16). Dies kann aber nur der Fall sein, wenn der Sinn der beiden unterstrichenen Prädikate ein anderer ist. Die Bedeutung der beiden Prädikate jedoch ist identisch: Der Begriff ›ein gleichseitiges Dreieck sein‹ und der Begriff ›ein gleichwinkliges Dreieck sein‹ ergibt angewendet auf genau dieselben Gegenstände das Wahre und angewendet auf genau dieselben Gegenstände auf das Falsche. Das heißt, es handelt sich um denselben Begriff.

Frege sagt in seinen Schriften nicht explizit, was der Sinn eines Prädikats ist. Einer Stelle in *Über Begriff und Gegenstand* (Frege 1892a, 201 f.) kann man vielleicht entnehmen, dass es sich bei dem Sinn eines Prädikats um die definierenden Merkmale des Begriffs handelt. In Bezug auf das Prädikat *ist ein Planet* könnte dies heißen, dass der Sinn aus dem Merkmal, ein Himmelskörper zu sein, und dem Merkmal, um eine Sonne zu kreisen, besteht.

Das Gesamtbild: In einem Brief (Frege 1891b) an den Philosophen Edmund Husserl fasst Frege seine Theorie von Sinn und Bedeutung schematisch wie folgt zusammen:

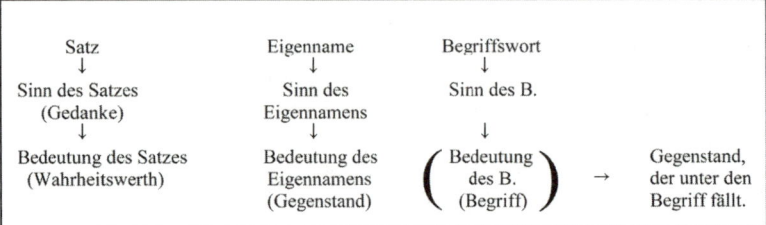

Abb. 1: Freges Darstellung seiner Theorie von Sinn und Bedeutung

Dies macht noch einmal deutlich, dass Frege durchgehend zwei semantische Ebenen ansetzt: die Ebene des Sinns und die Ebene der Referenz (›Bedeutung‹). Die Verbindung zwischen beiden ist dadurch gegeben, dass der Sinn eine »Art des Gegebenseins« des Referenten darstellt (aus dem Sinn ergibt sich damit, welches der Referent ist).

Zur Vertiefung

Neo-Fregesemantik

So einflussreich Freges Theorie von Sinn und Bedeutung auch war, es gibt heute kaum noch jemanden, der die Theorie in der ursprünglichen Form vertreten würde. Es gibt eine Reihe von semantischen Ansätzen, die ganz im Gegensatz zu Frege nur mit einer semantischen Ebene (nur mit Referenz) auszukommen versuchen (s. Kap. II.2.3.2 zur kausalen Theorie der Eigennamen). Aber einige englischen Philosophen (Gareth Evans, John McDowell, Christopher Peacocke) haben sich besonders stark gemacht für eine Frege'sche Konzeption von Semantik. Ihre Version einer Neo-Fregesemantik teilt mit Frege eine ganze Reihe von Annahmen: Terme haben Sinn und Referenz; Sätze haben Gedanken als ihren Sinn; Gedanken setzen sich aus Sinnen zusammen; einen Satz zu verstehen, heißt, einen bestimmten Gedanken zu fassen.

Der große Unterschied zu Frege besteht darin, was unter Gedanken verstanden wird. Anstelle einer Auffassung von Gedanken, in der wie bei Frege Gedanken abstrakte Gegenstände sind, die mit Sachverhalten/Propositionen identifiziert werden können, legt die Neo-Fregesemantik eine psychologische Auffassung von Gedanken zugrunde. Gedanken sind ganz allgemein episodische bewusste Erlebnisse, die zu einer bestimmten Zeit an einem bestimmten Ort stattfinden. Beispiele sind der Gedanke, dass jetzt gerade die Sonne untergeht, oder der Gedanke, dass bald Essenszeit ist. Da sich Gedanken aus ›Sinnen‹ zusammensetzen, sind Sinne allgemein psychologische Entitäten. Der Sinn eines Terms ist damit eine Art, an den Referenten zu *denken*. Schematisch kann man sich einen einfachen Gedanken wie folgt vorstellen (vgl. Evans 1982, 104):

$$
\begin{array}{ccccc}
\text{Gedanke} & = & \text{Vorstellung} & + & \text{Konzept} \\
\downarrow & & \downarrow & & \downarrow \\
\text{Sachverhalt} & & \text{Gegenstand} & & \text{Eigenschaft}
\end{array}
$$

Ein Gedanke besteht aus einer ›Vorstellung‹, einer konkreten Art, an einen Gegenstand zu denken, einerseits, und einem ›Konzept‹, einer bestimmte Art, an eine Eigenschaft (allg. einen Begriff) zu denken. Ein Gedanke ist nun nicht mehr ein Sachverhalt, sondern etwas, das einen Sachverhalt ausdrückt.

In einer solchen psychologischen Form ist Freges Theorie heute immer noch aktuell (zu neueren Konzeptionen, was der Sinn von Ausdrücken ist, vgl. u. a. Kaplan 2012; Recanati 2012; Pafel 2016b).

1.3 | Modelltheoretische Semantik

Grundsätzlich sieht sich die modelltheoretische Semantik, die maßgeblich von den Logikern und Philosophen Rudolf Carnap, Alfred Tarski, Richard Montague, Donald Davidson, Saul Kripke, David Lewis und David Kaplan geprägt wurde, in der Tradition von Gottlob Frege. Mit Frege geht die modelltheoretische Semantik davon aus, dass ein zentraler Aspekt der Bedeutung sprachlicher Ausdrücke in ihrem Bezug zur Wirklichkeit besteht.

1.3.1 | Wahrheit in einem Modell

Referenz: Entsprechend spielt die Referenz sprachlicher Ausdrücke in der modelltheoretischen Semantik eine zentrale Rolle. So wird beispielsweise angenommen, dass Eigennamen und definite Beschreibungen auf Gegenstände der ›Wirklichkeit‹ referieren. Im Fall von Deklarativsätzen besteht die Referenz in einem Wahrheitswert. Auch diese Annahme kann man bereits in Freges Arbeiten finden (s. Kap. IV.1.2).

Wahrheit: Was genau ist jedoch unter ›Wahrheit‹ zu verstehen bzw. unter welchen Bedingungen ist ein gegebener Satz als wahr zu betrachten und unter welchen als falsch? Nicht selten wird Wahrheit in der modelltheoretischen Semantik als ›Übereinstimmung mit der Wirklichkeit‹ aufgefasst (**Korrespondenztheorie**). Ein Satz wie *Bart schläft* ist also genau dann wahr, wenn Bart Simpson tatsächlich schläft, und sonst falsch. Diese Formulierung gibt die **Wahrheitsbedingungen** des Satzes *Bart schläft* wieder und kann (mit etwas Wagemut, siehe die Diskussion unten) mit Tarski (1944, 344) für beliebige Sätze *p* einer gegebenen Sprache $\mathcal{L}$ wie folgt wiedergegeben werden (bei komplexeren Sätzen kann im Deutschen die Wortstellung abweichen, was aber unproblematisch ist):

(T)   *X* ist wahr, dann und nur dann, wenn *p*

Dabei steht *X* für einen sprachlichen Ausdruck, der den Satz *p* benennt. (Eine Möglichkeit, einen Satz zu benennen, besteht darin, ihn in eine definite Nominalphrase der Art *der Satz p* einzubetten, eine andere darin, ihn in Anführungszeichen zu setzen. Häufig findet man (T) deshalb auch in folgender Form: »*p« ist wahr, dann und nur dann, wenn p*.) Die Idee dieser schematischen Formulierung, des **T-Schemas,** besteht nun in erster

Linie darin, Wahrheit als ein Prädikat aufzufassen, das auf einen Satz (als Gegenstand) nur dann zutrifft, wenn der durch ihn ausgedrückte Sachverhalt (in der Wirklichkeit) der Fall ist. Wie dies genau zu verstehen ist, darauf werden wir gleich zurückkommen.

Die Lügner-Antinomie: Zunächst ist aber festzuhalten, dass die Charakterisierung der Wahrheit eines Satzes über das T-Schema natürlich selbst in sprachlicher Form erfolgt. Als Germanisten werden wir also z. B. die Wahrheitsbedingungen eines deutschen Satzes in der Regel mit Hilfe von deutschen Sätzen formulieren (wollen). Ist das ein Problem?

Tatsächlich führt ein solches Vorgehen leicht zu unauflösbaren Widersprüchen (Antinomien). Man betrachte dazu den hier mit *(L)* bezeichneten folgenden selbstbezüglichen Satz (vgl. auch Tarski 1935, 270 f.):

(L)   (L) ist nicht wahr

Setzt man diesen Satz in das T-Schema ein, dann erhält man den Satz: »*(L) ist nicht wahr*« *ist wahr, dann und nur dann, wenn (L) nicht wahr ist.* Da *(L)* und »*(L) ist nicht wahr*« denselben Satz benennen, kann man auf der linken Seite »*(L) ist nicht wahr*« durch *(L)* ersetzen und man erhält die Aussage: *(L) ist wahr, dann und nur dann, wenn (L) nicht wahr ist.* Das ist aber offensichtlich falsch und als Aussage in sich widersprüchlich.

Diese Art von Antinomie wird auch als **Lügner-Antinomie** bezeichnet. Wer Spaß an solchen Überlegungen hat, ersetze *(L)* durch den Satz *ich lüge* und stelle sich die Frage, ob der Satz wahr oder falsch ist. Bei der Beantwortung dieser Frage geht man am besten zunächst davon aus, dass der Satz wahr/falsch ist und zieht dann seine Schlüsse.

Objektsprache und Metasprache: Das zentrale Problem bei (der hier dargestellten Version) der Lügner-Antinomie besteht darin, dass ein und dieselbe Sprache (in diesem Fall das Deutsche) gleichzeitig als Gegenstand der Untersuchung (also als **Objektsprache**) und als Sprache, in der die Untersuchung erfolgt, (also als **Metasprache**) verwendet wird. Dies hat die unschöne Konsequenz, dass Objektsprache und Metasprache dieselbe Ausdruckskraft haben und damit selbstbezügliche Aussagen wie *(L)* möglich werden.

Tarski konnte nun (für formalisierte Sprachen) zeigen, dass seine Definition des Wahrheitsbegriffs nur dann nicht zu widersprüchlichen Resultaten führt, wenn die Objektsprache $\mathcal{L}$ *erstens* Teil der Metasprache $\mathcal{L}^+$ ist, also jeder Satz p von $\mathcal{L}$ auch in $\mathcal{L}^+$ (in der ein oder anderen Form) vorkommt, und die Metasprache $\mathcal{L}^+$ *zweitens* auch noch Namen X für die Sätze in $\mathcal{L}$ bereit hält, damit man über $\mathcal{L}$ reden kann; außerdem natürlich ein Wahrheitsprädikat *(ist) wahr* und logische Verknüpfungen.

Fragment und Übersetzung: Genau diese Voraussetzungen sind bei natürlichen Sprachen aber im Allgemeinen nicht gegeben (was Tarski als ›Universalismus‹ natürlicher Sprachen bezeichnete und weshalb er seine Wahrheitsdefinition auf formalisierte Sprachen einschränkte). Dies ist einer der Gründe, wieso in der modelltheoretischen Semantik gerne **Fragmente**, also wohldefinierte Ausschnitte einer Sprache, untersucht werden und nicht Sprachen in ihrer Gesamtheit. Damit hängt auch zusammen, dass zumindest in der Anfangszeit der modelltheoretischen Semantik (z. B. in den Arbeiten von Richard Montague) Fragmente natürlicher Sprachen gerne in eine formal-logische Sprache übersetzt wurden, die dann problemlos in eine Metasprache eingebettet werden konnte (vgl. z. B. Dowty/Wall/Peters 1981). In neueren Arbeiten wird dies zumindest in der Praxis inzwischen etwas lockerer gesehen.

Anspruch des T-Schemas: Kommen wir damit nochmals kurz zu der Aussage zurück, dass die Idee des T-Schemas darin besteht, Wahrheit als ein Prädikat aufzufassen, das auf einen Satz (als Gegenstand) nur dann zutrifft, wenn der durch ihn ausgedrückte Sachverhalt (in der Wirklichkeit) der Fall ist. Das suggeriert, dass mit dem T-Schema unmittelbar und direkt ein Bezug zur ›Wirklichkeit‹ hergestellt wird. Daher wird häufig auch formuliert, dass p gewissermaßen für einen Sachverhalt (in der Wirklichkeit) stehe.

Das ist so nicht ganz korrekt. Genaugenommen steht p im T-Schema für einen Satz der Objektsprache (genauer: seine Übersetzung in die Metasprache), also für einen sprachlichen Ausdruck. In Reaktion auf kritische Anmerkungen zu seiner Charakterisierung des Wahrheitsbegriffs macht Tarski (1944, 361) sehr klar, was diese zu leisten imstande ist:

»It has been claimed that – due to the fact that a sentence like »snow is white« is taken to be semantically true if snow is *in fact* white (italics by the critic) – logic finds itself involved in a most uncritical realism. – If there were an opportunity to discuss the objection with the author, I should raise two points. First, I should ask him to drop the words »*in fact,*« which do not occur in the original formulation and which are misleading, even if they do not affect the content. For these words convey the impression that the semantic conception of truth is intended to establish the conditions under which we are warranted in asserting any given sentence, and in particular any empirical sentence. However, a moment's reflection shows that this impression is merely an illusion […]. – In fact, the semantic definition of truth implies nothing regarding the conditions under which a sentence like […] *snow is white* can be asserted. It implies only that, whenever we assert or reject this sentence, we must be ready to assert or reject the correlated sentence […] *the sentence »snow is white« is true.*«

Modell: Wie kann dann aber der in der semantischen Analyse natürlich gewünschte Bezug zur Wirklichkeit hergestellt werden? Hier kommt der Begriff des Modells ins Spiel, dem der hier diskutierte Ansatz auch seinen Namen verdankt:

> Ein **(extensionales) Modell M einer Sprache $\mathcal{L}$** besteht aus einer Interpretationsfunktion *I*, die relativ zu einem Gegenstandsbereich *U* jedem lexikalischen Ausdruck der Sprache $\mathcal{L}$ eine (referenzielle) Interpretation zuweist.

Zum Begriff

Die Idee eines Modells *M* für eine Sprache $\mathcal{L}$ ist (in diesem Fall) also gewissermaßen, eine Wirklichkeit zu konstruieren, über die in der Sprache $\mathcal{L}$ gesprochen werden kann. Dabei kann über die Interpretationsfunktion *I* festgelegt werden, welche Namen auf welche Gegenstände referieren und welche Gegenstände welche Prädikate erfüllen. Der Vorteil einer solchen konstruierten Wirklichkeit ist, dass man sie gänzlich unter Kontrolle hat.

Beispiel
Am besten lässt sich der Modellbegriff verstehen, wenn man ihn an einem Beispiel entwickelt. Nehmen wir dazu die Comic-Serie *Die Simpsons* und den Satz *Bart (Simpson) schläft*. (Man beachte, dass es hier inhaltlich keinen Unterschied macht, ob wir uns in einer fiktionalen oder der ›realen‹ Wirklichkeit bewegen. Da die meisten mit der Comic-Serie *Die Simpsons* vertraut sind und das Personal dieser Comic-Serie doch recht übersichtlich ist, eignet sie sich ideal für unsere Zwecke.)

Um den Satz *Bart schläft* in einer Sprache L erzeugen zu können, benötigt man zunächst ein Lexikon für L, das mindestens die beiden Ausdrücke *Bart* und *schläft* umfasst, sowie eine syntaktische Regel, die besagt, dass die Ausdrücke *Bart* und *schläft* in L in dieser Reihenfolge zu einem wohlgeformten Satz verknüpft werden können. Wird der Gegenstandsbereich U nun so definiert, dass er (genau) die Personen Homer, Marge, Lisa, Bart und Maggie Simpson umfasst, dann kann man festlegen, dass der Eigenname *Bart* auf die Person Bart Simpson referiert. Da Prädikate nicht auf Gegenstände referieren, kann man die Bedeutung eines Prädikats in unserem Modell nur ›indirekt‹ beschreiben, indem man festlegt, welche Gegenstände in unserem Modell das Prädikat *schläft* erfüllen, wer also in unserer konstruierten Wirklichkeit tatsächlich schläft. Die Menge aller Gegenstände, die das Prädikat *schläft* erfüllen, wird die **Extension** oder der **Begriffsumfang** des Prädikats genannt.

Nehmen wir nun an, dass Bart Simpson in unserem Modell tatsächlich schläft, Bart Simpson das Prädikat *schläft* in unserem Modell also erfüllt. In diesem Fall ist er Teil des Begriffsumfangs des Prädikats *schläft*. Die Wahrheit des Satzes *Bart schläft* ergibt sich dann in unserem Modell M aus der allgemeinen Regel, dass ein Satz bestehend aus einem Term und einem (intransitiven) Prädikat genau dann wahr ist, wenn die Referenz des Terms Teil (= Element) des Begriffsumfangs des Prädikats ist. Und Wahrheit ist hier nun tatsächlich als Korrespondenz mit unserer modellhaft (konstruierten) Wirklichkeit zu verstehen.

Dass der Satz *Bart schläft* in unserem Modell wahr ist, ist natürlich keine große Überraschung, schließlich haben wir unser Modell ja gerade so konstruiert. In dieser Hinsicht vermittelt der modelltheoretische Zugang keine ›tieferen‹ Einsichten über das Verhältnis von Sprache und Wirklichkeit.

Das eigentliche Ziel der modelltheoretischen Semantik ist eher darin zu sehen, interessante semantische Beziehungen zwischen sprachlichen Ausdrücken wie etwa die Beziehung der logischen Folgerung zu konkretisieren, den Ursachen von (nicht-lexikalischen) Mehrdeutigkeiten nachzugehen oder über kompositionale Betrachtungen die Bedeutungen auch funktionaler Ausdrücke zu identifizieren. Darin liegt sicherlich die Stärke dieses Ansatzes.

Folgerungsbegriff: Machen wir, um diesen Punkt noch etwas zu verdeutlichen, ein weiteres, sehr einfaches Beispiel. Intuitiv folgt aus dem Satz *Bart schläft* der Satz *Jemand schläft*, aber nicht umgekehrt. Warum ist das so? In einem modelltheoretischen Ansatz gibt es hierfür eine sehr präzise Antwort:

> Ein Satz S2 ist eine **logische Folgerung** aus einem Satz S1, wenn in
> jedem Modell *M*, in dem S1 wahr ist, auch S2 wahr ist.

Definition

Tatsächlich kann leicht gezeigt werden (wenn unter anderem die rekursive Interpretation komplexer Ausdrücke geklärt ist), dass jedes Modell *M*, das den Satz *Bart schläft* wahr macht, auch den Satz *Jemand schläft* wahr macht, nicht aber umgekehrt.

1.3.2 | Von Extensionen zu Intensionen

Extension: Im letzten Abschnitt wurde skizziert, wie in der modelltheoretischen Semantik über ein konkretes Modell *M* ein sprachlicher Ausdruck interpretiert und damit der Konnex zwischen dem sprachlichen Ausdruck und der (konstruierten) Wirklichkeit hergestellt werden kann. Die Interpretation eines sprachlichen Ausdrucks in einem solchen konkreten Modell *M* wird mit Rudolf Carnap (1956) als dessen **Extension** bezeichnet. In Abbildung 2 sind die extensionalen Typen für die oben diskutierten Ausdrücke aufgeführt.

Ausdruck	Extension
Eigenname	Gegenstand u ∈ U
intransitives Prädikat	Menge von Gegenständen
Deklarativsatz	Wahrheitswert (0 oder 1)

Abb. 2:
Einige Extensionen

Sinn und Bedeutung: Nun hat Frege, wie bereits gesehen (s. Kap. IV.1.2), argumentiert, dass die extensionale Ebene zur Beschreibung der Bedeutung sprachlicher Ausdrücke nicht ausreicht. Seine Überlegungen führten ihn direkt zu der Annahme einer weiteren Bedeutungsebene, dem **Sinn** sprachlicher Ausdrücke.

Insbesondere bei Eigennamen und definiten Beschreibungen identifizierte er diesen Sinn mit der Art des Gegebenseins der Referenz des sprachlichen Ausdrucks: Der Morgenstern ist derjenige Stern, der morgens am hellsten am Himmel leuchtet, und der Abendstern derjenige, der abends am hellsten leuchtet. Dass beide Charakterisierungen, wenn auch auf unterschiedliche Weise, in unserer Wirklichkeit dasselbe Objekt identifizieren (die Venus), ist gewissermaßen ›Zufall‹. Es hätte durchaus auch anders sein können.

Funktion: Eine wichtige Eigenschaft des Sinns sprachlicher Ausdrücke ist, dass wir – wenn wir den Sinn eines Ausdrucks kennen – in einer konkreten Situation direkt auf dessen Bedeutung (in Frege'scher Terminologie) in dieser Situation schließen können. In dieser Hinsicht verhalten sich Sinne **funktional**: »Zeig mir eine beliebige (relevante) Situation *s* und ich sage dir, welche Bedeutung der sprachliche Ausdruck in *s* hat.«

Intension: Die modelltheoretische Semantik macht sich nun gewissermaßen frei von der Frage, was der Sinn eines sprachlichen Ausdrucks eigentlich genau ist, und orientiert sich vor allem an seinem funktionalen Charakter. Um sich terminologisch von Frege abzugrenzen wird von Carnap (1956) der Begriff der **Intension** eingeführt und Intensionen (etwas vereinfacht dargestellt) als Funktionen von beliebigen Modellen M in die jeweiligen Extensionen definiert. Dieses methodische Vorgehen wird durch eine Formulierung von David Lewis (1970, 22) sehr anschaulich auf den Punkt gebracht: »In order to say what a meaning *is*, we may first ask what a meaning *does*, and then find something that does that.«

Beispiel Machen wir auch hier zur Veranschaulichung ein Beispiel. Für konkrete Modelle M_1, M_2 und M_3 mit den Simpsons als Gegenstandsbereich U, können wir festlegen, dass in M_1 die Extension von *schläft* durch die Menge bestehend aus Bart, Lisa und Maggie gegeben ist, in M_2 durch die Menge bestehend aus Marge und Homer und in M_3 aus der Menge bestehend aus Bart und Marge. Diese Personenmengen sind die jeweiligen Extensionen des Prädikats *schläft* in den verschiedenen Modellen M_1, M_2 und M_3. Die Intension von *schläft* ergibt sich jetzt gewissermaßen automatisch, indem wir alle diese Extensionen ›aufsammeln‹ und zu einer Funktion von Modellen in Mengen von Gegenständen ›verknüpfen‹. Etwas weniger bildhaft formuliert: Die Intension von *schläft* ist (hier) eine Funktion f von der Menge aller Modelle M_1, M_2, M_3 in die Potenzmenge von U mit $f(M_i) \subseteq$ U, für alle $i \in \{1, 2, 3\}$.

Intension und Möglichkeit: Mit den verschiedenen Modellen M_1, M_2 und M_3 werden im letzten Beispiel verschiedene Wirklichkeiten konstruiert bzw. verschiedene Möglichkeiten, wie die Wirklichkeit (tatsächlich) aussehen könnte. Es könnte sein, dass Bart, Lisa und Maggie schlafen, es könnte aber auch sein, dass Marge und Homer schlafen. Und schließlich könnte es sein, dass Bart und Marge schlafen. Andere Möglichkeiten sind hier nicht vorgesehen, hätten aber natürlich von uns konstruiert werden können. Mit der Betrachtung unterschiedlicher Modelle hält also der Begriff der **Möglichkeit** Eingang in die semantische Beschreibung und dieser Begriff ist die Grundlage einer Analyse von Intensionalität.

Mögliche Welten: Aus Darstellungsgründen wurde der Begriff der (konstruierten) Möglichkeit hier über mögliche Modelle eingeführt. Tatsächlich ist es aber spätestens seit den Arbeiten von Saul Kripke, Jaako Hintikka und Richard Montague in der modelltheoretischen Semantik üblich geworden, mit **möglichen Welten** zu arbeiten.

Die Rede von möglichen Welten hat eine ehrwürdige Tradition, man denke nur an Leibniz' Rede von unserer Welt als der besten aller möglichen Welten. In der modelltheoretischen Semantik werden mögliche Welten als vollständige Spezifizierungen einer (gedachten) Wirklichkeit zu einem gegebenen Zeitpunkt aufgefasst:

> Eine **mögliche Welt** ist eine (vollständige) Art und Weise, wie die
> Welt zu einem bestimmten Zeitpunkt sein könnte.

Zum Begriff

Intensionale Modelle: Die Annahme möglicher Welten erlaubt nun, diese
als einen weiteren Gegenstandsbereich W in ein Modell M zu integrieren
und innerhalb dieses Modells die möglichen Welten w die Aufgaben über-
nehmen zu lassen, die zuvor die unterschiedlichen Modelle inne hatten.
Modelle dieser Art heißen auch intensionale Modelle.

> Ein **intensionales Modell** für eine Sprache $\mathcal{L}$ besteht aus (mindes-
> tens) einem Gegenstandsbereich U, einer Menge möglicher Welten
> $w \in W$ (mit mindestens einer Zugänglichkeitsrelation R) sowie einer
> Interpretationsfunktion I, die jedem lexikalischen Ausdruck von $\mathcal{L}$
> eine Intension zuweist.

Zum Begriff

Mit der Einführung möglicher Welten sind natürlich die zentralen Begrifflichkeiten wie ›Intension‹, ›Extension‹ und ›logische Folgerung‹ neu zu definieren. So wird man z. B. festlegen, dass ein Satz S2 aus einem Satz S1
logisch folgt, wenn der Satz S2 in jeder möglichen Welt wahr ist, in der
auch der Satz S1 wahr ist. Intensionen wird man (mit Richard Montague)
systematisch als Funktionen von möglichen Welten in Extensionen auffassen, und Extensionen werden relativ zu möglichen Welten $w \in W$ in einem
Modell M definiert.

> Die **Extension** eines sprachlichen Ausdrucks α einer Sprache $\mathcal{L}$ in
> einem Modell M relativ zu einer möglichen Welt $w \in W$, ist dessen
> referenzielle Interpretation in w.
> Die **Intension** eines sprachlichen Ausdrucks α einer Sprache $\mathcal{L}$ in
> einem Modell M ist eine (totale) Funktion f von möglichen Welten w
> $\in W$, die jeder möglichen Welt w aus W eindeutig die Extension von
> α in dieser möglichen Welt w zuordnet.

Definition

Die Intension eines Eigennamens wie *Bart* ist damit eine (konstante)
Funktion von möglichen Welten $w \in W$ in Gegenstände $u \in U$. Man spricht
auch von einem (starren) **Individuenkonzept**. Die Intension eines intran-
sitiven Prädikats wie *schläft* ist eine Funktion von möglichen Welten $w \in$
W in Mengen von Gegenständen. Man spricht auch von **Eigenschaften**.
Und die Intension eines Satzes wie *Bart schläft* ist eine Funktion von möglichen Welten $w \in W$ in die Wahrheitswerte 0 und 1, und zwar diejenige
Funktion, die in einer möglichen Welt w genau dann wahr ist, wenn Bart
Simpson in dieser möglichen Welt w schläft. Man spricht auch von einer
Proposition (und identifiziert diese Proposition mit der Menge aller mög-
lichen Welten, in denen der Satz wahr ist).

Ausdruck	Intension
Eigenname	Individuenkonzept
(intransitives) Prädikat	Eigenschaft (erster Ordnung)
Deklarativsatz	Proposition

Abb. 3: Einige Intensionen

1.3.3 | Kritische Einordnung

Ein Punkt, an dem sich die Kritiker der modelltheoretischen Semantik immer wieder abarbeiten, ist die formale, mathematische Methode. Diese Kritik unterstellt, dass Sprache derart facettenreich ist, dass sie über formale Methoden schlicht nicht erfassbar ist. Das mag grundsätzlich richtig sein. Es ist aber dennoch noch lange kein Grund, auf die Verwendung formaler Methoden zu verzichten. So kann der Umfang eines Kreises ebenfalls nicht adäquat durch ein Dreieck beschrieben werden. Aber wenn man von Dreiecken zu Vielecken übergeht, kann man sich dem Umfang des Kreises doch zumindest so weit annähern, dass der Unterschied verschwindend gering wird. Insofern ist die Methode an ihrem Erfolg zu messen, und der Erfolg gibt ihr durchaus Recht.

Ein damit verwandter Punkt ist weit problematischer. Aufgrund der Tatsache, dass Intensionen über Extensionen konstruiert werden, kann die Extension eines sprachlichen Ausdrucks in einer möglichen Welt zwar aus dessen Intension hergeleitet werden. Das ist auch empirisch adäquat, in dieser Konzeption aber in gewissem Sinn trivial. Das Problem besteht darin, dass Intensionen als Funktionen von möglichen Welten in Extensionen keine von Extensionen unabhängig gegebenen Objekte sind. Intensionen werden eben in der modelltheoretischen Semantik im Allgemeinen *bottom-up* über die Extensionen sprachlicher Ausdrücke in möglichen Welten konstruiert. Aus diesem Grund favorisiert ein nicht unbeträchtlicher Teil der semantischen Gemeinde Ansätze, die die Bedeutung sprachlicher Ausdrücke mit kognitiven Objekten identifizieren, die ihrer Natur nach intensionalen und unabhängigen Charakter haben. Genaugenommen widersprechen sich die beiden Ansätze nicht, solange Intensionen im modelltheoretischen Sinne lediglich als Annäherungen an unabhängig gegebene intensionale Objekte aufgefasst werden.

Ein weiterer potentieller Kritikpunkt besteht in der Tatsache, dass die modelltheoretische Semantik vor allem ein syntaktischer Ansatz ist. Dies hängt mit verschiedenen Grundannahmen zusammen, vor allem aber mit dem für diesen Ansatz so zentralen Kompositionalitätsprinzip bzw. dessen inhaltlicher Rekonstruktion über Funktion/Argument-Strukturen. Aufgrund dieser Annahmen hat die modelltheoretische Semantik viel dazu zu sagen, wie semantische Objekte miteinander zu größeren Einheiten kombinieren, welche Bedeutungen sich für funktionale Ausdrücke ergeben, wie Bedeutungen interagieren und wie deren Interaktion Ambiguität erzeugt. Sie kann aber letztlich relativ wenig zu der Frage beitragen, was Bedeutungen eigentlich genau sind.

Dies wird besonders deutlich im Fall der lexikalischen Semantik. Im

Fall eines Prädikats wie *schläft* besteht die semantische Analyse im Wesentlichen in der Angabe der Art der Funktion: Eine Funktion von möglichen Welten in Mengen von Gegenständen. Eine allgemeine Charakterisierung dieser Funktion muss (im Rahmen des T-Schemas) auf eine (noch zu interpretierende) sprachliche Ebene zurückgreifen, und eine rein extensionale Festlegung der Funktion kann sicher nicht als befriedigend empfunden werden. Das heißt nicht, dass im modelltheoretischen Rahmen nicht auch eine fruchtbare lexikalische Semantik möglich wäre, das beste Beispiel ist Dowty (1979). Aber selbst in einem solchen Ansatz liegt der Fokus primär auf der Charakterisierung ganzer Verbklassen (mit syntaktischen Gemeinsamkeiten) und nicht auf einer Beschreibung aller semantischen Aspekte eines einzelnen Verbs wie *schläft*. Macht man sich dies bewusst und begreift den modelltheoretischen Ansatz mehr als Methode und weniger als eine umfassende Bedeutungstheorie, dann kann man die Stärken des modelltheoretischen Ansatzes gerade in diesen Bereichen nutzen und in anderen Bereichen durch andere Ansätze ergänzen.

1.4 | Situationssemantik

In Abgrenzung zur Mögliche-Welten-Semantik einerseits und zu Freges Theorie von Sinn und Bedeutung andererseits wurde in den 1980er Jahren von Jon Barwise und John Perry (Barwise/Perry 1983) im Rahmen des modelltheoretischen Ansatzes ein alternatives Modell entwickelt, das mit **Situationen** und **Situationstypen** statt mit möglichen Welten arbeitet und daher unter dem Namen Situationssemantik bekannt ist.

Situationen: Situationen sind Teil der Welt. In Situationen kann man Gegenstände, Eigenschaften, Relationen und raumzeitliche Lokationen als ›Invarianten‹ oder ›Uniformitäten‹ ausmachen. Aus diesen lassen sich (abstrakte) Situationstypen bilden, denen eine reale Situation entspricht oder nicht. Wenn beispielsweise zu einem bestimmten Zeitpunkt und an einem bestimmten Ort auf einem Fußabstreifer eine Katze liegt, dann ist diese konkrete Situation vom Situationstyp »Eine Katze liegt auf der Matratze«.

Abb. 4: »Eine Katze liegt auf der Matratze« (© Julia Stark)

Natürliche und nicht-natürliche Bedeutung: Barwise und Perry motivieren den Bezug auf Situationen und Situationstypen unter anderem damit, dass sich dadurch natürliche und nicht-natürliche Bedeutung (s. Kap.

I.2.1) gleichermaßen als eine Beziehung zwischen Situationstypen betrachten lässt, bei der der eine Situationstyp Informationen über einen anderen Situationstyp bereitstellt. So wird man in einer Situation, in der es raucht, auf eine Situation schließen, in der es brennt, vgl. (17). Und in einer Situation, in der das Wort *Schokolade* geäußert wird, wird man auf eine Situation schließen, in der Schokolade eine wie auch immer geartete Rolle spielt, vgl. (18). (Äußerungssituationen sind ja nichts anderes als eine besondere Art von Situationen.)

(17) *Rauch bedeutet Feuer.*
(18) *›Schokolade‹ bedeutet Schokolade.*

Sprachliche Bedeutung unterscheidet sich von natürlicher Bedeutung damit nur in zwei Punkten: Erstens ist die Beziehung zwischen verschiedenen Situationstypen bei sprachlicher Bedeutung konventioneller Natur. Zweitens werden bei sprachlicher Bedeutung immer Äußerungssituationen eines ganz bestimmten Typs mit einem weiteren (nicht-sprachlichen) Situationstyp in Beziehung gesetzt. So kann die Bedeutung des Satzes *Bart schläft* als eine Beziehung zwischen Situationen, in denen der sprachliche Ausdruck *Bart schläft* geäußert wird, und Situationen, in denen Bart schläft, verstanden werden.

Ein relationaler Bedeutungsbegriff: Die Situationssemantik bricht mit vielen Annahmen der Mögliche-Welten-Semantik und der Frege-Semantik: Sie ersetzt nicht nur den Begriff der möglichen Welt durch die Begriffe Situation und Situationstyp und verzichtet auf Wahrheitswerte als Referenten, sondern kann auch nicht mehr als eine **interpretative Semantik** bezeichnet werden, die einem sprachlichen Ausdruck eine Extension oder Intension zuordnet, sondern ist eine **relationale Semantik**, die Bedeutungen als Relationen zwischen Situationstypen betrachtet. Zum neueren Stand der Situationssemantik vgl. Ginzburg (2011a; 2011b).

Vertiefung

Einfluss der Situationssemantik

So interessant die Situationssemantik als alternativer modelltheoretischer Ansatz zur Mögliche-Welten-Semantik ist, konnte sie sich bisher nicht wirklich durchsetzen. Die Diskussion der Situationssemantik hat jedoch dazu geführt, dass der Begriff der möglichen Situation in die Mögliche-Welten-Semantik integriert wurde und mögliche Welten gewissermaßen nur noch als eine Form der maximalen möglichen Situation aufgefasst werden. Überlegungen dieser Art gehen bereits auf Robert Stalnaker zurück, einflussreich waren aber vor allem die Arbeiten von Angelika Kratzer (1989, 2014). Auf eine Darstellung wird hier verzichtet, da die Grundannahmen dieser Ansätze weitgehend mit denen der klassischen modelltheoretischen Ansätze übereinstimmen.

1.5 | Dynamische Semantik

Als relationale Semantiken können auch die dynamischen Weiterentwicklungen der klassischen Mögliche-Welten-Semantik bezeichnet werden, allerdings in etwas anderer Hinsicht: als Relationen zwischen Kontexten.

Hintergrund: Der Begriff des Kontexts wurde von Robert Stalnaker (1978) in die modelltheoretische Semantik eingeführt. Sein Ziel war zunächst eine Präzisierung und Modellierung der Gebrauchsbedingungen sprachlicher Ausdrücke. So kann ein Definitum wie *die Königin von England* im Allgemeinen nur in einem Kontext verwendet werden, in dem sowohl Sprecher als auch Adressat von der Existenz einer (und zwar genau einer) Königin von England ausgehen. Und eine Behauptung wie *Die Erde ist rund* kann nur dann aufgestellt werden, wenn das Behauptete nicht bereits von Sprecher und Adressat als Fakt akzeptiert wurde. Derartige Voraussetzungen für die Verwendung sprachlicher Ausdrücke werden auch **(pragmatische) Präsuppositionen** genannt.

Common Ground und Kontextmenge: Konkret wurde von Stalnaker (1978) vorgeschlagen, **Kontexte** mit der Menge der Annahmen zu identifizieren, die von Sprecher und Adressat zu einem bestimmten Zeitpunkt in einer Konversation als unkontrovers betrachtet werden. Diese Menge von Annahmen wird »gemeinsamer Redehintergrund« oder auch englisch »**Common Ground (CG)**« genannt.

Der Common Ground kann als eine Menge von Propositionen beschrieben werden, wobei jede Proposition eine dieser unkontroversen Annahmen repräsentiert. Die konjunktive Verknüpfung dieser Propositionen zu einer komplexen Aussage führt zu einer Proposition, die als Kontextmenge, englisch »**Context Set (CS)**«, bezeichnet wird. Wenn jede Proposition als eine Menge von möglichen Welten aufgefasst wird, dann enthält die Kontextmenge genau die möglichen Welten, die mit dem gemeinsamen ›Wissen‹ von Sprecher und Adressat zu einem bestimmten Zeitpunkt in der fraglichen Konversation vereinbar, also konsistent, sind.

Assertion: Nach Stalnaker besteht der Zweck einer Behauptung (*assertion*) darin, den Common Ground um eine neue Proposition zu erweitern. Betrachtet man den Common Ground als eine Kontextmenge, dann führt eine zusätzliche Proposition normalerweise zu einer Verkleinerung der Kontextmenge: Es werden alle die Welten aus der Kontextmenge eliminiert, die mit der Proposition der Behauptung nicht vereinbar sind.

Machen wir ein konkretes Beispiel: Xaver telefoniert gerade mit seiner Schwester Ella und hat ihr bereits erzählt, dass er am kommenden Wochenende im Raum Stuttgart ist und sie dann gerne in der Wilhelma (dem dortigen Zoo) treffen würde. Dann enthält der Common Ground (unter anderem) die Propositionen, dass Xaver am kommenden Wochenende im Raum Stuttgart ist und dass er sie, Ella, dann (an dem fraglichen Wochenende) gerne in der Wilhelma treffen würde. Diese Propositionen lassen offen, ob er sie am Samstag oder am Sonntag trifft. Folglich sind sowohl Welten, in denen er sie am Samstag trifft, als auch Welten, in

Beispiel

denen er sie am Sonntag trifft, Teil der entsprechenden Kontextmenge c. Wenn seine Schwester Ella jetzt zu ihm sagt, dass sie den ganzen Sonntag über auf einem Geburtstag in Schwäbisch Hall ist, dann wird diese Proposition dem Common Ground hinzugefügt und gleichzeitig alle Welten aus der Kontextmenge c eliminiert, in denen Xaver seine Schwester an dem fraglichen Sonntag in der Wilhelma trifft. Das Resultat ist eine neue, kleinere Kontextmenge c'.

Diese Kontextmenge kann nun wiederum als Kontext für die nächste Äußerung dienen, z. B. der Äußerung, dass Xaver am Samstag den ganzen Tag einkaufen gehen wird. Mit dieser Äußerung werden dann auch die Welten eliminiert, in denen Xaver seine Schwester Ella am Samstag in der Wilhelma trifft (nicht jedoch alle Welten, in denen er sie an dem fraglichen Wochenende überhaupt trifft, denn vielleicht trifft er sie ja in der Stadt in der Markthalle).

Kontextveränderung: Jede (assertive) Äußerung hat damit einen Effekt auf die Kontextmenge relativ zu der sie geäußert wird, und kreiert (in der Regel) eine kleinere Kontextmenge, die dann wieder als Kontext für eine weitere Äußerung dienen kann. Anders formuliert: Jede (assertive) Äußerung hat ein **Kontextveränderungspotential**, das darin besteht, alle Möglichkeiten zu eliminieren, die mit dem klassischen propositionalen Gehalt nicht vereinbar sind. Der Effekt ist, dass die Bedeutung einer (assertiven) Äußerung als eine Funktion von Kontext(meng)en in Kontext(meng)en bzw. als eine Relation zwischen Kontext(meng)en modelliert werden kann.

In den Ansätzen von Heim (1982) und Kamp (1984) wurde diese Idee aufgegriffen und durch die Annahme ergänzt, dass in Diskursen nicht nur propositionale Objekte ›verwaltet‹ werden, sondern auch mögliche Referenten, die durch indefinite Nominalphrasen eingeführt werden und auf die mit Anaphern zugegriffen werden kann. Aus Darstellungsgründen skizzieren wir diese Ansätze hier in der Form der von Kamp (1984) eingeführten **Diskursrepräsentationstheorie** oder kurz DRT.

Diskursrepräsentationen und anaphorische Prozesse: Die DRT nimmt an, dass Diskurse durch zweigeteilte Strukturen repräsentiert werden können, sogenannte **Diskursrepräsentationsstrukturen** oder kurz DRSen, die das Format von Karteikarten haben: Sie verfügen über einen Kopf, in dem die möglichen Referenten verwaltet werden, und einen Korpus, in dem die propositionalen Objekte in Form von Prädikationen verzeichnet sind. In einem angenommenen abstrakten Nullkontext sind beide Felder noch leer, vgl. hierzu (19). Wird nun ein Satz wie *Ein Mann betritt eine Bar* geäußert, dann führen die beiden Indefinita *ein Mann* und *eine Bar* jeweils (Variablen für) potentielle Referenten x und y ein, die in den Kopf der Karteikarte eingetragen werden. Gleichzeitig werden im Korpus die Aussagen festgehalten, dass x die Eigenschaft hat, ein Mann zu sein, dass y eine Bar ist und dass x y betritt, vgl. in vereinfachter Form (20).

(19)

(20)

x, y
x ist ein Mann y ist eine Bar x betritt y

Wird im Kontext von (20) als nächstes der Satz *Er bestellt ein Bier* geäußert, dann wird die DRS in (20) in systematischer Weise angereichert: Zunächst wird wie oben durch die indefinite Nominalphrase *ein Bier* ein weiterer möglicher Referent v eingeführt, der analog beschränkt wird. Aber auch das Pronomen *er* führt (eine Variable für) einen möglichen Referenten ein, sagen wir z. Eine Besonderheit pronominaler Ausdrücke ist nun, dass sie nicht eigenständig referieren, sondern ihre Referenz entweder über den nicht-sprachlichen Kontext (deiktische Verwendung) oder über den sprachlichen Kontext (anaphorische Verwendung) bekommen. Im Fall einer anaphorischen Verwendung kann dies so dargestellt werden, dass z ›auf der Suche nach seiner Identität‹ ist, formal also die Gleichung »$z = ?$« noch offen ist, vgl. (21).

Auf der ›Suche nach seiner Identität‹ bieten sich z nun verschiedene Optionen an: x, y und v. Da y und v keine Personen sind (dies erfordert noch logische Folgerungen auf der Basis von Hyperonymiebeziehungen und Kollokationsrestriktionen), bleibt x. Folglich muss der Referent von z als identisch mit dem Referenten von x interpretiert werden, vgl. (22).

In dieser Weise können gemeinsame Redehintergründe sukzessive propositional angereichert und anaphorische Bezüge abgebildet werden.

(21)

x, y, z, v
x ist ein Mann y ist eine Bar x betritt y $z = ?$, z ist eine Person v ist ein Bier z bestellt v

(22)

x, y, z, v
x ist ein Mann y ist eine Bar x betritt y $z = x$, z ist eine Person v ist ein Bier z bestellt v

Historische Motivation

Vertiefung

An dieser Stelle können wir leider nur die zentrale Idee solcher Modelle vorstellen. Es sollte jedoch nicht verschwiegen werden, dass die DRT und auch die in Heim (1982) entwickelte *file change semantics* nicht zuletzt durch die sogenannten Eselssätze (*donkey sentences*) motiviert wurde, bei denen die anaphorischen Beziehungen zwischen Indefinitum (*einen Esel*) und Anapher (*ihn*) nicht strukturell (über Bindung) erfasst werden können und viele Ähnlichkeiten zu anaphorischen Prozessen in Diskursen haben (*Wenn ein Bauer einen Esel hat, dann schlägt er ihn*).

Kohärenz und Kohäsion: Mit der Berücksichtigung anaphorischer Prozesse in der semantischen Beschreibung von Sätzen und Diskursen ist bereits einem Aspekt Rechnung getragen, der in der Pragmatik unter den Begriffen **Kohärenz** und **Kohäsion** diskutiert wird. Da Ellipsen große Ähnlichkeit mit anaphorischen Prozessen aufweisen, können darüber hinaus auch Ellipsen in diesem Rahmen elegant beschrieben werden.

Ein Aspekt, der hier aber noch Erwähnung finden sollte, ist die Tatsache, dass ein Diskurs natürlich nicht in einer bloßen Aneinanderreihung von Sätzen besteht, sondern dass Sätze (bzw. Diskurseinheiten) inhaltlich (und zum Teil auch formal über z. B. Konjunktionaladverbien) miteinander verknüpft sind und ein Diskurs entsprechend als eine inhaltlich kohärente Einheit verstanden werden kann und muss. Dabei ist es nicht unüblich (vgl. z. B. Asher/Lascarides 2003), diese inhaltlichen Beziehungen als **Kohärenzrelationen** explizit zu repräsentieren: Angenommen π_1 steht für den ersten Satz des obigen Minidiskurses und π_2 für den zweiten Satz, dann werden beide in einer Erzählstruktur mit kanonischer temporaler Abfolge durch die Kohärenzrelation der »narration« verknüpft: narration(π_1, π_2). in der sogenannten **Segmentalen Diskursrepräsentationstheorie** (SDRT) werden diese Strukturen analog zu Prädikationen auf Satzebene in Form einer (S)DRS dargestellt:

(23)
$$\boxed{\begin{array}{l} \pi_1, \pi_2 \\ \hline \text{narration}(\pi_1, \pi_2) \end{array}}$$

Diese Darstellung hat zwei Vorteile: Zum einen können die semantischen Beschreibungen der einzelnen Sätze grundsätzlich beibehalten werden und werden lediglich über die Kohärenzrelation verknüpft, zum anderen erlauben die Platzhalter einen anaphorischen Bezug auf Diskurseinheiten und damit die Analyse auch von Diskursanaphern.

Damit liegt ein formaler, modelltheoretischer Ansatz vor, der relationalen bzw. dynamischen Charakter hat und gleichzeitig den Übergang zwischen Semantik und Pragmatik in natürlicher Weise abzubilden weiß.

Weiterführende Literatur zu Kapitel IV.1
Der Klassiker schlechthin zur logischen Semantik ist natürlich Freges (1892) Artikel *Über Sinn und Bedeutung*, der z. B. in Frege (2008) zu finden ist. Für Linguisten ist der modelltheoretische Ansatz vielleicht in Lewis (1970) am zugänglichsten dargestellt. Neuere Überblicksartikel zur modelltheoretischen Semantik und ihren Weiterentwicklungen finden sich in Maienborn et al. (2011, Kap. VII).

2 Kognitive Semantik

Im letzten Kapitel sollte deutlich geworden sein, dass im Mittelpunkt der modelltheoretischen Semantik der Begriff der Wahrheit (in einem Modell) steht und Wahrheit im Wesentlichen als Übereinstimmung einer Aussage mit der Wirklichkeit aufgefasst wird. Entsprechend steht der Bezug zur ›realen‹ Wirklichkeit im Zentrum semantischer Beschreibung.

Wirklichkeit und Wahrnehmung: Diese Auffassung wird in den Ansätzen, die hier unter dem Begriff **kognitive Semantik** zusammengefasst werden, grundsätzlich abgelehnt. Ein zentrales Argument für diese Ablehnung besteht in der Beobachtung (die mindestens zu Kants *Kritik der reinen Vernunft* zurückverfolgt werden kann), dass wir ›die Wirklichkeit‹ nicht ungefiltert wahrnehmen, sondern unsere Wahrnehmung durch unsere kognitiven Dispositionen geprägt ist.

Abb. 1: anonym, in: *Fliegende Blätter* vom 23.10.1892

Als Beispiel kann hier eine Zeichnung anonymer Herkunft von 1892 dienen, die durch Wittgensteins *Philosophische Untersuchungen* berühmt wurde: Während die Zeichnung selbst als Objekt der Wirklichkeit unverändert bleibt, wechselt unsere Wahrnehmung hin und her zwischen einem Kaninchen und einer Ente. Interessanterweise ist es uns dabei unmöglich, gleichzeitig sowohl ein Kaninchen als auch eine Ente wahrzunehmen.

Wahrnehmung und Wahrheit: Diese Beobachtung lässt den Schluss zu, dass man Wahrheit – wenn man einen solchen Begriff überhaupt ins Zentrum einer Bedeutungstheorie stellen möchte – nicht als Übereinstimmung mit der ›realen‹ Wirklichkeit verstehen kann (die uns überhaupt nicht zugänglich ist), sondern als Übereinstimmung mit einer kognitiv ›konstruierten‹ Wirklichkeit. Wenn das richtig ist, dann spielt die ›reale‹ Wirklichkeit nur eine untergeordnete Rolle, indem sie die empirische Basis zur Ausbildung kognitiver Begriffe darstellt. Ins Zentrum der Semantik rücken dann die auf dieser Basis gebildeten kognitiven Objekte und ihre Beziehung zu sprachlichen Ausdrücken.

2.1 | Grundlegende Annahmen

Bedeutung und Konzeptualisierung: Unter dem Begriff ›kognitive Semantik‹ werden hier in ihren Annahmen durchaus sehr unterschiedliche Ansätze zusammengefasst, die sich jedoch alle mindestens in einem Punkt einig sind: Bedeutung ist in engem Zusammenhang mit Konzeptualisierung zu sehen und dabei mit ›Konzeptualisierung‹, ›Konzepten‹ oder ›konzeptuellen Gehalten‹ zu identifizieren, vgl. die beiden folgenden Zitate zweier zentraler Figuren der kognitiven Semantik, Ronald W. Langacker und Leonard Talmy:

»Meaning is identified with *conceptualization*, broadly defined as encompassing any kind of mental experience: (i) both established and novel conceptions; (ii) not only abstract or intellectual »concepts« but also immediate sensory, motor, kinesthetic, and emotive experience; (iii) conceptions that are not instantaneous but change or unfold through processing time; and (iv) full apprehension of the physical, linguistic, social, and cultural contexts.« (Langacker 2007b, 431)

»With its focus on the conceptual, cognitive linguistics regards »meaning« or »semantics« simply as conceptual content as it is organized by language. Thus, general conception as experienced by individuals – i. e., thought – includes linguistic meaning within its greater compass. And while linguistic meaning – whether that expressible by an individual language or by language in general – apparently involves a selection from or constraints upon general conception, it is nevertheless qualitatively of a piece with it.« (Talmy 2011, 623)

Als weitere wichtige Vertreter der kognitiven Semantik sind George Lakoff und Gilles Fauconnier zu nennen, aber auch Persönlichkeiten, die den Ideen der generativen Grammatik noch etwas stärker verbunden sind wie Charles Fillmore oder Ray Jackendoff. Im deutschen Sprachraum wird die kognitive Semantik unter anderem von René Dirven, Brigitte Nerlich, Peter Koch, Martin Pütz, Günter Radden und Hans-Jörg Schmid vertreten.

Sprache, Kognition und Gebrauch: Als natürliche Konsequenz aus der Annahme, dass Bedeutungen mit ›Konzepten‹ oder ›konzeptuellen Gehalten‹ zu identifizieren sind, ergibt sich zum einen eine besondere Nähe der kognitiven Semantik zur kognitiven Psychologie (man denke hier nur an die Übernahme der Erkenntnisse aus der kognitionspsychologischen Forschung zur prototypischen Struktur kognitiver Kategorien). Da ›Konzepte‹ auf der Basis sprachunabhängiger kognitiver Dispositionen ausgebildet werden, liegt zum anderen die Annahme nahe, dass für die (grammatische) Beschreibung von Sprache keine spezielle sprachliche Repräsentationsebene erforderlich ist, wie sie in der generativen oder generell in allen systemorientierten Grammatiken angenommen wird. Damit einher geht auch eine starke Fokussierung der kognitiven Semantik auf den sprachlichen Gebrauch.

Bedeutung und Weltwissen: Da beim Gebrauch sprachlicher Ausdrücke auf die verschiedensten Wissensbereiche zurückgegriffen wird, ist es von hier aus kein großer Schritt mehr zu der Annahme, dass sich die semantische Beschreibung von sprachlichen Ausdrücken nicht in ihrem Beitrag zum propositionalen Gehalt eines Satzes erschöpft, sondern enzyklopädisches Wissen als ein zentraler Bestandteil der Bedeutung sprachlicher Ausdrücke anzusehen ist. Diese Annahme, der wohl die meisten, wenn nicht alle Vertreter der kognitiven Semantik folgen können, hat zu der Entwicklung neuer semantischer Konzepte wie beispielsweise von »Frames« oder »Scripts« geführt (s. Kap. I.4.3.3).

Bedeutung und Perspektivierung: Wenn enzyklopädisches Wissen Teil der Bedeutung sprachlicher Ausdrücke ist, dann können Bedeutungen nicht sprach- und kulturunabhängig beschrieben werden. Ganz im Gegenteil. In der Art und Weise, wie Sprache Wissen organisiert, werden sich die Bedürfnisse, Interessen und Erfahrungen von Individuen und Kulturen spiegeln. Auch diese weit verbreitete Annahme der kognitiven Semantik hat zu der Entwicklung neuer semantischer Konzepte wie z. B. zu Langackers Begriff des »construal« geführt, der im Wesentlichen die Möglichkeit eines Sprechers beschreibt, ein und dieselbe Szene bzw. Situation in ganz unterschiedlicher Weise darzustellen:

> »A speaker who accurately observes the spatial distribution of certain stars can describe them in many distinct fashions: as a *constellation*, as a *cluster of stars*, as *specks of light in the sky*, etc. Such expressions are semantically distinct; they reflect the speaker's alternate construals of the scene, each compatible with its objectively given properties«. (Langacker 1990, 61)

Von linguistischer Relevanz ist dieses Phänomen auch deshalb, weil sich Sprachen darin unterscheiden, wie sie Situationen perspektivieren (vgl. z. B. Verhagen 2007).

Bedeutung und (schematische) Vorstellung: Eine zentrale Frage der kognitiven Semantik muss natürlich sein, was man sich unter kognitiven Konzepten vorzustellen hat. Naturgemäß gibt es auf diese Frage sehr verschiedene Antworten. Geht man aber davon aus, dass Konzepte auf der Basis sprachunabhängiger kognitiver Dispositionen, nicht zuletzt also über konkrete Sinneserfahrungen ausgebildet werden, dann ist es nicht unplausibel (bei allen damit verbundenen Problemen) von bildlichen Schematisierungen (»image schemas«, »embodiments«) auszugehen. Entsprechende Schematisierungen finden sich bei Langackers semantischer Beschreibung lexikalischer Bedeutungen (beispielsweise der lokalen Präposition *über*), aber auch bei der Analyse metaphorischer Prozesse bei Lakoff und Johnson (die häufig den Bezug auf Enthaltenseins- oder Teil/Ganzes-Strukturen erfordern).

Bedeutung und der erweiterte Zeichenbegriff: Zuletzt soll noch eine zentrale Annahme Erwähnung finden, die in den 1990er Jahren zur Etablierung eines neuen Forschungszweigs, der Konstruktionsgrammatik (Goldberg 1995), geführt hat, auch wenn sie bereits (mehr oder weniger explizit) in anderen Ansätzen (z. B. bei Langacker oder Fillmore) ein wesentlicher Bestandteil der semantischen Beschreibung war: Nicht nur lexikalische Einheiten einer Sprache sind als (arbiträre) Form/Bedeutungs-Paare aufzufassen, sondern auch alle Formen komplexerer sprachlicher Einheiten (von Phraseologismen über alternative Wortstellungsvarianten bis hin zur semantischen Interpretation von Satztypen). Damit einher geht eine grundsätzliche Ablehnung des für die modelltheoretische Semantik so zentralen Prinzips der Kompositionalität der Bedeutung sprachlicher Ausdrücke.

Wie schon bei der modelltheoretischen Semantik können wir hier nur auf einige zentrale Grundannahmen sowie einige besonders einflussreiche Ansätze eingehen. Die Auswahl ist sicher nicht repräsentativ, sollte aber die wichtigsten Begriffsbildungen abdecken.

2.2 | Konzeptuelle Semantik

Ein kognitiver Ansatz, der der modelltheoretischen Semantik vielleicht noch am nächsten steht, ist die Theorie semantischer Strukturen wie sie von Ray Jackendoff (vgl. z. B. Jackendoff 1983, 1990, 2002, 2012) entwickelt wurde. Er steht dem modelltheoretischen Ansatz noch insofern nahe, als er ebenfalls von der Gültigkeit des Kompositionalitätsprinzips, wenn auch in ›angereicherter‹ Form, ausgeht und zumindest eine Funktion von Bedeutungen darin sieht, den Konnex zur Wirklichkeit herzustellen.

Andererseits grenzt sich Jackendoff von modelltheoretischen Annahmen deutlich ab und verfolgt ein im obigen Sinne klar kognitives Programm (Jackendoff 2012, 70):

»From the cognitive perspective, the meaning of a word or sentence is something in a speaker's head that's linked to a pronunciation. It has all the [following] interesting properties [...]: sentence meanings are built from word meanings (and »other stuff«), meanings are preserved in translation, meanings serve as basis for reference and inference – and meanings are hidden. – It's common to say that a word expresses a concept, where the concept is something in the speaker's head too. I'd like to pull meanings and concepts together, and say that the meaning of a word *is* the concept it expresses. – It's also common to say a sentence expresses a (complete) thought, which is supposed to be something in the speaker's head as well. So again, I'd like to connect these two notions, and say the meaning of a sentence *is* the thought it expresses«.

Bedeutungen sind hier also unabhängig gegebene mentale Objekte – Konzepte und Gedanken – die (im Fall lexikalischer Bedeutungen) in unserem Langzeitgedächtnis gespeichert und unserem Bewusstsein nicht unmittelbar zugänglich sind. Nach Jackendoff weisen diese mentalen Objekte sowohl eine **konzeptuelle Struktur** (*Conceptual Structure*) wie auch eine **räumliche Struktur** (*Spatial Structure*) auf.

Um eine Vorstellung davon zu entwickeln, was Jackendoff mit konzeptueller und räumlicher Struktur genau meint, ist es sinnvoll, kurz auf eines seiner vielen Beispiele einzugehen. So wird z. B. in Jackendoff (1990, 45) dem Satz (1a) mit dem Verb *run* die konzeptuelle Struktur in (1b) zugewiesen:

(1) a. *John ran into the room*
   b. [$_{event}$ GO ([$_{thing}$ JOHN)], ([$_{path}$ TO ([$_{place}$ IN ([$_{thing}$ ROOM])])])])

Diese Darstellung ergibt sich kompositional aus den Lexikoneinträgen des Verbs *run*, der Präposition *into* und den Nomen *John* und *room*. Wie dies im Einzelnen zustande kommt, ist hier nicht von Interesse. Von Interesse ist dagegen, dass die in Großbuchstaben gesetzten Ausdrücke GO, JOHN, TO, IN, ROOM für Konzepte stehen, die in verschiedene Typen subklassifiziert werden können (welche durch die Indizes markiert werden): Ereignisse, Orte, Pfade und Gegenstände. Konzepte sind grundsätzlich relational, eröffnen Argumentstellen, die mit den Bedeutungen der syntaktischen Ergänzungen gefüllt werden: »The conceptual structure of a lexical item is an entity with zero or more open argument places. The meaning of the syntactic complements of the lexical item fill in the values of the item's argument places in the meaning of a sentence« (Jackendoff 1990, 24).

Von besonderem Interesse ist auch, dass für das Verb *ran* das Konzept GO angesetzt ist und nicht ein Konzept wie z. B. RUN. Der Grund ist darin zu suchen, dass die konzeptuelle Struktur im Wesentlichen eine Dekomposition darstellt, in der nur den Aspekten Rechnung getragen wird, die für andere Bereiche sprachlicher Analyse wie der Syntax von Relevanz sind. Tatsächlich würde dem Satz *John walked into the room* genau dieselbe konzeptuelle Struktur zugewiesen. Der Unterschied in der Bedeutung der beiden Verben und damit der beiden Sätze ist nach Jackendoff nicht auf konzeptueller Ebene, sondern auf der Ebene der räumlichen Struktur anzusiedeln: Rennen und Gehen unterscheiden sich in der Art des Bewegungsablaufs, dieser Unterschied ist aber nicht konzeptuell erfassbar (z. B. über die Annahme eines Merkmals), sondern wird von uns visuell wahrgenommen, auf dieser Ebene differenziert und geht so in die Bildung der Konzepte für Rennen und Gehen ein.

Ein weiteres Beispiel dafür, dass für das Verstehen der Bedeutung von Wörtern auch eine visuelle (auditive, haptische, olfaktorische und gustatorische) Vorstellung erforderlich ist, ist das schwäbische Wort *lommelig*: Die Bedeutung von *lommelig* beschreibt man am besten, wenn man z. B. die Vorstellung einer Karotte evoziert, die ihre besten Tage bereits hinter sich hat, die also nicht mehr knackig, sondern eben lommelig ist. (Wer noch mehr Bilder in seinem Kopf entstehen lassen möchte, suche im Netz nach »Die Welt auf Schwäbisch: Was ist lommelich?«)

Beispiel

Konzepte, Kommunikation und Wahrheit   **Vertiefung**

Zwei Fragen werden bei der Diskussion kognitiver Ansätze immer wieder aufgeworfen. Wie kann Kommunikation funktionieren, wenn Bedeutungen subjektiv sind? Und wie können wir mit Sprache über die Welt reden, wenn doch die Bedeutungen sprachlicher Ausdrücke nach Annahme nur im Kopf zu lokalisieren (und auch noch subjektiv) sind?
Eine mögliche Antwort auf die erste Frage besteht in der Annahme, dass

die kognitiven Mechanismen, die zur Bildung von Konzepten auf der Basis empirischer Erfahrung führen, bei allen Menschen im Wesentlichen dieselben sind (vgl. z. B. Jackendoff 2012). Damit ist zumindest plausibel, dass bei ähnlichem Input Subjekte auch vergleichbare Konzepte ausbilden, die die Grundlage für eine funktionierende Kommunikation darstellen können.

Der zweiten Frage widmet Jackendoff in seinem (sehr empfehlenswerten) Buch *A User's Guide to Thought and Meaning* ein ganzes Kapitel (Jackendoff 2012, Kap. 34) und diskutiert die Frage anhand des klassischen Satzes *There's a cat on the mat*, den wir bereits im Kapitel zur Situationssemantik kennengelernt haben. Jackendoff stellt die Frage allerdings etwas anders: Wie haben wir uns im Rahmen eines kognitiven Ansatzes vorzustellen, dass ein Sprecher einen gehörten Satz als wahr beurteilt?

Stellen wir uns dafür eine Situation vor, in der eine Katze auf einem Fußabstreifer liegt, der Sprecher den Satz *There's a cat on the mat* äußert und der Hörer sowohl die Äußerung auditiv wie auch die Situation visuell wahrnimmt. Den Vorgang der Beurteilung eines Satzes beschreibt Jackendoff (2012, 196f) nun wie folgt:

»In response to light reflected off the picture, your mind constructs a visual surface, which is a cognitive correlate of consciousness. [...] In response to the sounds I make in saying the sentence, your mind constructs a pronunciation, which is a cognitive correlate of consciousness. It also constructs a conceptual structure and (in this case) a spatial structure, which are not cognitive correlates of consciousness. [...] So far your mind has an understanding of a picture and an understanding of a sentence. But now, because both are couched in terms of conceptual and spatial structures, your mind can compare them and look for a match. And unlike the ordinary perspective, your mind is in the fortunate position to compare apples and apples. You end up judging the sentence true, if there's a match – or, at the next degree of approximation, if there's a good enough match for the present context. (What's good enough for the corner bar may not work so well in court or the operating room.)«

Wahrheit besteht in diesem Ansatz also im Wesentlichen in hinreichender Ähnlichkeit von zwei Konzepten, einem ad hoc-Konzept, das auf der Basis eines visuellen Eindrucks gebildet wird, und einem (komplexen) Konzept (einem Gedanken), das auf der Basis von im Langzeitgedächtnis gespeicherten lexikalischen Konzepten gebildet und mit einer bestimmten phonologischen Repräsentation verknüpft ist bzw. werden kann.

Eine Konsequenz dieser Auffassung besteht darin, dass Wahrheit zunächst ein subjektiver Begriff ist, da die Ähnlichkeit nur relativ zu einer einzelnen Person festgestellt werden kann. Aufgrund der angenommenen Ähnlichkeit der visuellen ad hoc-Konzepte ist aber zumindest vorstellbar, dass zwei Personen ihr Konzept von *cat* abgleichen, wenn sie diese phonologische Struktur mit wesentlich verschiedenen Konzepten verknüpft haben. Eine solche (einseitige) Angleichung findet sicherlich im Spracherwerb statt. Kritisch anzumerken ist, dass ein solcher Abgleich im Allgemeinen nur rein extensional erfolgen wird, wir also damit zufrieden sein werden, wenn wir dieselben Objekte unter den Begriff *cat* fassen.

Nicht trivial ist auch die Präzisierung der Ähnlichkeitsrelation zwischen Konzepten: Wann begreifen wir zwei unterschiedliche Konzepte als ähnlich genug und in welcher Weise geht hier zusätzliche kontextuelle Information (z. B. die *corner bar*) ein?

2.3 | Kognitive Grammatik

Im Gegensatz zu Ray Jackendoff kann man Ronald W. Langacker sicherlich als einen zentralen Vertreter der kognitiven Semantik bezeichnen. In einer Vielzahl von Arbeiten (vgl. z. B. Langacker 1987, 1990, 1991, 1999, 2008, 2009) hat Langacker einen Ansatz entwickelt, der heute unter dem Begriff ›kognitive Grammatik‹ geläufig ist.

Kognitive Domänen: Eine zentrale Annahme Langackers besteht darin, dass Bedeutung mit Konzeptualisierung zu identifizieren und die Bedeutung eines sprachlichen Ausdrucks über strukturierte und prototypisch organisierte **Netze** (*networks*) zu beschreiben ist, die konzeptualisiertes (enzyklopädisches) Wissen aus den unterschiedlichsten kognitiven Domänen (*cognitive domains*) zusammenbringen. Unter **kognitiven Domänen** sind dabei unterschiedliche Formen der Konzeptualisierung zu verstehen, Wahrnehmungsereignisse, Einzelkonzepte oder auch Komplexe miteinander verbundener Einzelkonzepte.

Basisdomänen: Ausgangspunkt für die semantische Beschreibung von Bedeutungen sind die Basisdomänen (*basic domains*), also (vermutlich) irreduzible kognitive Domänen, die sich vor allem auf raumzeitliche, aber auch auf andere sinnliche und emotionale Erfahrungen gründen. Die Bedeutung eines Wortes wie *Messer* (»knife«) ist damit äußerst vielschichtig, von persönlicher Erfahrung abhängig und mit anderen Konzepten verknüpft:

»One dimension of its characterization is a shape specification (or a family of such specifications). Another is the canonical role of a knife in the process of cutting. Additional properties are its inclusion in a typical place setting with other pieces of silverware; specification of size, weight, and material; information about the manufacture of knives; the existence of knive-throwing acts in circuses; and so on indefinitely.« (Langacker 1990, 4)

Ein zentraler Aspekt der semantischen Analyse sprachlicher Ausdrücke besteht damit in einer Beschreibung der relevanten räumlichen Strukturen und der Verortung des Konzepts relativ zu anderen Konzepten, die mit diesem in einer relevanten Form verbunden sind. Hierfür wurden von Langacker verschiedene Begrifflichkeiten entwickelt bzw. eingeführt, von denen hier einige zentrale knapp an Beispielen dargestellt werden sollen.

Basis und Profil: Eine dieser Unterscheidungen ist die zwischen Basis und Profil. Diese Unterscheidung wird sofort verständlich, wenn man mit Langacker versucht, die Bedeutungen der Wörter *Hypothenuse* oder *Finger* zu beschreiben: Eine Hypothenuse ist die längste Seite in einem rechtwinkligen Dreieck, und ein Finger ist ein beweglicher Bestandteil unserer Hand. Wir können uns eine Hypothenuse also nicht vorstellen, ohne uns nicht auch ein rechtwinkliges Dreieck vorzustellen, und wir können uns einen Finger nicht vorstellen, ohne uns nicht auch eine ganze Hand vorzustellen (und eine Hand nicht ohne einen Arm, und einen Arm nicht ohne eine Schulter, …). In diesem Sinne ist die Vorstellung eines rechtwinkligen Dreiecks die *Basis* für die Vorstellung einer Hypothenuse und die Vorstellung einer Hand die *Basis* für die Vorstellung eines Fingers. In diesen Vorstellungen fokussieren wir aber auf einen bestimmten Teil der Vorstellung, eben auf die Hypothenuse oder den Finger. Die Hypothenuse bzw. der Finger wird in unserer Vorstellung *profiliert*.

In bildlichen Schematisierungen wird diese Unterscheidung häufig so veranschaulicht, dass innerhalb der Vorstellung der Basis das Profil durch Fettdruck besonders hervorgehoben wird. So könnte man im Fall des Wortes *Treppe* die Unterscheidung zwischen Basis und Profil in etwa wie in Abbildung 2 skizziert darstellen. Der zentrale Punkt hier ist, dass eine Treppe notwendig zwei Ebenen miteinander verbindet, also eben nur als Verbindung zweier solcher Ebenen verständlich wird. Als weitere, unmittelbare einsichtige Beispiele kann man hier noch die Wörter *Schnürsenkel* oder *Korkenzieher* erwähnen.

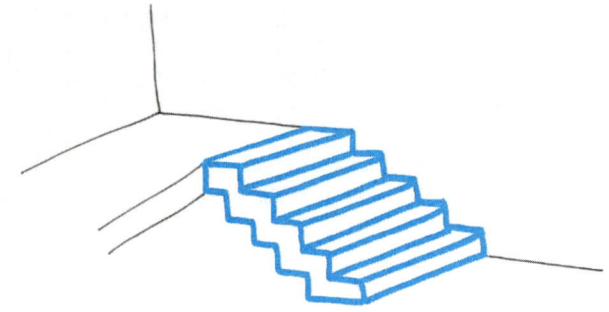

Abb. 2: Basis und Profil für das Wort »Treppe« (© Julia Stark)

Trajektor und Landmarke: Die Begriffe ›Basis‹ und ›Profil‹ sind zuweilen nicht ganz einfach von einem anderen Begriffspaar abzugrenzen, von **Trajektor** und **Landmark** (die in anderen Ansätzen in den Begriffen ›**Figure**‹ und ›**Ground**‹ ihr Pendant finden). Am deutlichsten wird der Unterschied an konversen Prädikaten wie den lokalen Präpositionen *über* und *unter*. Wenn die Lampe über dem Tisch hängt, dann steht der Tisch unter der Lampe. Beide Konzeptualisierungen haben dasselbe Profil (die lokale Beziehung zwischen Lampe und Tisch), das aber auf unterschiedliche Weise perspektiviert wird. In dem Satz *die Lampe hängt über dem Tisch* wird die Lampe (Trajektor) relativ zu der Position des Tisches (Landmark) perspektiviert, in dem Satz *der Tisch steht unter der Lampe* dagegen der Tisch (Trajektor) relativ zu der Lampe (Landmark).

Oft werden die Begriffe Landmark und Trajektor (bzw. Figure und Ground) auch verwendet, wenn Bewegung konzeptualisiert und sprachlich ausgedrückt wird (vgl. z. B. Talmy 2011): In einem Satz wie *Xaver lief heute Morgen am Fluss entlang* ist Xaver der Trajektor und der Fluss die Landmarke, da die Bewegung von Xaver relativ zum Fluss konzeptualisiert wird. Aber wie das Lampen-Beispiel bereits gezeigt hat, sind diese Begriffe nicht notwendig auf die Beschreibung von Bewegungsprozessen eingeschränkt.

2.4 | Theorie der konzeptuellen Metapher

Die Metapher ist ein großes Thema in der kognitiven Semantik. Auslöser war das Buch *Metaphors we live by* (1980) von George Lakoff und Mark Johnson, das sehr schnell zu einem Klassiker der kognitiven Semantik geworden ist. Sie entwickeln darin eine ›konzeptuelle‹ Metapherntheorie (CMT). Konzeptuell nennt sich diese Theorie, da die Grundannahme ist, dass Metaphern ein kognitives und kein (primär) sprachliches Phänomen sind. Bei einer Metapher wird ein konzeptueller (Erfahrungs-)Bereich, der sogenannte **Zielbereich** (*target domain*) über einen anderen konzeptuellen (Erfahrungs-)Bereich, den **Quellbereich** (*source domain*) ›konzeptualisiert‹. Es handelt sich dabei um eine systematische Beziehung zwischen zwei Wissensstrukturen (vor allem die Systematizität scheint es, deretwegen die Metapher für kognitiv und nicht für sprachlich gehalten wird).

Beispielsweise kann eine Liebesbeziehung als eine Reise dargestellt werden, wie sich an der Art zeigt, wie wir über Beziehungen reden können (vgl. Lakoff 1993):

(2) *Unsere Beziehung ist in eine* SACKGASSE *geraten. Wir sind vor Jahren hoffnungsvoll* AUFGEBROCHEN. *Es war eine* BESCHWERLICHE STRECKE, *die wir* ZURÜCKGELEGT *haben.* WIE WEIT *sind wir* GEKOMMEN? *Jetzt* SITZEN *wir* FEST, *wir* KOMMEN NICHT MEHR VORWÄRTS NOCH RÜCKWÄRTS. *Wir* DREHEN *uns im* KREISE. *Wir müssen* UMKEHREN *und* EINEN NEUEN WEG EINSCHLAGEN. *Unsere Beziehung* KOMMT *nicht* VORAN. *Sie ist im Gestrüpp des Alltags* STECKEN GEBLIEBEN.

Die Beziehungspartner sowie der Zustand und der Verlauf einer Beziehung werden charakterisiert mithilfe von Begriffen, die eigentlich in den Bereich der Reise gehören: Die Beziehungspartner entsprechen Reisenden; die Beziehung selbst entspricht dem Reisemittel (z. B. dem Auto); Zustand und Verlauf der Beziehung entspricht den Stationen und dem Verlauf der Reise etc. Man kann von einer Abbildung von Dingen, die zu einer Reise gehören, auf Dinge, die zu einer Beziehung gehören, sprechen.

Man beachte, dass die Abbildung asymmetrisch ist: Man kann durch *Wir lieben uns nicht mehr* nicht metaphorisch ausdrücken, dass wir mit dem Auto im Schlamm stecken geblieben sind.

Die Reise kann man aber auch als Quellbereich für viele andere Gebiete nehmen, z. B. für die Karriere. Man muss (2) nur wenig verändern, und man kann es als Beschreibung für eine Karriereentwicklung nehmen.

Metaphern werden von Lakoff/Johnson nach der Formel »ZIELBEREICH IST QUELLBEREICH« notiert. Hier eine Reihe von repräsentativen Beispielen:

(3) DISKUSSION IST KRIEG
    a. *Sie* <u>*attackierten*</u> *jeden Schwachpunkt in meiner Argumentation.*
    b. *Ich versuchte mich, so gut es ging, gegen ihre Einwände zu* <u>*verteidigen*</u>.

(4) ZEIT IST GELD
    a. *Du* <u>*verschwendest*</u> *damit nur deine Zeit.*
    b. *Das* <u>*kostet*</u> *mich eine Stunde.*

Beispiele für konzeptionelle Metaphern

(5) MEHR IST OBEN; WENIGER IST UNTEN
   a. *Die Verkaufszahlen gehen in die <u>Höhe</u>.*
   b. *Die Fehlerrate ging nach <u>unten</u>.*
   c. *Die Temperatur <u>steigt</u> oder <u>fällt</u>.*

(6) HOHER STATUS IST OBEN; NIEDRIGER STATUS IST UNTEN
   a. *Die Mittelklasse hofft auf einen <u>Aufstieg</u> und fürchtet den <u>Abstieg</u>.*
   b. *Die da <u>oben</u>, wir da <u>unten</u>.*
   c. *Sie bekleiden eine <u>hohe</u> Position.*

(7) GLÜCKLICH IST OBEN; TRAURIG IST UNTEN
   a. *Sie ist wieder <u>oben auf</u>.*
   b. *Ich <u>fiel</u> in eine Depression, ich fühle mich <u>niedergeschlagen</u>.*

(8) NEGATIVE EMOTIONEN SIND FEINDE
   a. *Sie haben mit <u>Panikattacken</u> zu <u>kämpfen</u>.*
   b. *Wie man sich von Höhenangst <u>befreit</u>.*

(9) NEGATIV IST DUNKEL
   a. *Ihn beschäftigten <u>düstere</u> Gedanken.*
   b. *Lass das <u>Schwarzmalen</u>.*

An (5) und (7) lässt sich demonstrieren, dass Abbildungen durch Erfahrung und Erleben motiviert sind. Wenn in ein Wasserglas mehr Wasser eingeschenkt wird, dann steigt der Wasserstand, wenn Wasser aus dem Glas entnommen wird, dann fällt der Wasserstand; wenn man auf einen Holzstapel noch mehr Holz auftürmt, dann wird der Stapel höher, wenn man Holz wegnimmt, dann wird er kleiner. Beobachtungen dieser Art kann man als Motivation für die Metapher MEHR IST OBEN annehmen. Den Gemütszustand eines Menschen kann man mitunter an seiner Körperhaltung erkennen. Ein glücklicher Mensch geht aufrecht, erhobenen Kopfes durch die Welt, ein trauriger Mensch mit gesenktem Kopf, in leicht gebückter Haltung. Dies mag eine Motivation für die Metaphern GLÜCKLICH IST OBEN und TRAURIG IST UNTEN sein.

Definition	Eine **konzeptuelle Metapher** ist eine bereichsübergreifende Abbildung im konzeptuellen System, eine feste Abbildung von Dingen und Eigenschaften aus einem Quellbereich in Dinge und Eigenschaften in einem Zielbereich. Dies ermöglicht die systematische Darstellung (›Konzeptualisierung‹) der Verhältnisse im Zielbereich über Verhältnisse im Quellbereich.

Das konzeptuelle System enthält tausende von konventionellen, bereichsübergreifenden Abbildungen. Die Abbildungen sind nicht arbiträr, sondern durch Erfahrung und Erleben motiviert, und stehen teilweise in hierarchischen Beziehungen zueinander.

Die Abbildungen sind oft asymmetrisch, d. h. sie gehen vom Quellbereich zum Zielbereich, aber nicht umgekehrt. Dies gilt besonders für ›primäre Metaphern‹, die perzeptuell zugängliche Quellbereiche in abstraktere Zielbereiche abbilden und durch Erfahrungen motiviert sind (vgl. Grady 2007, 192 f.).

Definition

> Im Unterschied zu Metaphern sind konzeptuelle Metonymien für
> Lakoff/Johnson Abbildungen innerhalb eines konzeptuellen
> Bereichs: Ein Ding steht für ein anderes Ding im selben Bereich.

Zwischen Metaphern bestehen teilweise hierarchische Beziehungen. Wir haben schon gesehen, dass sich sowohl eine Beziehung als auch eine Karriere als Reise darstellen lässt. Sowohl EINE BEZIEHUNG IST EINE REISE wie EINE KARRIERE IST EINE REISE lässt sich als ein Spezialfall einer allgemeineren Metapher verstehen, der Metapher EIN ZIELGERICHTETES LEBEN IST EINE REISE. Und diese wieder ist Spezialfall der noch allgemeineren ›Ereignisstrukturmetapher‹, in der Raumkonzepte auf Ereignisse, Zustände und deren Eigenschaften abgebildet werden – Orte auf Zustände, Bewegungen auf Vorgänge etc. (vgl. Lakoff 1993, 222 f.).

Manchmal wird ein Quellbereich auf gegensätzliche (›duale‹) Weise für die Darstellung eines Zielbereichs genutzt, so dass es zu zwei ganz unterschiedlichen Metaphern bei identischem Quell- und Zielbereich kommen kann. Zeitmetaphern sind ein Beispiel dafür mit dem Raum als Quellbereich. Zeiten werden einmal konzeptualisiert als Gegenstände, die sich relativ zu einem stationären Beobachter im Raum bewegen:

(10)   a.   *Die drei Stunden gingen schnell vorüber.*
       b.   *Der Abgabetermin rückt näher.*
       c.   *Weihnachten ist schnell vorbeigegangen.*
       d.   *Der Sommer geht, der Winter kommt.*

Zeiten werden zum anderen aber auch als stationäre Gegenstände im Raum konzeptualisiert, zu denen ein ›Ego‹ sich hin- oder wegbewegt bzw. in einer räumlichen Beziehung steht:

(11)   a.   *Der Sommer ist noch weit entfernt.*
       b.   *Ein langer Sommer liegt hinter uns.*
       c.   *Wir nähern uns mit großen Schritten Ostern.*

Die große Bedeutung der Metapher liegt nach Lakoff und Johnson u. a. auch darin, dass die meisten grundlegenden Begriffe in unserem konzeptuellen System normalerweise über eine Metapher verstanden werden – Begriffe wie Zeit, Quantität, Zustand, Veränderung, Handlung, Ursache, Ziel, Mittel, Modalität oder Kategorie.

Seit Ende der 90er Jahre wird CMT von einer Gruppe um Lakoff auf der Basis von neuronalen Modellen (Aktivierung und Inhibierung von Neuronen, neuronalen Netzen, neuronale Bindung etc.) modelliert (vgl. Lakoff 2008). Die Forschungsliteratur zur Metapher in der kognitiven Semantik ist unüberschaubar. Man konsultiere den Handbuchartikel von Grady (2007) und die darin aufgeführte Literatur.

Weiterführende
Literatur

2.5 | Blendingtheorie der Metapher

Seit Mitte der 1990er Jahre ist von Gilles Fauconnier und Mark Turner innerhalb der kognitiven Semantik eine zur Theorie der konzeptuellen Metapher (CMT) alternative Analyse der Metaphern entwickelt worden, die auf dem Prozess der konzeptuellen Integration (auch: *Blending*) basiert und Blendingtheorie genannt wird (einen guten Einstieg bieten Grady 2007, § 5; Turner 2007; Grady et al. 1999). Motiviert ist diese Theorie durch das Emergenzproblem, einem Schwachpunkt von CMT (s. u.).

Auch dieser Ansatz fasst Metaphern als ein konzeptuelles und nicht als ein sprachliches Phänomen auf. Aber anstelle der konzeptuellen Bereiche, auf die sich Lakoff und Johnson stützen, arbeitet die Blending-Theorie mit mentalen Räumen (*mental spaces*).

Zum Begriff

> **Mentale Räume** sind kurzzeitige Repräsentationsstrukturen im Arbeitsgedächtnis, auf die wir uns beim Nachdenken und Reden über Situationen beliebiger Art stützen. Sie aktivieren Elemente und Strukturen von Wissensstrukturen (Frames, Domänen, konzeptuelle Bereiche) im Langzeitgedächtnis und können auf unterschiedliche Weisen mit anderen mentalen Räumen verbunden sein (vgl. dazu und zum Weiteren Fauconnier 2007).

Beispielsweise wird beim Verstehen eines Satzes wie *Vielleicht liebt Romeo Julia*, der den Frame ›Liebe‹ ins Spiel bringt, einerseits Bezug genommen auf einen ›Basisraum‹, der die Referenten der beiden Namen enthält, im Laufe des Gesprächs erstellt wurde und schon Bezüge zu unterschiedlichen Frames aufweist. Andererseits wird ein ›Möglichkeitsraum‹ erstellt, der Gegenstücke (*counterparts*) zu Romeo und Julia enthält, die auf der Basis des Frames ›Liebe‹ in die Relation der Liebe gesetzt werden. In den Möglichkeitsraum wird so viel an Struktur aus dem Basisraum übernommen wie möglich (nur Information, die inkonsistent ist mit den Informationen im Möglichkeitsraum, werden nicht übernommen).

Mentale Räume werden bei der linguistischen Analyse unterschiedlichster Phänomene benutzt (Einstellungsberichte, (kontrafaktische) Konditionalgefüge, Anaphern, Präsuppositionen, Metaphern).

Bei der kognitiven Verarbeitung von Metaphern werden **vier mentale Räume** aufgemacht: zwei Inputräume (*input spaces*), ein generischer Raum (*generic space*) und ein Integrationsraum (*blended space*). Betrachten wir dazu ein Standardbeispiel der Blendingtheorie (nach Grady et al. 1999, 105):

(12) *Dieser Chirurg ist ein Metzger.* ›This surgeon is a butcher.‹

Im **ersten Inputraum** wird ein bestimmter Chirurg repräsentiert, wie er im Operationssaal einen Patienten mit einem Skalpell durch einen chirurgischen Eingriff zu heilen versucht. Im **zweiten Inputraum** wird allgemein ein Metzger repräsentiert, der im Schlachtraum ein Tier mit einem Schlachtmesser zerlegt, um geeignete Stücke Fleisch zu erhalten. Zwischen den Elementen der beiden Inputräume werden Entsprechungen vorgenommen: zwischen Chirurg und Metzger, zwischen Patient und Tier, zwischen Skalpell und Schlachtmesser, zwischen Operationssaal und Schlachtraum, zwischen Heilung und Fleischgewinnung als den jeweiligen Zielen und zwischen chirurgischem Eingriff und Zerlegen. (Die beiden Inputräume haben Ähnlichkeiten zu Quellbereich und Zielbereich, insofern sich dort konzeptuelles Material befindet, zwischen dem eine Abbildung hergestellt wird.)

Im **generischen Raum** werden die gemeinsamen Strukturen der beiden Inputräume dargestellt. In Bezug auf (12) wird in diesem Bereich dargestellt, dass wir ein Agens und ein Patiens (im Sinne der thematischen Rollen) bei einem Vorgang haben, bei dem in einem Arbeitsraum mit scharfen Werkzeugen auf bestimmte Weise und mit einem bestimmten Ziel vorgegangen wird.

Im **Integrationsraum** wird selektiv Material aus den Inputräumen übernommen. In (12) wird aus dem ersten Inputraum der Chirurg, sein Patient, der Operationssaal und das Heilungsziel übernommen, aus dem zweiten Inputraum die Rolle eines Metzgers, die dem Chirurgen zugewiesen wird, und das Zerlegen. Da das Ziel, den Patienten zu heilen, und die Vorgehensweise, den Patienten zu zerlegen, nicht miteinander kompatibel sind, kommt als neues Element die Inkompetenz des Chirurgen ins Spiel: Ein Chirurg, der vorgeht wie ein Metzger, ist inkompetent. Den Satz (12) kann man ja leicht so verstehen, dass zu verstehen gegeben werden soll, dass ein bestimmter Chirurg inkompetent ist.

Den großen Vorteil gegenüber CMT stehen Fauconnier und Turner darin, dass die Blendingtheorie das Auftauchen von neuen, **emergenten** Aspekten in Metaphern erklären kann (wie dem der Inkompetenz in (12)). Im Unterschied zu einem Großteil der konzeptuellen Metaphern hat man es in (12) sprachlich nicht mit einer literalen, sondern mit einer lebendigen Metapher zu tun. CMT scheint den Aspekt der Inkompetenz nicht erklären zu können: Nimmt man als Quellbereich ›Tätigkeit eines Metzgers‹ und als Zielbereich ›Tätigkeit eines Chirurgen‹, so lässt sich Inkompetenz auf seiten des Chirurgen nicht als Abbildung eines Elements des Quellbereichs deuten – wie sollte auch Inkompetenz überhaupt ein Teil des Ziel- oder Quellbereichs sein, da unser allgemeines Wissen von Chirurgen bzw. Metzgern nicht deren Inkompetenz beinhaltet. Bei der Blendingtheorie ergibt sich der emergente Aspekt dadurch, dass (nach bestimmten Prinzipien) Material der beiden Inputräume in den Integrationsraum übernommen wird, sich das Material im Integrationsraum als miteinander inkompatibel erweist und damit bestimmte Inferenzen ausgelöst werden.

Man braucht CMT und Blendingtheorie nicht unbedingt als konkurrierende Theorien anzusehen, sie könnten für unterschiedliche Bereiche gültig sein – etwa für literale Metaphern einerseits, für lebendige andererseits.

Emergenz

Zur Vertiefung

Kann die Blendinganalyse überzeugen?

Lakoff (2008, 32 f.) reagiert auf die Blendinganalyse von *This surgeon is a butcher* – salopp gesagt – mit der Bemerkung »Geht's vielleicht noch komplizierter?«. Er schlägt als Alternativanalyse eine in der Metapherndiskussion altbekannte Idee vor: Es gehört zum Stereotyp eines Metzgers, dass er grob, vielleicht sogar gewalttätig vorgeht. Diese stereotypische Eigenschaft wird in dem Beispielsatz dem Chirurgen zugeschrieben.

Lakoff formuliert dies so, dass im Quellbereich für die Metapher diese Eigenschaft enthalten ist – er erläutert aber nicht, wie hier eine Abbildung in den Zielbereich stattfindet (was nach CMT der Fall sein müsste). Eine Abbildung scheint ja auch nicht nötig zu sein, da genau die Eigenschaft im Quellbereich, die Eigenschaft, grob, vielleicht sogar gewalttätig vorzugehen, und nicht ein Gegenstück zu ihr dem Chirurgen zugeschrieben wird.

Dass die Eigenschaft, grob, vielleicht sogar gewalttätig vorzugehen, für die Metapher entscheidend ist und nicht der Aspekt der Inkompetenz, zeigt sich an dem Unterschied der Akzeptabilität der beiden folgenden ›geschlossenen Metaphern‹:

(1)   a. *Dieser Chirurg ist ein Metzger, denn er operiert auf ungenaue und grob nachlässige Weise.*

   b. **Dieser Chirurg ist ein Metzger, denn er ist inkompetent.*

In einer geschlossenen Metapher wird die Metapher expliziert. Wie man an dem Kontrast sieht, kann man die Metapher durch die besagte Eigenschaft, aber nicht durch die Inkompetenz erklären. Der Schluss auf die Inkompetenz scheint erst auf der Basis der metaphorischen Interpretation des Satzes zu erfolgen und nicht zu dieser zu gehören.

2.6 | Das Modell der Kräftedynamik

Leonard Talmy hat seit den 1980er Jahren ein Modell entwickelt, das darstellen soll, wie Kausalität in der Sprache durch kausative Verben, kausative Konjunktionen und Präpositionen repräsentiert wird,. Er hat sie Kräftedynamik (*force dynamics*) genannt (wir beziehen uns auf die Darstellung in Talmy 2000, Kap. 7).

Im Zentrum stehen unterschiedliche Kräftebeziehungen: die Ausübung einer Kraft, der Widerstand, der einer Kraft entgegengesetzt wird, die Überwindung eines solchen Widerstands, die Blockade der Ausübung einer Kraft, die Entfernung einer solchen Blockade etc. Grundlegend für das Modell ist die Opposition zweier Kräfte in einem stabilen Zustand (*steady-state opposition*), die in der Sprache unterschiedlich repräsentiert werden.

Im Fokus der Aufmerksamkeit steht der Gegenstand, **Agonist** genannt, dessen Kraft sich entweder manifestiert oder überwunden wird. Dieser Gegenstand hat eine intrinsische Tendenz, die Kraft auszuüben, wobei diese Tendenz entweder auf Bewegung (Aktivität) oder auf Ruhe (Inaktivität) gerichtet ist. Der zweite sprachlich repräsentierte Gegenstand, **An-**

tagonist genannt, ist der Gegenspieler, die Gegenkraft zum ersten Gegenstand, und überwindet die Tendenz des Agonisten zu Aktivität bzw. Inaktivität oder überwindet sie nicht. Die beiden entgegengesetzten Kräfte können unterschiedlich stark sein. Je nachdem, welche Kraft stärker ist, ergibt sich als Resultat entweder Aktivität oder Inaktivität beim Agonisten.

Vier grundlegende Muster im Kräfteverhältnis können unterschieden werden:

- Der Agonist tendiert zu Ruhe, doch die Gegenkraft des Antagonisten ist stärker, so dass das Resultat eine Aktivität des Agonisten ist. Ein Beispiel für dieses Muster ist der Satz *Wegen dem Wind rollte der Ball weiter.* Der Ball hat die Tendenz, liegenzubleiben, was durch die stärkere Kraft des Windes verhindert wird, so dass der Ball weiter rollt.

- Der Agonist tendiert zu Ruhe, und die Gegenkraft des Antagonisten ist schwächer, so dass das Resultat eine Inaktivität des Agonisten ist. Ein Beispiel für dieses Muster ist der Satz *Der Schuppen blieb stehen, obwohl der Wind heftig blies.* Der Schuppen hat die Tendenz, stehenzubleiben, was durch die schwächere Kraft des Windes nicht verhindert wird.

- Der Agonist tendiert zu Aktivität, wobei die Gegenkraft des Antagonisten schwächer ist, so dass das Resultat eine Aktivität des Agonisten ist. Ein Beispiel für dieses Muster ist der Satz *Der Ball rollte trotz des hohen Grases weiter.* Der Ball hat die Tendenz zu rollen, was durch die schwächere Kraft des Grases nicht verhindert wird.

- Der Agonist tendiert zu Aktivität, doch die Gegenkraft des Antagonisten ist stärker und blockiert den Agonisten, so dass das Resultat eine Inaktivität des Agonisten ist. Ein Beispiel für dieses Muster ist der Satz *Der Baumstamm blieb infolge einer Erhöhung an dem Abhang liegen.* Der Baumstamm hat die Tendenz, den Abhang hinunterzurollen, was durch die stärkere Kraft der Erhöhung verhindert wird, so dass der Baumstamm liegen bleibt.

Die Kräftedynamik ist primär für den Bereich der physikalischen Kräfte und den dabei vorliegenden Kausalitätsverhältnissen entwickelt worden. Seine Bedeutung wird aber auch darin gesehen, dass es metaphorisch auf andere Bereiche übertragen wurde: auf psychologische Beziehungen wie auf soziale Interaktion (s. Kap. II.1.6.2; dazu und zum Stand der Forschung zur Kräftedynamik insgesamt vgl. Mulder 2007).

Einen guten Einstieg in die kognitive Semantik bieten Jackendoff (2012) und natürlich der Klassiker zur Metapherntheorie Lakoff/Johnson (1980), der inzwischen auch auf Deutsch vorliegt (Lakoff/Johnson 2011). Ausführliche Darstellungen der verschiedenen kognitiven Ansätze wurden bereits in den jeweiligen Abschnitten in diesem Kapitel benannt. Eine schöne Zusammenstellung zentraler Artikel findet sich in Geeraerts (2006). Systematische Einführungen bieten Croft/Cruse (2004) und Evans/Green (2006). Wer englischsprachige Texte meiden möchte, findet in Wildgen (2008) eine an verschiedenen Ansätzen ausgerichtete Darstellung. Ein eher methodischer Zugang mit Fokus auf die Neurolinguistik wird in Rickheit et al. (2010) verfolgt.

Weiterführende Literatur zu Kapitel IV.2

3 Formale Methoden

3.1 | Warum formale Methoden?

Um den Zugang zu semantischen Konzepten möglichst einfach zu halten, wurde in den vorangegangenen Kapiteln bewusst (weitgehend) darauf verzichtet, formale Methoden aus der Logik und der Mathematik zu verwenden. Denn die Erfahrung hat uns gelehrt, dass logische Notationen für viele Studierende der Germanistik wenn nicht unbedingt eine inhaltliche, so doch zumindest eine psychologische Hürde darstellen: *Jetzt studiere ich Germanistik und muss mich doch wieder mit Mathe beschäftigen! Wieso das denn?*

Gründe hierfür gibt es viele. Ein Grund ist sicherlich, dass in der Semantik – wie in allen anderen Wissenschaften eben auch – das Bedürfnis und die Notwendigkeit besteht, die verwendeten Begrifflichkeiten möglichst präzise, klar und einfach zu fassen. Logische und mathematische Notationen sind dafür ein geeignetes Hilfsmittel – vorausgesetzt natürlich, man ist mit diesen Notationen selbst einigermaßen vertraut. Schon aus diesem Grund ist es für eine Einführung in die Semantik unverzichtbar, die Leser/innen zumindest soweit in die formalen Methoden der Semantik einzuführen, dass sie entsprechende Begriffsbildungen in der einschlägigen Literatur nachvollziehen können.

Ein weiterer und viel wichtigerer Grund liegt allerdings im Gegenstand selbst. Bei der Untersuchung der Bedeutung sprachlicher Ausdrücke hat man früh beobachtet, dass sich sprachliche Ausdrücke in vielerlei Hinsicht ähnlich verhalten wie mathematische und logische Konzepte. Eine zentrale Beobachtung beispielsweise ist, dass sich die Bedeutung eines komplexen sprachlichen Ausdrucks aus der Bedeutung seiner Teile und der Art ihrer Kombination zusammensetzt (Kompositionalitätsprinzip). Dabei kann man feststellen, dass die semantische Verknüpfung zweier Ausdrücke (ähnlich wie die zweier Knoten in der Syntax) in der Regel asymmetrischen Charakter hat: Einer der beiden Ausdrücke füllt eine offene Stelle in der semantischen Valenz des anderen Ausdrucks. In diesem Sinne verhält sich letzterer Ausdruck wie eine *Funktion*, ersterer dagegen wie ein *Argument*.

Und schon sind wir mitten drin in mathematischen Begrifflichkeiten. Es scheint es also nur folgerichtig und durchaus auch zielführend, von den in der Logik und in der Mathematik bereits entwickelten und etablierten Begrifflichkeiten Gebrauch zu machen.

3.2 | Individuen, Mengen und Relationen

Menge: Grundlegend sowohl für die Mathematik als auch für die formale Beschreibung natürlicher Sprachen ist der Begriff der **Menge**. Der Mengenbegriff wurde 1895 von Georg Cantor, dem Begründer der modernen Mengenlehre, in seinen »Beiträgen zur Begründung der transfiniten Mengenlehre« (Mathematische Annalen XLVI, S. 31) wie folgt definiert: »Unter einer ›Menge‹ verstehen wir jede Zusammenfassung M von bestimmten wohlunterschiedenen Objecten m unserer Anschauung oder unseres Denkens (welche die ›Elemente‹ von M genannt werden) zu einem Ganzen.«

Elemente: Sind a, b und c drei Objekte unserer Anschauung oder unseres Denkens, dann können wir diese nach Cantor zu einer Menge $M = \{a, b, c\}$ bestehend aus a, b und c zusammenfassen und als **Elemente** der Menge M bezeichnen. Für die (in diesem Fall korrekte) Behauptung, dass a ein Element der Menge M ist, schreiben wir $a \in M$. Für die (in diesem Fall falsche) Behauptung, dass a kein Element der Menge M ist, schreiben wir $a \notin M$. Objekte unserer Anschauung oder unseres Denkens, die *keine* Mengen sind, heißen **Individuen** oder **Gegenstände**. Die Menge aller Individuen wird zumeist als **Universum** bezeichnet und mit U abgekürzt.

3.2.1 | Mengenrelationen und Mengenoperationen

Teilmenge: Fassen wir nun b und c zu einer neuen Menge $N = \{b, c\}$ zusammen, dann gilt, dass jedes Element von N gleichzeitig auch Element von M ist. Man sagt dann, dass N eine **Teilmenge** von M ist und schreibt kurz $N \subseteq M$. Tatsächlich gilt in diesem Fall sogar, dass N eine **echte Teilmenge** von M ist: N ist (i) eine Teilmenge von M und (ii) gibt es mindestens ein Element von M, das nicht in N liegt. Wir schreiben $N \subset M$. Eine Menge, für die nur die unechte Teilmengenbeziehung gilt, ist M selbst: Es gilt zwar $M \subseteq M$, aber nicht $M \subset M$. Zwei Mengen M_1 und M_2 sind **identisch** ($M_1 = M_2$), wenn sowohl $M_1 \subseteq M_2$ als auch $M_2 \subseteq M_1$ gilt. Zwei Mengen M_1 und M_2 sind also identisch, wenn sie genau dieselben Elemente aufweisen. Hieraus folgt ein zentrale Eigenschaft von Mengen: Die Menge $\{a, b, c\}$ ist identisch mit der Menge $\{c, a, b\}$ und diese wiederum z. B. mit der Menge $\{b, c, a\}$ – die Reihenfolge der Elemente in der Menge ist völlig irrelevant. Enthält eine Menge gar keine Elemente, dann nennen wir diese Menge $\{\}$ die **leere Menge** und bezeichnen sie mit $\emptyset$.

Schnittmenge: Sind d und e zwei weitere Objekte unserer Anschauung oder unseres Denkens, dann können wir auch die Objekte a, d und e zu einer Menge $P = \{a, d, e\}$ zusammenfassen. Es fällt nun auf, dass das Objekt a Element sowohl der Menge M als auch der Menge P ist, man sagt a liegt in der **Schnittmenge** $M \cap P$ von M und P. In unserem Fall gilt: $M \cap P = \{a\}$. Man beachte, dass die Schnittmenge von M und P in der Menge $\{a\}$ mit dem einzigen Element a besteht, nicht in a selbst.

Vertiefung

Einelementige Mengen und Individuen

Eine interessante Frage ist, worin eigentlich der Unterschied zwischen der einelementigen Menge $\{a\}$ und a selbst besteht. Tatsächlich ist diese Frage sehr weitreichend. Hier sei nur noch einmal betont, dass in diesem konkreten Fall a ein Individuum und keine Menge ist. Folglich kann a nicht Element von sich selbst sein; a kann aber natürlich sehr wohl Element der Menge $\{a\}$ sein. Diese Überlegung zeigt, dass die einelementige Menge $\{a\}$ und a unterschiedliche Objekte sind, auch wenn es in manchen Kontexten durchaus Sinn machen kann, beide miteinander zu identifizieren.

Vereinigungsmenge: Neben der Schnittmengenbildung ist die Vereinigung $M \cup P$ zweier Mengen M und P eine weitere wichtige, binäre Operation auf Mengen: Die **Vereinigungsmenge** von M und P enthält alle Objekte, die entweder Element von M oder von P (oder von beiden) sind. In unserem Fall gilt also $M \cup P = \{a, b, c, d, e\}$.

Komplementbildung: Die wichtigste einstellige Operation auf Mengen betrifft die Negation: Da $M \subseteq (M \cup P)$ ist, kann man sinnvoll fragen, welche Teilmenge von $Q = (M \cup P)$ genau die Elemente enthält, die M *nicht* enthält. Diese Menge heißt das **relative Komplement** von M (in Q) und ist in unserem Fall identisch mit der Menge $\{d, e\}$ bestehend aus den Individuen d und e. Man schreibt hierfür $-_Q M = \{d, e\}$. Dabei gilt $M \cup -_Q M = Q$. Weiter gilt unter der Voraussetzung, dass $M \subseteq Q$ ist, dass die Schnittmenge von M und seinem relativem Komplement (in bzw. relativ zu Q) leer ist, dass also $M \cap -_Q M = \varnothing$ ist. Mengen, die keine gemeinsamen Elemente haben, heißen auch **disjunkt**.

3.2.2 | Mengen von Mengen

Mengen von Mengen: Oben haben wir unter anderem die Objekte $a, b, c,$ d und e zu Mengen N, M und P zusammengefasst. Die Mengen N, M und P sind damit aber ebenfalls Objekte, vielleicht nicht unserer Anschauung, aber zumindest unseres Denkens. Folglich sollten wir auch diese Objekte wiederum zu einer Menge M = $\{M, N, P\}$ von Mengen von Individuen zusammenfassen können. Tatsächlich spricht grundsätzlich nichts gegen ein solches Vorgehen: Es gibt Mengen von Individuen, Mengen von Mengen von Individuen, Mengen von Mengen von Mengen von Individuen und so weiter, und so fort. Und man kann auch Objekte aus verschiedenen solchen Ebenen in einer neuen Menge zusammenfassen.

Komprehensionsaxiom: Dennoch ist die Mengenbildung nicht völlig beliebig, wie Bertrand Russell in einem Brief an Gottlob Frege deutlich gemacht hat: Im Allgemeinen wird angenommen, dass Mengen nicht nur durch Aufzählung (wie oben) gebildet werden können, sondern auch über eine allgemeine Charakterisierung ihrer Elemente: Ist E eine Eigenschaft (eines Objekts unserer Anschauung oder unseres Denkens), dann bezeichnet $\{x \mid x \text{ ist } E\}$ die Menge aller Objekte x, denen die Eigenschaft E zukommt. Die Menge $\{x \mid x \text{ ist ein Mann}\}$ beispielsweise bezeichnet die

Menge aller Männer und repräsentiert gleichzeitig den **Begriffsumfang** des Nomens *Mann*. Die Möglichkeit der Bildung solcher (potentiell unendlichen) Mengen erfolgt in der (naiven) Mengenlehre auf der Basis des **Komprehensionsaxioms**.

Vertiefung

Die Russell'sche Antinomie

Bertrand Russell hat gezeigt, dass die unbeschränkte Bildung von Mengen über das Komprehensionsaxiom zu einem Widerspruch führen kann. Sein Argument verläuft wie folgt: Da z. B. die Menge N nicht Element von sich selbst ist (es also Mengen gibt, die nicht Element von sich selbst sind), kann man sinnvoll die (nicht-leere) Menge $z = \{x \mid x \notin x\}$ bilden. Die Frage ist jetzt: Ist z Element von sich selbst, also gilt $z \in z$? Angenommen, es gilt $z \in z$. Dann erfüllt nach Annahme z die Bedingung $x \notin x$, also gilt auch $z \notin z$. Nehmen wir umgekehrt an, dass $z \notin z$ gilt. In diesem Fall erfüllt z die Bedingung für die Elemente von z und es gilt $z \in z$. Wie wir es auch drehen und wenden, jede unserer Annahmen führt notwendig zur Annahme ihres Gegenteils.

Die schlechte Nachricht ist, dass dieses Paradox kein scheinbares ist, es also keine einfache Auflösung gibt. Die gute Nachricht ist, dass diese Art von Mengenbildung systematisch ausgeschlossen werden kann (z. B. über Typen), ohne dabei echte Einschränkungen hinnehmen zu müssen. Daher gehen wir hier davon aus, dass das Komprehensionsaxiom für unsere Zwecke grundsätzlich Anwendung finden kann.

3.2.3 | Paare, Tripel und Relationen

Geordnetes Paar: Wie oben gesehen, können zwei Individuen a und b zu einer Menge $\{a, b\}$ zusammengefasst werden, und in dieser Menge spielt die Reihenfolge von a und b keinerlei Rolle. Häufig möchte man jedoch gerade Reihenfolgeaspekte berücksichtigen. Will man etwa die Semantik des Verbs *essen* beschreiben, dann gibt es offenbar jemanden, der isst (das Agens), und etwas, das gegessen wird (das Patiens). Und der Satz *Der Junge isst das Hühnchen* bedeutet nun etwas völlig anderes als *Das Hühnchen isst den Jungen*. Wie kann man aber dem Reihenfolgeaspekt gerecht werden? Für derartige Zwecke können wir auf den Begriff des **geordneten Paares** zurückgreifen. Ein geordnetes Paar $< a, b >$ ist eine Art von (geordneter) Liste der beiden Individuen a und b, wobei gilt: $< a, b > \neq < b, a >$. Gemeinsam mit der Menge $\{a, b\}$ hat das geordnete Paar $< a, b >$, dass beides abstrakte Objekte sind, sie bestehen aus Individuen, sind aber selbst keine. Der zentrale Unterschied ist, dass bei geordneten Paaren die Reihenfolge zu beachten ist und keine $\in$-Relation besteht. Die Schreibweise $a \in < a, b >$ hat schlicht keinen Sinn. Am ehesten kann man geordnete Paare und ihre Verallgemeinerungen (**Tripel** $< a, b, c >$ und **n-Tupel** $< a_1, \ldots, a_n >$) als Einkaufslisten (für desorientierte Ehemänner) begreifen, bei denen die Einkäufe in genau der Reihenfolge aufgelistet sind, in der sie beim Einkaufen nacheinander in den Regalen zu finden sind.

Relationen: Genauso wie die Individuen a, b und c können nun auch Paare $<a, b>$, Tripel $<a, b, c>$ oder n-Tupel $<a_1, \ldots, a_n>$ zu Mengen zusammengefasst werden. Ähnlich wie oben kann z. B. über das Komprehensionsaxiom die Menge aller Paare $<x, y>$ gebildet werden, für die gilt, dass x y isst, kurz $\{<x, y> \mid x$ isst $y\}$. Derartige Mengen heißen (2-stellige) **Relationen**. Relationen wie diese sind zwar keine adäquate Repräsentation des Konzepts *essen* selbst, sie beschreiben aber doch zumindest dessen Begriffsumfang in befriedigender Weise. Und für viele Zwecke ist dies tatsächlich völlig ausreichend. Sind X und Y zwei beliebige Mengen, dann heißt schließlich $X \times Y$ (sprich: »X kreuz Y«) das **Kreuzprodukt** von X und Y und ist definiert als die Menge aller Paare $<x, y>$, die mit Elementen aus X in der ersten Koordinate und Elementen aus Y in der zweiten Koordinate gebildet werden können. Oder etwas knapper und formaler notiert: $X \times Y = \{<x, y> \mid x \in X$ und $y \in Y\}$.

3.2.4 | Von Relationen zu Funktionen

Funktion: Eine besondere 2-stellige Relation ist die **Funktion**. Funktionen können wie alle 2-stelligen Relationen als Mengen von Paaren $<x, y>$ dargestellt werden. Funktionen unterliegen jedoch besonderen Beschränkungen an x, an y und an die Beziehung zwischen x und y. So muss für Funktionen f immer spezifiziert werden, für welche x die Funktion f überhaupt definiert ist (der **Definitionsbereich** von f) und welche Werte y die Funktion f annehmen kann (der **Wertebereich** von f). Hier wollen wir zunächst annehmen, dass der Definitionsbereich D mit dem Universum U und der Wertebereich W mit der Menge $\{0, 1\}$ bestehend aus den Wahrheitswerten 0 (»falsch«) und 1 (»wahr«) identisch ist. Man schreibt dann $f: U \to \{0, 1\}$ und sagt, dass f von U nach $\{0, 1\}$ abbildet. Was dann noch fehlt, ist die **Abbildungsvorschrift**: Welches x wird auf welches y abgebildet? Oder anders formuliert: Welches x bildet mit welchem y zusammen ein geordnetes Paar $<x, y>$, das Element der Relation f ist? Hier gibt es zwei wesentliche Beschränkungen: Erstens sind Funktionen grundsätzlich **total definiert**, d. h. jedem Element aus dem Definitionsbereich muss *mindestens* ein Element aus dem Wertebereich zugeordnet werden. Zweitens muss diese Zuordnung **eindeutig** sein, d. h. jedem Element aus dem Definitionsbereich D darf *höchstens* ein Element aus dem Wertebereich W zugeordnet werden. Diese beiden Eigenschaften erlauben, (endliche) Funktionen einigermaßen übersichtlich in der Form von Matrizen darzustellen. Machen wir ein Beispiel. Angenommen, U besteht in der Familie Simpson. Dann stellt folgende Matrix eine mögliche Funktion $f: U \to \{0, 1\}$ dar:

$$
\begin{bmatrix}
\text{Homer} & \mapsto & 1 \\
\text{Marge} & \mapsto & 0 \\
\text{Lisa} & \mapsto & 0 \\
\text{Bart} & \mapsto & 1 \\
\text{Maggie} & \mapsto & 0
\end{bmatrix}
$$

Abb. 1:
Funktion in Matrixschreibweise

Charakteristische Funktion: Funktionen mit dem Wertebereich $\{0, 1\}$ haben tatsächlich einen besonderen Status, da sie den Definitionsbereich gewissermaßen in zwei disjunkte, aber gemeinsam exhaustive (vollständige) Klassen teilen: Diejenigen Elemente von U, die auf 1 abgebildet werden, und diejenigen Elemente von U, die auf 0 abgebildet werden. Diese Eigenschaft erlaubt, solche Funktionen in **eineindeutiger** Weise (= eindeutig in beide Richtungen) mit Mengen zu korrelieren. Ist $f: U \rightarrow \{0, 1\}$ eine Funktion von U nach $\{0, 1\}$, dann ist $M_f = \{x \mid x \in U$ und $f(x) = 1\}$ die für f **charakteristische Menge**. In unserem Beispiel wäre dies die Menge $\{Homer, Bart\}$ bestehend aus Homer und Bart. Zufälligerweise sind dies genau die männlichen Mitglieder der Familie Simpson, d. h. die Menge ist identisch mit dem Begriffsumfang des Konzeptes *männlich* relativ zu der Grundmenge der Simpsons. Ist umgekehrt N eine beliebige Menge von Objekten, dann kann zu der Menge N wie folgt die **charakteristische Funktion** f_N zu N gebildet werden: f_N ist diejenige Funktion von U nach $\{0, 1\}$ mit $f_N(x) = 1$, wenn $x \in N$, und $f_N(x) = 0$ für alle $x \in -_U N$. Ist $N = \{Lisa, Maggie\}$, dann ist die charakteristische Funktion zu N durch die Matrix in Abbildung 2 darstellbar.

Abb. 2: charakteristische Funktion der Menge {Lisa, Maggie}

$$\begin{bmatrix} Homer & \mapsto & 0 \\ Marge & \mapsto & 0 \\ Lisa & \mapsto & 1 \\ Bart & \mapsto & 0 \\ Maggie & \mapsto & 1 \end{bmatrix}$$

Begriffsumfang: Möchte man diese Menge bzw. die für sie charakteristische Funktion interpretieren, dann kann man sie als den Begriffsumfang von *Töchter der Simpsons* begreifen. Funktionen von U in die Wahrheitswerte 0 und 1 nehmen damit in zweierlei Hinsicht eine Sonderstellung ein. Zum einen können sie in eineindeutiger Weise mit Mengen (von Individuen) korreliert werden, zum anderen können diese wiederum als Begriffsumfänge von natürlichsprachlichen Konzepten wie *männlich*, *Töchter der Simpsons* oder *Kind* interpretiert werden. Folglich sind charakteristische Funktionen eine andere, äquivalente Weise, Begriffsumfänge von natürlichsprachlichen Prädikaten zu modellieren.

3.2.5 | Typen und Denotationsbereiche

Aber wieso sollte man überhaupt von der viel intuitiveren Beschreibung mit Hilfe von Mengen zu der zugegebenermaßen deutlich komplexeren Beschreibung mit Hilfe von Funktionen übergehen? Der wesentliche Grund ist, dass zwar jede Menge als (charakteristische) Funktion darstellbar ist, aber nicht jede Funktion als eine Menge. Der Funktionsbegriff ist also echt allgemeiner als der Mengenbegriff.

Basistyp *e*: Dass dem so ist, kann man relativ leicht einsehen. Aus vielen Gründen (die unter anderem mit der Russell'schen Antinomie zu tun haben) ist es in der Semantik üblich, die (potentiellen) Bedeutungen sprachlicher Ausdrücke in **logische Typen** zu klassifizieren. Die Typisierung ist zunächst ein rein formaler Vorgang, der aber so gestrickt ist, dass man später am Typ unmittelbar die Art der Funktion ablesen kann, die in der formalen Semantik als Modell der Bedeutung eines sprachlichen Ausdrucks dient. Die Typisierung erfolgt dabei auf rekursive Weise: Zunächst wird angenommen, dass Individuen – also Elemente des Universums U – einem **Basistyp** zugeordnet werden, und zwar dem **Typ e**, wobei e für englisch *entity* steht. Statt U schreiben wir dann auch D_e. D steht dabei allgemein für Denotationsbereich.

Denotationsbereich: Ein **Denotationsbereich** ist eine Menge von Objekten (dies können auch Mengen oder Funktionen sein), die als mögliche Bedeutungen für eine bestimmte Klasse sprachlicher Ausdrücke zur Verfügung stehen. So liegt z. B. die Bedeutung von Eigennamen im Denotationsbereich D_e, da Eigennamen systematisch auf Gegenstände bzw. Individuen referieren.

Basistyp t: Neben dem Basistyp e für Individuen wird für die Wahrheitswerte 0 und 1 ein weiterer Basistyp angenommen: t für englisch *truth value*. Da Sätze (oder besser: Äußerungen von Sätzen) wahr oder falsch sind, ist D_t der Denotationsbereich für Sätze. Damit können die obigen (charakteristischen) Funktionen auf etwas andere Weise notiert werden, nämlich als Funktionen f von D_e nach D_t. Nun haben wir gesehen, dass solche Funktionen wiederum als Begriffsumfänge von Adjektiven, Nomen und intransitiven Verben aufgefasst werden können, sie sind also mögliche Bedeutungen von Adjektiven, Nomen und intransitiven Verben. Anders formuliert heißt das, dass die Menge aller Funktionen f von D_e nach D_t den Denotationsbereich für Adjektive, Nomen und intransitive Verben darstellt.

Komplexe Typen: Wie können wir diesen Denotationsbereich in sinnvoller Weise charakterisieren? Nehmen wir zunächst einmal an, dass wir aus den Basistypen e und t systematisch neue, komplexe Typen in der folgenden Weise bilden können: Ist σ ein Typ und ist τ ein Typ, dann ist auch $<\sigma, \tau>$ ein Typ. (Und nichts anderes ist ein Typ.) Da e und t nach Annahme Typen sind, ist nach dieser rekursiven Regel also auch z. B. $<e, t>$ ein Typ. Und wenn wir weiter annehmen, dass bei einem komplexen Typ $<\sigma, \tau>$ die erste Koordinate (also σ) den Typ des Definitionsbereiches und die zweite Koordinate (also τ) den Typ des Wertebereichs möglicher Bedeutungen bezeichnet, dann beschreibt der Typ $<e, t>$ genau die Funktionen f mit Definitionsbereich D_e und Wertebereich D_t. Die Bedeutung von Adjektiven, Nomen und intransitiven Verben liegt also im Denotationsbereich $D_{<e, t>}$.

Typen und Propositionen

Die Darstellung von Typen entspricht hier der klassischen Konzeption. In den vorigen Kapiteln wurde jedoch angenommen, dass Sätze nicht auf Wahrheitswerte referieren, sondern auf Propositionen. Ein Typensystem, das dieser Annahme besser entspricht, führt keinen Basistyp für Wahrheitswerte, sondern einen Basistyp π für Propositionen ein. Der Typ eines

Vertiefung

intransitiven Verbs wäre damit $<e, \pi>$, eine Funktion von Individuen in Propositionen. Entsprechend wäre der Typ eines transitiven Verbs $<e, <e, \pi>>$, eine Funktion von Individuen in Funktionen von Individuen in Propositionen. Ein potentieller Nachteil dieses Systems ist, dass Denotationen vom Typ $<e, \pi>$ keine charakteristischen Funktionen mehr darstellen, also der Zusammenhang mit Mengen an dieser Stelle verloren geht. Auf der anderen Seite ist dieses System ein genuin intensionales System und als solches auch mit semantischen Modellen kompatibel, in denen Wahrheitswerte nicht im Vordergrund stehen.

Der Typ zweistelliger Prädikate: Mögliche Denotationen von Adjektiven, Nomen und intransitiven Verben könnten zwar grundsätzlich auch über Mengen beschrieben werden, da der Wertebereich aus den Wahrheitswerten 0 und 1 besteht. Was ist aber z. B. mit transitiven Verben wie *mögen* oder relationalen Nomen wie *Mutter*? Welche Funktionen charakterisieren auf sinnvolle Weise mögliche Bedeutungen z. B. transitiver Verben? Betrachten wir dazu eine vereinfachte syntaktische Struktur des Satzes *Lisa mag Bart*:

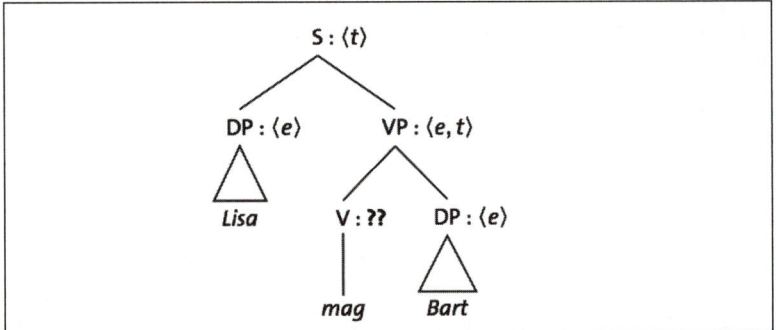

Abb. 3: Binäre Struktur des Satzes *Lisa mag Bart*

Wir wissen, dass die Eigennamen *Lisa* und *Bart* vom Typ e sind (was heißen soll, dass ihre Bedeutungen im Denotationsbereich D_e liegen), da sie als Eigennamen auf Individuen referieren. Außerdem wissen wir, dass der gesamte Satz vom Typ t sein muss, da seine Äußerung wahr oder falsch ist. Tatsächlich kennen wir sogar bereits den Typ der VP *mag Bart*: Da diese VP nur noch um ein Subjekt zu ergänzen ist, um einen Satz zu erhalten, hat die VP aus semantischer Perspektive denselben Status wie ein intransitives Verb. Da intransitive Verben vom Typ $<e, t>$ sind, ist also auch die VP vom Typ $<e, t>$.

Jetzt fehlt nur noch der Typ des transitiven Verbs *mögen*. Diesen Typ können wir nun aber ganz einfach aus den anderen Typen herleiten: Die Ausgangsannahme (der formalen Semantik) ist, dass die Bedeutung von *mögen* über eine Funktion beschrieben werden kann. Da jede Funktion einen Definitionsbereich und einen Wertebereich braucht, müssen wir zunächst diese bestimmen. Hier gibt es grundsätzlich zwei Möglichkeiten: Entweder nimmt die DP das Verb als Argument oder das Verb die DP. Da die DP vom Typ e und also keine Funktion ist, muss es das Verb *mögen* sein, das die DP *Bart* als Argument nimmt. Als Funktion bildet *mögen* dann die Referenz von *Bart* auf die Bedeutung der VP *mag Bart* ab, also Bedeutungen vom Typ *e* auf Bedeutungen vom Typ $< e, t >$. Damit ist der Definitionsbereich von *mögen* aber D_e und der Wertebereich $D_{< e, t >}$. Nach allem, was wir oben gesagt haben, liegt die Bedeutung von *mögen* damit im Denotationsbereich $D_{< e, < e, t > >}$, ist also selbst vom Typ $< e, < e, t > >$.

Zur Notwendigkeit des Funktionenbegriffs Vertiefung

Da der Wertebereich dieser Funktion nun nicht mehr in der Menge $\{0,1\}$ besteht, sondern in einer Menge von Funktionen von Individuen in Wahrheitswerte, kann diese Funktion nicht mehr als charakteristische Funktion einer Menge aufgefasst werden. Die semantische Modellierung von transitiven Verben (oder allgemeiner von syntaktischen Strukturen mit mehr als zwei Ebenen) erfordert also den Übergang von Mengen zu Funktionen.

Wahrheitsbedingungen: Jetzt wissen wir zwar, in welchem Denotationsbereich die Bedeutung von *mögen* liegt, also von welcher Art die Bedeutung von *mögen* ist, aber eigentlich möchten wir ja die Bedeutung von *mögen* eindeutig identifizieren. Hierzu benötigen wir noch die Abbildungsvorschrift für *mögen*. Das ist aber das kleinere Problem. Denn wir wissen ja, dass für beliebige Individuen *x* und *y* der Gesamtsatz genau dann wahr sein soll, wenn *x y* mag. Das heißt die Bedeutung f_{mag} von *mögen* bildet ein beliebiges $y \in D_e$ auf diejenige Funktion $f_{mag\,y}$ ab, das für beliebige $x \in D_e$ genau dann wahr ist, wenn *x y* mag. Oder mit der nun vertrauten Notation: Für beliebige $x, y \in D_e$ gilt: $f_{mag}(y)(x) = 1$ gdw. *x* mag *y*.

3.2.6 | Funktionen und λ-Notation

Da selbst die inzwischen vertraute Notation für Funktionen noch etwas umständlich ist, ist es in der Semantik üblich, eine etwas andere und prägnantere Notation für Funktionen zu verwenden, die **λ-Notation**.

Betrachten wir zunächst den einfachsten Fall, den der charakteristischen Funktion. Nehmen wir an, dass die Kinder der Familie Simpson bereits alle im Bett sind und schlafen, während Marge und Homer noch fernsehen. Der Begriffsumfang von *schläft* ist dann die Menge {Lisa, Bart, Maggie} und die entsprechende charakteristische Funktion $f_{schläft}$ ist diejenige Funktion von D_e nach D_t mit $f_{schläft}(x) = 1$ gdw. *x* schläft.

λ- Abstraktion: In λ-Notation kann diese Funktion als $\lambda x : x \in D_e$ [*x* schläft (in *s*)] dargestellt werden. Diese Notation besteht aus drei Teilen: Der Ausdruck λx vor dem Doppelpunkt gibt an, über welche Variable bzw. über welches Argument des Verbs **abstrahiert** wird. **Abstraktion** bedeutet in diesem Zusammenhang die Bildung einer Funktion aus der Aussage (bzw. »offenen Proposition«) [*x* schläft (in *s*)], wobei *x* die Argumentstelle der Funktion bezeichnet. Der Bereich zwischen dem Doppelpunkt und der eckigen Klammer gibt an, welchen Beschränkungen *x* unterliegt, mindestens aber, welchem Denotationsbereich *x* zuzuordnen ist. In unserem Fall bezeichnet x ein Individuum, korreliert also mit D_e. Der Bereich zwischen den eckigen Klammern beschreibt den Wertebereich der Funktion. In unserem Beispiel wird der Wertebereich über eine (in einer Situation s) wahre oder falsche Aussage beschrieben. Also besteht der Wertebereich in der Menge $\{0, 1\}$ mit den Wahrheitswerten 0 und 1.

λ-Konversion: Statt $f_{schläft}$(Homer) können wir jetzt auch $(\lambda x : x \in D_e [x$ schläft (in s)])(Homer) schreiben. Auf den ersten Blick sieht das unnötig kompliziert aus, die λ-Notation hat aber einen großen Vorteil: Wenn die Funktion auf ein Argument wie Homer angewendet wird, erhalten wir den Wert der Funktion $f_{schläft}$ für das Argument Homer, indem wir innerhalb der eckigen Klammern die Variable x an allen (relevanten) Stellen durch Homer ersetzen und den Ausdruck $\lambda x : x \in D_e$ wegstreichen (da ja jetzt das relevante Argument abgearbeitet ist). Dieser Vorgang ist in der Semantik auch unter dem Begriff **λ-Konversion** geläufig. Als Ergebnis erhalten wir die Aussage [*Homer* schläft (in s)], die eben genau dann wahr ist, wenn Homer tatsächlich (in s) schläft. In unserem Beispiel wäre die Aussage natürlich falsch.

Multiple λ-Abstraktion: Wenden wir uns jetzt einem etwas komplexeren Fall zu, dem Verb *mögen* wie oben beschrieben. Als Denotation von *mögen* hatten wir folgende Funktion identifiziert: Diejenige Funktion f_{mag} von D_e nach $D_{<e, t>}$ mit $f_{mag}(y)(x) = 1$ gdw. x mag y (in s), für beliebige Individuen x und y und Situationen s. Gehen wir Schritt für Schritt vor. Die Funktion $f_{mag\,y}$ von D_e nach D_t mit $f_{mag\,y}(x) = 1$ gdw. x mag y (in s) können wir in ähnlicher Weise wie oben in λ-Notation als $\lambda x : x \in D_e [x$ mag y (in s)] darstellen. Diese Funktion ist vom logischen Typ $< e, t >$, also eine Funktion von Individuen in Wahrheitswerte. Damit ist sie aber ein möglicher Wert der von uns gesuchten Funktion f_{mag} und $\lambda x : x \in D_e [x$ mag y (in s)] beschreibt in korrekter Weise den Wertebereich von f_{mag} für beliebige $y \in D_e$. Wir können jetzt also die Funktion f_{mag} bilden, indem wir über die Variable y abstrahieren und zwischen Doppelpunkt und einer noch zu setzenden eckigen Klammer die Beschränkung festhalten, dass y aus D_e zu wählen ist. Als Resultat erhalten wir den Ausdruck $\lambda y : y \in D_e [\lambda x : x \in D_e [x$ mag y (in s)]].

Multiple λ-Konversion: Dieser Ausdruck entspricht vom Typ der gesuchten Funktion, er ist vom Typ $< e, < e, t > >$. Außerdem macht man sich schnell klar, dass dieser Ausdruck auch die Wahrheitsbedingungen korrekt beschreibt. Denn wenden wir diese Funktion zunächst auf das Individuum Homer an, dann erhalten wir den Ausdruck $(\lambda y : y \in D_e [\lambda x : x \in D_e [x$ mag y (in s)]])(Homer), der sich über λ-Konversion zu [$\lambda x : x \in D_e [x$ mag Homer (in s)] reduziert. Wenden wir diese Funktion wiederum auf Marge an, bilden also ([$\lambda x : x \in D_e [x$ mag Homer (in s)])(Marge), dann reduziert sich dieser Ausdruck wiederum zu der Aussage [Marge mag Homer (in s)], die eben genau dann wahr ist, wenn Marge Homer (in s) tatsächlich mag.

Nutzen der λ-Notation: Das Nützliche an der λ-Notation ist damit, dass wir an der Schreibweise sofort erkennen, wieviel Argumente eine Funktion zu sich nimmt, von welcher Art diese Argumente sind und in welcher Reihenfolge diese Argumente abzuarbeiten sind. Der letzte Punkt ist absolut essentiell für die Verknüpfung von syntaktischen Strukturen mit semantischen Interpretationen: Hätten wir zuerst über die Variable y und dann über die Variable x abstrahiert, dann wäre (bei gleicher Reihenfolge der Argumente) Homer als syntaktisches Subjekt und Marge als syntaktisches Objekt von *mögen* interpretiert worden.

3.3 | Mereologie

3.3.1 | Komplexe Gegenstände

In Kapitel II.2 wurde der Begriff der Referenz mit Bezug auf Eigennamen eingeführt: Eigennamen beziehen sich bzw. referieren direkt auf Gegenstände oder Individuen. Was ist aber mit pluralischen Ausdrücken wie z. B. *die Simpsons*? Referiert dieser Ausdruck ebenfalls? Und wenn ja, auf was? In der Pluralsemantik nimmt man im Allgemeinen an, dass pluralische Ausdrücke auf Gruppen von Gegenständen oder Individuen referieren, also gewissermaßen auf komplexe Gegenstände oder Individuen. Diese Idee lässt sich ebenfalls mit mathematischen Hilfsmitteln präzisieren: Nehmen wir wieder an, dass U unser Universum an (einfachen) Gegenständen bzw. Individuen bezeichnet. Sind nun a und b zwei beliebige Elemente aus U, dann können diese Gegenstände über eine **Gruppenbildungsfunktion** $\oplus$ zu einem neuen, komplexen Gegenstand $c = a \oplus b$ verknüpft werden.

Gruppenbildung: Darüber hinaus nehmen wir die Existenz einer Funktion * an, die jede Menge X (bestehend aus atomaren Individuen) auf die Menge X^* aller komplexen Individuen abbildet, die auf der Basis der Elemente von X gebildet werden können, also $X^* = \{x \mid$ es gibt $x_1, ..., x_n \in X$ mit $x = x_1 \oplus ... \oplus x_n\}$. Man beachte dabei, dass notwendig $X \subseteq X^*$ gilt, da für beliebige x die Gruppe $x \oplus x$ mit x identisch ist. Wenden wir die *-Funktion auf das Universum U an, dann erhalten wir ein erweitertes Universum U^*, das auch beliebige Gruppen von Objekten als Gegenstände beinhaltet. Möchten wir also zwischen einfachen und komplexen Gegenständen unterscheiden, dann ist unser Denotationsbereich D_e mit diesem erweiterten Universum U^* zu identifizieren. Die Gruppenbildung respektiert also (zumindest in diesem System) den logischen Typ sprachlicher Ausdrücke.

Halbverband: Was hat das nun mit **Mereologie**, also mit Teil-Ganzes-Relationen zu tun? Offenbar können wir das Individuum a umgekehrt auch als Teil der Gruppe $a \oplus b$ auffassen und auf diese Weise eine Teil-Ganzes-Relation $\leq$ auf jeder beliebigen Menge X^* von komplexen Individuen definieren: Ist $a \oplus b = c \in X^*$, dann ist $a \leq c$ und $b \leq c$. (Genaugenommen wird $\leq$ über folgende Bedingung definiert: $a \leq b$ gdw. $a \oplus b = b$, aber diese Definition ist vielleicht nicht ganz so eingängig.) Die resultierende Struktur ist eine partielle Ordnung auf der Menge X^*, die der Mathematiker einen **Halbverband** nennt. Dargestellt werden kann diese Struktur für drei Elemente schematisch wie folgt:

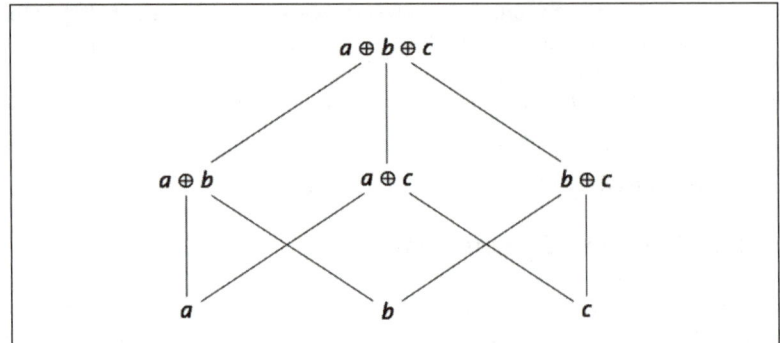

Pluralische Referenz: Kommen wir damit zu der eingangs gestellten Frage zurück, auf welchen Gegenstand die definite Nominalphrase *die Simpsons* referiert. Da die Familie Simpson aus Homer, Marge, Lisa, Bart und Maggie besteht, referiert die definite Nominalphrase offenbar auf das komplexe Individuum *Homer ⊕ Marge ⊕ Lisa ⊕ Bart ⊕ Maggie*, das wir als die Familie Simpson konzeptualisieren. Und jeder einzelne aus dieser Gruppe ist natürlich ein Familienmitglied (definierbar über ≤).

Bleibt die Frage, worin genau sich singularische und pluralische Nomen semantisch unterscheiden. Ausgangspunkt unserer Überlegungen war, dass ein Nomen wie *Frau* auf ein Konzept referiert, dessen Begriffsumfang über die Menge aller Frauen modelliert werden kann. Im Fall der Familie Simpson können wir den Begriffsumfang als die Menge {*Marge, Lisa, Maggie*} festlegen. Der Plural *Frauen* denotiert nun die Menge aller auf dieser Basis erzeugbaren Gruppen, also die Menge {*Marge, Lisa, Maggie, Marge ⊕ Lisa, Marge ⊕ Maggie, Lisa ⊕ Maggie, Marge ⊕ Lisa ⊕ Maggie*}. Diese Menge ist genauso wie ihr singularisches Gegenstück vom Typ $< e, t >$. Der definite Artikel *die* in *die Frauen* hat nun im Wesentlichen die Aufgabe, die maximale Gruppe aus dieser Menge auszuwählen. Folglich referiert die DP *die Frauen* auf die Gruppe *Marge ⊕ Lisa ⊕ Maggie*.

3.3.2 | Komplexe Propositionen

Dieser Ausflug in die Mereologie war durch zwei Überlegungen motiviert. Zum einen sollte skizziert werden, wie formale Methoden benutzt werden können, um Numerus-Unterschiede zu modellieren. Zum anderen sollten diese Überlegungen die Analyse komplexer Propositionen vorbereiten.

Gruppenbildung bei Propositionen: In Kapitel I.2 wurden Propositionen als die Referenzen von Sätzen eingeführt (und nicht etwa Wahrheitswerte, wie in der Tradition von Frege oftmals angenommen wird). In diesem Sinne sind Propositionen Gegenstände bzw. Individuen. Die Verknüpfung von Propositionen ist damit vergleichbar mit der Verknüpfung von Objekten wie im obigen Abschnitt. Um die Bildung komplexer Propositionen von der Gruppenbildung bei Personen auch sichtbar zu unterscheiden, führen wir hier zwei Operationen ⊔ und ⊓ ein, die – wie wir gleich sehen werden – in einem systematischen Zusammenhang mit den aussagenlogischen Junktoren stehen. Beide Operatoren verknüpfen zwei Propositionen p und q zu einer komplexen Proposition $p \sqcap q$, respektive $p \sqcup q$. Die Proposition $p \sqcup q$ ist die kleinste Proposition, die sowohl p als auch q als Teil enthält (das **Supremum** von p und q); die Proposition $p \sqcap q$ ist die größte Proposition, die sowohl Teil von p als auch von q ist (das **Infimum** von p und q). Die **Tautologie** $\top$ ist das *globale* Supremum und die **Kontradiktion** $\bot$ das *globale* Infimum.

Propositionen und Mengen möglicher Welten

Vertiefung

Diese Beschreibung mag zwar etwas abstrakt, dafür aber hoffentlich suggestiv sein, denn die Darstellung der Operatoren erinnert nicht zufällig an die der Vereinigung $\cup$ und der Schnittbildung $\cap$ von Mengen: Werden Propositionen als Mengen (z. B. möglicher Welten) aufgefasst, dann entspricht das Supremum zweier Propositionen p und q genau ihrer Vereinigungsmenge und ihr Infimum genau ihrer Schnittmenge. Die Tautologie ist dann identisch mit der Vereinigung über alle Propositionen (der Menge W aller möglichen Welten) und die Kontradiktion mit dem Schnitt über alle Propositionen (also der leeren Menge $\varnothing$).

Propositionale Negation: Neben diesen beiden binären Operatoren kann noch ein zentraler einstelliger Operator definiert werden, die Negation. Ist p eine beliebige Proposition, dann ist $\sim p$ ihre (propositionale) Negation und es gilt $p \sqcup \sim p = \top$ und $p \sqcap \sim p = \bot$. Eine solche Struktur mit Supremum, Infimum und Negation heißt auch **Boole'sche Algebra**.

3.3.3 | Komplexe Propositionen und Aussagenlogik

In den vorangegangenen Kapiteln sind Propositionen als Gegenstände eingeführt worden, auf die Sätze referieren. Als solche Referenzobjekte sind sie intensionaler Natur. Wahr oder falsch sind Propositionen nur in konkreten Situationen s. Wir schreiben dann für beliebige Propositionen p und Situationen s: $p(s) = 1$ bzw. $p(s) = 0$. Die Annahme, dass Sätze auf Propositionen referieren und nicht – wie Frege argumentiert hat – auf Wahrheitswerte, führt dazu, dass die Aussagenlogik (englisch *propositional logic*) nicht unmittelbar als Modell für Propositionen dienen kann. Da aber dennoch eine, wenn nicht die zentrale Eigenschaft von Propositionen ihre Wahrheitswertfähigkeit ist, besteht ein systematischer Zusammenhang zur Aussagenlogik, der hier zumindest angedeutet werden soll.

Komplexe Propositionen und komplexe Aussagen: Betrachten wir zunächst das Infimum $r = p \sqcap q$ zweier Propositionen p und q. Das Infimum r ist natürlich selbst wieder eine Proposition, die in einer gegebenen Situation s wahr oder falsch ist. Die Frage ist nun, wie sich die Wahrheit bzw. Falschheit von r in der Situation s aus der Wahrheit bzw. Falschheit der Propositionen p und q ergibt. Da r das Infimum von p und q ist, muss gelten, dass r in einer Situation s genau dann wahr ist, wenn in derselben Situation sowohl p als auch q wahr sind. In der Aussagenlogik existiert ein Junktor $\wedge$ (die *und*-Verknüpfung), der zwei Wahrheitswerte verknüpft und nur dann auf den Wahrheitswert 1 abbildet, wenn die beiden verknüpften Wahrheitswerte ebenfalls 1 sind. Da $p(s)$, $q(s)$ und $r(s)$ Wahrheitswerte repräsentieren, können die Wahrheitsbedingungen von $p \sqcap q$ elegant über den Junktor $\wedge$ beschrieben werden. Es gilt für beliebige Situationen s: $(p \sqcap q)(s) = 1$ gdw. $p(s) \wedge q(s) = 1$ gdw. $p(s) = q(s) = 1$. Analog gilt für das Supremum mit dem aussagenlogischen Junktor $\vee$ (die *oder*-Verknüpfung), der zwei Wahrheitswerte nur dann auf 0 abbildet, wenn beide falsch sind: $(p \sqcup q)(s) = 0$ gdw. $p(s) \vee q(s) = 0$ gdw. $p(s) = q(s) = 0$. Diese Art von Zusammenhang nennt der Mathematiker auch einen **Homomorphismus**.

Fehlt noch die propositionale Negation $\sim$. In der Aussagenlogik existiert nach Annahme eine Negation $\neg$, die einen Wahrheitswert auf sein Gegenteil abbildet, also den Wahrheitswert 1 auf 0, und den Wahrheitswert 0 auf 1. Auch hier ist der Zusammenhang zwischen der Negation $\sim$ auf Propositionen und der Negation $\neg$ auf Wahrheitswerten vergleichsweise einfach: Die Negation $\sim p$ einer Proposition p ist in einer beliebigen Situation s genau dann wahr, wenn p in s falsch ist: $(\sim p)(s) = 1$ gdw. $\neg(p(s)) = 1$ gdw. $p(s) = 0$.

Wahrheitswerttabellen: Die Definitionen der drei aussagenlogischen Junktoren werden häufig in Form von **Wahrheitswerttabellen** dargestellt (s. Abb. 5). In Wahrheitswerttabellen werden alle möglichen Kombinationen von Wahrheitswerten von $p(s)$ und $q(s)$ betrachtet und unter dem fraglichen Junktor der resultierende Wahrheitswert eingetragen. Wahrheitswerttabellen sind nicht nur ein geeignetes Hilfsmittel zur Dar-

$p(s)$	$\wedge$	$q(s)$		$p(s)$	$\vee$	$q(s)$		$p(s)$	$\neg p(s)$
1	1	1		1	1	1		1	0
1	0	0		1	1	0		0	1
0	0	1		0	1	1			
0	0	0		0	0	0			

Abb. 5: Wahrheitswerttabellen

stellung von Definitionen, mit ihnen können auch in der Aussagenlogik gebildete komplexe Formeln wie $(p \vee \neg p)$ dahingehend ausgewertet werden, ob sie eine Tautologie, eine Kontradiktion oder eine kontingente Aussage darstellen.

Das Konditional: Diejenigen Leser, die bereits etwas mit Aussagenlogik vertraut sind, werden an dieser Stelle einen weiteren zentralen Junktor vermissen, das Konditional $\rightarrow$ (oder auf Deutsch die *wenn-dann*-Verknüpfung). Grundsätzlich kann das Konditional bereits jetzt über die Negation und die Disjunktion $\vee$ dargestellt werden, denn für jede beliebige Situation s gilt, dass die konditionale Verknüpfung genau dann wahr wird, wenn entweder das Antezedens falsch oder das Konsequenz wahr ist, also $p(s) \rightarrow q(s) = 1$ gdw. $\neg p(s) \vee q(s) = 1$. Die entsprechende Wahrheitswerttabelle ist die folgende:

p(s)	$\to$	q(s)
1	1	1
1	0	0
0	1	1
0	1	0

Es ist natürlich auch möglich, auf der Basis des aussagenlogischen (**materialen**) Konditionals ein propositionales Konditional zu definieren mit $(p \Rightarrow q)(s) = 1$ gdw. $p(s) \to q(s) = 1$, für beliebige Situationen s und Propositionen p und q. Tatsächlich ist die Semantik des natürlich-sprachlichen Konditionals allerdings recht vertrackt (s. Kap. III.2.2), so dass diese Definition zunächst nicht mehr als eine vernünftige Arbeitshypothese sein kann. Für die Zwecke einer Einführung in die Semantik ist diese Modellierung jedoch durchaus ausreichend.

3.4 | Prädikate und Prädikatenlogik

Während mit der Aussagenlogik lediglich die Semantik von Satzverknüpfungen beschrieben werden kann, erlaubt die Prädikatenlogik eine strukturierte Darstellung semantischer Beziehungen auch innerhalb von einfachen Sätzen.

3.4.1 | Prädikat, Argument und Satz

Syntax: Zunächst ist festzuhalten, dass die Prädikatenlogik eine echte Erweiterung der Aussagenlogik darstellt, d. h. ebenfalls über die Konjunktion $\land$, die Disjunktion $\lor$ und die Negation $\neg$ zur Verknüpfung bzw. Modifikation von Sätzen verfügt. Einfache Sätze sind jedoch nicht direkt durch einzelne Konstanten wie p oder q repräsentiert, sondern werden in logische **Argumente** a, b, c, ... und **Prädikate** P, Q, R, ... gegliedert. Diese Gliederung entspricht (zumindest im verbalen Bereich) weitgehend der Gliederung in (finites) Vollverb und Ergänzungen. Prädikate werden nach ihrer Stelligkcit in einstellige, zweistellige, ..., n-stellige Prädikate unterschieden. Ist P ein n-stelliges Prädikat und sind a_1, ..., a_n genau n **Individuenkonstanten**, dann ist $P(a_1, ..., a_n)$ ein wohlgeformter Satz der Prädikatenlogik. Ein natürlich-sprachlicher Satz wie *Marge liebt Homer* kann damit in der Prädikatenlogik über den Ausdruck $L(m, h)$ dargestellt werden (vorausgesetzt das Lexikon der Prädikatenlogik beinhaltet nach Annahme die 2-stellige **Prädikatskonstante** L und die beiden Individuenkonstanten m und h).

Semantik: Interpretiert werden einstellige Prädikate durch Mengen von Individuen und mehrstellige Prädikate durch Mengen von Paaren, Tripeln bzw. n-Tupeln, je nach Stelligkeit des Prädikates. Die Interpretation von prädikatenlogischen Strukturen ist damit immer auf ein Universum U zu beziehen, das Referenten für die Individuenkonstanten zur Verfügung stellt. Nehmen wir an, dass Homer und Marge Elemente von U sind, dann kann festgelegt werden, dass m auf Marge und h auf Homer referiert. Individuenkonstanten funktionieren also gewissermaßen wie Namen: Sie sind (nach der definitorischen Taufe) ein für allemal mit ihrem Träger verbunden. Die Interpretation der Prädikatskonstante L erfolgt in naheliegender Weise über die Menge aller Paare $< x, y >$ für die gilt, dass x y liebt, also über die Menge von Paaren $\{ < x, y > \mid x \in U, y \in U$ und x liebt $y\}$. Der Satz $L(m, h)$ ist unter diesen Annahmen genau dann wahr, wenn das geordnete Paar $<$ Marge, Homer $>$ bestehend aus der Interpretation von m und der Interpretation von h Element der Interpretation von L ist.

3.4.2 | Variablen, Quantoren und Bindung

Variablen: Eine zentrale Eigenschaft der Prädikatenlogik ist, dass sie nicht nur Namen für Individuen bereitstellt, sondern auch **Variablen** x, y, z, die syntaktisch analog zu Individuenkonstanten zu behandeln sind, also mögliche Argumente für Prädikate darstellen. Variablen wie x, y, z haben wir in den oberen Abschnitten schon diverse Male mehr oder weniger intuitiv benutzt, ohne sie klar zu definieren. Variablen sind Indefinita in natürlichen Sprachen wie z. B. *ein Mann* recht ähnlich, vgl. etwa den Satz *Kommt ein Mann in eine Bar*: Man kann sich mit ein und demselben Ausdruck x in unterschiedlichen Kontexten auf unterschiedliche Individuen beziehen, und meist bleibt dabei unklar, auf welches Individuum man eigentlich konkret referieren möchte. Ersetzt man nun in dem Satz $L(m, h)$ die Individuenkonstante h durch die Variable x, dann ist das Resultat $L(m, x)$ nicht ohne Weiteres als wahr oder falsch bewertbar, da nicht klar ist, auf wen sich x bezieht. (Das ist nicht anders, wie wenn man jemanden fragen würde: *Was ist denn das Ergebnis von 2 + x?* Diese Frage ist auch nur zu beantworten, wenn man einen konkreten Wert für x angibt.) Ausdrücke dieser Art heißen daher auch nicht Sätze, sondern **Formeln** oder **offene Propositionen**.

Freie und gebundene Variablen: Welche Möglichkeiten gibt es nun, die Interpretation von Variablen in der Prädikatenlogik festzulegen? Im Wesentlichen zwei. Entweder wird die Variable x über eine sogenannte **Zuordnungsfunktion** oder auch **Variablenfunktion** g interpretiert, die jede Variable der PL auf ein Individuum in U abbildet und ihr damit eine Interpretation zuweist. Wählen wir also z. B. eine Variablenfunktion g mit $g(x)$ = Homer, dann ist die Formel $L(m, x)$ relativ zu dieser Funktion g genau dann wahr, wenn Marge Homer liebt. Diese Zuordnungsfunktionen sind ihrerseits variabel und können systematisch an einzelnen Argumentstellen modifiziert werden. So wird mit $g[x \mapsto \text{Homer}]$ diejenige Variablenfunktion g' bezeichnet, die mit g in allen Argumenten identisch ist, mit der einzigen Ausnahme, dass sie die Variable x durch Homer interpretiert.

Oder die Variable wird durch einen **Operator** gebunden. Die klassische Prädikatenlogik erster Stufe stellt zwei Quantoren zur Verfügung, den **Allquantor** $\forall$ und den **Existenzquantor** $\exists$: Ist $\Phi(x)$ eine Formel, in der die Variable x **frei** vorkommt (also nicht bereits durch einen Operator gebunden wurde), dann sind $\forall x.\Phi(x)$ und $\exists x.\Phi(x)$ wohlgeformte Formeln der

Prädikatenlogik. Syntaktisch wird jeder Quantor also durch eine Variable begleitet, die deutlich macht, welche Variable in der folgenden Formel nun als durch den Quantor **gebunden** aufzufassen ist. Die Formel $\Phi(x)$ heißt auch der **Skopus** (Wirkungsbereich) des fraglichen Quantors.

All- und Existenzquantor: Semantisch werden All- und Existenzquantor in naheliegender Weise definiert: Eine gegebene Formel $\forall x.\Phi(x)$ ist genau dann wahr, wenn die Formel $\Phi(x)$ für *jede* mögliche Interpretation der Variable x durch ein u $\in U$ wahr ist. Und die Formel $\exists x.\Phi(x)$ ist genau dann wahr, wenn die Formel $\Phi(x)$ für *mindestens eine* mögliche Interpretation der Variable x durch ein u $\in U$ wahr ist. (Genaugenommen vermittelt auch hier eine Variablenfunktion g, die systematisch an ihrem Argument x modifiziert wird und den gesamten Wertebereich U durchläuft, um Zeugen für die Formel zu finden, aber für unsere Zwecke reicht die vereinfachte Formulierung.)

In unserem Beispiel kann also die Variable x in der Formel $L(m, x)$ durch den Existenzquantor gebunden werden und wir erhalten die Formel $\exists x.L(m, x)$, die genau dann wahr ist, wenn es mindestens eine Interpretation von x gibt, so dass die Formel $L(m, x)$ wahr wird. Mit anderen Worten ist die Formel $\exists x.L(m, x)$ genau dann wahr, wenn Marge jemanden liebt und damit eine adäquate semantische Repräsentation für den Satz *Marge liebt jemanden* oder auch *es gibt jemanden, den Marge liebt*.

Skopusambiguitäten: Ersetzen wir auch noch die Konstante m durch die Variable y in $L(m, x)$, dann erhalten wir die Formel $L(y, x)$, in der gleich zwei Variablen frei sind, also auch zwei Variablen gebunden werden können. Binden wir zunächst die Variable x wie oben durch den Existenzquantor, dann erhalten wir die Formel $\exists x.L(y, x)$. Binden wir dann die Variable y durch den Allquantor, erhalten wir den Satz $\forall y.\exists x.L(y, x)$, der genau dann wahr ist, wenn es für jede mögliche Interpretation von y durch ein u $\in U$ mindestens eine mögliche Interpretation von x durch ein v $\in U$ gibt, so dass die Formel $L(y, x)$ wahr wird. Dies ist die semantische Interpretation des Satzes *jeder liebt jemanden* (in seiner naheliegenden Lesart). Hier ist der Existenzquantor im Skopus des Allquantors.

Kehren wir die Reihenfolge der Bindung der Variablen um, dann erhalten wir den Satz $\exists x.\forall y.L(y, x)$, bei dem der Allquantor im Skopus des Existenzquantors ist und der genau dann wahr ist, wenn für *mindestens eine* mögliche Interpretation von x durch ein v $\in U$ für *jede* mögliche Interpretation von y durch ein v $\in U$ gilt, dass die Formel $L(y, x)$ wahr wird. Dies ist die präferierte semantische Interpretation eines Satzes wie *einen liebt jeder*, der allerdings in einer etwas weniger naheliegenden Lesart auch die andere Interpretation zulässt.

Eine wichtige Funktion prädikatenlogischer Analysen ist damit die desambiguierende Darstellung der verschiedenen Lesarten ambiger, also mehrdeutiger natürlich-sprachlicher Sätze.

3.4.3 | Erweiterungen der Prädikatenlogik

An dieser Stelle sollen noch drei naheliegende Erweiterungen der Prädikatenlogik ins Spiel gebracht werden, die für die Modellierung natürlicher Sprachen erforderlich sind: Erstens die Annahme von Modifikation, zweitens die Annahme von Prädikatsvariablen und drittens die Integration der λ-Notation in eine Form der Prädikatenlogik.

Modifikation: Im Rahmen der Prädikatenlogik erster Stufe können in präziser Weise einfache Prädikationen wie *Homer ist verheiratet* oder *Lisa ist unruhig* dargestellt werden. Adjektive wie *unruhig* können nun aber nicht nur prädikativ, sondern auch adverbial verwendet werden. So charakterisiert *unruhig* in dem Satz *Lisa schläft unruhig* nicht den Gemütszustand von Lisa, sondern die Art ihres Schlafens. Die prädikatenlogische Darstellung $S(l) \land U(l)$ repräsentiert jedoch nur die prädikative Lesart, in der von Lisa die Eigenschaft des Unruhigseins ausgesagt wird. In der adverbialen Lesart wird dagegen der verbale Vorgang näher bestimmt und folglich wäre eine Repräsentation der Art $(U(S))(l)$ adäquater. Für diese Darstellung ist jedoch die Einführung von **modifizierenden Ausdrücken**, also Ausdrücken des Typenformats $< \tau, \tau >$ erforderlich: Ist S ein Prädikat vom Typ $< e, t >$ und U ein modifizierender Ausdruck vom Typ $< < e, t >, < e, t > >$, dann ist $U(S)$ ein modifiziertes Prädikat vom Typ $< e, t >$, das wieder von Lisa ausgesagt werden kann. Modifikationen sind also typerhaltend und beinhalten eine Form der Prädikation höherer Ordnung.

Variablen für Prädikate: Wenn wir den Satz *Jeder hat eine Eigenschaft (an sich), die er nicht mag* in die Prädikatenlogik übersetzen wollen, dann stoßen wir mit den Mitteln der Prädikatenlogik erster Stufe erneut sehr schnell an unsere Grenzen. Denn ist x ein beliebiges Individuum, dann können wir bisher von x nur konkrete Eigenschaften P, Q oder R aussagen, wir können aber nicht über Eigenschaften quantifizieren. Genau das ist hier aber erforderlich, da ja mit der Wahl von x im Allgemeinen auch die Art der Eigenschaft variieren wird. Wir werden also, wie auf der Ebene der Individuen, sowohl Prädikatskonstanten P, Q und R wie auch **Prädikatsvariablen** X, Y, und Z annehmen (und den Definitions- und Wertebereich der Variablenfunktion g entsprechend anpassen) müssen. Ist X als Variable eingeführt, können wir den Satz (in etwa) über die Formel $\forall x. (P(x) \to \exists X. (X(x) \land \neg M(x, X)))$ darstellen.

Integration der λ-Notation: Werden Variablen unterschiedlichen Typs typographisch unterschieden, dann wird in der Regel auf eine explizite Angabe des Denotationsbereichs verzichtet. Derartige Konventionen und die Kompaktheit der Prädikatenlogik erlauben eine transparente Darstellung von λ-Ausdrücken unter der Voraussetzung, dass die Prädikatenlogik durch die λ-Notation erweitert wird: Ist $\Phi(x)$ eine Formel der (erweiterten) PL vom Typ τ mit der freien Variablen x vom Typ σ, dann ist $\lambda x. \Phi(x)$ eine Formel der Prädikatenlogik vom Typ $< \sigma, \tau >$. Dabei bezeichnet $\lambda x. \Phi(x)$ diejenige Funktion D_σ nach D_τ, die jedes $u \in D_\sigma$ auf den Wert von $\Phi(x)$ unter u abbildet. Die obige Funktion $\lambda y : y \in D_e$ [$\lambda x : x \in D_e$ [x mag y (in s)]] für das Verb *mögen* kann damit in der (erweiterten) Prädikatenlogik prägnant durch $\lambda y \lambda x. M(x, y)$ dargestellt werden.

Wer sich allgemein für (naive) Mengenlehre interessiert und wie darauf aufbauend Relationen, Funktionen und Zahlbereiche definiert werden, dem sei die Einführung von Ebbinghaus (2003) ans Herz gelegt. Einen Überblick über mathematische Methoden in der Sprachwissenschaft findet man in Partee et al. (1990). Generell findet man die wesentlichen Aspekte formaler Methoden aber in allen formal orientierten Einführungen in die Semantik, darunter z. B. Lohnstein (2011) oder Zimmermann (2014). Unter den englischsprachigen Einführungen verfolgt Gamut (1991a, 1991b) eine vergleichsweise eng an der mathematischen Logik orientierte Darstellung. In Heim/Kratzer (1998) dagegen erfolgt die Darstellung vor allem aus linguistischer Perspektive. Eine Zwischenstellung nimmt die empfehlenswerte Einführung von Zimmermann/Sternefeld (2013) ein.

Weiterführende Literatur zu Kapitel IV.3

Übungen

1. Angenommen der Individuenbereich U besteht aus den folgenden Personen der Patchwork-Familie Schneider-Öztürk aus der Fernsehserie *Türkisch für Anfänger*: Doris, Lena und Nils Schneider sowie Metin, Cem und Yagmur Öztürk. Beschreiben Sie durch Aufzählung den Begriffsumfang S der Nominalphrase *Familie Schneider* und den Begriffsumfang $Ö$ der Nominalphrase *Familie Öztürk*. Worin besteht deren Vereinigungsmenge, worin deren Schnittmenge?

2. Wie sieht die charakteristische Funktion f_S aus, die mit dem Begriffsumfang S der Nominalphrase *Familie Schneider* korrespondiert. Von welchem Typ ist diese Funktion?

3. Für viele Zwecke ist auch der Begriff der **Potenzmenge** $\text{Pot}(X)$ einer Menge X wichtig, die als die Menge aller Teilmengen von X definiert ist. Bestimmen Sie die Potenzmenge $\text{Pot}(S)$ des Begriffsumfangs S der Nominalphrase *Familie Schneider*.

4. Worauf referiert unter den Annahmen von Aufgabe 1 die definite Nominalphrase *die Familie Schneider* und die definite Nominalphrase *die Familie Öztürk*? Worauf referiert (vermutlich) deren Konjunktion *die Familie Schneider und die Familie Öztürk*?

5. Angenommen Doris Schneider und Metin Öztürk heiraten. (Und zwar nur die beiden.) Wie sieht dann der Begriffsumfang des transitiven Prädikats *heiratet* aus, aufgefasst als Mengen von geordneten Paaren? Wie kann das Prädikat *heiraten* in λ-Notation dargestellt werden und welche Funktion wird durch dieses Prädikat bezeichnet. Geben Sie die Funktion in allgemeiner Darstellung an und (wenn Sie eine kleine Herausforderung suchen) in Matrizenschreibweise unter Annahme des Universums aus Aufgabe 1.

V Anhang

1 Literaturverzeichnis

Berlin, Brent/Kay, Paul (1969): Basic Color Terms. Their Universality and Evolution. Berkeley.

Carnap, Rudolf (1956²): Meaning and Necessity: A Study in Semantics and Modal Logic. Chicago/London (Erstauflage 1947).

Davidson, Donald (1980): The logical form of action sentences. In: Donald Davidson: Actions and Events. Oxford, 105–122.

Dowty, David (1979): Word Meaning and Montague Grammar. Dordrecht.

Frege, Gottlob (2008): Funktion, Begriff, Bedeutung. Fünf logische Studien. Göttingen.

Grice, Paul (1957): Meaning. In: The Philosophical Review 66, 377–388 (Abdruck in: Grice: Studies in the Way of Words. Cambridge, Mass. 1989, 213–223; Dt. Übersetzung: Intendieren, Meinen, Bedeuten. In: Georg Meggle (Hg.): Handlung, Kommunikation, Bedeutung. Frankfurt a. M. 1979, 2–15).

Kaplan, David (1989a): Demonstratives. In: Joseph Almog et al. (Hg.): Themes from Kaplan. Oxford, 481–563.

Kripke, Saul A. (1980): Naming and Necessity. Oxford (Dt. Übersetzung: Name und Notwendigkeit. Frankfurt a. M. 2014⁴).

Lakoff, George/Johnson, Mark (1980): Metaphors we Live by. Chicago (Dt. Übersetzung: Leben in Metaphern: Konstruktion und Gebrauch von Sprachbildern. Heidelberg 2014⁸).

Langacker, Ronald W. (1987): Foundations of Cognitive Grammar 1: Theoretical Prerequisites. Stanford.

Lewis, David (1970): General semantics. In: Synthese 22, 18–67.

Montague, Richard (1974): Formal Philosophy: Selected Papers of Richard Montague. New Haven/London.

Rosch, Eleanor (1978): Principles of categorization. In: Eleanor Rosch/Barbara L. Lloyd (Hg.): Cognition and Categorization. Hillsdale, NJ, 27–48.

Russell, Bertrand (1905): On denoting. In: Mind 14, 479–493 (Dt. Übersetzung: Über das Kennzeichen. In: Russell: Philosophische und politische Aufsätze. Stuttgart 1971, 3–22).

Stalnaker, Robert C. (1978): Assertion. In: Peter Cole (Hg.): Pragmatics. New York, 315–332.

Talmy, Leonard (2000): Toward a Cognitive Semantics. Cambridge, Mass.

Tarski, Alfred (1944): The semantic conception of truth and the foundations of semantics. In: Philosophy and Phenomenological Research 4, 341–376.

Vendler, Zeno (1957): Verbs and times. In: The Philosophical Review 66, 143–160.

Grundlegende Literatur und Klassiker

Cruse, Alan (1986): Lexical Semantics. Cambridge.

Cruse, Alan (2011³): Meaning in Language: An Introduction to Semantics and Pragmatics. Oxford.

Gamut, L. T. F. (1991): Logic, Language, and Meaning. 2 Bde. Chicago/London.

Goddard, Cliff (1998): Semantic Analysis. Oxford.

Heim, Irene/Kratzer, Angelika (1998): Semantics in Generative Grammar. Oxford.

Larson, Richard/Segal, Gabriel (1995): Knowledge of Meaning. An Introduction to Semantic Theory. Cambridge, Mass.

Löbner, Sebastian (2015²): Semantik. Eine Einführung. Berlin/New York.

Lohnstein, Horst (2011²): Formale Semantik und natürliche Sprache. Berlin/New York.

Murphy, M. Lynne (2010): Lexical Meaning. Cambridge.

Portner, Paul (2005): What is Meaning? Fundamentals of Formal Semantics. Malden et al.

Zimmermann, Thomas Ede (2014): Einführung in die Semantik. Darmstadt.

Zimmermann, Thomas Ede/Sternefeld, Wolfgang (2013): Introduction to Semantics. An Essential Guide to the Composition of Meaning. Berlin/Boston.

Einführungen

Geeraerts, Dirk (Hg.) (2006): Cognitive Linguistics. Basic Readings. Berlin/New York.

Geeraerts, Dirk/Cuyckens, Hubert (Hg.) (2007): The Oxford Handbook of Cognitive Linguistics. Oxford/New York.

Handbücher

Maienborn, Claudia/Heusinger, Klaus von/Portner, Paul (Hg.) (2011–2012): Semantics: An International Handbook of Natural Language Meaning. 3 Bde. (Bd. 1 und 2 2011, Bd. 3 2012). Berlin/New York.

Riemer, Nick (Hg.) (2016): The Routledge Handbook of Semantics. London.

Stechow, Arnim von/Wunderlich, Dieter (Hg.) (1991): Semantik. Ein internationales Handbuch zeitgenössischer Forschung. Berlin.

Zitierte Literatur

Almog, Joseph/Perry, John/Wettstein, Howard (Hg.) (1989): Themes from Kaplan. Oxford.

Altmann, Hans (1987): Zur Problematik der Konstitution von Satzmodi als Formtypen. In: Meibauer (1987), 22–56.

Altmann, Hans (1993): Satzmodus. In: Jacobs et al. (1993), 1006–1027.

Asher, Nicholas/Lascarides, Alex (Hg.) (2003): Logics of Conversation. Cambridge.

Autenrieth, Tanja (2002): Heterosemie und Grammatikalisierung bei Modalpartikeln. Eine synchrone und diachrone Studie anhand von ›eben‹, ›halt‹, ›e(cher)t‹, ›einfach‹, ›schlicht‹ und ›glatt‹. Tübingen.

d'Avis, Franz-Josef (2001): Über ›w-Exklamativsätze‹ im Deutschen. Tübingen.

Bach, Emmon (1981): On time, tense, and aspects: An essay in English metaphysics. In: Peter Cole (Hg.): Radical Pragmatics. New York, 63–81.

Bach, Emmon (1986): The algebra of events. In: Linguistics and Philosophy 9, 5–16.

Baker, Carl L. (1968): Indirect Questions in English. PhD thesis, University Urbana, Illinois.

Barsalou, Laurence W. (1987): The instability of graded structure: Implications for the nature of concepts. In: Ulric Neisser (Hg.): Concepts and Conceptual Development. Cambridge.

Barsalou, Laurence W. (1992): Frames, concepts, and conceptual fields. In: Adrienne Lehrer/Eva F. Kittay (Hg.): Frames, Fields, and Contrasts. Hillsdale, NJ, 21–74.

Barsalou, Laurence W. (1999): Perceptual symbol systems. In: Behavioral and Brain Sciences 22, 577–660.

Barwise, Jon/Cooper, Robin (1981): Generalized quantifiers and natural language. In: Linguistics and Philosophy 4, 159–219.

Barwise, Jon/Perry, John (1983): Situations and Attitudes. Cambridge.

Beaver, David Ian/Clark, Brady (2008): Sense and Sensitivity: How Focus Determines Meaning. Oxford.

Bech, Gunnar (1983²): Studien über das deutsche Verbum infinitum. Tübingen. Erstausgabe 1955/1957.

Bech, Gunnar/Sten, Holger (1949): Das semantische System der deutschen Modalverben. Travaux du Cercle Linguistique de Copenhague, Lingvistikredsen København, Bd. 4. Kopenhagen.

Beck, Sigrid (2011): Comparison constructions. In: Maienborn et al. (2011), Bd. 2, 1341–1389.

Berlin, Brent (1992): Ethnobiological Classification. Principles of Categorization of Plants and Animals in Traditional Societies. Princeton, NJ.

Berlin, Brent/Breedlove, Dennis E./Raven, Peter H. (1973): General principles of classification and nomenclature in folk biology. In: American Anthropologist 75, 214–242.

Berlin, Brent/Kay, Paul (1969): Basic Color Terms. Their Universality and Evolution. Berkeley.

Bierwisch, Manfred (1980): Semantic structure and illocutionary force. In: John R. Searle/Ferenc Kiefer/Manfred Bierwisch (Hg.): Speech Act Theory and Pragmatics. Dordrecht, 1–35.

Bierwisch, Manfred (1983): Semantische und konzeptuelle Repräsentation lexikalischer Einheiten. In: Ruzicka/Motsch (1983), 61–99.

Bierwisch, Manfred/Lang, Ewald (Hg.) (1989): Dimensional Adjectives. Berlin.

Brandt, Margaret/Reis, Marga/Rosengren, Inger/Zimmermann, Ilse (1992): Satztyp, Satzmodus und Illokution. In: Inger Rosengren (Hg.): Satz und Illokution. Bd. 1. Tübingen, 1–90.

Braun, David (2008): Complex demonstratives and their singular contents. In: Linguistics and Philosophy 31, 57–99.

Brown, Keith (Hg.) (2006): Encyclopedia of Language and Linguistics. Amsterdam.

Brown, Roger (1958): How shall a thing be called? In: Psychological Review 65, 14–21.

Brugmann, Claudia/Lakoff, George (1988): Cognitive typology and lexical networks. In: Steven L. Small/Garrison W. Cottrell/Michael K. Tanenhaus (Hg.): Lexical Ambiguity Resolution: Perspectives from Psycholinguistics, Neuropsychology, and Artifical Intelligence. San Mateo, CA., 477–508 (Wiederabdruck in Geeraerts (2006), 109–139).

Burge, Tyler (1973): Reference and proper names. In: Journal of Philosophy 70, 553–576.

Busse, Dietrich (2012): Frame-Semantik. Ein Kompendium. Berlin.

Carlson, Gregory N. (1977): A unified analysis of the English bare plural. In: Linguistics and Philosophy 1, 413–458.

Carlson, Gregory N. (1980): Reference to kinds in English. New York.

Carnap, Rudolf (1956²): Meaning and Necessity: A Study in Semantics and Modal Logic. Chicago/London. Erstauflage 1947.

Chomsky, Noam (1977): On WH-movement. In: Peter W. Culicover/Thomas Wasow/Adrian Akmajian (Hg.): Formal Syntax. New York, 71–132.

Ciardelli, Ivano/Groenendijk, Jeroen/Roelofsen, Floris (2013): Inquisitive semantics: A new notion of meaning. In: Language and Linguistics Compass 7, 459–476.

Cleland, Carol (1991): On the individuation of events. In: Synthese 86, 229–254.

Coniglio, Marco (2011): Die Syntax der deutschen Modalpartikeln: Ihre Distribution und Lizenzierung in Haupt- und Nebensätzen. Berlin.

Croft, William/Cruse, Alan (2004): Cognitive Linguistics. Cambridge.

Cruse, Alan (1986): Lexical Semantics. Cambridge.

Cruse, Alan (2011³): Meaning in Language: An Introduction to Semantics and Pragmatics. Oxford.

Davidson, Donald (1980): The logical form of action sentences. In: Donald Davidson: Actions and Events. Oxford, 105–122.

Davis, Anthony (2011): Thematic roles. In: Maienborn et al. (2011), Bd. 1, 399–424.

Devitt, Michael/Sterelny, Kim (1999²): Language and Reality. Cambridge, Mass.

Dirscherl, Fabian/Pafel, Jürgen (2015): Die vier Arten der Rede- und Gedankendarstellung: Zwischen Zitieren und Referieren. In: Linguistische Berichte 241, 3–47.

Dowty, David (1979): Word Meaning and Montague Grammar. Dordrecht.

Dowty, David (1991): Thematic proto-roles and argument selection. In: Language 67, 547–619.

Dowty, David R./Wall, Robert E./Peters, Stanley (1981): Introduction to Montague Semantics. Dordrecht.

Duden-Grammatik (2009⁸) = Dudenredaktion (Hg.): Duden. Die Grammatik. Mannheim 2009⁸.

Ebbinghaus, Heinz-Dieter (2003⁴): Einführung in die Mengenlehre. Heidelberg/Berlin.

Eckardt, Regine (1998): Adverbs, Events, and other Things: Issues in the Semantics of Manner Adverbs. Tübingen.

Eggs, Friederike (2009): Adjunktor. In: Hoffmann (2009), 189–222.

Elbourne, Paul (2008): Demonstratives as individual concepts. In: Linguistics and Philosophy 31, 409–466.

Elbourne, Paul (2013): Definite Descriptions. Oxford.

Engelberg, Stefan (2000): Verben, Ereignisse und das Lexikon. Tübingen.

Engelberg, Stefan (2005): Kimian states and the grammar of predicative adjectives. In: Theoretical Linguistics 31, 331–347.

Engelberg, Stefan (2011): Frameworks of lexical decomposition of verbs. In: Maienborn et al. (2011), Bd. 1, 358–399.

Erdmann, Karl Otto (1900): Die Bedeutung des Wortes: Aufsätze aus dem Grenzgebiet der Sprachpsychologie und Logik. Leipzig.

Evans, Gareth (1973): The causal theory of names. In: Aristotelian Society, Supplementary Volume 47, 187–208 (Abdruck in: Evans: Collected Papers. Oxford 1985, 1–24).

Evans, Gareth (1982): The Varieties of Reference. Oxford.

Evans, Vyvyan/Green, Melanie C. (2006): Cognitive Linguistics: An Introduction. Edinburgh.

Falkenberg, Gabriel (1998): Sinn, Bedeutung, Intensionalität. Der Fregesche Weg. Tübingen.

Fara, Delia Graff (2000): Shifting sands: An interest-relative theory of vagueness. In: Philosophical Topics 28, 45–81.

Fara, Delia Graff (2015): Names are predicates. In: Philosophical Review 124, 59–117.

Fauconnier, Gilles (2007): Mental spaces. In: Geeraerts/Cuyckens (2007), 351–376.

Fauconnier, Gilles/Turner, Mark (2008): Rethinking metaphor. In: Gibbs (2008), 53–66.

Fillmore, Charles (1968). The case for case. In: Emmon Bach/Robert Harms (Hg.): Universals in Linguistic Theory. New York, 1–88.

Fillmore, Charles/Baker, Collin (2010): A frames approach to semantics analysis. In: Heine/Narrog (2010), 313–340.

Finkbeiner, Rita/Meibauer, Jörg (Hg.) (2016): Satztypen und Konstruktionen. Berlin/Boston.

Fintel, Kai von/Heim, Irene (2011): Intensional Semantics. Manuskript. Cambridge, MIT.

Fodor, Janet D./Sag, Ivan A. (1982): Referential and quantificational indefinites. In: Linguistics and Philosophy 5, 355–398.

Fodor, Jerry A. (1970): Three reasons for not deriving ›kill‹ from ›cause to die‹. In: Linguistic Inquiry 1, 429–438.

Frege, Gottlob (1879): Begriffsschrift, eine der arithmetischen nachgebildete Formelsprache des reinen Denkens. Halle a. S. (Abdruck in: Frege: Begriffsschrift und andere Aufsätze. Hildesheim 2007[2]).

Frege, Gottlob (1884): Die Grundlagen der Arithmetik. Eine logisch mathematische Untersuchung über den Begriff der Zahl. Breslau. Nachdruck: Stuttgart 2011.

Frege, Gottlob (1891a): Funktion und Begriff. Jena: Pohle (Abdruck in: Frege (2008), 2–22; sowie in: Frege: Kleine Schriften. Hildesheim1990[2], 125–142).

Frege, Gottlob (1891b). Brief an Husserl (24.5.). In: Frege: Nachgelassene Schriften und wissenschaftlicher Briefwechsel, Teil 1. Hamburg 1983, 94–98.

Frege, Gottlob (1892a): Über Sinn und Bedeutung. In: Zeitschrift für Philosophie und philosophische Kritik 100, 25–50 (Abdruck in: Frege (2008), 23–46; sowie in: Frege: Kleine Schriften. Hildesheim 1990[2], 143–162).

Frege, Gottlob (1892b): Über Begriff und Gegenstand. In: Vierteljahreszeitschrift für wissenschaftliche Philosophie 16, 192–205 (Abdruck in: Frege (2008), 47–60; sowie in: Frege: Kleine Schriften. Hildesheim 1990[2], 167–178).

Frege, Gottlob (1918): Der Gedanke. Eine logische Untersuchung. In: Beiträge zur Philosophie des Deutschen Idealismus 1, 58–77 (Abdruck in: Frege (2003[3]), 35–62; sowie in: Künne (2010), 87–112).

Frege, Gottlob (2003[3]): Logische Untersuchungen. Göttingen.

Frege, Gottlob (2008): Funktion, Begriff, Bedeutung. Fünf logische Studien. Göttingen.

Gamerschlag, Thomas/Gerland, Doris/Osswald, Rainer/Petersen, Wiebke (Hg.) (2014): Frames and Concept Types: Applications in Language and Philosophy. Cham et al.

Gamut, L. T. F. (1991): Logic, Language, and Meaning. 2 Bde. Chicago/London.

Gärtner, Hans-Martin (2002): On the force of V2 declaratives. In: Theoretical Linguistics 28, 33–42.

Gawron, Jean-Mark (2011): Frame semantics. In: Maienborn et al. (2011), Bd. 1, 664–687.

Geach, Peter Thomas (1980[3]): Reference and Generality. An Examination of some Medieval and Modern Theories. Ithaca/London.

Geeraerts, Dirk (Hg.) (2006): Cognitive Linguistics. Basic Readings. Berlin/New York.

Geeraerts, Dirk/Cuyckens, Hubert (Hg.) (2007): The Oxford Handbook of Cognitive Linguistics. Oxford/New York.

Giannakidou, Anastasia (2011): Negative and positive polarity items. In: Maienborn et al. (2011), Bd. 2, 1660–1712.

Gibbs, Raymond (Hg.) (2008): The Cambridge Handbook of Metaphor and Thought. Cambridge.

Ginzburg, Jonathan (2011a): Situation semantics and the ontology of natural language. In: Maienborn et al. (2011), Bd. 1, 830–851.

Ginzburg, Jonathan (2011b): Situation semantics: From indexicality to metacommunicative interaction. In: Maienborn et al. (2011), Bd. 1, 852–872.

Goddard, Cliff (1998): Semantic Analysis. Oxford.

Goddard, Cliff (2010): The natural semantic metalanguage approach. In: Heine/Narrog (2010), 459–484.

Goldberg, Adele E. (1995): Constructions: A Construction Grammar Approach to Argument Structure. Chicago/London.

Grady, Joseph (2007): Metaphor. In: Geeraerts/Cuyckens (2007), 188–213.

Grady, Joseph/Todd Oakley/Seana Coulson (1999): Blending and Metaphor. In: Raymond W. Gibbs/Gerard J. Steen (Hg.): Metaphor in Cognitive Linguistics. Amsterdam, 101–124.

Gray, Aidan (2014): Name-bearing, reference, and circularity. In: Philosophical Studies 171, 207–231.

Grice, Paul (1957): Meaning. In: The Philosophical Review 66, 377–388 (Abdruck in: Grice: Studies in the Way of Words. Cambridge, Mass. 1989, 213–223; Dt. Übersetzung: Intendieren, Meinen, Bedeuten. In: Georg Meggle (Hg.): Handlung, Kommunikation, Bedeutung. Frankfurt a. M. 1979, 2–15).

Grice, Paul (1989): Studies in the Way of Words. Cambridge, Mass.

Groenendijk, Jeroen/Stokhof, Martin (1982): Semantic analysis of wh-complements. In: Linguistics and Philosophy 5, 175–233.

Groenendijk, Jeroen/Stokhof, Martin (1984): Studies on the Semantics of Questions and the Pragmatics of Answers. PhD thesis, University of Amsterdam.

Haas-Spohn, Ulrike (1989): Zur Interpretation der Einstellungszuschreibungen. In: Gabriel Falkenberg (Hg.): Wissen, Wahrnehmen, Glauben. Epistemische Ausdrücke und propositionale Einstellungen. Tübingen, 50–94.

Hamblin, Charles L. (1973): Questions in Montague English. In: Foundations of Language 10, 41–53.

Hamburger, Käte (1994[4]): Logik der Dichtung. Stuttgart.

Hawkins, John A. (1978): Definiteness and Indefiniteness: A Study in Reference and Grammaticality Prediction. London.

Heim, Irene (1982): The Semantics of Definite and Indefinite Noun Phrases. PhD thesis, University of Massachusetts, Amherst.

Heim, Irene (1991): Artikel und Definitheit. In: Stechow/Wunderlich (1991), 487–535.

Heim, Irene (1999): Notes on Superlatives. Manuskript, MIT.

Heim, Irene (2011): Definiteness and indefiniteness. In: Maienborn et al. (2011), Bd. 2, 996–1025.

Heim, Irene/Kratzer, Angelika (1998): Semantics in Generative Grammar. Oxford.

Heine, Bernd/Narrog, Heiko (Hg.) (2010): The Oxford Handbook of Linguistic Analysis. Oxford.

Helbig, Gerhard (1994): Lexikon deutscher Partikeln. Berlin/München.

Herburger, Elena (2000): What counts: Focus and Quantification. Cambridge, Mass.

Hinterwimmer, Stefan (2011): Information structure and truth-conditional semantics. In: Maienborn et al. (2011), Bd. 2, 1875–1908.

Hobbs, Jerry R. (2011): Word meaning and word knowledge. In: Maienborn et al. (2011), 740–761.

Hoffmann, Ludger (Hg.) (2009): Handbuch der deutschen Wortarten. Berlin.

Höhle, Tilman N. (1986): Der Begriff ›Mittelfeld‹. Anmerkungen über die Theorie der topologischen Felder. In: Walter E. Weiss/Herbert E. Wiegand/Marga Reis (Hg.): Textlinguistik contra Stilistik. Akten des VII. Internationalen Germanisten-Kongresses Göttingen 1985, Bd. 3. Tübingen, 329–340.

Hole, Daniel (2015): A distributed syntax for evaluative ›only‹ sentences. In: Zeitschrift für Sprachwissenschaft 34, 43–77.

Huang, Yan (2014[2]): Pragmatics. Oxford.

Jackendoff, Ray (1983): Semantics and Cognition. Cambridge, Mass.

Jackendoff, Ray (1990): Semantic Structures. Cambridge, Mass.

Jackendoff, Ray (2002): Foundations of Language: Brain, Meaning, Grammar, Evolution. Oxford/New York.

Jackendoff, Ray (2012): A Users Guide to Thought and Meaning. Oxford.

Jacobs, Joachim (1983): Fokus und Skalen. Zur Syntax und Semantik von Gradpartikeln im Deutschen. Tübingen.

Jacobs, Joachim (1991): Negation. In: Stechow/Wunderlich (1991), 560–596.

Jacobs, Joachim/Stechow, Arnim von/Sternefeld, Wolfgang/Vennemann, Theo (Hg.) (1993): Syntax. Ein Handbuch zeitgenössischer Forschung. Syntax. An international handbook of contemporary research. Berlin/New York.

Janssen, Theo M. V. (2012): Compositionality: Its historic context. In: Werning et al. (2012), 19–46.

Jaszczolt, Katarzyna M. (2012): Semantics/pragmatics boundary disputes. In: Maienborn (2012), Bd. 3, 2333–2360.

Johnson, Mark (1987): The Body in the Mind: The bodily basis of Meaning, Imagination, and Reason. Chicago/London.

Kamp, Hans (1975): Two theories of adjectives. In: Keenan (1975), 123–155.

Kamp, Hans (1984): A theory of truth and semantic representation. In: Jeroen Groenendijk/Theo Janssen/Martin Stokhof (Hg.): Truth, Interpretation and Information. Dordrecht, 1–41.

Kamp, Hans/Partee, Barbara H. (1995): Prototype theory and compositionality. In: Cognition 57, 129–191.

Kamp, Hans/Reyle, Uwe (1993): From Discourse to Logic. Introduction to Modeltheoretic Semantics of Natural Language, Formal Logic and Discourse Representation Theory. Dordrecht.

Kaplan, David (1989a): Demonstratives. In: Joseph Almog et al. (Hg.): Themes from Kaplan. Oxford, 481–563.

Kaplan, David (1989b): Afterthoughts. In: Almog et al. (1989), 565–641.

Kaplan, David (2012): An idea of Donnellan. In: Joseph Almog/Paolo Leonardi (Hg.): Having in Mind: The Philosophy of Keith Donnellan. Oxford, 122–175.

Karnowski, Paweł/Pafel, Jürgen (2005): Wie anders sind Eigennamen? In: Zeitschrift für Sprachwissenschaft 24, 45–66.

Karttunen, Lauri (1977): Syntax and semantics of questions. In: Linguistics and Philosophy 1, 3–44.

Kaufmann, Magdalena (2012): Interpreting imperatives. Dordrecht et al.

Kaufmann, Magdalena (2013): Satztyp und Semantik. In: Meibauer et al. (2013), 680–711.

Keenan, Edward L. (Hg.) (1975): Formal Semantics of Natural Language. Cambridge.

Kelter, Stephanie/Kaup, Barbara (2012): Conceptual knowledge, categorization, and meaning. In: Maienborn et al. (2012), Bd. 3, 2275–2804.

Kennedy, Christopher (1999): Projecting the Adjective: The Syntax and Semantics of Gradability and Comparison. New York.

Kennedy, Christopher (2006): Comparatives, semantics of. In: Brown (2006), 690–694.

Kennedy, Christopher (2011): Ambiguity and vagueness. In: Maienborn et al. (2011), Bd. 1, 507–535.

Kennedy, Christopher (2012): Adjectives. In: Gillian Russell/Delia Graff Fara (Hg.): Routledge Companion to Philosophy of Language. London, 328–341.

King, Jeffrey (2001): Complex Demonstratives: A Quantificational Account. Cambridge, Mass.

Klein, Ewan (1980): A semantics for positive and comparative adjectives. In: Linguistics and Philosophy 4, 1–45.

Klein, Ewan (1991): Comparatives. In: Stechow/Wunderlich (1991), 673–691.

Klein, Wolfgang (1994): Time in Language. London.

König, Ekkehard (1991): The Meaning of Focus Particles. A Comparative Perspective. London.

König, Ekkehard/van der Auwera, Johan (1988): Clause integration in German and Dutch conditionals, concessive conditionals, and concessives. In: John Haiman/Sandra A. Thompson (Hg.): Clause Combining in Grammar and Discourse. Amsterdam/Philadelphia, 101–133.

Kratzer, Angelika (1976): Was ›können‹ und ›müssen‹ bedeuten können müssen. In: Linguistische Berichte 42, 1–28.

Kratzer, Angelika (1978): Semantik der Rede: Kontexttheorie – Modalwörter – Konditionalsätze. Königstein/Ts.

Kratzer, Angelika (1989): An investigation of the lumps of thought. In: Linguistics and Philosophy 12, 607–653.

Kratzer, Angelika (1991a): Conditionals. In: Stechow/Wunderlich (1991), 651–656.

Kratzer, Angelika (1991b): Modality. In: Stechow/Wunderlich (1991), 639–650.

Kratzer, Angelika (1995): Stage-level and individual-level predicates. In: Gregory N. Carlson/Francis Jeffry Pelletier (Hg.): The Generic Book. Chicago, 125–175.

Kratzer, Angelika (2014): Situations in natural language semantics. In: Zalta, Edward N. (Hg.): The Stanford Encyclopedia of Philosophy (Spring 2014 edition). Internet.

Krifka, Manfred (2011): Varieties of semantic evidence. In: Maienborn et al. (2011), Bd. 1, 242–268.

Kripke, Saul A. (1979): Speaker's reference and semantic reference. In: Peter A. French et al. (Hg): Contemporary Perspectives in the Philosophy of Language. Minneapolis, 6–27.

Kripke, Saul A. (1980): Naming and Necessity. Oxford (Dt. Übersetzung: Name und Notwendigkeit. Frankfurt a. M. 2014[4]).

Künne, Wolfgang (2007[2]): Abstrakte Gegenstände. Frankfurt a. M.

Künne, Wolfgang (2010): Die Philosophische Logik Gottlob Freges. Ein Kommentar. Frankfurt a. M.

Labov, William (1972): Negative attraction and negative concord in English grammar. In: Language 48, 773–818.

Labov, William (1973): The boundaries of words and their meanings. In: Charles-James N. Bailey/Roger W. Shuy (Hg.): New Ways of Analysing Variation in English. Washington, 340–373.

Ladusaw, William A. (1992): Expressing negation. In: Chris Barker /David Dowty (Hg.): Proceedings of SALT II, Ohio, Ohio State Working Papers in Linguistics, Bd. 40, 237–259.

Lakoff, George (1987): Women, Fire, and Dangerous Things. What Categories Reveal about the Mind. Chicago/London.

Lakoff, George (1993): The contemporary theory of metaphor. In: Andrew Ortony (Hg.): Metaphor and Thought. Cambridge. 202–251. Nachdruck in Geeraerts (2006), 185–238.

Lakoff, George (2008): The neural theory of metaphor. In: Gibbs (2008), 17–38.

Lakoff, George/Johnson, Mark (1980): Metaphors we Live by. Chicago. Dt. Übersetzung: Leben in Metaphern: Konstruktion und Gebrauch von Sprachbildern. Heidelberg 2014[8].

Lang, Ewald (1990): Primary perceptual space and inherent proportion schema: Two interacting categorization grids underlying the conceptualization of spatial objects. In: Journal of Semantics 7, 121–141.

Lang, Ewald (1993): The meaning of German projective prepositions: a two-level approach. In: Cornelia Zelinsky-Wibbelt (Hg.): The Semantics of Prepositions. From Mental Processing to Natural Processing. Berlin, 249–291.

Langacker, Ronald W. (1987): Foundations of Cognitive Grammar 1: Theoretical Prerequisites. Stanford.

Langacker, Ronald W. (1990): Concept, Image, Symbol: The Cognitive Basis of Grammar. Berlin/New York.

Langacker, Ronald W. (1991): Foundations of Cognitive Grammar 2: Descriptive Application. Stanford.

Langacker, Ronald W. (1999): Grammar and Conceptualization. Berlin/New York.

Langacker, Ronald W. (2007a): Ten Lectures on Cognitive Grammar. Beijing.

Langacker, Ronald W. (2007b): Cognitive Grammar. In: Geeraerts/Cuyckens (2007), 412–462.

Langacker, Ronald W. (2008): Cognitive Grammar: A Basic Introduction. Oxford/New York.

Langacker, Ronald W. (2009): Investigations in Cognitive Grammar. Berlin/New York.

Larson, Richard (1998): Events and modification in nominals. In: Devon Strolovitch/Aaron Lawson (Hg.): Proceedings from SALT 8. Ithaca, NY, 145–168.

Larson, Richard (2002): The grammar of intensionality. In: Gerhard Preyer/Georg Peter (Hg.): Logical Form and Language. Oxford, 228–262.

Larson, Richard/Segal, Gabriel (1995): Knowledge of Meaning. An Introduction to Semantic Theory. Cambridge, Mass.

Laurence, Stephen/Margolis, Eric (1999). Concepts and cognitive science. In: Eric Margolis/Stephen Laurence (Hg.): Concepts: Core Readings. Cambridge, Mass., 3–81.

Lechner, Winfried (2004): Ellipsis in Comparatives. Berlin/New York.

Lemmon, E. J. (1967): Comments on D. Davidson's ›The logical form of action sentences‹. In: Nicholas Rescher (Hg.): The Logic of Decision and Action. Pittsburgh, 96–103.

Levinson, Stephen C. (2000): Pragmatik. Tübingen.

Lewandowska-Tomaszczyk, Barbara (2010): Polysemy, prototypes, and radial categories. In: Geeraerts/Cuyckens, 139–169.

Lewis, David (1970): General semantics. In: Synthese 22, 18–67.

Lewis, David (1973): Causation. In: Journal of Philosophy 70, 556–567.

Löbner, Sebastian (2015[2]): Semantik. Eine Einführung. Berlin/New York.

Lohnstein, Horst (2000): Satzmodus – kompositionell. Zur Parametrisierung der Modusphrase im Deutschen. Berlin.

Lohnstein, Horst (2011[2]): Formale Semantik und natürliche Sprache. Berlin/New York.

Longobardi, Guiseppe (1994): Reference and proper names. In: Linguistic Inquiry 25, 609–665.

Łukasiewicz, Jan (1970): On three-valued logic. In: Ludwik Borkowski (Hg.): Selected Works by Jan Łukasiewicz. Amsterdam, 87–88.

Maienborn, Claudia (2003): Die logische Form von Kopula-Sätzen. Berlin.

Maienborn, Claudia/Heusinger, Klaus von/Portner, Paul (Hg.) (2011–2012): Semantics: An International Handbook of Natural Language Meaning. 3 Bde. (Bd. 1 und 2 2011, Bd. 3 2012). Berlin/New York.

Maienborn, Claudia/Schäfer, Martin (2011): Adverbs and adverbials. In: Maienborn et al. (2011), Bd. 2, 1390–1420.

Marcus, Ruth Barcan (1961): Modalities and intensional languages. In: Synthese 13, 303–322.

Mastop, Rosja (2011): Imperatives as semantic primitives. In: Linguistics and Philosophy 34, 305–340.

Matushanky, Ora (2008): On the linguistic complexity of proper names. In: Linguistics and Philosophy 31, 573–627.

McCawley, James D. (1994): Generative semantics. In: Ronald Asher et al. (Hg.): The Encyclopedia of Language and Linguistics. Oxford, 1398–1403.

McKinsey, Michael (2010): Understanding proper names. In: Linguistics and Philosophy 33, 325–354.

McRae, Ken/Ferretti, Todd R./Amyote, Liane (1997): Thematic roles as verb-specific concepts. In: Language and Cognitive Processes 12, 137–176.

Meibauer, Jörg (Hg.) (1987): Satzmodus zwischen Grammatik und Pragmatik. Tübingen.

Meibauer, Jörg (1993): Auf dem JA-Markt. In: Inger Rosengren (Hg.): Satz und Illokution. Bd. 2. Tübingen, 127–149.

Meibauer, Jörg (1994): Modaler Kontrast und konzeptuelle Verschiebung. Tübingen.

Meibauer, Jörg (2001): Pragmatik. Tübingen.

Meibauer, Jörg (2013): Satztyp und Pragmatik. In: Meibauer et al. (2013), 712–737.

Meibauer, Jörg/Demske, Ulrike/Geilfuß-Wolfgang, Jochen/Pafel, Jürgen/Ramers, Karl Heinz/Rothweiler, Monika/Steinbach, Markus (2015³): Einführung in die germanistische Linguistik. Stuttgart/Weimar.

Meibauer, Jörg/Steinbach, Markus/Altmann, Hans (Hg.) (2013): Satztypen des Deutschen. Berlin/Boston.

Moltmann, Friederike (2013): Abstract Objects and the Semantics of Natural Language. Oxford.

Montague, Richard (1974): Formal Philosophy: Selected Papers of Richard Montague. New Haven/London.

Mortelmanns, Tanja (2007): Modality in cognitive linguistics. In: Geeraerts/Cuyckens (2007), 869–889.

Mourelatos, Alexander P. D. (1978): Events, processes, and states. In: Linguistics and Philosophy 2, 415–434.

Mulder, Walter de (2007): Force dynamics. In: Geeraerts/Cuyckens (2007), 294–317.

Müller, Sonja (2014a): Modalpartikeln. Heidelberg.

Müller, Sonja (2014b): Zur Anordnung der Modalpartikeln ›ja‹ und ›doch‹: (In)stabile Kontexte und (non)kanonische Assertionen. In: Linguistische Berichte 238, 165–208.

Murphy, Gregory L. (2002): The Big Book of Concepts. Cambridge, Mass.

Murphy, M. Lynne (2010): Lexical Meaning. Cambridge.

Musan, Renate (2002): The German Perfect: Its Semantic Composition and its Interactions with Temporal Adverbials. Dordrecht.

Neale, Stephen (1990). Descriptions. Cambridge, Mass.

Nicolay, Nathalie (2007): Aktionsarten im Deutschen: Prozessualität und Stativität. Berlin/New York.

Nunberg, Geoffrey (1995). Transfers of meaning. In: Journal of Semantics 12, 109–132.

Nunberg, Geoffrey (2004). The pragmatics of deferred interpretation. In: Laurence R. Horn/Gregory Ward (Hg.): The Handbook of Pragmatics. Oxford, 344–364.

Nunberg, Geoffrey/Sag, Ivan A./Wasow, Thomas (1994): Idioms. In: Language 70, 491–538.

Öhlschläger, Günther (1989): Zur Syntax und Semantik der Modalverben des Deutschen. Tübingen.

Osswald, Rainer/Van Valin Jr., Robert D. (2014): FrameNet, frame structure, and the syntax/semantics interface. In: Gamerschlag et al. (2014), 125–156.

Pafel, Jürgen (2003): Metapher und kontrafaktische Rede. In: Sprachtheorie und Germanistische Linguistik 13, 25–49.

Pafel, Jürgen (2005): Quantifier Scope in German. Amsterdam/Philadelphia.

Pafel, Jürgen (2011): Einführung in die Syntax. Stuttgart/Weimar.

Pafel, Jürgen (2016a): Satztyp und kommunikative Intention. In: Finkbeiner/Meibauer (2016), 407–432.

Pafel, Jürgen (2016b): Referenz, Sinn und Bedeutung in einer Neo-Fregesemantik. Erscheint in: Catrin Misselhorn/Ulrike Pompe-Alama/Ulrike Ramming (Hg.): Sprache,

Wahrnehmung und Objektivität. Neue Perspektiven auf die Philosophie von Gareth Evans. Münster.

Palmer, Martha/Gildea, Daniel/Kingsbury, Paul (2005): The proposition bank: an annotated corpus of semantic roles. In: Computational Linguistics 31, 71–106.

Partee, Barbara H./ter Meulen, Alice/Wall, Robert E. (1990): Mathematical Methods in Linguistics. Dordrecht et al.

Paul, Hermann (1920[5]): Prinzipien der Sprachgeschichte. Tübingen.

Paul, Hermann (2007[25]): Mittelhochdeutsche Grammatik. Berlin/New York.

Peeters, Bert (Hg.) (2000): The Lexicon-Encyclopedia Interface. Amsterdam.

Penka, Doris/Stechow, Arnim von (2001): Negative Indefinita unter Modalverben. In: Reimar Müller/Marga Reis (Hg.): Modalität und Modalverben im Deutschen. Hamburg (=Linguistische Berichte, Sonderheft Bd. 9), 263–286.

Pinkal, Manfred (1991): Vagheit und Ambiguität. In: von Stechow/Wunderlich (1991), 250–269.

Pittner, Karin (1999): Adverbiale im Deutschen: Untersuchungen zu ihrer Stellung und Interpretation. Tübingen.

Portner, Paul (2005): What is Meaning? Fundamentals of Formal Semantics. Malden et al.

Portner, Paul (2007): Imperatives and modals. In: Natural Language Semantics 15, 351–383.

Posner, Roland (1979): Bedeutung und Gebrauch der Satzverknüpfer in den natürlichen Sprachen. In: Günther Grewendorf (Hg.): Sprechakttheorie und Semantik. Frankfurt a. M., 345–385.

Predelli, Stefano (2012): Bare-boned demonstratives. In: Journal of Philosophical Logic 41, 547–562.

Primus, Beatrice (2004). Protorollen und Verbtyp: Kasusvariation bei psychischen Verben. In: Rolf Kailuweit/Martin Hummel (Hg.): Semantische Rollen. Tübingen, 377–401.

Primus, Beatrice (2012): Semantische Rollen. Heidelberg.

Prinz, Jesse J. (2012): Regaining composure: A defense of prototype compositionality. In: Werning et al. (2012), 437–453.

Pustejovsky, James (1991): The syntax of event structure. In: Cognition 41, 47–81.

Pustejovsky, James (1995): The Generative Lexicon. Cambridge, Mass.

Rapp, Irene (1997): Fakultativität von Verbargumenten als Reflex der semantischen Struktur. In: Linguistische Berichte 172, 490–529.

Rapp, Irene (2002): Argumentstruktur und Erstgliedinterpretation bei deverbalen Derivaten. In: Folia Linguistica 35, 243–283.

Rathert, Monika (2004): Textures of Time. The Interplay of the Perfect, Durative Adverbs, and Extended-Now-Adverbs in German and English. Berlin.

Ravin, Yael/Leacock, Claudia (Hg.) (2000): Polysemy: Theoretical and Computational Approaches. Oxford.

Recanati, François (2004). Literal meaning. Cambridge.

Recanati, François (2012): Mental Files. Oxford.

Reich, Ingo (2003): Frage, Antwort und Fokus. Berlin.

Reich, Ingo (2012): Information structure and theoretical models of grammar. In: Manfred Krifka/Renate Musan (Hg.): The Expression of Information Structure. Berlin/New York, 409–448.

Reich, Ingo/Reis, Marga (2013): Koordination und Subordination. In: Meibauer et al. (2013), 536–569.

Reichenbach, Hans (1947). Elements of Symbolic Logic. London/New York.

Reinhardt, Tanja (1997): Quantifier scope: How labor is divided between QR and choice functions. In: Linguistics and Philosophy 20, 335–397.

Reis, Marga (1991): Echo-w-Sätze und Echo-w-Fragen. In: Marga Reis/Inger Rosengren (Hg.): Fragesätze und Fragen. Tübingen, 49–76.

Reis, Marga (2013): ›Weil-V2‹-Sätze und (k)ein Ende? Anmerkungen zur Analyse von Antomo und Steinbach (2010). In: Zeitschrift für Sprachwissenschaft 32, 221–262.

Reis, Marga/Wöllstein, Angelika (2010): Zur Grammatik (vor allem) konditionaler V1-Gefüge im Deutschen. In: Zeitschrift für Sprachwissenschaft 29, 111–179.

Rickheit, Gert/Weiss, Sabine/Eikmeyer, Hans-Jürgen (2010): Kognitive Linguistik: Theorien, Modelle, Methoden. Tübingen.

Roberts, Craige (2002): Demonstratives as definites. In: Kees Van Deemter/Roger Kibble (Hg.): Information Sharing. Stanford, 1–48.

Roberts, Craige (2012): Information structure in discourse: Towards an integrated formal theory of pragmatics. In: Semantics and Pragmatics 5, 1–69.

Rolf, Eckard (2005): Metapherntheorien: Typologie – Darstellung – Bibliographie. Berlin.

Rooth, Mats (1992): A theory of focus interpretation. In: Natural Language Semantics 1, 75–116.

Rooth, Mats/Partee, Barbara (1982): Conjunction, type ambiguity, and wide scope ›or‹. In: Proceedings of the 1st West Coast Conference on Formal Linguistics, Stanford University, 353–362.

Rosch, Eleanor (1978): Principles of categorization. In: Eleanor Rosch/Barbara L. Lloyd (Hg.): Cognition and Categorization. Hillsdale, NJ, 27–48.

Rosch, Eleanor et al. (1976): Basic objects in natural categories. In: Cognitive Psychology 8, 382–439.

Rosen, Gideon (2014): Abstract objects. In: Edward N. Zalta (Hg.): The Stanford Encyclopedia of Philosophy (Fall 2014 Edition). Internet.

Rothstein, Björn (2007): Tempus. Heidelberg.

Rothstein, Björn (2008): The Perfect Time Span: On the Present Perfect in German, Swedish and English. Amsterdam/Philadelphia.

Russell, Bertrand (1905): On denoting. In: Mind 14, 479–493 (Dt. Übersetzung: Über das Kennzeichnen. In: Russell: Philosophische und politische Aufsätze. Stuttgart: Reclam 1971, 3–22.

Russell, Bertrand (1911): Knowledge by acquaintance and knowlege by description. In: Proceedings of the Aristotelian Society 11, 108–128.

Ruzicka, Rudolf/Motsch, Wolfgang (1983): Untersuchungen zur Semantik. Berlin.

Saul, Jennifer (2007): Simple Sentences, Substitution, and Intuitions.Oxford.

Schank, Roger C./Abelson, Robert P. (1977). Scripts, Plans, Goals, and Understanding: An Inquiry into Human Knowledge Structures. Hillsdale, NJ.

Searle, John R. (1958): Proper names. In: Mind 67, 166–173.

Searle, John R. (1983): Intentionality: An Essay in the Philosophy of Mind. Cambridge (Dt. Übersetzung: Intentionalität: Eine Abhandlung zur Philosophie des Geistes. Frankfurt a. M.).

Sharvy, Richard (1980): A more general theory of definite descriptions. In: The Philosophical Review 89, 607–624.

Soames, Scott (2002): Beyond Rigidity. The Unfinished Semantic Agenda of ›Naming and Necessity‹. Oxford.

Sperber, Dan/Wilson, Deirdre (1986): Relevance: Communication and Cognition. Oxford.

Sperber, Dan/Wilson, Deirdre (2008): A deflationary account of metaphor. In: Gibbs (2008), 84–105.

Stalnaker, Robert (1968): A theory of conditionals. In: Nicholas Rescher (Hg.): Studies in Logical Theory. Oxford, 98–112.

Stalnaker, Robert (1977): Complex predicates. In: The Monist 60, 327–339.

Stalnaker, Robert (1978): Assertion. In: Peter Cole (Hg.): Pragmatics. New York, 315–332.

Stechow, Arnim von (1984): Comparing semantic theories of comparison. In: Journal of Semantics 3, 1–77.

Stechow, Arnim von (1993): Die Aufgaben der Syntax. In: Jacobs et al. (1993), 1–88.

Stechow, Arnim von (1999): Eine erweiterte Extended Now-Theorie für Perfekt und Futur. In: Zeitschrift für Literaturwissenschaft und Linguistik 113, 86–118.

Stechow, Arnim von (2004): Schritte zur Satzsemantik. Manuskript. Universität Tübingen.

Stechow, Arnim von/Sternefeld, Wolfgang (1988): Bausteine syntaktischen Wissens. Opladen.

Stechow, Arnim von/Wunderlich, Dieter (Hg.) (1991): Semantik. Ein internationales Handbuch zeitgenössischer Forschung. Berlin.

Stenius, Erik (1967): Mood and language game. In: Synthese 17, 254–274.

Stern, Josef (2000). Metaphor in context. Cambridge, Mass.

Stern, Josef (2008): Metaphor, semantics, and context. In: Gibbs (2008), 262–279.

Sternefeld, Wolfgang (2009[3]): Syntax. Eine morphologisch motivierte generative Beschreibung des Deutschen. Bd. 2. Tübingen.

Sternefeld, Wolfgang (2015[4]): Syntax. Eine morphologisch motivierte generative Beschreibung des Deutschen. Bd. 1. Tübingen.

Strawson, Peter F. (1950): On referring. In: Mind 59, 320–344 (Dt. Übersetzung: Über Referenz. In: Ursula Wolf (Hg.): Eigennamen. Dokumentation einer Kontroverse. Frankfurt a. M. 1985, 94–126).

Swanson, Eric (2011): Propositional attitudes. In: Maienborn et al. (2011), Bd. 2, 1538–1561.

Sweetser, Eve (1982): Root and epistemic modals: causality in two worlds. In: Proceedings of the Annual Meeting of the Berkeley Linguistics Society 8, 484–507.

Sweetser, Eve (1990): From Etymology to Pragmatics. Metaphorical and Cultural Aspects of Semantic Structure. Cambridge: Cambridge University Press.

Szabó, Zoltán Gendler (2013): Compositionality. In: Edward N. Zalta (Hg.): The Stanford Encyclopedia of Philosophy (Fall 2013 Edition). Internet.

Talmy, Leonard (2000): Toward a Cognitive Semantics. Cambridge, Mass.

Talmy, Leonard (2011): Cognitive semantics: An overview. In: Maienborn et al. (2011), Bd. 1, 622–642.

Tarski, Alfred (1935): Der Wahrheitsbegriff in den formalisierten Sprachen. In: Studia Philosophica 1, 261–405.

Tarski, Alfred (1944): The semantic conception of truth and the foundations of semantics. In: Philosophy and Phenomenological Research 4, 341–376.

Tarski, Alfred (1983²): Logic, Semantics, Metamathematics. Indianapolis.

Taylor, John R. (2003³): Linguistic Categorization. Oxford.

Thieroff, Rolf (1992): Das finite Verb im Deutschen. Modus – Tempus – Distanz. Tübingen.

Thurmair, Maria (1989): Modalpartikeln und ihre Kombinationen. Tübingen.

Tkatschuk, Natalia (2011): Zeit ohne Tempus. Tübingen.

Traugott, Elisabeth/König, Ekkehard (1991): The semantics-pragmatics of grammaticalization revisited. In: Elisabeth Traugott/Bernd Heine (Hg.): Approaches to Grammaticalization. Bd. I. Amsterdam/Philadelphia, 189–218.

Truckenbrodt, Hubert (2006): On the semantic motivation of syntactic verb movement to C. In: Theoretical Linguistics 32, 257–306.

Turner, Mark (2007): Conceptual integration. In: Geeraerts/Cuyckens (2007), 377–393.

Tyler, Andrea/Vyvyan Evans (2003): The Semantics of English Prepositions. Cambridge.

Vendler, Zeno (1957): Verbs and times. In: The Philosophical Review 66, 143–160.

Vendler, Zeno (1967): Linguistics in Philosophy. Ithaca, NY.

Verhagen, Arie (2007): Construal and perspectivization. In: Geeraerts/Cuyckens (2007), 48–81.

Weinrich, Harald (2001⁶): Tempus. Besprochene und erzählte Welt. München.

Weiskopf, Daniel A. (2009): The plurality of concepts. In: Synthese 169, 145–173.

Werning, Markus/Hinzen, Wolfram/Machery, Edouard (Hg.) (2012): The Oxford Handbook of Compositionality. Oxford.

Weydt, Harald (Hg.) (1977): Aspekte der Modalpartikeln. Studien zur deutschen Abtönung. Tübingen.

Wierzbicka, Anna (1996): Semantics: Primes and Universals. Oxford.

Wiese, Heike (1999): Die Verknüpfung sprachlichen und konzeptuellen Wissens: Eine Diskussion mentaler Module. In: Ipke Wachsmuth/Bernhard Jung (Hg.): KogWis99. Proceedings der 4. Fachtagung der Gesellschaft für Kognitionswissenschaft Bielefeld, 28. September – 1. Oktober 1999, St. Augustin, 92–97.

Wildgen, Wolfgang (2008): Kognitive Grammatik: Klassische Paradigmen und neue Perspektiven. Berlin/New York.

Wittgenstein, Ludwig (1922): Tractatus Logico-Philosophicus. London/New York.

Wittgenstein, Ludwig (1971). Philosophische Untersuchungen (1945/46). Frankfurt a. M.

Wöllstein, Angelika (2014²): Topologisches Satzmodell. Heidelberg.

Zimmermann, Malte (2012): Discourse particles. In: Maienborn et al. (2012), Bd. 3, 2012–2038.

Zimmermann, Thomas Ede (2014): Einführung in die Semantik. Darmstadt.

Zimmermann, Thomas Ede/Sternefeld, Wolfgang (2013): Introduction to Semantics. An Essential Guide to the Composition of Meaning. Berlin/Boston.

Zipf, George K. (1945): The meaning-frequency relationship of words. In: The Journal of General Psychology 33, 251–256.

2 Sachregister

Jürgen Pafel
Einführung in die Syntax
Grundlagen - Strukturen - Theorien
2011, IX, 264 Seiten, € 19,95
ISBN 978-3-476-02322-3

Dieser Band bietet eine umfassende Einführung in die Syntax und die syntaktische Analyse. Ausgehend von den Wörtern und ihren Eigenschaften (Wortart, Flexion, Valenz) erläutert der Autor den Aufbau und die Funktion von Wortgruppen (Nominalgruppen, Verbalgruppen, Präpositionalgruppen etc.). Besonderes Augenmerk liegt dabei auf der Struktur einfacher und komplexer Sätze. Weitere Kapitel widmen sich ausgewählten Konstruktionen wie Passiv, freien Dativen, Ellipsen etc. Die Darstellung der Grundlagen zentraler syntaktischer Theorien schließt den Band ab.

info@metzlerverlag.de
www.metzlerverlag.de

J.B. METZLER

Jörg Meibauer/Ulrike Demske
Jochen Geilfuß-Wolfgang
Jürgen Pafel/Karl Heinz Ramers
Monika Rothweiler/Markus Steinbach
**Einführung in die germanistische
Linguistik**
3., überarbeitete und aktualisierte Auflage 2015
XII, 372 Seiten, € 19,95
ISBN 978-3-476-02566-1

Die Einführung informiert über die linguistischen Kerngebiete Lexikon und
Morphologie, Phonologie, Syntax, Semantik und Pragmatik. Kindlicher
Spracherwerb und Sprachwandel – zwei Gebiete, die von großer Bedeutung
für ein tieferes Verständnis der menschlichen Sprache sind – werden in
weiteren Kapiteln vorgestellt. Mit Übungen, einem Glossar der wichtigsten
Fachbegriffe, einer weiterführenden Schlussbibliographie und einem
Sachregister. Für die 3. Auflage wurde der Band überarbeitet und aktualisiert.

info@metzlerverlag.de
www.metzlerverlag.de

J.B. METZLER

Wolfgang Imo
Grammatik
Eine Einführung
2016, VIII, 239 Seiten, € 19,95
ISBN 978-3-476-02612-5

Wozu Grammatik?

Die Antwort auf diese Frage ist ebenso knapp wie einleuchtend: Erst die Grammatik sorgt dafür, dass aus einer willkürlichen Aneinanderreihung von Wörtern ein sinnvoller Satz – und schließlich ein Text – entsteht. Diese Einführung vermittelt grammatische Grundlagen von der Wortartbestimmung über die Analyse von Phrasen und einfachen Sätzen bis hin zum komplexen Satz. Im Zentrum des systematisch und schrittweise vorgehenden Bandes stehen somit die Systematik der Wortarten des Deutschen, die Phrasenstruktur von Sätzen, die Satzgliedanalyse und das Feldermodell des deutschen Satzes. Mit zahlreichen Beispielen und Grafiken sowie mit Aufgaben und Lösungen.

info@metzlerverlag.de
www.metzlerverlag.de

J.B. METZLER

Peter Auer (Hg.)
Sprachwissenschaft
Grammatik - Interaktion - Kognition
2013, IX, 465 Seiten, € 29,95
ISBN 978-3-476-02365-0

Diese Einführung gibt einen Überblick über die gesamte Sprachwissenschaft – für Studierende der allgemeinen Sprachwissenschaft wie für Studierende der einzelnen Philologien. Die grundlegenden Strukturen der Grammatik (Laute, Wörter, Sätze) werden ausführlich vorgestellt. Die folgenden Kapitel erweitern das Themenspektrum so, dass sich ein umfassendes Bild von Sprechen, Sprache und Sprachen ergibt. Behandelt werden Text und kognitive Verarbeitung, sprachliche Interaktion, Variation und Wandel, die Verschiedenheit der Sprachen, die Entstehung von Sprache, Sprache und Kultur sowie Mehrsprachigkeit und Sprachkontakt.

info@metzlerverlag.de
www.metzlerverlag.de
J.B. METZLER